교육 평가의 이해

교육 평가의 이해

FOUNDATIONS OF EDUCATIONAL ASSESSMENT

박일수 · 이재철 · 최화숙 공저

동문사

Preface

머리말

교육 평가는 교육에 대한 평가를 의미한다. 교육 평가의 핵심은 학생 평가에 있다. 학생들에게 기르고자 하는 인간상, 핵심역량, 성취도 등을 확인하기 위해서는 학생 평가가 이루어져야 한다. 학생 평가는 학생의 성장 및 발달을 확인하고 이에 대한 적절한 처방을 위한 수단으로 활용된다. 학생의 성취도는 특정 프로그램을 통하여 확인하게 된다. 따라서 학생 평가뿐만 아니라 프로그램 평가가 교육 평가에서 활용된다. 이뿐만 아니라 교육 평가는 학교평가, 교사평가, 기관평가 등과 같이 다양하게 이루어진다. 이 책에서는 학생 평가에 초점을 두고 집필하였으며, 학생 평가에 영향을 미치는 프로그램 평가를 포함하여 책의 내용을 구성하였다.

이 책은 교육 평가의 기초, 학생 평가의 실제, 학생 평가의 쟁점의 3개 영역으로 구성하였다. 첫 번째 영역은 교육 평가의 기초이다. 교육 평가의 기초는 교육 평가의 개관, 교육 평가의 유형, 평가 도구의 양호도, 평가 문항의 양호도, 프로그램 평가에 대하여 살펴보았다. 1장 교육 평가의 개관에서는 교육관과 교육 평가, 교육 평가의 정의, 교육 평가의 기능, 학생 평가의 절차에 대하여 살펴보았다. 2장 교육 평가의 유형에서는 평가시기, 평가 영역, 평가 결과 해석 기준, 평가 초점에 따른 교육 평가의 유형을 살펴보았다. 3장 평가 도구의 양호도에서는 타당도의 개념, 유형, 신뢰도의 개념, 유형에 대하여 살펴보았다. 4장 평가 문항의 양호도에서는 고전 검사 이론과 문항 반응 이론에 의한 문항 분석에 대하여 살펴보았다. 5장 프로그램 평가에서는 프로그램 평가의 개념, 프로그램 평가의 전개 과정, 프로그램 평가의 유형, 프로그램 평가 보고서에 대하여 살펴보았다.

두 번째 영역은 학생 평가의 실제에 대하여 살펴보았다. 학생 평가의 실제에서는 선택형 평가, 서답형 평가, 표준화 검사, 대안적 평가, 정의적 행동 특성 평가, 평가 피드백, 학생 평가 결과 통지에 대하여 살펴보았다. 6장 선택형 평가에서는 문항 제작의 원리, 진위형 문항, 선다형 문항, 연결형 문항에 대하여 살펴보았다. 7장 서답형 평가에서는 서답형 평가의 장점과 단점, 서답형 문항의 제작 원리 및 유의 사항, 서답형 문항의 유형, 서답형 문항의 채점 원칙에 대하여 살펴보았다. 8장 표준화 검사에서는 표준화 검사의 이해, 활용, 해석, 문제점, 발전 방향에 대하여 살펴보았다. 9장 대안적 평가에서는 수행 평가, 포트폴리오 평가, 참평가, 과정 중심 평가에 대하여 살펴보았다. 10장 정의적 행동 특성 평가에서는 정의적 행동 특성 평가의 의의, 정의적 행동 특성의 유형, 정의적 행동 특성의 평가 방법, 정의적 행동 특성의 측정 도구에 대하여 살펴보았다. 11장 평가 피드백에서는 피드백의 개념 및 기능, 피드백의 원리, 피드백 모형, 피드백의 유형, 효과적인 피드백 전략에 대하여 살펴보았다. 12장 학생 평가 결과 통지에서는 평가 결과의 점수 기록 방식, 성취평가제, 학생성적의 기록 및 통보, 학교생활기록부에 대하여 살펴보았다.

세 번째 영역은 학생 평가의 쟁점에 대하여 살펴보았다. 13장 미래 평가 방향 및 쟁점에서는 인지진단모형, 컴퓨터 기반 평가, 맥락 기반 평가, 교사의 학생 평가 전문성에 대하여 살펴보았다.

이 책이 학생 평가와 프로그램 평가에 대한 이해를 바탕으로 교사의 평가 전문성 신장에 조금이나마 기여할 수 있기를 기대한다. 책이 나올 수 있도록 출판을 허락해 주신 동문사 사장님과 출판사 관계자께도 감사를 드린다.

저자를 대표하여 일락산에서
2026년 1월

Contents

차례

Part III 학생 평가의 쟁점

PART I

교육 평가의 기초

1. 교육 평가의 개관
2. 교육 평가의 유형
3. 평가 도구의 양호도
4. 평가 문항의 양호도
5. 프로그램 평가

01 Chapter 교육 평가의 개관

학습내용

1. 교육관과 교육 평가
2. 교육 평가의 정의
3. 교육 평가의 기능
4. 학생 평가의 절차

평가란 어떤 기준을 근거로 그 정도를 판단하는 것이다. 교육 평가도 이와 마찬가지이다. 따라서 교육 평가를 위해서는 일정한 기준이 필요하며, 무엇을 기준으로 어떻게 평가하느냐의 문제는 교육 평가 분야에서 매우 중요한 문제이다(김경배, 김재건, 이홍숙, 2005). 교육 평가는 눈에 보이지 않는 학업 성취, 심리적 특성 등과 관련된 교육 현상을 측정하고 가치판단을 내리는 것을 포함하기 때문에 교육이라는 현상에 대해 측정가능성을 염두에 두어야 한다. 하지만, 기본적으로 교육을 어떻게 보느냐에 따라 평가의 기능이나 목적, 유형이 달라질 수 있으므로 교육관에 따른 교육 평가에 대한 시각을 알아보는 일이 선행되어야 한다. 이러한 관점에서 이 장에서는 교육관과 교육 평가의 세 가지 관점을 살펴보고 교육 평가의 목적과 유사 용어를 포함한 정의, 기능 및 절차 등에 대하여 살펴본다.

1 교육관과 교육 평가

가. 선발적 교육관

선발적 교육관에 의하면, 교육의 목적이 능력 있는 소수를 선별하는 것에 있기 때문에 교육 평가는 능력 있는 소수를 선발하는 데 의의가 있다고 본다. 따라서 교육에 대한 책임은 학습자의 능력에 귀속되며, 교육에 대한 책임은 학습자에게 있다고 가정한다. 선발적 교육관에서는 학습자의 지능과 같은 개인적 특성이 학업 성취의 핵심 요인으로 간주되며, 이러한 학습자 개별 특성이 평가의 주요 대상이 된다. 선발적 교육관과 관련된 평가관은 측정관이며, 어떻게 하면 정확하게 측정하느냐가 주요 관심사이다. 선발적 교육관은 소수의 우수자를 선발하는 데 관심이 있기 때문에 상대 평가의 목적과 맥락이 같다.

나. 발달적 교육관

발달적 교육관은 누구나 교육을 받을 능력을 가지고 있다는 믿음을 기초로 하며, 교육 평가는 학교 또는 교사의 교육방법이 학생을 지도하는 데 적합한지에 대해 평가하는 것을 주요 기능으로 한다. 따라서 교육의 책임은 학교 또는 교사에게 있으며, 교사의 교육방법이 주요 평가 대상이 된다. 발달적 교육관에서 강조되는 검사관은 평가관이며, 대상에 대한 가치판단이 주요 관심사이다. 학습자가 학습목표에 도달했는지를 확인하는 데에 관심이 있기 때문에 절대 평가의 목적과 맥락이 같다.

다. 인본주의적 교육관

인본주의적 교육관은 교육을 인간의 자아실현에 기여하는 것으로 보고 누구나 교육을 받을 능력이 있다고 가정한다. 인본주의적 교육관에서는 교사와 학습자의 상호작용을 중요하게 여기기 때문에, 교육에 대한 책임은 학습자와 교사의 상호책임이라고 가정한다. 인본주의적 교육관에서는 학습자의 지능과 같은 개별 특성이나 교사의 교육방법보다는 학습자의 전인적 특성에 관심을 갖는다. 학습자가 전인적으로 얼마나 발달했는지에 관심이 있으며, 검사관은 총평관에 해당된다.

이상에서 살펴본 세 가지 교육관과 교육 평가와의 관계를 비교하면 〈표 1-1〉과 같다.

〈표 1-1〉 교육관과 교육 평가의 관계

구분	선발적 교육관	발달적 교육관	인본주의적 교육관
기본 가정	특정 소수만 교육받을 능력을 갖고 있음	누구나 교육받을 능력을 갖고 있음	누구나 교육받을 능력을 갖고 있음
교육에 대한 책임	학습자	교사	학습자 및 교사
평가 대상	학습자의 개별 특성	교사의 교육방법	학습자의 전인적 특성
검사관	측정관	평가관	총평관

2 교육 평가의 정의

가. 교육 평가에 대한 다양한 견해

교육 평가(educational evaluation)라는 용어는 교육 현장에서 널리 사용되어 매우 익숙한 개념(김대현, 김석우, 2020)이지만, 학자에 따라서 다양하게 정의된다. 일반적으로 교육 평가는 교육목적의 달성도를 평가하는 과정을 의미하기도 하고, 사전에 설정된 준거에 의해 교육활동의 효과성을 평가하고 그 결과에 대한 가치를 판단하는 체계적인 과정을 의미하기도 한다.

Nevo(1983)는 교육 평가에 대한 정의를 4가지로 유형화하였다. 첫째, 교육 평가는 교육 목표 도달도의 확인 과정으로 정의할 수 있다. Tyler(1949)는 교육 평가를 교육 목표 달성 여부의 판단 과정으로 정의하였다. 둘째, 교육 평가는 의사 결정을 위한 정보 제공 활동으로 정의할 수 있다(Alkin, 1969; Cronbach, 1963; Stufflebeam, 1973). Stufflebeam(1973)은 교육 평가를 "의사 결정 대안을 판단하기 위한 유용한 정보를 기술(묘사), 수집, 제공하는 과정"으로 정의하였다. 셋째, 교육 평가는 가치와 장점을 판단하는 과정으로 정의할 수 있다(Eisner, 1979; House, 1980; Scriven, 1967). Scriven(1967)은 평가를 "어떤 것의 가치, 장점을 판단하는 과정 또는 그 과정의 결과"로 정의하였다. 넷째, 교육 평가는 기술과 판단이 결합된 활동으로 정의할 수 있다(Guba & Lincoln, 1981; Stake, 1967). Nevo(1983)는 교육 평가에 대한 다양한 관점을 비교한 후에, 교육 평가를 "교육대상에 대한 체계적인 기술과 가치와 판단 과정"으로 정의하였다.

교육 평가에 대한 학자들의 다양한 관점을 살펴보면, 대체적으로 판단, 기준, 정보 제공, 의사 결정, 기술 등의 용어가 사용되고 있다. 이들 용어에 기초하면, 교육 평가는 '교육대상을 기술하기 위한 정보를 수집하고, 이에 기초하여 기준에 따라 가치를 판단하거나 의사 결정을 위한 정보 제공 활동'으로 정의할 수 있다. 교육 평가에 대한 학자들의 대표적인 정의는 〈표 1-2〉와 같다.

〈표 1-2〉 교육 평가에 관한 국내·외 학자들의 정의

학자(연도)	내용
김대현, 김석우(2020)	교육목적의 달성 정도를 판단하고, 일정한 기준을 가지고 교육활동의 효율성을 가늠하여 나타난 결과에 대한 가치를 판단하는 체계적인 과정
성태제(2019a)	교육과 관련된 모든 것의 양, 질, 가치, 장점 등을 체계적으로 측정하여 판단하는 주관적 행위
오성삼, 구병두(2004)	교육목적의 달성도를 평가하는 과정, 결과에 대한 가치를 판단하는 체계적인 과정
Caswell(1984)	평가 활동을 구성하는 주요 활동에 대한 가치 판단 행위
Cronbach(1963)	의사 결정에 필요한 정보를 제공하는 일
Eisner(1985)	교육 프로그램에 대한 전문적 감식과 비평
Parlett & Hamilton (1976)	교육의 과정과 절차에 관련된 요소들을 명료하게 보여줌으로써 교육의 개선에 도움을 주는 과정
Provus(1971)	성취 결과를 어떤 기준에 비추어 비교하고 그 불일치 정도 또는 차이가 있는가를 결정하는 활동
Scriven(1967)	프로그램의 장점과 가치를 결정하는 일
Stake(1967)	프로그램을 기술하고 판단하는 과정
Stufflebeam(1971)	프로그램의 상황, 투입, 과정, 산출에서의 의사 결정 정보를 제공하는 일
Tyler(1967)	교육 프로그램의 목표가 실제로 달성된 정도를 판단하는 과정

〈표 1-2〉에서 보는 바와 같이, Tyler(1967)는 교육 평가를 교육목적이나 목표의 달성 여부를 확인하는 과정으로 정의하였으며, Stake(1967)는 목표 또는 성취 수준 중심의 평가관을 비판하고 어떤 경험이나 활동 과정의 가치를 판단하는 데 중점을 두고 정의하였다. Stufflebeam(1971)은 교육 평가를 의사 결정 대안들을 판단하는 데 유용한 정보를 기술, 획득, 제공하는 과정으로 정의하면서 평가의 궁극적인 목

적을 의사 결정에 대한 정보 제공 활동으로 정의하였다. 이상을 종합하면, 교육 평가는 학습자 및 수업 방법 개선, 행정적 제도에 관한 의사 결정을 내리는 데 관련된 정보의 수집과 활용 등을 포함하여 폭넓게 정의할 수 있다.

나. 평가와 유사한 용어와의 관계

1) 측정

측정(measurement)은 어떤 행동이나 사물 또는 사건의 증거를 수집하기 위해 같은 대상에 일정한 규칙에 따라 수치를 부여하고 수량화하는 것이다(오성삼, 구병두, 2004). 측정이란 어떤 대상이나 사건에 체계적으로 숫자를 부여하는 것이다. 측정의 장점은 주어진 준거를 확인할 때 간편하게 이용할 수 있다는 점이다(김대현, 김석우, 2020). 검사라는 도구를 이용하여 자료를 수집하는 과정을 측정이라고 하며, 수집된 자료(data)를 측정치라고 하고, 이 측정치를 가지고 가치판단의 행위를 할 때 이것을 평가라고 한다. 예를 들면, 어떤 교사가 자와 저울이라는 도구를 가지고 학생의 키와 몸무게를 측정하여 키가 150cm, 160cm, 몸무게가 50kg, 60kg 등으로 측정치를 산출하고, 이 측정치에 기초하여 '키가 작다, 크다' 혹은 '몸무게가 가볍다, 무겁다' 등의 가치판단을 하게 되며, 이러한 가치판단 행위가 평가에 해당된다. 이와 같이 측정과 평가는 서로 밀접한 관계에 있으며, 올바른 측정이 올바른 평가의 첫 번째 단계라고 할 수 있다.

측정의 특징을 살펴보면 다음과 같다. 첫째, 측정은 간접적이다. 지능을 측정할 경우, 지능 자체를 무게, 길이, 부피, 형태 등과 같이 직접 측정이 불가능하다. 왜냐하면 온도는 온도계, 무게는 저울 등과 같이 객관적이고 표준화된 측정 도구가 있으나, 인간의 고등 정신 능력은 측정 도구의 극히 작은 오차를 인정하더라도 정확히 잴 수 없기 때문이다. 둘째, 측정은 불완전하다. 특정 영역이나 내용에 대한 성취도를 측정하는 검사의 경우, 일부 문항만이 표집되는 한계가 있다. 따라서 검사 도구를 개발할 때에는 과제의 내용이나 영역의 대표성을 확보할 수 있는 행동적 과제를 적절히 분배하고 선택할 필요가 있다. 셋째, 측정은 상대적이다. 예를 들어, 어떤 학습자가 역사 과목 시험의 문항 중 50%를 정확하게 답하였고, 수학 과목 시험의 문항에서는 완전히 틀렸다면, 이 학습자는 역사 과목에서는 성적이 나쁘고 수학 개념에 대한 지식은 전혀 없다고 단언할 수 있을까? 그렇지는 않다. 왜냐하면 이 학생의 역사 과목 시험 점수가 피험자 중에서 상위에 해당될 수 있으며, 기초적인 수학 개념에 대한 문제를 해결할 수 있으나 이에 대한 문항이 출제되지 않을 수 있기 때문이다. 이와 같이 측정치는 피험자 집단 개개인 간의 상대적인 위치를 의미하기 때문에, 획득된 자료만으로 정확하게 판단할 수 없는 한계가 있다. 넷째, 측정은 선발, 분류, 예언 등에 활용된다. 특정 검사가 실시되어 얻은 측정치는 어떤 특성이나 특수성에 기반을 두고 사람이나 대상을 분류하려는 목적을 전제로 한다. 다섯째, 측정에는 오차가 수반된다. 어떤 형태로 측정된 것이든 자료의 측정치는 오차(error)를 지니고 있다. 측정 도구는 측정 방법의 일관성 부족, 환경적 요인, 도구의 불안정성 등의 다양한 이유로 오차가 수반될 수 있다. 이상에서 살펴본 측정과 평가의 관계를 비교하면 〈표 1-3〉과 같다.

〈표 1-3〉 측정과 평가 비교(김성훈 외, 2018)

비교 기준	측정	평가
개념	수량화 과정	가치판단
대상에 대한 가정	불변	가변
방법	지필고사 등 검사에 이용	가능한 모든 방법에 이용
양호도	신뢰도 중시	타당도 중시
활용	선발, 분류, 예언	진단, 교수, 수업 효과 판단

2) 검사

검사(test)는 관심 대상을 측정하기 위해 표집된 행동을 체계적으로 관찰하는 활동이나 그 활동에 사용되는 도구로 정의할 수 있다. 간단히 설명하면, 검사는 개인의 지식, 기술, 태도 및 가치관 등을 평가하는 데 사용되는 측정 도구를 말한다. 따라서, 측정이나 총평보다 좁은 의미로 설명할 수 있다. 검사를 사용하지 않고 측정할 수 있으나, 검사를 실시할 때에는 반드시 측정이 이루어지기 때문이다. 교사가 관찰하여 수업태도에 점수를 매기는 행위는 측정이지만 검사를 사용하지는 않는다. 이와 같이, 검사는 측정이나 총평의 과정에서 도구로 사용된다.

3) 총평

총평(assessment)은 개인의 행동 특성을 특별한 환경이나 상황과 관련하여 의사결정을 하려는 전인적 평가이며(김대현, 김석우, 2020), 학생이 할 수 있는 것, 얼마나 발전하였는지에 대해 양적 및 질적 자료를 종합적으로 수집하는 과정이다(박일수, 2022). 이는 인간의 행동변화 이해에 중요한 역할을 하며 다음과 같은 특징이 있다. 첫째, 총평에서는 판단을 위해 전체적, 직관적, 질적인 다양한 측정방법을 사용한다. 둘째, 총평에서는 주로 개인과 환경의 상호작용에 관심을 갖는다. 셋째, 총평에서는 개인과 환경 사이의 상호작용을 분석함에 있어서 주로 구인 타당도(construct validity)를 활용한다. 넷째, 총평의 결과는 예언, 실험, 분류에 활용된다(김대현, 김석우, 2020). 총평과 평가를 비교하면 〈표 1-4〉와 같다.

〈표 1-4〉 총평과 평가의 비교(Apple & Krumsieg, 1998)

구분	총평	평가
정의	• 수행 개선을 위한 자료 수집, 검토, 사용하는 과정	• 기준과 증거에 기초하여 판단하는 과정
성격	• 개선에 초점이 있으므로 진단적임	• 점수 부여가 목적이므로 판단적임
목적	• 미래 수행 개선 및 수행에 대한 피드백 제공	• 목표 달성 여부 판단
기능	• 질 향상을 위한 형성적 기능	• 질 판단을 위한 총괄적 기능
피드백	• 관찰에 기초하여 장점과 단점 제시	• 설정된 성취 기준의 질에 따른 피드백
평가자와 피평가자와의 관계	• 반성적 • 내부에서 기준 설정	• 처방적 • 외부에서 기준 설정
기준 설정	• 공동 설정 • 협력적	• 평가자 설정 • 경쟁적
기준과 측정 수정	• 융통적	• 고정적
방향	• 과정 중심	• 결과 중심
측정 기준	• 절대기준	• 상대기준

3 교육 평가의 기능

교육 평가의 기능을 보는 시각은 다양하다. 따라서, 교육활동과 관련지어 교육 평가가 지닌 기능을 살펴보면 다음과 같다(김대현, 김석우, 2020).

첫째, 학습자의 학업 성취도를 평가하는 일이다. 교육이 목표 지향적 행위의 활동이라면, 목표가 어느 정도 달성되었는가는 학습자의 학업 성취도를 확인함으로써 가능하다.

둘째, 개별 학습자 또는 어떤 학급에서 직면하고 있는 학습 곤란을 진단하고 처방하는 일이다. 교육 평가란 기본적으로 교육을 보다 효과적이고 효율적으로 하기 위한 수단이다.

셋째, 교육 프로그램의 교육적 효과를 평가하는 일이다. 교육 프로그램이란 매우 복합적인 개념으로 교육과정, 수업 과정, 수업자료, 학급조직 등이 포함된다. 이러한 교육 프로그램에 의해 결과가 도출되고, 그 결과는 교육 프로그램의 질을 나타내는 것이 된다.

넷째, 개별 학습자의 진로지도를 위한 자료를 수집하는 일이다. 교육 평가의 기능 중의 하나는 학습자의 추후 진로지도를 위한 자료를 수집하는 것이다.

다섯째, 교육의 제반 문제를 이해하고 올바른 교육 정책 및 일반정책을 수립하는 데 도움을 주는 일이다. 전국적인 평가 연구나 국제 간 학력 비교 연구 등을 통해 학습자가 반드시 습득해야 할 기본적 능력이 어느 정도인가를 확인할 수 있으며, 이것은 교육 정책의 방향을 수립하는 데 기여한다.

이러한 의미에서 교육 평가는 학습자의 학업 성취도 평가, 학습 곤란 진단 및 처방, 교육 효과성 평가, 진로지도를 위한 자료 수집, 교육 정책 방향 수립 근거 등의 기능을 한다고 볼 수 있다.

4 학생 평가의 절차

가. 평가의 목적 확인

교사가 학생을 평가하고자 할 때 가장 먼저 고려해야 할 것은 평가의 목적을 확인하는 일이다. 평가의 목적은 평가 영역과 내용 선정, 평가 방법의 결정, 평가 환경의 구축, 평가 결과에 대한 해석 등의 후속 단계에 영향을 미친다.

나. 평가 영역과 평가 내용의 선정

평가 목적이 구체적으로 확인되면, 목적 달성 여부를 확인하는 데 가장 적절한 평가 영역과 평가 내용을 선정한다. 평가 영역과 평가 내용 선정은 평가 목적과 일관되게 이루어져야 한다. 평가 영역은 인지적, 정의적, 심동적 영역을 고려하여 선정한다. 평가 내용은 범위와 수준을 고려하여 결정한다. 평가 목적 달성 여부를 확인하는 데 가장 적절한 평가 영역과 평가 내용이 선정되어야 한다.

다. 평가 방법 결정

평가 영역과 평가 내용이 선정되면, 이에 대한 평가 방법을 결정한다. 평가 방법은 평가 목적, 평가 영역, 평가 내용에 따라 달라진다. 평가 내용을 가장 잘 드러내고 변별해 낼 수 있는 평가 방법을 선택하는 것이 중요하다.

라. 평가 도구의 선정 및 개발

교사는 평가 목적, 평가 영역과 평가 내용 선정, 평가 방법 결정 등의 과정을 통해 전체적인 평가의 틀을 수립하면, 평가 도구를 선정하거나 개발하는 일을 하게 된다. 평가 도구는 기존에 개발된 도구를 사용할 수도 있고 교사 자신이 직접 개발하여 사용할 수도 있다. 컴퓨터를 이용하여 학생 개개인의 수준에 맞는 개별적인 평가를 가능하게 해주는 컴퓨터를 이용한 개별적응검사(Computer Adaptive Testing)를 활용할 수도 있다.

마. 평가 계획 수립

이 단계에서는 평가 대상, 평가 횟수, 평가 시기, 평가 장소, 평가에 필요한 인원, 채점 방식, 기타 도구 등 평가를 실제로 수행하는 데 필요한 인적·물적 여건을 점검하여 평가 계획을 철저하게 수립한다.

바. 평가 환경의 구축

평가 계획에 따른 평가 환경을 구축한다. 예를 들어, 학교 일정에 맞추어 평가 시기를 결정하고, 평가 장소를 확보하고, 평가 도구 및 관련 도구들을 마련한 후 감독자나 채점자 등을 선정한다. 평가 문항의 유출을 막기 위한 보안점검을 철저히 하고, 평가 환경 변인을 표준화함으로써, 공정한 평가 환경을 마련해야 한다.

사. 자료의 수집

평가자가 평가 대상자로부터 자료를 수집하는 과정은 피평가자인 학생의 입장에서는 시험을 치르는 과정으로 인식된다. 평가의 시행이 평가 대상에 대한 자료를 수집하는 기능뿐만 아니라 학생에 대한 교육의 기능을 포함할 수 있도록 유의한다.

아. 자료의 분석

수집된 자료는 평가 목적과 내용에 맞추어 분석 과정을 거친다. 자료 분석 단계에서는 자료의 특성을 명확하게 파악하여 그에 맞는 분석 방법을 선택해야 한다. 왜냐하면, 분석 방법에 따라 자료로부터 의미 있는 결과를 찾아낼 수도 있고 그렇지 못할 수도 있기 때문이다.

자. 평가 결과에 대한 해석

수집된 평가 결과에 대한 양적 분석과 질적 분석이 끝나면 분석 결과에 대한 해석을 통해 평가 결과의 의미를 도출한다. 평가 결과에 대한 해석은 평가 대상인 학생 개개인의 특성과 상황을 종합적으로 고려해야 한다.

차. 평가 결과의 보고

평가 결과에 대한 해석을 마치면 이를 적절한 형태로 요약·정리한다. 평가의 목적에 따라 평가 결과의 보고 형태나 대상은 달라질 수 있다.

카. 평가 결과의 활용

평가 결과의 활용은 평가 과정을 완성시키는 필수적인 단계이다. 평가 결과는 평가 목적과 부수적인 교육 목적, 교사의 자기평가 자료 등으로 활용될 수 있다. 예를 들어, 학생의 학업 성취도 여부 확인을 통한 교수·학습 개선의 자료로 활용할 수 있다.

요약

교육 평가의 개관에서는 교육관과 교육 평가, 교육 평가의 정의, 교육 평가의 기능, 학생 평가의 절차를 살펴보았다. 교육관과 교육 평가에서는 선발적 교육관, 발달적 교육관, 인본주의적 교육관과 교육 평가의 관계를 살펴보았다. 교육 평가의 정의에서는 교육 평가에 대한 다양한 정의와 평가와 유사한 용어인 검사, 측정, 총평과의 관계를 통해, 교육 평가의 개념을 정의하였다. 교육 평가의 기능은 학습자의 학업 성취도 평가, 학습 곤란 진단 및 처방, 교육 효과성 평가, 진로지도를 위한 자료 수집, 교육 정책 방향 수립 근거 등으로 구분하여 살펴보았다. 학생 평가의 절차는 평가의 목적 확인, 평가 영역과 평가 내용의 선정, 평가 방법 결정, 평가 도구의 선정 및 개발, 평가 계획 수립, 평가 환경의 구축, 자료의 수립, 자료의 분석, 평가 결과에 대한 해석, 평가 결과의 보고, 평가 결과의 활용 순서의 순으로 진행된다.

생각해 봅시다

1. 자신의 관점에서 교육 평가 정의를 설명하시오.
2. 교육 평가의 목적을 설명하시오.
3. 교육 평가의 기능을 설명하고, 교육 평가의 본질적 기능에 대하여 토의하시오.
4. 학생 평가의 절차에 따라 학생 평가 계획을 수립하시오.

02 Chapter 교육 평가의 유형

학습내용

1. 평가 시기에 따른 분류: 진단 평가, 형성 평가, 총괄 평가
2. 평가 영역에 따른 분류: 인지적 영역, 정의적 영역, 심동적 영역
3. 평가 결과 해석 기준에 따른 분류: 준거 참조 평가, 규준 참조 평가, 능력 참조 평가, 성장 참조 평가
4. 평가 초점에 따른 분류: 과정 중심 평가, 결과 중심 평가

학교에서 교사가 수행하는 학생 평가는 다양한 기능을 수행한다. 교사들은 대부분 평가 결과에 근거하여 학생이 성취한 정도를 파악한다. 그러나 이외에도 평가를 통해 학생들의 출발점을 확인하기도 하고, 수업 개선을 위한 피드백 자료를 얻기도 한다(김재춘 외, 2020). 따라서, 교육 평가의 유형은 검사 점수에 가치를 부여하기 위해 어떠한 평가 기준을 사용하느냐에 따라 다양하게 구분될 수 있다. 교육 평가 유형에서는 평가 시기, 평가 영역, 평가 결과 해석 기준 및 평가 초점에 따라 구분되는 평가 방법에 대하여 살펴본다.

1 평가 시기에 따른 분류

교육 평가의 형태는 평가가 진행되는 시기에 따라 구분할 수 있으며, 교수·학습 과정의 단계 중 어느 시점에서 어떠한 목적으로 시행하느냐에 따라 진단 평가,

형성 평가, 총괄 평가로 구분된다. 이러한 구분 방식은 Glaser(1962)의 수업 모형(basic teaching model)과 관련이 있다. Glaser(1962)는 수업 모형의 요소로 ① 수업 목표 설정(instructional objectives), ② 출발점 행동 진단(entering behavior), ③ 수업 과정(instructional procedures), ④ 평가(performance assessment)의 4가지 요소를 제시하고, **[그림 2-1]**의 절차적 모형을 제시하였다.

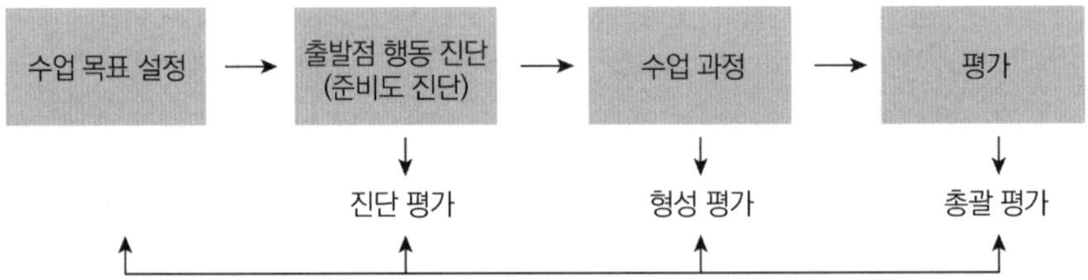

[그림 2-1] 교수·학습 진행 과정에 따른 평가 방법(Glaser, 1962)

[그림 2-1]에서 볼 수 있듯이, 진단 평가는 수업이 시작되기 전에, 형성 평가는 수업이 진행되는 동안에, 총괄 평가는 수업의 마지막 단계에서 학생의 성취도를 평가한다. 진단 평가, 형성 평가와 총괄 평가의 특징에 대해 각각 설명하면 다음과 같다.

가. 진단 평가

진단 평가(diagnostic evaluation)는 교수·학습 활동이 시작되는 초기 단계에서 수업 전략을 위한 기초자료를 수집하고, 적절한 교수·학습 방법을 결정하기 위해 학생의 기초 능력을 진단하는 평가이다. 진단 평가는 세 가지 형태로 나누어 볼 수 있다(오성삼, 구병두, 2004). 첫째, 계획된 학습 단위의 목표를 성취하는 데 선행조건이 되는 출발점 행동을 학습자가 얼마나 소유하고 있는지를 결정한다. 둘째, 주어진 학습 단위 또는 교육과정의 목표를 학습자가 알고 있는지 그 결과에 따라서 조금 더 높은 수준의 학습 프로그램을 제공해야 할 것인지의 여부를 결정한다. 셋째, 교수 방법이나 교수 전략을 세우기 위한 자료를 제공하기 위하여, 학습자가 지니고 있는 흥미, 성격, 적성, 선행 학습 정도 등의 개인적 특성을 파악한다. 이와 같은 질문에 대한 정보를 얻기 위해서 준비도 검사, 적성 검사, 관찰법과 같은 다양한 기술이 사용된다.

진단 평가의 특징은 다음과 같다. 첫째, 현재 학습하고자 하는 학습 과제와 관련하여 선행 학습의 결손을 진단하고 이에 대한 교정 학습과 보충 학습을 위하여 평가가 실시된다. 둘째, 현재 학습하고자 하는 학습 과제를 학습자가 얼마나 달성하고 있는가를 판단하기 위하여 평가가 실시된다. 셋째, 학습자의 흥미, 성격, 학업 성취 및 적성 등에 따라 적절한 교수 처방을 위해 평가가 실시된다.

나. 형성 평가

형성 평가(formative evaluation)는 교수·학습이 이루어지는 동안 학습 곤란의 교정, 학습 행동의 강화, 교사의 교수·학습 방법과 교육과정 개선 등을 위한 목적으로 이루어지는 평가이다. 형성 평가는 학습의 성공과 실패에 관해서 학생과 교사에게 지속적인 피드백(feedback)을 제공한다. 피드백은 성공적인 학습을 강화하거나 교정을 필요로 하는 학습자의 결함을 개선하는 데 사용된다. 피드백은 교사의 수업 방법을 변경하거나 집단과 개인의 보충 학습에 대한 정보를 제공한다.

형성 평가의 특징은 다음과 같다. 첫째, 교육 목표에 기초하여 평가하므로 교육 목적 이원 분류표 작성에서부터 교사가 직접 평가 도구를 제작한다. 둘째, 학생의 학습 증진을 위한 개선점에 강조를 두었으므로 절대기준 평가 이론에 기초를 둔다. 셋째, 학생 및 교사에게 송환효과(feedback effect)를 제공하기 때문에, 수업 개선을 위해서 즉각적으로 활용한다. 넷째, 점수를 매기거나 학생의 능력을 판정하려는 평가가 아니므로 형성 평가의 결과를 학생의 성적에 반영하지 않아도 된다. 다섯째, 평가 도구는 교사 자신이 제작하는 것이 원칙이다. 여섯째, 평가는 학습의 진행 과정에서 자주 이루어지며 일반적으로 주어진 단원에 속하는 소단원 또는 주제에 대한 학습이 끝난 시기에 실시된다는 특징이 있다. 따라서, 형성 평가는 학습 활동의 조정, 학습 활동의 강화, 학습 곤란의 신단과 교성, 학습지도방법의 개선, 학습 방향의 명시 등의 기능이 있고, 학생의 학습 동기 형성에 영향을 미치는 강력한 요인이라고 할 수 있다.

다. 총괄 평가

총괄 평가(summative evaluation)는 한 과정(course) 또는 단원 수업의 끝에 실시되는 평가로서, 총합 평가로도 부른다. 총괄 평가란 교수·학습의 효과와 관련해서 학습이 종료된 이후에 교육 목표 달성 여부를 종합적으로 판정하는 평가이다(성태제, 2019a). 총괄 평가는 교육과정이 끝난 후 교수·학습에서 괄목할 만한 성장이 이루어졌는지, 즉 교육 목표를 어느 정도 성취하였는지를 판단하는 평가이다(Scriven, 1967). 총괄 평가는 학생 성적과 점수 판정, 후속 학습 과제의 성패 예측, 교수·학습 방법 개선, 학생에 대한 피드백 제공, 집단 간 성취 결과 비교 및 자격 인정 등에 활용된다.

이상에서 살펴본 진단 평가, 형성 평가, 총괄 평가의 특징과 기능을 종합적으로 비교해 보면 〈표 2-1〉과 같다.

〈표 2-1〉 진단 평가, 형성 평가, 총괄 평가의 비교

구분	진단 평가	형성 평가	총괄 평가
평가 목적	• 출발점 행동 확인 • 학습 곤란에 대한 사전 대책 수립	• 학습 활동 조정 • 학습 활동 강화 • 학습 곤란 진단과 교정 • 교수·학습 방법 개선	• 성적 결정 • 교수·학습 방법 개선 • 집단 간 학습효과 비교
평가 시기	• 교수·학습 시작 전	• 교수·학습 진행 중	• 교수·학습 완료 후
평가 방법	• 비형식적 • 형식적 평가	• 수시 • 비형식적 • 형식적 평가	• 형식적 평가
평가 주체	• 교사 • 교육 내용전문가	• 교사	• 교육 내용전문가 • 교육 평가전문가
평가 기준	• 준거 참조	• 준거 참조	• 규준 참조 • 준거 참조

2 평가 영역에 따른 분류

평가 영역에 따른 교육 평가의 유형 구분은 교육 목표와 학습 내용의 분류 영역과 유사하다. 평가 영역에 따른 교육 평가의 유형은 인지적, 정의적, 심동적 영역으로 구분할 수 있다.

가. 인지적 영역

인지적 영역은 기억, 사고, 문제 해결, 창의력과 같은 사고 과정을 포함한다. Bloom 등(1956)은 인지 과정의 복잡성의 원칙에 기초하여, 인지적 행동 영역을 **[그림 2-2]**와 같이 분류하였다.

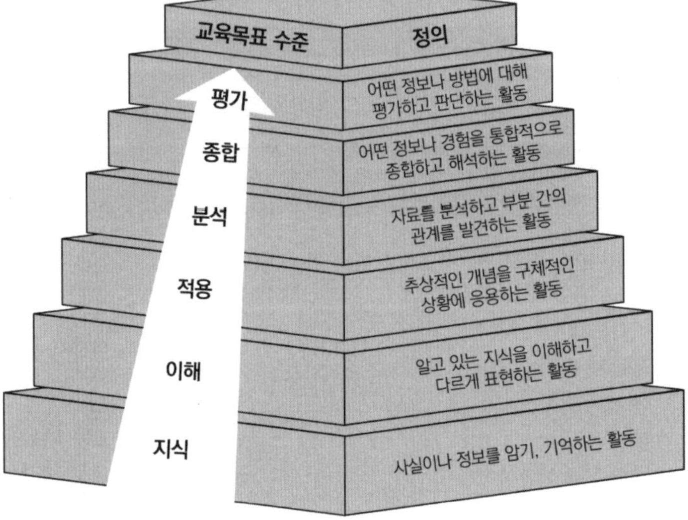

[그림 2-2] Bloom 등(1956)의 인지적 행동 영역의 분류

복잡성이란 인지적 행동을 지식에서 평가의 순서에 따라 위계를 이루도록 조직하는 원칙이다. 위계를 이룬다는 것은 상위수준의 목표가 하위수준의 목표를 모두 포함하는 동시에 하위수준의 목표에 의존한다는 것을 의미한다. 예를 들어, 평가는 지식·이해·적용·분석·종합의 선행조건이라고 가정한다.

이와 같이 인지적 영역의 목표 분류학은 지식, 이해, 적용, 분석, 종합, 평가의 6가지 범주로 구성된다. 첫째, 지식이란 이미 배운 내용(사실, 개념, 원리, 방법, 유형, 구조, 이론) 등을 기억(재인 및 회상)하는 능력이다. 둘째, 이해란 자료나 내용의 의미를 파악하는 능력으로서, 단순히 자료를 기억하는 수준을 넘어 자료가 치환되어도 의미를 파악하고 해석하고 추론하는 능력이다. 셋째, 적용이란 과거에 학습한 자료와 내용(개념, 규칙, 원리, 이론, 기술, 방법) 등을 구체적인 또는 새로운 장면에서 활용할 수 있는 능력을 의미한다. 넷째, 분석이란 주어진 자료를 구성 요소나 부분으로 분해하고, 부분 간의 관계와 그것이 조직되어 있는 방법을 발견하는 능력을 의미한다. 다섯째, 종합이란 비교적 새롭게 독창적인 형태, 원리, 관계, 구조 등을 만들기 위해 여러 가지 요소나 부분을 전체로서 하나가 되도록 결합하는 능력이다. 여섯째, 평가란 어떤 특정한 목적과 준거를 기준으로 아이디어, 작품, 해결책, 방법, 자료 등의 가치를 판단하는 능력을 의미한다. Bloom 등(1956)이 제시한 인지적 영역의 목표 분류학의 구조는 〈표 2-2〉와 같다.

〈표 2-2〉 인지적 영역의 목표 분류학의 구조(Bloom et al., 1956)

하위영역	설명	하위유형	일반목표 예시
1. 지식 (knowledge)	• 이미 배운 내용(사실, 개념, 원리, 방법, 유형, 구조, 이론) 등을 기억(재인 및 회상)하는 능력	• 특수한 것에 대한 지식 • 용어에 대한 지식 • 특수한 사실에 대한 지식 • 특수한 것을 다루는 방법과 수단에 대한 지식 • 합의에 대한 지식 • 경향과 순서에 대한 지식 • 분류와 유목에 대한 지식 • 준거에 대한 지식 • 방법론에 대한 지식 • 보편적인 것과 추상적인 것에 대한 지식 • 원리와 일반화된 내용에 대한 지식 • 이론과 구조에 대한 지식	• 용어 정의 • 구체적 사실 기억 • 방법과 절차 기술 • 원리 기술 • 구두점 사용규칙 열거하기 • 세포의 대사법칙 기술하기
2. 이해 (comprehension)	• 자료나 내용의 의미를 파악하는 능력 • 단순히 자료를 기억하는 수준을 넘어 자료가 치환되어도 의미를 파악하고 해석하고 추론하는 능력	• 번역 • 해석 • 추론	• 사실과 원리 이해 • 언어적 자료 해석 • 그래프 해석 • 언어적 자료의 공식 표현 • 추상적 법칙 설명 • 자료에서 경향성 예측

하위영역	설명	하위유형	일반목표 예시
3. 적용 (application)	• 과거에 학습한 자료와 내용(개념, 규칙, 원리, 이론, 기술, 방법) 등을 구체적인 또는 새로운 장면에서 활용할 수 있는 능력		• 문법에 맞게 문장 작성하기 • 지각변동의 법칙에 따라 해안의 형성 과정 설명하기 • 관성의 법칙을 실생활 문제에 적용하기 • 도표나 그래프 작성하기
4. 분석 (analysis)	• 주어진 자료를 구성요소나 부분으로 분해하고, 부분 간의 관계와 그것이 조직되어 있는 방법을 발견하는 능력	• 요소 분석 • 관계 분석 • 조직 원리 분석	• 사실과 추론을 구분하기 • 작품의 조직적 구조를 분석하기 • 원인과 결과를 찾아내기 • 작품을 보고 작가의 관점, 사고방식, 감성 추리하기
5. 종합 (synthesis)	• 비교적 새롭게 독창적인 형태, 원리, 관계, 구조 등을 만들기 위해 여러 가지 요소나 부분을 전체로서 하나가 되도록 결합하는 능력	• 독특한 의사전달 방법 창안 • 계획 또는 목표의 창안 • 추상적 관계 도출	• 조직적인 논설문 작성하기 • 독창적인 소설이나 시 쓰기 • 가설 설정하기 • 실험계획 수립하기 • 분류체계 구성하기
6. 평가 (evaluation)	• 어떤 특정한 목적과 준거를 기준으로 아이디어, 작품, 해결책, 방법, 자료 등의 가치를 판단하는 능력	• 내적 증거에 의한 판단 • 외적 증거에 의한 판단	• 자료의 논리적 일관성 판단하기 • 내적 준거에 따라 작품의 가치를 판단하기 • 외적 준거에 따라 작품의 가치를 판단하기

한편, Anderson 등(2001)은 Bloom 등(1956)이 제시한 인지적 영역의 목표 분류학을 수정하여, 지식과 인지 과정의 이차원에 따라 인지적 영역의 신교육 목표 분류학을 **[그림 2-3]**과 같이 제시하였다.

	인지 과정 차원					
지식 차원	기억하다	이해하다	적용하다	분석하다	평가하다	창안하다
사실적 지식	나열하다	요약하다	유형화하다	순서화하다	순위를 매기다	결합하다
개념적 지식	기술하다	해석하다	실험하다	설명하다	평가하다	계획하다
절차적 지식	표를 만들다	예측하다	계산하다	구별하다	결론 내리다	구성하다
메타인지적 지식	적절하게 활용하다	실행하다	구성하다	달성하다	행동하다	실현하다

[그림 2-3] 인지적 영역의 신교육 목표 분류학

[그림 2-3]에서 볼 수 있듯이, 인지적 영역의 신교육 목표 분류학에서는 기존의 인지적 목표 분류학의 인지 과정 차원에서 지식 차원을 추가하여, 인지적 영역의 목표 분류학을 이차원적인 구조로 제시하였다. 지식 차원은 사실적 지식, 개념적 지식, 절차적 지식, 메타인지적 지식의 4가지 유목으로 구성된다. 첫째, 사실적 지식이란 교과 및 그 외 관련된 문제를 해결하기 위해 반드시 숙지해야 할 기본적인 요소에 대한 지식을 의미한다. 둘째, 개념적 지식이란 구성 요소들이 통합적인 기능을 하게 하는 기본 요소들 사이의 상호관계에 대한 지식을 의미한다. 셋째, 절차적 지식이란 어떤 것을 수행하는 방법, 과학적 탐구 방법, 기능, 기술을 활용하기 위한 방법, 준거, 알고리즘, 기법에 대한 지식을 의미한다. 넷째, 메타인지적 지식은 일반적 인지 전반에 관한 지식 및 인식에 관한 지식, 자신의 인지에 관한 지식을 의미한다. 이러한 유목의 위계는 구체적인 것부터 추상적인 것까지의 연속선상에 놓이는 것으로 간주된다(Krathwohl, 2002). 인지적 영역의 신교육 목표 분류학의 지식 차원은 〈**표 2-3**〉과 같다.

〈표 2-3〉 인지적 영역의 신교육 목표 분류학의 지식 차원(Krathwohl, 2002)

주요 유형	설명	하위유형	예시
1. 사실적 지식	• 교과 및 그 외 관련된 문제를 해결하기 위해 반드시 숙지해야 할 기본적 요소	• 전문용어에 대한 지식	• 전문용어, 음악부호
		• 구체적 사실과 요소에 대한 지식	• 주요자원, 신뢰로운 정보원
2. 개념적 지식	• 구성 요소들이 통합적인 기능을 하게 하는 기본 요소들 사이의 상호관계	• 분류와 유목에 대한 지식	• 지질학 연대, 기업소유 형태
		• 원리와 일반화에 대한 지식	• 피타고라스의 정리, 수요와 공급의 법칙
		• 이론, 모형, 구조에 대한 지식	• 진화론, 의회조직
3. 절차적 지식	• 어떤 것을 수행하는 방법, 과학적 탐구 방법, 기능, 기술을 활용하기 위한 방법, 준거, 알고리즘, 기법	• 교과에 특수한 기능과 알고리즘에 대한 지식	• 수채화를 그리는 기능 • 정수 나눗셈 알고리즘
		• 교과에 특수한 기법과 방법에 대한 지식	• 면접기법, 과학적 방법
		• 적절한 절차의 사용 시점을 결정하기 위한 준거에 대한 지식	• 뉴턴의 제2법칙이 포함된 절차의 적용 시점을 결정하기 위한 준거 • 사업비용 추정 방법의 실현가능성을 판단하기 위한 준거
4. 메타인지적 지식	• 일반적 인지 전반에 관한 지식 및 인식에 관한 지식, 자신의 인지에 관한 지식	• 전략적 지식	• 교재단원의 구조를 파악하기 위한 수단으로서 개요를 작성하는 지식, 발견법 활용에 대한 지식
		• 인지과제에 대한 지식	• 특정 교사가 실시하는 시험유형에 대한 지식, 과제의 인지적 요구에 대한 지식
		• 자기지식	• 논문을 비판하는 것은 개인적 강점이지만 논문을 작성하는 것은 개인의 약점이라는 지식, 자신의 지식수준에 대한 인식

인지적 영역의 신교육 목표 분류학의 인지 과정 차원은 6가지 유목, 즉 '기억하다, 이해하다, 적용하다, 분석하다, 평가하다, 창안하다'로 구성된다. 첫째, 기억하다는 장기기억으로부터 관련된 지식을 인출하는 것을 의미한다. 둘째, 이해하다는 구두, 문자, 그래픽을 포함한 수업메시지로부터 의미를 구성하며 자신이 알고 있는 지식과 새로 습득한 지식을 관련짓는 것을 의미한다. 셋째, 적용하다는 절차를 이용하여 특정 상황에 대한 문제를 해결하는 것을 의미한다. 넷째, 분석하다는 자료를 구성 부분으로 나누고, 그 부분들 간의 관계 및 부분과 전체의 구조가 어떻게 되어 있는가를 결정하는 것을 의미한다. 다섯째, 평가하다는 준거나 기준에 따라 판단하는 것을 의미한다. 여섯째, 창안하다는 요소들을 일관성 있거나 기능적인 전체로 형성하기 위해 재조직하는 것을 의미한다. 인지적 영역의 신교육 목표 분류학의 인지 과정 차원은 〈표 2-4〉와 같다.

〈표 2-4〉 인지적 영역의 신교육 목표 분류학의 인지 과정 차원(Krathwohl, 2002)

주요 유목	설명	하위유형	관련된 용어와 예시
1. 기억하다	• 장기기억으로부터 관련된 지식을 인출한다.	• 재인하기	• 확인하기: 제시된 자료와 일치하는 지식을 장기기억 속에 넣기(예: 미국사의 주요 사건들의 날짜를 재인한다)
		• 회상하기	• 인출하기: 장기기억으로부터 관련된 지식을 인출하기(예: 미국사의 주요 사건의 날짜를 회상한다)
2. 이해하다	• 구두, 문자, 그래픽을 포함한 수업 메시지로부터 의미를 구성하며 자신이 알고 있는 지식과 새로 습득한 지식을 관련짓는다.	• 해석하기	• 명료화하기, 바꾸어쓰기, 표현하기, 번역하기: 하나의 표현 형태를 다른 표현 형태로 바꾸기(예: 주요 연설문이나 서류를 바꿔 쓴다)
		• 예증하기	• 예를 들기, 실증하기, 개념이나 원리의 구체적인 예나 범례 찾기(예: 다양한 미술양식의 예를 든다)
		• 분류하기	• 유목화하기, 포섭하기(예: 사물이 특정 유목에 속한다는 것을 결정한다)

주요 유목	설명	하위유형	관련된 용어와 예시
		• 요약하기	• 추상하기, 일반화하기: 일반적 주제나 요점 요약하기(예: 비디오테이프에 나타난 사상들에 대한 짧은 요약문을 쓴다)
		• 추론하기	• 결론짓기, 외삽하기, 내삽하기, 예언하기: 제시된 정보로부터 논리적인 결론을 도출하기(예: 외국어 학습에서 여러 사례로부터 문법적 원리를 추론한다)
		• 비교하기	• 대조하기, 도식화하기, 결합하기 • 두 개의 아이디어, 대상들 간의 일치점을 탐색하기(예: 역사적 사건들을 현재 상황과 비교한다)
		• 설명하기	• 모델 구성하기 • 인과관계 체제 모델 구성하기(예: 프랑스 18세기 주요 사건들의 원인을 설명한다)
3. 적용하다	• 절차를 이용하여 특정 상황에 대한 문제를 해결한다.	• 집행하기	• 시행하기 • 어떤 절차를 유사한 과제에 적용하기(예: 하나의 정수를 다른 정수로 나눈다)
		• 실행하기	• 사용하기 • 어떤 절차를 친숙하지 못한 과제를 적용하기(예: 뉴턴의 제2법칙을 적절한 상황에 활용한다)
4. 분석하다	• 자료를 구성 부분으로 나누고, 그 부분들 간의 관계 및 부분과 전체의 구조가 어떻게 되어 있는가를 결정한다.	• 구별하기	• 변별하기, 식별하기, 초점화하기, 선정하기 • 제시된 자료를 관련된 부분과 관련되지 않는 부분으로, 중요한 부분과 중요하지 않은 부분으로 구분하기(예: 수학적 문장제 문제에서 관련된 수와 관련되지 않은 수를 구분한다)
		• 조직하기	• 발견하기, 정합성 찾기, 통합하기, 윤곽 그리기, 해부하기, 구조화하기: 요소들이 구조 내에서 어떻게 기능하는가를 결정하기(예: 역사적으로 기술된 증거들을 특정한 역사적인 해설에 대한 찬반의 증거로서 구조화한다)

주요 유목	설명	하위유형	관련된 용어와 예시
		• 귀속하기	• 해체하기: 제시된 자료를 기반으로 하고 있는 관점, 편견, 가치, 혹은 의도를 결정하기(예: 저자의 정치적인 관점에 따라 그의 관점을 결정한다)
5. 평가하다	• 준거나 기준에 따라 판단한다.	• 점검하기	• 조정하기, 탐지하기, 모니터하기, 검사하기: 과정이나 산출물 내부의 오류나 모순을 탐지하기 • 과정이나 산출물의 내적 일관성 여부를 결정하기 • 절차가 실행될 때 그 효과성을 탐지하기(예: 과학자들의 결론이 관찰된 데이터로부터 도출되었는지 여부를 결정한다)
		• 비판하기	• 판단하기: 어떤 결과와 외적 기준 간의 불일치 여부를 탐지하기, 어떤 결과가 외적 일관성을 가졌는지의 여부를 결정하기, 특정 문제에 대한 절차의 적절성을 탐지하기(예: 두 가지 방법 중 어느 것이 주어진 문제를 해결하는 최상의 방법인지를 판단한다)
6. 창안하다	• 요소들을 일관성 있거나 기능적인 전체로 형성하기 위해 재조직하는 것이다.	• 생성하기	• 가설 세우기: 준거에 기반을 둔 대안적인 가설을 제안하기(예: 관찰된 현상을 설명하기 위해 가설을 설정한다)
		• 계획하기	• 설계하기: 어떤 과제를 성취하기 위한 절차를 고안하기(예: 특정한 역사적 토픽에 관한 연구 보고서를 계획한다)
		• 산출하기	• 구성하기: 어떤 절차를 만들어 내기(예: 어떤 특정한 목적을 위한 거주지를 건설한다)

Anderson 등(2001)의 인지적 영역의 신교육 목표 분류학과 Bloom 등(1956)이 제시한 인지적 영역의 목표 분류학의 관계는 **[그림 2-4]**와 같다. 인지적 영역의 신교육 목표 분류학은 기존의 인지적 영역의 목표 분류학에 비하여 구조, 용어, 위계 등 3가지 측면에서 변화가 있었다.

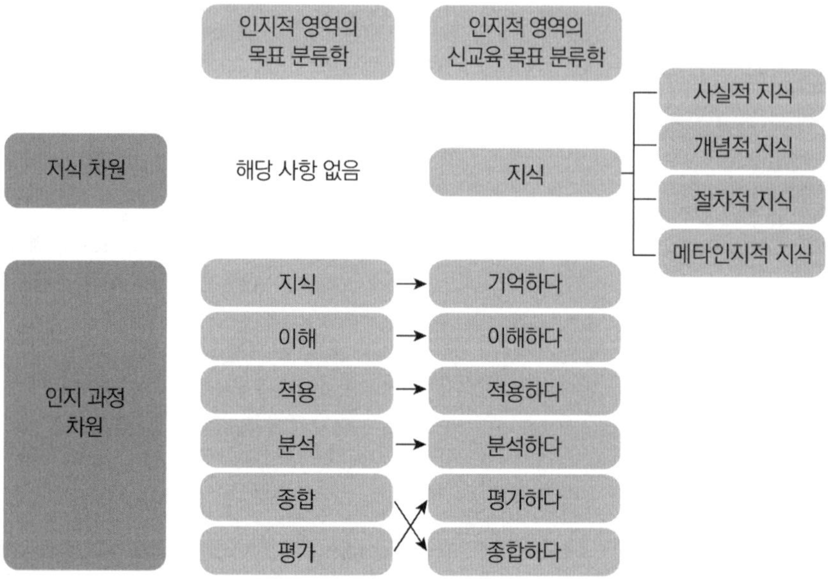

[그림 2-4] 인지적 영역의 목표 분류학과 인지적 영역의 신교육 목표 분류학과의 관계

첫째, 인지적 영역의 신교육 목표 분류학은 구조에 있어서 변화가 있었다. **[그림 2-4]**에서 볼 수 있듯이, 기존의 인지적 영역의 목표 분류학에서는, '지식' 유목이 명사와 동사 측면을 모두 포괄하고 있었다. 명사 측면은 '지식'의 확장된 하위 유목에 명시되었으며, 학생들이 지식을 기억하고 인식하도록 기대된다는 점에서, '지식' 유목은 동사 측면을 내포하고 있었다. Bloom의 인지적 목표 분류학의 '지식' 유목은 이중적인 의미와 특성을 지님에도 불구하고 하나의 유목으로 분류되는 변칙적인 구조로 되어 있었다. 개정된 인지적 영역의 신교육 목표 분류학에서는 '지식' 유목을 명사와 동사 측면을 분리하여 이차원적인 구조로 재구조화함으로써 일관성이 부족하고 변칙적인 기존의 분류체계를 개정하였다(Krathwohl, 2002). 명사 측면은 '지식 차원'에 대한 기초를 제공하고, 동사 측면은 '인지 과정 차원'을 형성하게 되었다.

둘째, 인지적 영역의 신교육 목표 분류학은 용어의 사용에 있어서 변화가 있었다. 여기에는 6가지의 인지 과정 유목을 명사에서 동사로 변경한 것을 포함한다. 인지는 능동적인 사고과정이기 때문에 기존의 인지적 영역의 목표 분류학과 동일하게 명사로 분류하는 것은 타당하지 않다고 가정하였다. 인지적 영역의 신교육 목표 분류학에서는 인지 과정을 동사로 이루어진 6가지 하위유목으로 대체하고, 일부 하위 유목은 재구조화하였다. 또한, 기존의 인지적 영역의 분류학에서 '이해(comprehension)'와 '종합(sythesis)'이 '이해하다(understanding)'와 '창안하다(create)'의 용어로 각각 대체되었다.

셋째, 인지적 영역의 신교육 목표 분류학은 위계적 서열에 있어서 변화가 있었다. 기존의 인지적 영역의 목표 분류학의 '종합'과 '평가'의 위계적 서열이 인지적 영역의 신교육 목표 분류학에서는 '창안하다'('종합'의 대체)가 '평가하다'('평가'의 대체)보다 복잡성의 위계가 더 높은 것으로 재조직되었다. 이것은 창의적 사고가 비판적 사고보다 복잡한 수준의 인지 과정에 해당되기 때문이다.

지금까지 살펴본 Bloom 등(1956)의 인지적 영역의 목표 분류학과 Anderson 등(2001)의 인지적 영역의 신교육 목표 분류학을 비교하면 〈표 2-5〉와 같다.

〈표 2-5〉 인지적 영역의 목표 분류학과 인지적 영역의 신교육 목표 분류학의 비교

구분	인지적 영역의 목표 분류학 (Bloom et al., 1956)	인지적 영역의 신교육 목표 분류학 (Anderson et al., 2001)
강조점	• 평가 강조	• 교육과정, 수업, 평가의 일치도 계획 강조
	• 고등교육 강조	• 모든 학년 수준에서 사용(초등과 중등교육 강조)
	• 검사 문항 제작 강조	• 평가 과제(수행 과제, 검사 문항) 제작 강조
	• 6가지 주유목 강조	• 지식의 하위유형과 인지 과정 강조
용어	• 지식 유목은 모두 명사	• 지식 차원의 명사와 어울리는 동사를 인지 과정 차원의 유목으로 사용
	• 지식의 하위범주 경시 • 지식의 하위범주 복잡하고 어려움	• 지식의 하위 유목 명칭 수정 및 재조직 • 메타인지 도입

구분	인지적 영역의 목표 분류학 (Bloom et al., 1956)	인지적 영역의 신교육 목표 분류학 (Anderson et al., 2001)
	• 이해, 적용, 분석, 종합, 평가의 하위유목은 명사형으로 진술	• 명사를 동사로 대치 • 주유목의 동사 명칭과 구분하기 위하여 '인지 과정'으로 용어 수정
	• 이해와 종합의 목표 사용	• 이해(comprehension)를 이해하다(understanding)로 수정 • 종합(synthesis) 대신 창안하다(create) 도입
구조	• 지식유목 내에 명사와 동사적 요소가 함께 제시	• 지식을 명사와 동사 차원으로 구분 • 명사 측면은 '지식'을 계속 유지하고, 동사 측면은 '기억하다(remember)' 유목으로 변화
	• 일차원적 구조(내용과 행동)	• 이차원적 구조(지식 + 인지 과정)
	• 6개의 주유목은 누가적 위계성을 지님	• 인지 과정 차원의 6가지 범주는 복잡성의 순서에 따라 배열함
	• 평가를 종합보다 상위의 목표로 봄	• 종합은 창안하다로 바꾸고 평가와 자리를 바꾸어 가장 복잡한 유목으로 둠

나. 정의적 영역

정의적 영역은 인간의 인지적 영역, 심동적 영역과 함께 제시한 인간의 능력 요인 중의 한 영역으로 인간의 정서적이고 감성적인 속성과 관련된 행동 특성을 총칭한 분류 체계의 범주이다. Krathwohl, Bloom과 Masia(1964)는 정의적 영역의 교육 목표 분류학의 필요성을 다음과 같이 제기하였다. 첫째, 이들은 지적 행동이 적절한 학습 경험을 제공하면 발달할 수 있듯이, 정의적 영역도 적절한 학습 경험이 제공되면 발달할 수 있다고 가정하였다. 둘째, 정의적 영역에 대한 평가를 위해서는 정의적 영역에 대한 교육 목표 분류학이 필요하다는 것을 주장하였다. 정의적 영역에서 통상적으로 사용되는 흥미, 감상, 태도, 가치, 적응 등의 용어가 다양하고 폭넓은 의미로 사용되고 있기 때문에, 이들의 용어를 사용하여 정의적 영역을 평가하는 데 한계가 있다고 주장하였다. 정의적 영역을 표현하는 이들 용어들의 의미를 개별적으로 분석하고, 정의적 영역이 내포하고 서열화할 수 있는 여러 가지 특징을 이해하고 분석하여, '내면화'의 관점에서 정의적 영역에 대한 교육 목표 분류학을 제시하였다. 정의적 행동 특성과 정의적 영역의 교육 목표 분류학의 관계는 **[그림 2-5]**와 같다.

<table>
<tr><th></th><th colspan="2">구분</th><th colspan="5">정의적 행동 특성</th></tr>
<tr><td rowspan="13">정의적 영역의 교육 목표 분류학</td><td rowspan="3">감수(1.0)</td><td>1.1 감지</td><td rowspan="8">흥미</td><td></td><td></td><td></td><td></td></tr>
<tr><td>1.1 자진 감수</td><td></td><td></td><td></td><td></td></tr>
<tr><td>1.3 선택적 관심</td><td rowspan="6">감상</td><td></td><td></td><td></td></tr>
<tr><td rowspan="3">반응(2.0)</td><td>2.1 묵종적 반응</td><td></td><td></td><td></td></tr>
<tr><td>2.2 자진 반응</td><td rowspan="6">태도</td><td rowspan="6">가치</td><td rowspan="9">적응</td></tr>
<tr><td>2.3 만족</td></tr>
<tr><td rowspan="3">가치화(3.0)</td><td>3.1 가치 수용</td></tr>
<tr><td>3.2 가치 선호</td></tr>
<tr><td>3.3 가치 확신</td><td></td><td></td></tr>
<tr><td rowspan="2">조직화(4.0)</td><td>4.1 가치 개념화</td><td></td><td></td></tr>
<tr><td>4.2 가치 체계 조직</td><td></td><td></td><td></td><td></td></tr>
<tr><td rowspan="2">인격화(5.0)</td><td>5.1 일반화된 태세</td><td></td><td></td><td></td><td></td></tr>
<tr><td>5.2 인격화</td><td></td><td></td><td></td><td></td></tr>
</table>

[그림 2-5] 정의적 행동 특성과 정의적 영역의 교육 목표 분류학과의 관계

Krathwohl, Bloom과 Masia(1964)는 정의적 영역의 교육 목표 분류학을 감수(receiving), 반응(response), 가치화(valuing), 조직화(organization), 인격화(characterization by a value complex)의 5대 영역으로 구분하고, 각 영역마다 2~3개의 하위 유목을 제시하였다.

첫째, 감수는 어떤 자극이나 활동을 기꺼이 받아들이고 자발적으로 주의를 기울이게 되는 것과 같은 민감성을 의미한다. 둘째, 반응은 어떤 자극 또는 활동에 적극적으로 참여하고 자발적으로 반응하며 그러한 참여와 반응에서 만족감을 얻게 되는 행동을 말한다. 셋째, 가치화는 특정한 대상, 활동 또는 종류의 가치를 비교하고 연관시켜 통합하는 것을 뜻한다. 넷째, 조직화는 가치와의 상호관계로 결정되고 그 체계 안에서 가치의 계층 단계를 설정한다. 다섯째, 인격화는 개인의 행동 및 생활의 기준이 되며, 가치관으로서 지속적이고 일관성 있으며 또한 그것이 그 사람의 행동을 예측할 수 있을 정도로 확고하게 인격의 일부로 내면화된 정도를 의미한다(박도순 외, 2007). 정의적 영역의 교육 목표 분류학은 〈표 2-6〉과 같다.

〈표 2-6〉 정의적 영역의 교육 목표 분류학(Krathwohl, Bloom & Masia, 1964)

구분	설명(동사)	하위유형	예시
1. 감수	• 어떤 형상이나 사실, 자극 등을 받아들이는 최초의 행동수준 • 긍정적이든 부정적이든 행동의 내면화가 일어나려면 우선 그 사실을 받아들여야 함 • 듣기, 알아차리기, 인식하기, 주의하기, 민감하기, 관대함 보이기	1.1 감지 (awareness)	• 학교 주변의 사물을 관찰한다. • 다른 사람의 감정을 알아차린다.
		1.2 자진 감수 (willingness to receive)	• 교사의 주장을 일단 받아들인다. • 학생들의 서로 다른 감정을 인정한다.
		1.3 선택적 관심 (controlled or selected attention)	• 교사의 주의에 정신을 집중시켜 듣는다. • 소개받는 어떤 사실을 주의해서 듣는다.
2. 반응	• 어떤 현상을 단순히 주의하는 정도를 넘어서 적극적으로 반응하는 단계 • 대답하기, 응하기, 따라하기, 인정하기, 복종하기, 만족하기	2.1 묵종적 반응 (acquiescence in responding)	• 주어진 사실에 묵묵히 따라간다. • 건강규칙이나 교통규칙을 묵묵히 지킨다.
		2.2 자진 반응 (willingness to respond)	• 각종 오락이나 취미활동을 자의로 한다. • 자진해서 주위환경에 대한 새로운 지식을 추구한다.
		2.3 만족 (satisfaction in response)	• 고전음악을 즐겨 듣는다. • 건강규칙을 지키는 데 만족감을 느낀다.

구분	설명(동사)	하위유형	예시
3. 가치화	• 어떤 현상의 가치를 지각하고 그와 관련되는 일관된 행동을 하는 수준 • 받아들이기, 도달하기, 가정하기, 지지하기, 참여하기, 계속하기, 경험하기, 헌신하기	3.1 가치 수용 (acceptance of a value)	• 건강규칙은 최적의 건강상태를 유지하게 한다는 사실을 받아들인다. • 민주적인 생활에서 평등의 가치를 받아들인다.
		3.2 가치 선호 (preference for a value)	• 헌법 개정을 위한 집단행동을 선도한다. • 중요한 문제에 관해 신문사에 투고한다.
		3.3 가치 확신 (commitment)	• 자기가 하는 일의 정당성과 확신을 갖고 행동한다. • 민주주의의 기본이념을 신봉한다.
4. 조직화	• 여러 가치를 한 체계로 조직하고, 여러 가치들 간의 상호관계를 밝히면 나아가서 전체를 꿰뚫는 가치체계 정립 • 조직하기, 선택하기, 판단하기, 결정하기, 동일시하기, 계획을 세우기, 대안을 비교 검토하기	4.1 가치 개념화 (conceptualization of a value)	• 자기가 주장하는 것의 개념을 설정한다. • 신념의 기초가 되는 기본과정을 발견하여 구체화한다.
		4.2 가치체계 조직 (organization of a value system)	• 사회복지정책을 소수인보다 공익의 기준에 설정한다. • 자신의 신체적 장애를 극복하고 현실적으로 적응한다.
5. 인격화	• 여러 가치들의 조직화를 넘어서서 이들을 생활철학이나 세계관으로 정립한다. • 믿다, 연습하다, 계속하다, 수행하다, 자신의 행동의 일부가 되다	5.1 일반화된 태세 (generalized set)	• 문제를 객관적 원칙에 의해서 해결하여 나가는 습관을 형성한다. • 자아를 실현하는 일관된 행동을 취한다.
		5.2 인격화 (characterization)	• 일관된 인생철학을 형성한다. • 모든 행동이 자신의 인격의 전부로 행동한다.

다. 심동적 영역

심동적(psychomotor) 영역은 교육 평가에서 학생들이 신체적 능력과 조정력을 발휘하는 행동과 기술을 평가하는 영역으로 주로 육체적 활동과 관련된 학습 성과를 다루며, 운동 기술, 손끝 동작, 협응력 등을 포함한다. 심동적 영역은 인지적 영역, 정의적 영역과 함께 교육의 주요 목표 중 하나로 설명된다. 이러한 심동적 영역은 지각(perception), 기초적 운동 능력(set), 유도 반응(guided response), 기계적 반응(mechanism), 복합적 외현 반응(complex overt response), 적응(adaptation), 창조(origination) 단계로 구분한다.

Simpson(1966)은 운동기능을 가장 단순한 것부터 복합한 것으로 위계화하여, 심동적 영역의 교육 목표 분류학을 〈표 2-7〉과 같이 제시하였다.

〈표 2-7〉 Simpson(1966)의 심동적 영역의 교육 목표 분류학

단계(동사)	설명	예시
• 지각(선택, 설명, 감지, 구별, 식별, 분리, 연관, 선택)	• 감각 기관을 통하여 사물의 특징이나 관계 등을 지각하는 것 • 감각 자극, 단서 선택, 번역	• 비언어적 의사소통 단서 감지 • 공을 던진 후 공이 착지할 위치를 추정하여, 올바른 위치로 이동하여 공 잡기 • 음식의 냄새와 맛에 따라 전자레인지의 열을 조절하여 온도를 보정하는 행위
• 기초적 운동 능력(시작, 표시, 설명, 이동, 진행, 반응, 상태, 자원 봉사자)	• 어떤 특정한 행위나 경험을 하기 위한 정신적, 정서적, 신체적인 준비자세 • 특정한 행동에 필요한 준비 적응	• 제조 공정의 일련의 단계를 알고 행동 • 자신의 능력과 한계 인식하기

단계(동사)	설명	예시
• 유도 반응(복사, 추적, 따르기, 반응, 재생산, 응답)	• 타인의 지도 및 도움을 받아서 나타난 외현적 동작 • 모방과 시행착오 포함 • 복잡한 운동기능 발달을 위한 기초 동작	• 교사의 설명에 따라 방정식 풀기 • 교사 설명에 따라 모형 개발하기 • 강사의 수신호에 따라 지게차 작동하기
• 기계적 반응(조립, 보정, 구성, 분해, 전시, 고정, 수정, 갈기, 가열, 조작, 측정, 수선, 혼합, 구성, 스케치)	• 복잡한 기술을 배우는 중급 단계 • 숙련과 자신감이 생겨 습관적으로 반응하게 되는 상태	• 컴퓨터 사용하기 • 수도꼭지 수리하기 • 자동차 운전하기
• 복합적 외현 반응(조립, 보정, 구성, 분해, 전시, 고정, 수정, 갈기, 가열, 조작, 측정, 수선, 혼합, 구성, 스케치)	• 복잡한 동작을 최소한의 노력과 시간으로 자연스럽고 원활하게 표현하는 행위 • 복잡한 운동행위를 전문가처럼 능숙하게 수행	• 좁은 공간에서 평행주차 하기 • 빠르고 정확하게 컴퓨터 사용하기
• 적응(적응, 변경, 재배열, 재구성, 수정)	• 기능이 잘 발달되어 있어서 어떤 특수한 요구 조건이나 문제 상황에 맞게 동작패턴 수정	• 예기치 않은 경험에 효과적인 대응 • 학습자의 요구에 맞게 지침 수정 • 계획하지 않는 기계로 작업
• 창조(정렬, 구축, 결합, 구성, 생성, 디자인, 제작, 창작)	• 특정 상황이나 문제에 알맞은 새로운 동작 패턴 고안 • 고도로 발달된 기술에 기반한 창의성 강조	• 새로운 이론 구성 • 새롭고 포괄적인 교육 프로그램 개발 • 체조 신기술 개발

한편, Harrow(1972)는 심동적 영역을 근육의 발달과 사용, 신체 운동을 조정하는 신체 능력에 관한 행동으로 정의하고, 대부분의 기능, 운동, 지각활동을 포함하여 심동적 영역의 교육 목표 분류학을 제시하였다. 심동적 영역의 교육 목표 분류학은 신체적 유형의 학습을 포함하여 움직임의 특성과 능력으로 제시한다. 이 영역은 학습 능력뿐만 아니라 비자발적인 반응을 포함하며, 단순 반사에서 복잡한 신근경 조정의 순서로 위계화된다. Harrow(1972)는 학습자의 동작 행동을 관찰하여 〈표 2-8〉과 같이 심동적 영역의 교육 목표 분류학을 제시하였다.

〈표 2-8〉 Harrow(1972)의 심동적 영역의 교육 목표 분류학

단계(동사)	설명	예시
• 반사 동작 (반응)	• 개인의 의지와 관계없이 나타나는 단순한 동작 • 복잡한 운동기능 발달의 기초 • 훈련 및 교육에 의한 발달이 아님	• 본능적 반응(동공 확장, 눈 깜빡임)
• 기본적-기초 동작 (물건 잡기, 공 던지기, 걷기)	• 여러 가지 반사적 운동이 함께 발달되고 통합되어 이루어진 동작 • 걷기, 서기, 잡기 등	• 간단한 작업 수행 • 점프하기, 방향 바꾸기
• 지각 능력 (공 잡기, 그리기 또는 쓰기)	• 감각기관을 통한 자극의 지각, 해석 • 환경에 대체하고 적응하는 기능	• 움직이는 물체 추적, 패턴 인식
• 신체 능력 (민첩성, 지구력 등)	• 숙달된 운동 기능의 발달에 필요한 기초 능력 • 지구력, 근력, 유연성, 민첩성	• 근력 기르기, 마라톤, 달리기
• 숙련된 동작 (적응, 구성, 생성, 수정)	• 복잡한 운동기능을 실행하는 데 나타나는 능률성, 숙련도, 통합성의 정도 • 세련된 운동 기능	• 연극에서 역할 수행하기 • 스포츠 경기, 수영, 다이빙
• 동작적 의사소통 (편곡, 작문, 해석)	• 신체적 운동 및 동작(몸짓, 표정)을 활용하여 감정, 흥미, 욕구 등 표현	• 동작과 몸짓을 활용하여 표현하기

3 평가 결과 해석 기준에 따른 분류

교육 평가의 유형은 검사 점수에 가치를 부여하기 위해 어떠한 평가 기준을 사용하느냐에 따라 준거 참조 평가와 규준 참조 평가로 분류한다. 또한, 최근에는 평가 대상인 개인을 존중하고 고려하는 능력 참조 평가와 성장 참조 평가를 실시하는 것이 교육적으로 바람직하다는 주장이 제기되고 있다(김대현, 김석우, 2020). 성태제(2019b)는 평가 결과 해석 기준에 따라 준거 참조 평가, 규준 참조 평가, 능력 참조

평가, 성장 참조 평가로 구분하였다.

가. 준거 참조 평가

준거 참조 평가(criterion-referenced evaluation)는 절대 평가로 학습자의 현재 성취 수준이나 행동 목표의 도달 정도를 알아보기 위한 평가 방법이다. 다른 학습자와 상대적인 비교를 하는 것이 아니라 설정한 교육 목표에 비추어 평가하는 것이다. 이러한 면에서 준거 참조 평가를 목표 지향 평가라고도 부른다.

또한, 준거 참조 평가는 발달적 교육관에 바탕을 두고 있다. 학습자의 선발이나 개인차에 관심을 갖는 것이 아니라 가능한 한 모든 학습자가 의도하는 대로 수업 목표를 달성할 수 있도록 적절한 학습 방법을 제공하고 배치를 위해 평가하는 것이다.

준거 참조 평가의 특징은 다음과 같다. 첫째, 검사의 타당도를 강조한다. 이는 측정하려고 계획했던 수업 목표를 얼마나 충실하게 측정하고 있느냐에 중점을 두고 있기 때문이다. 둘째, 검사 점수의 부적 편포를 기대한다. 모든 학습자가 설정된 교육 목표의 달성을 기대하므로 검사 점수의 분포가 오른쪽으로 치우친 정규분포에서 벗어난 부적 편포를 기대한다. 셋째, 학습자 개개인의 적합한 교수·학습의 기회를 제공하면 주어진 학습목표에 도달할 수 있다는 발달적 교육관을 바탕으로 한다.

준거 참조 평가는 교수·학습 이론에 적합하고, 교육 목표, 교육과정 및 교수 방법 개선에 용이하며, 상대 평가에 치중하지 않으므로 고등 정신 능력을 배양할 수 있다는 장점이 있다. 반면, 개인차 변별이 쉽지 않고, 준거의 설정 기준에 고도의 전문성이 요구되며 검사 점수의 통계적 활용이 어렵다는 단점이 있다.

나. 규준 참조 평가

규준 참조 평가(norm-referenced evaluation)는 상대 평가로 학습자의 평가 결과를 그가 속한 집단에 비추어 상대적인 위치를 밝혀보는 평가 방법이다. 어떠한 학습자의 성취 수준을 규준을 이용해 그가 속한 학급이나 학교에서의 상대적 위치를 비추어 해석한다. 학습자 선발 기능이나 우열을 가리는 기능이 강조되는 평가 방법이다.

규준 참조 평가는 선발적 교육관에 바탕을 두고 있다. 규준 참조 평가에서는 학습자가 무엇을 얼마만큼 알고 있느냐보다는 개인의 성취 수준을 비교 집단의 규준에 비추어 상대적 서열을 판단하는 것에 관심을 둔다. 규준(norm)이란 원점수의 상대적 위치를 설명하기 위하여 쓰이는 척도로 모집단을 대표하기 위해 추출된 표본에서 산출한 평균과 표준편차로 만들어진다.

규준 참조 평가의 특징은 다음과 같다. 첫째, 검사의 신뢰도를 강조한다. 규준 참조 평가에서는 학습자들의 개인차를 얼마나 오차 없이 정확하게 측정하였는가에 중점을 둔다. 둘째, 검사 점수의 정규 분포를 기대한다. 높은 점수나 낮은 점수 쪽에 편포되기보다는 좌우 대칭적이고 중앙이 높은 정규분포곡선을 기대한다. 셋째, 학습자의 개인차를 극대화하는 선발적 기능을 강조한다.

규준 참조 평가는 개인차 변별이 가능하고, 객관형 검사로 제작하여 성적을 표시하기 때문에 교사의 편견을 배제할 수 있으며, 학습자들의 경쟁을 통해 동기를 유발할 수 있다는 장점이 있다. 반면, 교수·학습 이론에 부적절하고, 학습자의 성취도가 집단 내에서의 상대적 비교로 판정되기 때문에 참다운 의미의 학력평가가 불가능하며, 학습자의 상대적 위치에 따라 순위가 결정되기 때문에 과다한 경쟁심리가 조장될 수 있다는 단점이 있다.

다. 능력 참조 평가

능력 참조 평가(ability-referenced evaluation)는 학생이 지니고 있는 능력에 비추어 얼마나 최선을 다하였느냐에 초점을 두는 평가 방법이다. 이 방법은 학생 개인이 지니고 있는 능력을 얼마나 발휘하였느냐에 관심을 두므로 개인을 위주로 하는 평가 방법이라고 할 수 있다. 우수한 능력을 지니고 있음에도 불구하고 최선을 다하지 않는 학생과 능력이 낮더라도 최선을 다한 학생이 있을 때 후자의 성취 수준이 낮더라도 더 좋은 평가 결과를 얻을 수 있다. 즉, 능력 참조 평가는 학생 개인의 능력과 노력에 의해 평가되는 특징을 갖는다(성태제, 2019b).

라. 성장 참조 평가

성장 참조 평가(growth-referenced evaluation)는 교육과정을 통하여 얼마나 성장하였느냐에 관심을 두는 평가 방법이다. 최종 성취 수준에 대한 관심보다는 초기 능력 수준에 비추어 얼마만큼 능력 향상을 보였느냐를 강조하는 평가 방법이다. 성장 참조 평가는 학생들에게 학업 증진의 기회를 부여하고 개인화를 강조하는 특징을 갖는다(성태제, 2019b).

평가 결과의 해석 기준에 따라 살펴본 규준 참조 평가, 준거 참조 평가, 능력 참조 평가, 성장 참조 평가를 비교하면 〈표 2-9〉와 같다.

〈표 2-9〉 규준, 준거, 능력, 성장 참조 평가의 비교

구분	규준 참조	준거 참조	능력 참조	성장 참조
강조점	상대적 서열	특정 영역의 성취	최대 능력 발휘	능력의 변화
교육신념	개인차 인정	완전 학습	개별 학습	개별 학습
비교대상	개인과 개인	준거와 수행	수행 정도와 능력	성장, 변화의 정도
활용	분류, 선발, 배치	자격 부여	최대 능력 발휘	학습향상

4 평가 초점에 따른 분류

가. 과정 중심 평가

과정 중심 평가는 학습을 과정과 결과의 두 차원으로 구분하고, 결과에 도달하는 과정을 강조하는 평가이다. 따라서, 과정 중심 평가에서는 학생들이 결과에 도달하는 과정에서 적절한 도움, 즉 피드백을 제공함으로써 학생들의 성장과 발달의 지원을 중시한다. 교육부와 한국교육과정평가원(2017)에 따르면, 과정 중심 평가는 '교육과정의 성취기준을 기반으로 한 평가 계획에 따라 교수·학습 과정에서 학생의 변화와 성장에 대한 자료를 다각도로 수집하여 적절한 피드백을 제공하는 평가'를 의미한다. 이 정의에 따르면 과정 중심 평가는 학습자가 학습의 결과로 무엇을 최종적으로 알고 있는가에 주목하는 결과 중심 평가와 대비되는 개념이며 학습의 과정을 지속적으로 평가함으로써 학습자의 변화와 성장을 촉진하는 것을 지향한다는 점에서 성장 중심 평가라고 할 수 있다.

Tomlinson과 Mctighe(2006)는 "학습자의 성장과 변화를 관찰하기 위해서는 한 장의 스냅사진보다는 여러 장의 사진이 모여 있는 앨범이 더 효과적이다"라는 비유

를 통해 과정 중심 평가의 신뢰성을 설명하였다. 예를 들어 사진을 통해 어떤 사람의 모습을 이해하고자 했을 때 만약 한 장의 사진으로만 찍는 경우 그 시점의 상태 및 주변 상황에 따라 평상시와는 다른 모습이 찍힐 수도 있다. 그러나 지속적인 성장 및 변화 과정을 찍어왔다면 실제와 더욱 가까운 신뢰할 수 있는 모습을 확인할 수 있을 것이다. 마찬가지로 학습자의 최종 학습 결과에만 집중하여 일회적으로 평가하는 것은 학습자의 성장 과정을 제대로 확인하기 어려울뿐더러 학습자의 정확한 상태를 확인하기도 어렵다. 반면에 지속적인 과정 중심 평가를 통해 학습자가 어떻게 변화하고 성장하는지 확인한다면 해당 학습자를 더욱 잘 이해하고 지원할 수 있을 것이다. 이는 곧 평가의 높은 신뢰도로 이어진다.

과정 중심 평가를 효과적으로 실행하기 위해서는 사전에 평가 계획을 수립하는 것이 필요하다. 평가 계획은 성취기준에 대한 분석으로 시작한다. 즉 교사는 사전에 성취기준을 세밀하게 분석함으로써 자신이 무엇을 가르치고 평가할 것인지를 파악해야 한다. 성취기준에 따라 이를 달성하기 위한 교수·학습과 평가의 내용 및 방법이 달라지기 때문이다. 그리고 이러한 성취기준 분석 결과에 따라 진단 평가, 형성 평가, 총괄 평가를 어느 시기에 어떻게 실행할 것인지 구체적인 계획을 세워야 한다.

과정 중심 평가를 통해 학습을 개선하고 학습자의 성장을 지원하기 위해서는 학습자에게 시의적절한 피드백을 제공하는 것이 필요하다. 과정 중심 평가에서의 피드백은 '교수·학습 과정 중에 학생들에게 학습의 목표가 무엇이고, 현재 자신의 상태는 어느 정도이며, 어떻게 개선해 나가야 하는지에 대해 지속적으로 생각하게 함으로써 학생의 현재 상태와 목표 사이의 간극을 줄여 성공적 학습에 이르도록 돕는 전략'이라고 할 수 있다.

나. 결과 중심 평가

결과 중심 평가는 학습자의 최종적인 학습 결과를 확인하는 총괄 평가를 통해 이루어진다는 점에서 '학습의 평가'라 부를 수 있다. 총괄 평가는 교사와 학생의 교수·학습 과정이 종료된 후에 어느 정도의 성취를 이뤘는지 확인하는 데 목적이 있기 때문에, 학습자가 최종 획득한 점수와 같은 결과가 중요하다. 교사는 학생들의 상대적인 위치를 확인할 수 있도록 전체 학생이 참여하는 지필고사 형태의 표준화 검사를 활용할 수 있다. 평가 결과는 선발을 위한 주요 기준으로도 활용할 수 있다. 하지만 학습이 종료된 후 평가가 이루어져 교수·학습의 과정과 분리되어 있으므로 교수·학습의 개선 및 학습자의 성장을 위한 정보를 제공하지 못한다는 한계가 있다.

과정 중심 평가와 결과 중심 평가의 특성을 고려할 때 교사는 과정 중심 평가를 통해 학습의 개선과 함께 학습자의 성장 및 발달을 지원할 필요가 있다. 하지만 이것이 학습의 최종 결과가 중요하지 않다거나 총괄 평가가 필요하지 않다는 것을 의미하는 것은 아니다. 오히려 과정 중심 평가 안에 총괄 평가를 포함함으로써 학습자가 배움의 과정을 통해 출발선부터 도착점에 이르기까지 어떻게 성장을 하였고, 이제 무엇을 할 수 있는지 종합적으로 확인하는 것이 필요하다.

이상에서 살펴본 과정 중심 평가와 결과 중심 평가를 비교하면 〈표 2-10〉과 같다.

〈표 2-10〉 과정 중심 평가와 결과 중심 평가의 비교

구분	과정 중심 평가	결과 중심 평가
목표	학습을 위한 평가, 학습으로서의 평가	학습의 평가
관심	학생의 성장과 발달	결과를 바탕으로 한 선발
유형	수행 평가	지필 평가, 전체 평가
활용	진단 평가, 형성 평가	총괄 평가

요약

교육 평가의 유형에서는 평가 시기, 평가 영역, 평가 결과 해석 기준, 평가 초점에 따른 평가 방법을 살펴보았다. 평가 시기에 따라 평가 방법은 진단 평가, 형성 평가, 총괄 평가로 구분된다. 진단 평가는 수업 시작 전, 형성 평가는 수업 중, 총괄 평가는 수업 종료 후에 이루어진다. 평가 영역에 따라 평가 방법은 인지적 영역, 정의적 영역, 심동적 영역 평가로 구분된다. 인지적 영역은 기억, 사고, 문제 해결, 창의력과 같은 사고 과정을 포함하고, 정의적 영역은 인간의 정서적이고 감성적인 속성과 관련된 행동 특성을 총칭한 분류체계의 범주이며, 심동적 영역은 교육 평가에서 학생들이 신체적 능력과 조정력을 발휘하는 행동과 기술을 평가하는 영역이다. 평가 결과 해석 기준에 따라 평가 방법은 규준 참조 평가, 준거 참조 평가, 능력 참조 평가, 성장 참조 평가로 구분된다. 준거 참조 평가는 학습자의 현재 성취 수준이나 행동 목표의 도달 정도를 알아보기 위한 평가 방법이며, 규준 참조 평가는 학습자의 평가 결과를 그가 속한 집단에 비추어 상대적인 위치를 밝혀보는 평가 방법이다. 능력 참조 평가는 학생이 지니고 있는 능력에 비추어 얼마나 최선을 다하였느냐에 초점을 두는 평가 방법이며, 성장 참조 평가는 교육과정을 통하여 학습자가 얼마나 성장하였느냐에 관심을 두는 평가 방법이다. 평가 초점에 따라 평가 방법은 과정 중심 평가와 결과 중심 평가로 구분된다. 과정 중심 평가는 결과에 도달하는 과정을 강조하는 평가 방법이며, 결과 중심 평가는 최종적인 학습 결과를 확인하는 평가 방법이다.

생각해 봅시다

1. 교육 평가 유형이 다양하게 구분되는 이유에 대하여 토의하시오.
2. 진단 평가, 형성 평가, 총괄 평가를 설명하고, 평가 문항을 만들어 보시오.
3. 인지적, 정의적, 심동적 영역을 평가할 때의 주의 사항에 대하여 토의하시오.
4. 규준 참조 평가, 준거 참조 평가, 능력 참조 평가, 성장 참조 평가의 특징을 비교하고, 자신이 선호하는 평가 방법에 대하여 토론하시오.
5. 과정 중심 평가와 결과 중심 평가에서 강조하는 것에 대하여 토의하고, 과정 중심 평가와 결과 중심 평가를 할 때의 유의점에 대하여 토의하시오.

03 Chapter 평가 도구의 양호도

학습내용

1. 타당도의 개념
2. 타당도의 유형
3. 신뢰도의 개념
4. 신뢰도의 유형

교육 평가에서 평가 도구의 양호도는 중요하다(김대현, 김석우, 2020). 만약 평가 도구가 좋지 않다면, 이 평가 도구를 사용하여 수집한 평가 결과는 의미가 없기 때문이다. 따라서 평가 도구가 필수적으로 갖추어야 하는 요건이 있다. 평가 도구는 타당도와 신뢰도를 갖추어야 한다. 평가 도구의 양호도에서는 타당도의 개념과 유형, 신뢰도의 개념과 유형에 대하여 살펴본다.

1 타당도의 개념

타당도(validity)란 어떤 평가 또는 검사 도구가 본래 측정하고자 하였던 것을 얼마나 충실하게 측정하고 있느냐를 의미한다. 타당도는 '무엇'(what)에 관한 물음이다. 타당도는 측정 도구가 무엇을 측정하고 있는지, 사용자가 원하는 유형의 정보를 얼마나 제공하는지를 의미한다. 타당도를 검증하려면 준거(criteria)가 필요하다. 준거란 무엇에 비추어 본 기준을 말한다.

타당도의 이론적 개념은 지속적으로 발전해 왔으며, 검사 점수나 측정치의 의미와 관계되어 있다. 미국심리학회(American Psychology Association, APA)에서 발간한 『Technical Recommendation』(1954)에서 타당도가 처음 언급되었고, Standards for Educational and Psychological Testing(AERA, APA, NCME, 1966)에서 다당도를 세 가지 유형으로 제시하였다. AERA, APA, NCME(1974)에서 Standards for Educational and Psychological Testing을 개정하여, 내용 타당도를 검사에서 측정되는 행위들이 어떠한 행동들의 표본을 얼마나 잘 대표하느냐의 개념으로 확대하여 행위에 대한 주관적 판단을 타당도에 포함하였으며, 검사의 편파성과 검사의 응용에 따른 사회적 문제 등을 거론하였다. 타당도가 검사가 갖는 고유한 속성이라기보다 검사 도구의 타당성에 대한 근거를 수집하는 과정으로 보았다. 이러한 맥락에서 타당도 대신에 타당도의 근거라는 용어를 사용하였다(성태제, 2019a).

Linn과 Gronlund(2000)는 타당도를 이해할 때 다음의 네 가지에 유의해야 한다고 제시하였다. 첫째, 타당도는 피험자 집단에 사용된 측정 도구나 검사에 의하여 얻은 검사 결과의 해석에 대한 적합성이지 검사 자체와 관련된 것이 아니다. 따라서, 편의상 검사의 타당도라 표현하지만 검사 결과로부터 만들어진 해석에 대한 타당성을 말하는 것이 명확하다. 둘째, 타당도는 정도의 문제이다. 타당도가 있다 또는 없다로 말하는 것이 아니라 어느 정도, 즉 낮다, 적절하다, 높다 등으로 표현해야 한다. 셋째, 타당도는 특별한 목적이나 해석에 제한된다. 한 검사가 모든 목적에 부합할 수 없듯이 이 검사는 무엇을 측정하는 데 타당하다고 표현해야 한다. 넷째, 타당도는 단일한 개념이다. 타당도 개념을 다양한 종류로 구분하기보다는 다양한 종류의 근거에 기초한 단일한 개념으로 해석해야 한다.

2 타당도의 유형

가. 내용 타당도

내용 타당도(content validity)는 측정하고자 하는 내용, 즉, 교육 목표나 내용을 그 검사가 얼마나 포괄적으로 측정하도록 구성되었는가를 의미한다. 내용 타당도는 한 검사가 교육과정의 목표들을 어느 정도 제대로 적절히 측정하고 있느냐를 지칭하기 때문에 교육과정 타당도 또는 교과 타당도(curricular validity) 또는 안면 타당도(face validity)라고 부른다.

이성호(1992)는 내용 타당도의 중요성을 다음과 같이 제시하였다. 첫째, 내용 타당도는 일치성(congruence)의 의미를 내포하고 있다. 일치성이란 측정하고자 하는 내용이 교육의 목표와 일치하여야 타당도가 높다는 것이다. 둘째, 완전성(completeness)의 의미가 내포되어 있다. 본래 평가되어야 하는 모든 측면을 포괄적으로 충분히, 세세히 평가해야 타당도가 있는 것이다. 어떤 목표가 진술되었다면 그 목표들은 어떤 방법으로든 평가될 필요가 있다는 것이다. 셋째, 내용 타당도는 분리성(discreteness)을 의미한다. 한 검사가 좋은 검사 도구가 되려면 본래 측정하려고 했던 질(quality)을 측정해야 한다. 검사 도구가 바로 '그 질만을' 측정해야지, 거기다가 다른 질까지 함께 측정하는 것이 되어서는 안 된다.

이와 같이 내용 타당도란 평가 도구가 교육 목표와 얼마나 일치하고 목표의 범위만큼 다양하게 표집되었는가, 그리고 평가하려고 하는 '질'을 얼마나 충실하게 재도록 구성되었는가를 논리적으로 기술하는 것이다.

나. 준거 관련 타당도

준거 관련 타당도(criterion-referenced validity)는 교육 목표 및 내용을 준거로 타당도를 확인한다. 따라서 목표 지향 타당도에 해당되며, 한 검사의 점수와 어떤 준거의 상관 계수를 신출하여 검사 도구의 티당도를 확인한다. 준거 관련 타당도는 외적 준거와의 관계에 기초하여 예언 타당도(predictive validity)와 공인 타당도(concurrent validity)로 분류된다.

1) 예언 타당도

예언 타당도는 어떤 평가 도구가 목적하는 준거를 얼마나 정확하게 예언하고 있는지를 의미한다. 이때 준거는 미래의 행동 특성이 된다. 미래의 행동이나 학습 결과를 예언하기 위해 특정검사를 실시한 다음, 일정 시간이 지난 후에 준거 검사를 실시하여 그 두 점수 간의 상관관계로 예언 타당도를 알 수 있다. 즉, 예언 타당도는 선행 검사 X와 준거 검사 Y간의 상관 계수로 나타내며, 그 상관 계수가 크면 예언 타당도가 높다고 할 수 있다. 즉, 예언 타당도는 그 검사 도구가 사람의 미래 행동이나 특성을 어느 정도나 정확히 예언해 주느냐와 관련된 것으로서, 예언의 효율성, 능률성, 유용성, 적절성을 의미한다.

2) 공인 타당도

공인 타당도는 검사 그 자체와 준거가 동시에 측정되면서 검증되는 타당도이다. 즉, 예언 검사와 준거 검사가 동시에 실시되어 그 점수 결과 간의 상관관계를 규명하는 타당도이다. 그 검사가 어떤 특정 준거와 현재 어느 정도나 일치하느냐, 어느 정도나 공통된 요인을 갖고 있느냐 하는 것이다. 시간 차원에서 예언 타당도와 차이가 있다. 예컨대, 어느 회사의 입사시험 과목 중 영어시험이 있는데, 이 영어시험 대신에 토익(TOEIC)시험 성적으로 대체하여 처리한다면, 그것은 토익 시험의 공인 타당도를 믿기 때문인 것이다. 이처럼 공인 타당도는 준거가 예언보다 공통적인 요인의 유무 여부에 있으며 예언 타당도의 준거가 미래에 있다면 공인 타당도는 현재에 있다.

다. 구인 타당도

구인 타당도(construct validity)는 검사가 측정하려는 어떤 특성의 개념이나 이론과 관련된 타당도이다. 구인 타당도에서는 평가에서 나온 점수의 의미를 심리학적 개념으로 분석하는 것으로서, 이론적인 구인이나 특성을 측정한다. 이것은 다른 타당도에 비해 검사에서 측정하는 행동 특성 가운데 보다 넓고 지속적이며, 추상적인 것에 초점을 둔다. 구인 타당도에서는 여러 가지 근원을 가진 정보를 점진적이고 논리적이며 경험적으로 접근한다. 즉, 복잡하고 모호한 성격을 나타내는 검사 점수의 의미를 심리학적 개념에 따라 분석하여, 의미를 부여하고, 검사하는 대상의 특질을 탐색한다.

구인(construct)이란 검사 도구에 반영되어 있다고 가정하는 인간의 어떤 행동 특성을 의미한다. 이러한 점에서 구인은 개념이라는 과학적 용어로 대체할 수 있다. 이와 같이 구인은 인간의 행동 특성을 설명하기 위해 만들어 낸 심리학적 개념들이다. 자아개념, 사고력, 학습 동기, 불안, 학습태도, 자아효능감 등이 그 예이다. 구인 타당도는 이처럼, 아직 조작적으로 정의되지 않고, 과학적으로 이론이 정립되지 않은 새로운 개념 혹은 구인을 측정하는 검사에 과학적 이론과 타당화를 부여하는 과정이라고 규정할 수 있다.

Cronbach(1963)는 구인 타당도의 검증 절차를 다음과 같이 제시하였다. 첫째, 검사 점수 또는 검사 결과의 원인이 되는 구인이 무엇인가를 탐색한다. 둘째, 이 구인에 관련된 이론적 배경과 이론에서 연역적으로 도출될 수 있는 가설을 설정한다. 셋째, 설정한 가설을 검증하기 위해 귀납적이고 경험적인 연구를 실행하여 자료를 수집하고 수집된 자료를 바탕으로 이론이 적합하게 설명하는지 확인한다. 구인 타당도를 검증하는 방법에는 집단 간의 차이 비교, 요인분석(factor analysis), 검사의 내부구조 연구, 검사 점수의 변동에 관한 연구, 검사 과정의 분석, 타 검사와의 상관 등이 있다.

이상에서 살펴본 타당도의 유형을 비교하면 〈표 3-1〉과 같다.

〈표 3-1〉 타당도 유형의 비교

유형	개념	측정	검증 절차
내용 타당도	• 주어진 측정 도구가 그것이 평가하려고 하는 내용을 어느 정도 충실히 측정하고 있는지를 분석 · 측정하려는 타당도	• 측정하려는 내용표집의 적절성, 타당성을 알아본다. • 내용 타당도는 수량적 결정이 아니라 합리적 판단 과정이다. • 주관적 판단에 기초하므로 오차를 범할 우려가 있다.	• 측정하려는 행동영역을 정확히 분석 · 정의하여 문항의 논리적 설계(이원 분류표) • 검사 제작자와 평정자 간의 일치도를 계산하여 객관성을 높인다.
예언 타당도	• 한 측정 도구의 검사 결과가 피험자의 미래 행동과 특성을 정확하고 완전하게 예언해주는 타당도	• 한 선행 검사 점수와 준거 특성과의 상관 계수가 클수록 예언의 정확성은 크고 예언의 오차는 적다(예언 타당도가 높다). • 준거 점수의 신뢰도에 의해 달라진다.	• 피험자의 미래 행동의 예측을 위한 검사를 시행한 후 준거가 나타날 때까지 시간을 기다려 준거 점수를 수집하고, 검사 점수와 준거 점수 사이의 상관 계수를 계산하여 예언 타당도 계수를 추정한다.
공인 타당도	• 검사에 의해 밝혀진 어떤 특성이 검사 밖에 있는 준거와 현재 어느 정도로 합치하고 있느냐를 보는 타당도 • 검사 점수와 준거 점수를 동시에 수집할 수 있을	• 준거의 성질이 예언이라기보다 공통요인이 있느냐 없느냐에 있다. • 한 평가 도구의 실제적 의미를 풍부히 해주고 활용에 유용한 정보제공, 새로운 아이디어를 제공한다.	• 특성 X를 측정하고 있는 검사 X와 특성 Y를 측정하고 있는 검사 Y 사이의 경험적 공인 관계를 밝혀 보는 타당도

유형	개념	측정	검증 절차
	때, 두 점수 간의 상관 관계 분석		
구인 타당도	• 어떤 한 검사가 측정한 점수결과가 그 검사가 측정하고자 하는 속성과 목적이 이론적 합리성에 비추어 얼마나 적합한가의 정보를 통하여 한 검사의 타당성 확인	• 준거 없이 타당도를 검증한다. • 이론적 관점에서 무엇을 재고 있는지에 대한 증거에 관심을 둔다. • 오랜 기간의 관찰과 상상, 상호작용에 의한 검증 · 구인 타당화를 위해서는 앞의 모든 타당도의 절차가 동원되며, 아직 정립되지 않은 새로운 개념과 관련된다.	• 구인점수의 원인 추측 • 검증 가능한 가설 설정 • 가설검증을 위한 경험적 연구 • 구인 타당도 검증의 방법

3 신뢰도의 개념

신뢰도(reliability)란 한 검사가 측정하고자 하는 특성을 얼마나 정확하게 측정하느냐 하는 정도를 말한다. 측정의 오차가 적으면 적을수록 그만큼 해당 검사의 신뢰도는 높다(이종승, 2009). 신뢰도는 검사 도구 측정의 정확성 또는 일관성(consistency)을 나타내는 개념으로서, 측정 시 오차가 크다면 신뢰도는 낮아진다. 타당도가 '무엇'을 측정하느냐와 관련된 개념이라면, 신뢰도는 '어떻게' 측정하느냐와 관련된 개념이다.

신뢰도를 이해하는 데 기본이 되는 개념은 크게 두 가지로 설명된다. 첫째, 고전적인 접근 방법으로 한 검사와 동형 검사를 실시하여 얻은 두 측정치 간의 상관계수를 추정한다. 둘째, 고전 검사 이론의 기본 가정 중에서 측정의 오차 개념에 의한 것으로 동일 측정 대상을 무한 반복 측정하였을 때 측정치들이 유사할수록 신뢰도가 높아진다. 이것은 동일한 측정 대상을 동일한 측정 도구로 무한 반복 측정한 결과에 대한 진점수와 오차점수의 분산에 기초하여 신뢰도를 확인한다(성태제, 2019b).

타당도와 신뢰도의 관계는 **[그림 3-1]**과 같다. **[그림 3-1]**에서와 같이, 검사 점수는 진점수와 오차점수로 구분되고 진점수는 타당한 점수와 타당하지 않은 진점수로 구분된다. 검사 도구에 의한 관찰 점수는 진점수와 오차점수로 구분되며, 신뢰도는 진점수에 해당되는 부분이다. 진점수는 검사 도구의 특성상 측정하고자 하는 내용을 측정한 타당한 점수와 다른 내용을 특정한 타당하지 않은 점수로 구분된다. 전체 점수 중 타당한 점수 부분이 타당도가 된다. 따라서 신뢰도를 높이는 것은 타당도를 높이기 위한 필요조건은 되지만 충분조건은 되지 못한다. 즉, 어떤 측정 도구가 신뢰롭다는 것만으로 그 도구가 타당하다는 것을 의미하지는 않는다. 그러나 반대로 타당도가 높으려면 그에 상응하여 반드시 신뢰도가 높아야 한다.

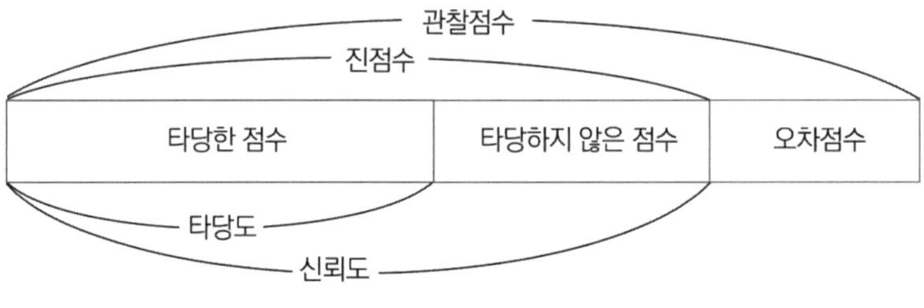

[그림 3-1] 관찰 점수의 구성 요소 관계

신뢰도에 접근하는 방법에는 두 가지가 있다(이성호, 1992). 하나는 개인 내 변산(intra-individual variability)에 기초하는 접근 방법이고, 다른 하나는 개인 간 변산(inter-individual variability)에 기초한 접근 방법이다. 전자의 경우, 지능과 같은 동일한 측정 내용을 어떤 한 사람에게 동일한 측정 도구로 여러 번 반복 측정했을 경우, 그 사람의 진짜 지능지수 즉, 진점수를 알기는 어렵고, 그것을 추정하게 된다. 그러나 여러 번 측정해 보면, 추정된 진점수로부터 변산이 생기며, 이것이 오차의 범위를 만든다. 이것을 표준편차로 표시한다. 표준편차가 크면 검사의 신뢰도는 낮아지는 것이다. 이 경우, 변산, 즉 오차(standard error of measurement)라는 개념으로 표시한다.

다음으로 개인 간 변산은 여러 명의 한 집단에게 똑같은 측정 도구를 두 번 실시한 다음, 첫 번째 측정에서의 상대적 순서와 두 번째 측정에서의 상대적 순서가 어느 정도 합치하고 있느냐로 보는 신뢰도 접근 방법이다.

이러한 두 가지 접근 방법에 기초하여 신뢰도를 산출하는 방법에는 재검사 신뢰도(retest reliability), 동형 검사 신뢰도(equivalent-form or alternate-form reliability), 내적 합치도(internal consistency) 등 세 가지로 나누어 살펴볼 수 있다.

4 신뢰도의 유형

가. 재검사 신뢰도

재검사 신뢰도(retest reliability)는 한 가지의 평가 도구를 같은 대상 집단에게 시간 간격을 두고 두 번 실시한 다음, 첫 번째 점수와 두 번째 실시하여 얻은 점수 간의 상관 계수를 산출하여 얻는 신뢰도이다. 즉, 그 평가 도구가 얼마나 안전성 있게 평가하느냐를 나타내 주기 때문에 안정성 계수(coefficient of stability)라고도 하고, 또 피험자의 피로, 정서적인 안정, 기억력 등에 따라 변화될 수 있기 때문에 피검자 신뢰도(examinee reliability)라고도 한다.

재검사 신뢰도의 단점은 다음과 같다. 첫째, 동일한 문항들로 구성된 검사를 두 번 사용하는 문제이다. 이 문항들은 문항 모집단으로부터 표본되었기 때문에 그 대표성을 증명할 길이 없다. 즉, 다른 문항 표본으로 구성된 검사를 했을 때 개인

점수가 얼마나 변할 것인지를 확인할 수 없다. 둘째, 피험자의 재검사 점수는 처음 검사 점수에 영향을 받을 수 있다. 셋째, 검사-재검사 간의 시간 간격이 길 때에 생기는 측정오차는 학생능력의 변화와 혼동될 가능성이 있다. 넷째, 검사의 신뢰도를 결정하기 위하여 동일한 검사를 재실시한다는 것은 대부분의 교사와 피험자들에게 교육 시간의 효율적인 활용 측면에서 설득력이 없다.

나. 동형 검사 신뢰도

동형 검사 신뢰도(equivalent-form or alternate-form reliability)는 사전에 두 개의 똑같은 성질의 동형 검사를 제작하여 동일 피험자에게 실시한 다음, 그 두 검사에서 나타난 성적 간의 상관 계수를 산출하여 얻는 신뢰도이다. 동일한 피험자에게 두 개의 서로 비슷한 검사를 한꺼번에 실시하여 상관 계수를 산출한다. 여기서 산출한 상관 계수를 동질성 계수(coefficient of homogeneity)라고 하며, 또는 도구 안정성(instrument stability)이라고도 한다.

동형 검사는 문항 내용, 난이도, 변별도가 동질적이면서도 독립적으로 제작되어야 한다. 만약 신뢰도가 낮게 나오면 두 검사는 서로 다른 행동 특성을 측정했다고 볼 수 있다. 두 검사의 동형성이 유지되기 위해서는 동일한 평균치, 동일한 표준오차, 동일한 신뢰도, 모집단에서 다른 변인 측정치와의 동일한 상관 계수 등이 확인되어야 한다. 동형 검사 신뢰도는 기억, 연습, 건강, 피로 등의 피험자 안정성에 크게 영향을 받는 검사-재검사 신뢰도의 단점을 보완할 수 있다.

다. 내적 합치도

내적 합치도(internal consistency)는 피험자가 각 문항에 일관성 있게 반응한다는 것에 기초하여, 어떤 부분 또는 각 문항을 하나의 검사 단위로 취급하고, 반응의 동질성, 일치성 정도를 알아보는 방법이다.

내적 합치도 산출 방법은 다음의 두 가지 방법이 사용된다. 하나는 반분 신뢰도(split-half reliability)로서 이는 한 가지 측정 도구나 검사를 두 부분으로 나누어서 그 각각을 마치 하나의 독립된 완전한 검사로 취급하여 따로따로 실시한 다음, 그 두 점수 간의 상관 계수를 산출하는 방법이다. 여기서 얻은 상관 계수를 동질성 계수(coefficient of homogeneity)라고도 한다. 전체 검사를 두 부분으로 나누는 방법에는 여러 가지가 있다. 예컨대, 일련번호로 된 검사 문항을 기수와 우수번호로 나누는 방식도 있고, 무선으로 차례대로 하나씩 뽑아 양쪽으로 갈라놓는 방법도 있다. 그러나 반분 신뢰도의 한 가지 문제는 반분된 부분검사의 신뢰도이지 검사 전체의 신뢰도가 아니라는 것이다. 이러한 결점을 보완하기 위해서 Spearman-Brown 공식을 사용하여 반분 신뢰도를 산출한다.

내적 합치도를 산출하는 또 다른 방법은 Kuder-Richardson 측정 방법으로 불리는 문항 내적 합치도(inter-item consistency)이다. 이는 어떤 검사 도구의 문항 하나 하나를 따로 떼어서, 그것이 모두 한 개의 독립된 검사라고 가정하고, 그 문항 간의 합치성, 일관성을 확인한다. 평가 도구의 신뢰도를 높이기 위해서는 동질적이고 적절한 난이도가 유지되어야 한다. 따라서 검사 문항수를 늘리고, 곤란도의 지수를 23%~75% 사이를 유지하도록 하며, 문항 변별도가 높은 것을 사용해야 한다.

이상에서 살펴본 신뢰도의 유형을 비교하면 〈표 3-2〉와 같다.

〈표 3-2〉 신뢰도의 유형

종류	정의	특징
재검사 신뢰도 (안정성 계수)	• 한 개의 평가 도구를 동일집단에게 전후 시기에 실시한 결과의 상관 계수	• 전후 검사 실시기간의 결정기억, 연습효과로 인해 신뢰도에 영향을 미침(기간이 짧으면 신뢰도가 높고 길면 낮다) • 평가 도구(검사표본)에 의한 오차변량이 진변량으로 취급될 우려가 있음 • 전후 검사 실시의 조건 통제가 어려움
동형 검사 신뢰도 (동질성계수)	• 내용과 곤란도가 같은 문항 두 개의 검사를 한 피험자에게 실시한 후 두 동형 검사에서 얻은 결과의 상관 계수	• 기억효과, 연습효과를 극소화 • 문항표본에서 파생되는 오차도 오차변량으로 취급하는 장점 • 동질검사 제작이 어려움
반분신뢰도 (동질성계수)	• 한 개의 검사 도구를 두 부분으로 분할하여 실시한 후 두 부분의 독립된 점수 간의 상관관계 계산 • 분할방법에는 전후 반분법, 난수표 의식적 비교 등이 있음	• 쉽고 편리하게 사용할 수 있는 방법 • 검사 실시의 특수한 조건, 우연적 변동 등이 진변량으로 다루어질 우려가 있음 • 속도검사의 경우 사용 불가능함 • 분할된 두 점수는 같다는 가정을 하는데 만약 이 차가 클수록 다른 추정법에 의한 계수보다 크게 나올 우려가 있음
내적 합치도 (검사의 동질성 계수)	• 한 검사를 한 번 실시하여 얻은 결과에서 각 문항을 독립된 검사로 생각하여 각 문항 간의 상관 계수	• 문항이 1점, 0점으로 채점하는 경우에는 KR20, KR21공식 사용 • 객관식 또는 주관식에는 Cronbach α 계수 사용 • 문항 상관도가 높아야 신뢰도계수가 높음 • 동질적인 검사, 역량 검사일수록 합당한 신뢰도를 주며, 이질적인 속도 검사일수록 왜곡된 신뢰도가 나옴

요약

평가 도구의 양호도에서는 타당도의 개념, 타당도의 유형, 신뢰도의 개념, 신뢰도의 유형에 대하여 살펴보았다. 타당도가 '무엇'을 측정하느냐와 관련된 개념이라면, 신뢰도는 '어떻게' 측정하느냐와 관련된 개념이다. 타당도는 내용 타당도, 준거 관련 타당도(예언 타당도와 공인 타당도), 구인 타당도로 구분된다. 신뢰도는 재검사 신뢰도, 동형 검사 신뢰도, 반분 신뢰도, 내적 합치도로 구분된다.

생각해 봅시다

1. 타당도의 개념을 설명하고, 타당도의 중요성에 대하여 토의하시오.
2. 타당도의 유형을 제시하고, 각각의 유형에 대한 특징을 설명하시오.
3. 신뢰도의 개념을 설명하고, 신뢰도의 중요성에 대하여 토의하시오.
4. 신뢰도의 유형을 제시하고, 각각의 유형에 대한 특징을 설명하시오.
5. 타당도와 신뢰도의 관계를 설명하시오.
6. 타당도를 확보할 수 있는 방안에 대하여 토의하시오.
7. 신뢰도를 확보할 수 있는 방안에 대하여 토의하시오.

04
Chapter

평가 문항의 양호도

학습내용

1. 고전 검사 이론에 의한 문항 분석
2. 문항 반응 이론에 의한 문항 분석

문항(item)은 검사를 구성하는 가장 기본적인 단위이다. 검사의 좋고, 나쁨은 결국 그 검사를 구성하고 있는 문항의 질과 관련이 있다. 검사를 구성하고 있는 문항의 질이 나쁘면 검사의 질은 낮아지게 된다. 그러므로 문항을 분석하는 작업이 선행되어야 한다. 문항의 좋고 나쁨, 즉 양호도를 알아보는 절차를 문항 분석(item analysis) 또는 문항의 양호도 분석이라고 한다. 평가 문항의 양호도에서는 고전 검사 이론에 의한 문항 분석 방법과 문항 반응 이론에 의한 문항 분석 방법을 살펴본다.

1 고전 검사 이론에 의한 문항 분석

가. 고전 검사 이론의 기본 가정

고전 검사 이론(classical test theory)은 기본적으로 개별 문항과 검사를 검사의 총점에 의하여 분석한다. 고전 검사 이론의 기본 가정은 다음과 같다(이종승, 2009). 첫째, 진정한 점수가 존재한다. 고전 검사 이론에서는 각 피험자가 실제로 가지고 있는 능력이나 특성을 나타내는 진정한 점수(true score)가 존재함을 가정한다. 이것은 피험자가 무한히 많은 검사를 받을 경우 평균적으로 얻을 수 있는 점수이다. 둘째, 측정 오차가 존재한다. 피험자가 검사에서 얻은 점수는 진정한 점수와 일정 부분의 측정 오차(measurement error)로 구성된다. 셋째, 측정 오차는 무작위성을 갖는다. 측정 오차는 무작위적이며, 특정한 방향으로 편향되지 않는다고 가정한다. 이는 오차가 긍정적 또는 부정적인 영향을 미칠 수 있지만 전체적으로는 평균적으로 0에 가까운 분포를 가진다. 넷째, 신뢰성을 전제한다. 고전 검사 이론에서는 신뢰성(reliability)이 중요하다. 신뢰성은 같은 검사를 여러 번 시행했을 때 일관된 결과를 나타낼 확률을 의미한다. 일반적으로 신뢰성이 높을수록 측정 오차가 적어진다. 다섯째, 동질성을 가정한다. 고전 검사 이론에서는 검사 문항들이 측정하고자 하는 동일한 특성이나 능력을 측정해야 한다고 가정한다. 즉 문항 간의 상관관계가 높아야 하며, 이를 통해 전체 검사가 안정적이고 신뢰할 수 있는 결과를 제공한다. 여섯째, 정규 분포를 가정한다. 대체적으로 피험자의 점수는 정규 분포를 따른다고 가정한다. 이는 평균과 표준편차를 기준으로 점수를 해석하는 데 유용하다. 일곱째, 검사의 길이(수)가 중요하다. 검사 문항 수가 많아질수록 신뢰성이 증가하고, 측정 오차가 줄어들게 된다. 즉, 더 많은 문항이 포함된 검사는 더 정확한 평가를 제공한다.

나. 문항 난이도(문항 곤란도)

문항 난이도(item difficulty)는 평가 도구에서 각 문항이 피험자에게 얼마나 어려운지를 나타내는 지표이다. 문항 난이도는 일반적으로 문항이 얼마나 많은 피험자에게 정답으로 선택되는지를 통해 측정된다. 문항 난이도는 시험의 효과성과 공정성을 판단하는 지표로 활용된다. 문항 난이도의 값이 클수록 피험자 대부분이 정답에 반응한 것이기 때문에, 그 문항은 쉽다는 것을 의미한다. 문항의 난이도(P)는 다음과 같이 구한다.

P = R(문항의 답을 맞힌 피험자의 수) / N(총 피험자의 수)

문항 난이도는 일반적으로 0에서 1 사이의 값으로 표현된다. .00은 모든 피험자가 오답을 선택한 경우, 1.00은 모든 피험자가 정답을 선택한 경우, .50은 피험자의 절반이 정답을 선택한 경우로 간주된다. 문항 난이도 지수에 대한 절대적인 평가 기준은 존재하지 않는다. Cangelosi(1990)는 문항 난이도 지수에 따른 문항 난이도 평가 기준을 〈표 4-1〉과 같이 제시하였다.

〈표 4-1〉 문항 난이도 지수에 따른 문항 난이도 평가 기준(Cangelosi, 1990)

문항 난이도	평가 기준	설명
.25 이하	어려운 문항	적은 수의 피험자가 정답을 선택하는 문항으로 고급 사고 능력이나 깊이 있는 이해를 요구하는 문항임
.25 ~ .75	적절한 문항	적절한 비율의 피험자가 정답을 선택하는 문항으로 일반적으로 학습자가 배운 내용을 충분히 이해했는지를 평가함
.75 이상	쉬운 문항	많은 피험자가 정답을 선택하는 문항으로 학습자의 기본적인 이해나 지식 수준을 측정하는 데 적합함

시험의 난이도가 지나치게 높거나 낮으면 피험자의 능력을 제대로 반영하지 못할 수 있다. 이를 통해 신뢰성이 저하될 수 있으며, 표준화 검사에서 요구되는 객관성과 신뢰성을 유지하기 어렵게 된다. 문항을 개발할 때 난이도를 고려하여 적절한 수준의 문항을 포함해야 한다. 문항의 난이도를 조정하기 위해서는 문항의 복잡성을 증가시키거나 줄이고, 피험자의 경험과 배경을 고려하여 난이도 조정에 필요한 자료를 수집하여 이를 반영한다.

다. 문항 변별도

문항 변별도(item discrimination)란 문항이 능력에 따라 피험자를 변별하는 정도를 나타내는 지수이다. 능력이 높은 피험자가 문항에 대해 정답을 하고, 능력이 낮은 피험자가 오답을 하였다면, 이 문항은 변별의 기능을 제대로 하는 문항이라 할 수 있다. 이와 같이 어떤 문항에 정답을 한 피험자의 총점수가 높고, 오답한 피험자의 총점수가 낮다면 이 문항은 피험자를 변별하는 기능을 가진 문항이라 할 수 있다. 반대로 어떤 문항에 정답을 한 피험자의 총점수는 낮고, 오답을 한 피험자의 총점수가 높다면, 이 문항은 변별력이 낮은 문항이라 할 수 있다. 어떤 문항에 대한 정답자와 오답자가 모두 동일한 총점수를 받는다면, 이 문항은 변별도가 없는, 즉 변별도 지수가 0인 문항이 된다. Ebel(1951)은 문항 변별도의 평가 기준을 〈표 4-2〉와 같이 제시하였다.

〈표 4-2〉 문항 변별도 평가 기준(Ebel, 1951)

문항 변별도 지수	문항평가
.4 이상	변별력이 높은 문항
.3 ~ .4	변별력이 있는 문항
.2 ~ .3	변별력이 낮은 문항

문항 변별도 지수	문항평가
.1 ~ .2	변별력이 매우 낮은 문항
.1 미만	변별력이 없는 문항

문항 변별도가 .4 이상이면 좋은 문항으로 평가하고, .2 미만은 수정 또는 제거해야 하는 문항이다. 문항 변별도 산출 방법으로는 상·하부 지수(upper-lower index)와 양분 상관 계수(biserial correlation coefficient)가 주로 사용된다.

상·하부 지수를 사용한 변별도 공식에 대하여 살펴보면 다음과 같다. 상·하부 지수(upper-lower index)를 사용한 변별도에서는 피험자 집단을 상위 능력 집단과 하위 능력 집단으로 구분하여 상위 능력 집단의 정답 비율과 하위 능력 집단의 정답 비율의 차이로 문항 변별도를 추정한다. 검사 총점을 어떤 기준 또는 준거에 의하여 두 집단 또는 세 집단으로 나누고 상위 능력 집단에서의 문항 정답 비율과 하위 능력 집단의 문항 정답 비율의 차이가 있다면 이 문항은 피험자를 변별하는 기능이 있다고 해석한다. 만약 두 집단에서의 문항의 정답 비율의 차이가 없다면 그 문항은 문항의 변별력이 없는 것으로 해석된다. 상·하부 지수를 사용한 변별도 공식은 〈표 4-3〉과 같다.

〈표 4-3〉 문항 변별도 공식

$$D.I. = \frac{R_U - R_L}{f}$$

$$D.I. = \frac{72 - 27}{81}$$

.56

	정답	오답	합계
상	72	9	81(27%)
중	51	87	136(46%)
하	27	54	81(27%)
합계	150	150	300

주. D.I.: 문항 변별도 지수, R_U: 상위능력 집단의 정답자 수, R_L: 하위능력 집단의 정답자 수, f: 각 집단의 피험자 수

라. 문항 추측도

어떤 능력을 측정하는 문항이 있다고 가정할 때, 문항을 풀 수 있는 능력이 없는 피험자들은 오답을 하게 된다. 그러나 일부는 추측에 의하여 문항의 답을 맞히는 경우도 종종 발생한다. 이렇듯 문항 추측도는 문항의 답을 모르고 추측으로 문항의 답을 맞힌 비율을 말한다.

문항 추측도 추정을 위해서는 총 피험자 중 문항의 답을 추측한 피험자가 몇 명이고, 그중 문항의 답을 맞힌 피험자가 몇 명인지를 파악해야 한다. 문항 추측도를 파악하는 공식은 〈표 4-4〉와 같다.

〈표 4-4〉 문항 추측도 공식

<table>
<tr><td rowspan="3">$PGR = \dfrac{\dfrac{W}{K-1}}{N}$</td><td></td><td>합계(300)</td></tr>
<tr><td>①</td><td>30</td></tr>
<tr><td>②</td><td>30</td></tr>
<tr><td rowspan="3">$PGR = \dfrac{\dfrac{150}{5-1}}{300}$</td><td>③</td><td>150(정답)</td></tr>
<tr><td>④</td><td>30</td></tr>
<tr><td>⑤</td><td>30</td></tr>
<tr><td>.125</td><td>미응답</td><td>30</td></tr>
</table>

주. PGR: 문항 추측도 지수, N: 총 피험자 수, K: 답안의 수 W: 오답한 피험자 수

마. 오답지 매력도

선다형의 문항에서 답지의 작성은 문항의 질을 좌우할 뿐 아니라 고등 정신 능력의 측정에 영향을 준다. 오답지 매력도(attractiveness of distractors)란 선다형 문항의 경우 피험자가 오답지도 정답처럼 보여 택할 가능성을 의미한다. 5지 선다형으로 작성된 문항이 매력이 없는 답지들로 구성되면, 4지 선다형이나 3지 선다형 문항

과 동일하다. 각 오답지의 응답 비율이 오답지 매력도보다 높으면 매력적인 답지, 그 미만이면 매력적이지 않은 답지로 평가한다. 답지들이 그럴듯하고 매력적일 때, 비교, 분석, 종합 등과 같은 고등 정신 능력을 측정할 수 있게 된다. 오답지 매력도 공식은 〈표 4-5〉와 같다.

〈표 4-5〉 오답지 매력도 공식

$$Po = \frac{1-P}{Q-1}$$

$$Po = \frac{1-0.42}{5-1}$$

.58

	합계(300)	문항 반응 분포
①	30	10%
②	30	10%
③	150(정답)	50%
④	30	10%
⑤	30	10%
미응답	30	10%

주. Po: 오답지 매력도, P: 문항 난이도(.42), Q: 답지 수(5)

바. 문항 반응 분포

문항 반응 분포(item response distribution)란 피험자들이 문항의 각 답지에 어떻게 반응하고 있는지를 기술하고, 이를 기초로 하여 분석하는 것을 의미한다. 문항 반응 분포에서는 문항 속에 포함되어 있는 각각의 답지에 대한 반응이 제시된다. 각 답지의 오답이 오답으로서 얼마나 매력이 있으며, 정답은 얼마나 정답의 역할을 했는지, 상위 능력 집단과 하위 집단 간의 반응 형태는 어떤 차이가 있는지 등을 파악할 수 있다. 문항 반응 분포표의 예시는 〈표 4-6〉과 같다.

〈표 4-6〉 문항 반응 분포표의 예시

〈문항 1〉		〈문항 2〉		〈문항 3〉	
답안	반응자 수(명)	답안	반응자 수(명)	답안	반응자 수(명)
①	20	①	20	①	4
②	18	②*	15(정답)	②	20
③	16	③	63	③*	90(정답)
④*	50(정답)	④	12	④	3
⑤	16	⑤	10	⑤	3
	120		120		120

주. *정답

〈문항 1〉은 바람직한 문항이라고 할 수 있다. 정답에 많은 수의 피험자들이 반응하고 있으며, 오답지에도 비교적 고르게 피험자의 반응이 분포되어 있다.

〈문항 2〉는 잘못된 문항이다. 정답인 ②번에는 15명의 피험자가 반응을 하였으나, 오답인 ③번에는 63명이 반응하였다. 정답이 왜 구실을 못 하는지를 검토하여 정답 문항을 개선하거나, ③번 답지에 대한 오답의 매력을 줄여야 한다.

〈문항 3〉은 정답이 명확하고 오답의 매력이 너무 적어 이상한 반응분포를 보이는 문항이다. 오답인 ①, ④, ⑤번은 거의 매력이 없기 때문에 형식적으로는 5개의 답안을 가진 선다형이지만 실제로는 답안 ②, ③번 중 하나를 선택하는 진위형 문항에 해당된다. 이런 경우, 오답지의 매력을 늘릴 수 있도록 문항을 수정하거나 다른 문항으로 대체해야 한다.

사. 교수 민감도

준거 참조 평가는 평가를 통해 학생들에게 피드백을 제공하고 평가자에게는 교수·학습 과정에 대한 정보를 제공한다. 각 문항이 교수 효과를 잘 반영하고 있는가를 확인해야 한다. 교수 전략을 투입하기 전의 학생들의 성취와 투입하고 난 후의 학생들의 성취 차이는 교수효과를 뜻하는 것으로서 준거 참조 평가에서 매우 중요하다.

교수 민감도(sensitivity to instruction)란 문항이 교수효과를 민감하게 반영하고 있는가 하는 정도를 의미한다. 교수 민감도를 확인하기 위해서는 교수·학습을 실시하기 전에 치르는 사전 검사 문항 정답률과 교수·학습을 실시한 후에 치르는 사후 검사 문항 정답률을 비교하는 방법을 활용한다. 사전 검사에서 정답률이 낮고(.3 이하), 사후 검사에서 정답률이 높은(.7 이상) 문항이 교수 민감도가 높은 문항이다.

아. 차별 기능 문항

검사 제작자는 성별, 인종, 사회 계층 등에 대한 편견을 지니고 있지 않아야 한다. 검사 제작자가 성별이나 인종에 대한 편견을 지니고 있으면 무의식적으로 어떤 집단에 편파적인 문항을 작성하게 된다. 편파성 문항이란 특정 집단에 유리하거나 불리하게 제작된 문항을 말하며, 같은 능력의 수준의 피험자가 성별 또는 인종 등 다양한 집단의 특성 때문에 문항에 답을 맞힐 확률이 다른 경우를 말한다.

자. 고전 검사 이론의 장점과 단점

고전 검사 이론은 19세기 말부터 전개되어 현재까지 사용되고 있는 이론으로서 비교적 간단한 절차에 의해 문항 분석과 검사 분석을 실시할 수 있다. 문항 난이도, 문항 변별도, 문항 추측도, 오답지 매력도, 교수 민감도 등의 용어들은 고전 검사 이론에서 유래되었으며, 이에 대한 추정 방법과 계산이 쉬워 고전 검사 이론을 널리 사용해 왔다. 그러나 고전 검사 이론은 문항 모수의 불변성 개념과 피험자 능력의 불변성 개념이 유지되지 않으며 피험자 능력도 정확하게 추정하지 못한다는 문제점이 있다. 고전 검사 이론은 심리 측정학과 교육 평가 분야에서 널리 사용되지만, 그 장점과 단점이 명확하게 구분된다.

1) 고전 검사 이론의 장점

첫째, 이해하기 쉽다. 고전 검사 이론은 기본 개념이 직관적이고 이해하기 쉬운 편이다. 진정한 점수와 측정 오차의 개념은 많은 사람들이 쉽게 이해할 수 있다.

둘째, 광범위하게 적용할 수 있다. 고전 검사 이론은 교육 평가, 심리 테스트, 인사 선발 등 다양한 분야에서 적용될 수 있어 여러 상황에서 유용하게 사용된다.

셋째, 간단한 통계적 분석이 가능하다. 고전 검사 이론은 상대적으로 간단한 통계적 방법을 사용하여 신뢰성 및 타당성을 평가할 수 있다. 예를 들어, 크론바흐 알파(Cronbach's alpha)를 통해 신뢰성을 쉽게 측정할 수 있다.

넷째, 문항 분석이 용이하다. 각 문항의 난이도 및 변별력을 쉽게 분석할 수 있어 검사 문항을 개선하거나 수정하는 데 유용하다.

다섯째, 정규 분포를 가정한다. 피험자의 점수가 정규 분포를 따른다는 가정은 결과 해석에 도움을 준다. 이를 통해 특정 집단의 성과를 비교하기에 용이하다.

2) 고전 검사 이론의 단점

첫째, 진정한 점수가 불확실하다. 고전 검사 이론에서는 진정한 점수를 정확히 측정할 수 없으며, 관측된 점수와 측정 오차만을 다룰 수 있다. 이는 실제 능력이나 특성을 완벽하게 반영하지 못할 수 있다.

둘째, 측정 오차의 비가역성이 존재한다. 측정 오차는 무작위적이지만 오차의 원인을 명확히 파악하거나 조정하기 어려운 경우가 많다. 이는 검사 결과의 신뢰성을 떨어뜨릴 수 있다.

셋째, 검사 길이(수)에 대한 의존성을 갖는다. 검사의 길이가 길어질수록 신뢰성이 높아지지만 이는 시간과 자원의 소모를 의미한다. 또한 긴 검사가 반드시 더 나은 평가 결과를 보장하지는 않는다.

넷째, 단일 차원성을 가정한다. 고전 검사 이론은 검사 문항들이 단일한 특성을 측정한다고 가정한다. 그러나 실제로는 여러 특성이 복합적으로 작용하는 경우가 많아 이를 반영하지 못하는 한계가 있다.

다섯째, 피험자의 특성에 대한 고려가 부족하다. 고전 검사 이론은 개인의 배경, 경험, 성향 등을 고려하지 않기 때문에 특정 집단이나 상황에서 불공정한 평가가 발생할 수 있다.

2 문항 반응 이론에 의한 문항 분석

가. 문항 반응 이론의 개념

고전 검사 이론에서 추정되는 문항 난이도와 문항 변별도는 그 문항에 응답한 피험자의 수준에 따라 지수가 달라진다는 문제점이 있다. 이러한 문제점을 해결하기 위하여 제안된 것이 문항 반응 이론(Item Response Theory, IRT)이다.

문항 반응 이론에서는 검사 문항의 총점에 의하여 문항이 분석되지 않는다. 문항은 각 문항마다 불변하는 고유한 속성을 지니고 있다고 가정하고, 그 속성을 나타내는 문항 특성 곡선에 의하여 문항을 분석한다. 문항 반응 이론은 피검사자가 어떤 문항에 대하여 특정한 반응을 할 확률을 사용하여 문항 특성 및 능력을 함수로 표현한다.

나. 문항 반응 이론의 기본 가정

문항 반응 이론에서는 문항 모수치의 불변성과 능력 모수치의 불변성을 전제한다. 첫째, 문항 모수치의 불변성(invariance of item parameters)이란 문항 난이도와 문항 변별도와 같은 문항이 가지고 있는 특성이 고유해서 이러한 특성은 문항 분석의 대상이 되는 피검사자 집단이 달라져도 변하지 않는다는 가정이다. 둘째, 능력 모수치의 불변성(invariance of ability parameters)이란 피험자의 능력은 특정 검사나 문항에 따라 달라지는 것이 아니라 불변하는 고유한 능력이 있다는 가정이다.

다. 문항 반응 이론의 실행 조건

문항 반응 이론을 적용하기 위해서는 다음의 두 개의 조건이 충족되어야 한다. 첫째, 잠재적 특성에 대한 단일 차원성(unidimensionality)이 충족되어야 한다. 단일 차원성이란 한 검사를 구성하는 모든 문항은 하나의 잠재적 특성만을 측정해야 한다는 가정이다. 둘째, 피험자가 나타낸 반응에 대한 지역 독립성(local independence)이 충족되어야 한다. 이것은 어느 특정한 검사 문항에 대한 반응은 다른 문항에 대한 반응에 영향을 미치지 않는 것을 전제한다.

라. 문항 특성 곡선

문항 특성 곡선(Item Characteristic Curve, ICC)이란 문항의 고유한 속성을 나타내는 것으로 피험자 능력에 따라 문항의 답을 맞힐 확률을 나타내는 곡선이다. 문항 특성 곡선에서는 인간의 능력을 θ로 표기하고, 각 능력 수준에서 그 능력을 가진 피험자가 그 문항의 답을 맞힐 확률을 $P(\theta)$로 표기한다. 능력수준은 $-\infty$에서 $+\infty$에 위치한다. $-\infty$의 능력을 소유한 피험자가 문항의 답을 맞힐 확률은 0에 가깝고, $+\infty$

의 능력을 소유한 피험자가 문항의 답을 맞힐 확률은 1.0에 가깝다. 인간의 능력은 일반적으로 0에서 +∞로 표기한다. 문항 반응 이론에서는 인간의 능력을 평균 0, 표준편차 1로 표현하기 때문에, 인간의 능력이 음수로 표기될 수 있다(성태제, 2019b). 문항 특성 곡선은 **[그림 4-1]**과 같다.

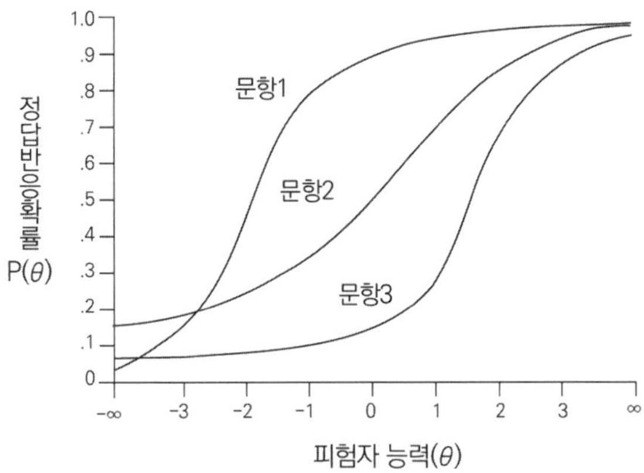

[그림 4-1] 문항 특성 곡선(김대현, 김석우, 2020)

인간의 개성이 각자 다른 것처럼, 문항도 각자 다른 문항 특성 곡선을 가진다. 문항 특성 곡선은 일반적으로 S자 형태를 나타낸다. 능력이 높을수록 문항의 답을 맞힐 확률이 증가하지만 선형적으로 증가하지 않는다.

1) 문항 모수

각각의 문항 특성 곡선들은 일반적으로 위치 모수(location parameter)와 척도 모수(scale parameter)를 지니고 있다. 위치 모수란 문항이 능력 수준의 어느 지점에서 기능하는가를 의미한다. 척도 모수는 문항 특성 곡선이 문항이 위치 모수 아래의 능력을 가진 피험자들과 위치 모수 위의 능력을 가진 피험자들을 얼마나 잘 변별할 수 있는가를 나타낸다. 위치 모수와 척도 모수는 문항 난이도, 문항 변별도, 문항 추측도와 관련이 있다.

2) 문항 난이도

문항 난이도(item difficulty)란 문항이 어느 능력 수준에서 가능한가를 나타내는 지수로서 문항의 어려운 정도를 알려준다. 문항 특성 곡선이 오른쪽에 위치할수록 어려운 문항이다. 문항 반응 이론에서의 문항 난이도는 문항의 답을 맞힐 확률이 .5에 대응하는 능력 수준을 b 또는 β로 표기한다. 일반적으로 문항 난이도는 −2에서 +2 사이에 위치하며 값이 커질수록 어려운 문항으로 평가한다. 이종승(2009)은 문항 반응 이론에서 문항 난이도의 언어적 표현과 지수를 〈표 4-7〉과 같이 제시하였다.

〈표 4-7〉 문항 난이도 범위(이종승, 2009)

문항 난이도 지수	언어적 표현
−2 이하	매우 쉽다
−2 ~ −.5	쉽다
−.5 ~ +.5	중간이다
+.5 ~ +2	어렵다
+2 이상	매우 어렵다

3) 문항 변별도

문항 변별도란 문항이 피험자를 능력에 따라 변별하는 정도를 나타내는 지수이다. 변별력은 문항 특성 곡선의 기울기와 관련이 있다. 문항 변별도는 문항 특성 곡선의 문항 난이도를 표시하는 점(p=.5)에서 문항 특성 곡선의 기울기를 의미하며,

a 또는 α로 표기한다. 문항 변별도는 일반적으로 0에서 +2의 값을 가진다. 문항 특성 곡선의 기울기가 가파르면 문항 변별도가 높아진다. 따라서 문항 변별도가 높을수록 양질의 문항이라고 할 수 있다. 이종승(2009)은 문항 반응 이론에서 문항 변별도의 범위를 **〈표 4-8〉**과 같이 제시하였다.

〈표 4-8〉 문항 변별도 범위(이종승, 2009)

문항 변별도 지수	언어적 표현
.00 이상 ~ .35 미만	거의 없다
.35 이상 ~ .65 미만	낮다
.65 이상 ~ 1.35 미만	적절하다
1.35 이상 ~ 1.70 미만	높다
1.7 이상	매우 높다

4) 문항 추측도

문항 추측도는 능력이 전혀 없음에도 문항의 답을 맞히는 확률로 c로 표기한다. 능력이 전혀 없는 피험자가 문항의 답을 맞힐 확률을 말하므로 c값이 높을수록 문항이 좋지 않은 문항으로 평가된다.

이상에서 살펴본 문항 반응 이론에 따라 **[그림 4-2]**에 제시된 4개의 문항에 대한 문항 난이도, 문항 변별도, 문항 추측도를 살펴보면 다음과 같다.

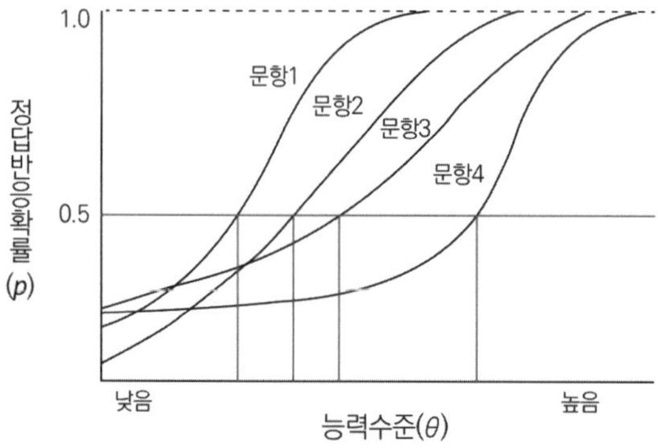

[그림 4-2] 문항 난이도, 문항 변별도, 문항 추측도와의 관계

① 문항 난이도는 정답률 50%를 기준으로 설정한다. 따라서 쉬운 문항은 1번, 보통 문항은 2번, 어려운 문항은 3번, 매우 어려운 문항은 4번이다.

② 문항 변별도는 문항 난이도를 표시하는 부분에서의 기울기를 의미하는데, 문항 변별도가 높은 문항은 1번과 4번, 보통 문항은 2번, 낮은 문항은 3번이라고 할 수 있다.

③ 문항 추측도는 학습자의 능력이 없음에도 맞출 수 있는 확률이므로, 문항 추측도가 높은 문항은 3번과 4번, 중간 수준의 문항은 1번, 낮은 수준의 문항은 2번 문항이 된다.

마. 문항 반응 이론의 장점과 단점

문항 반응 이론은 개인의 능력과 문항 특성을 정교하게 분석할 수 있다. 그러나 복잡성과 데이터가 대량으로 요구되어 실용화에는 제한점이 있을 수 있다.

1) 문항 반응 이론의 장점

첫째, 개별화된 평가가 가능하다. 문항 반응 이론은 각 개인의 능력 수준을 고려하여 문항의 난이도와 변별력을 분석하므로 보다 정교하고 개인화된 평가를 제공한다.

둘째, 문항 특성 곡선으로 분석된다. 문항의 난이도, 변별력, 우연히 정답을 맞힐 확률 등을 파악할 수 있는 문항 특성 곡선을 활용하여 각 문항의 특성을 시각적으로 분석할 수 있다.

셋째, 검사 길이에 대한 유연성을 갖는다. 문항 반응 이론은 짧은 검사로도 신뢰성 있는 결과를 제공할 수 있다는 장점이 있다. 이는 자원의 효율적인 사용을 가능하게 한다.

넷째, 비교 가능성을 갖는다. 문항 반응 이론은 다른 검사에서의 점수를 비교할 수 있는 척도 환산을 제공한다. 이는 다양한 검사 결과를 일관되게 비교할 수 있도록 한다.

다섯째, 능력을 정확하게 추정해준다. 문항 반응 이론은 능력 추정이 개인의 성과와 문항 특성에 기반하므로 측정 오차가 적고 더 정확한 능력 추정을 제공한다.

2) 문항 반응 이론의 단점

첫째, 복잡한 모델이다. 문항 반응 이론은 수학적 모델과 통계적 분석이 복잡하여 이해하고 적용하는 데 더 높은 전문성이 필요하다. 이는 사용자의 접근성을 제한할 수 있다.

둘째, 많은 데이터를 요구한다. 문항 반응 이론은 신뢰할 수 있는 추정을 위해 대규모의 데이터 세트가 필요하다. 소규모 샘플에서는 신뢰성이 떨어질 수 있다.

셋째, 특정 가정을 전제한다. 문항 반응 이론은 예를 들면, 독립성, 동질성 등의 특정 가정을 전제로 하며 이러한 가정이 충족되지 않을 경우 결과의 타당성이 저하될 수 있다.

넷째, 많은 시간이 소모된다. 문항 반응 이론에 따른 분석은 고전 검사 이론보다

시간이 더 소모될 수 있으며 복잡한 소프트웨어와 기술적 지식이 필요하다.

다섯째, 피험자의 특성에 대한 고려가 부족하다. 문항 반응 이론은 피험자의 배경, 경험, 성향 등 개인적 특성을 고려하지 않으므로 특정 집단에 대한 편향된 평가가 발생할 수 있다.

박도순 등(2007)은 고전 검사 이론과 문항 반응 이론을 〈표 4-9〉와 같이 비교하였다.

〈표 4-9〉 고전 검사 이론과 문항 반응 이론의 비교(박도순 외, 2007)

구분	고전 검사 이론	문항 반응 이론
분석단위	검사 점수	개별 문항
진점수 추정	반복 측정 가정	가정 없음
문항 난이도	전체 인원 중 정답자 수	0.5에 대응하는 능력수준
문항 변별도	검사 총점과 문항 점수 간의 상관관계	문항 난이도(0.5)에서의 기울기
문항 추측도	정답을 모르고 추측하여 답을 맞힘	능력 없는 피험자가 추측으로 문항 답을 맞힐 확률
문항 특성 추정	피험자 집단의 특성에 따라 변함	불변
피험자능력 추정	검사 도구의 특성에 따라 변함	불변
장점	산출방법이 간단하고 쉬움	정확한 측정이 가능하고 학생의 변별이 정밀함
단점	검사 시점에 따라 문항의 난이도가 조절되지 않음	고도의 수학적 방법을 이용하여 산출방법이 어려움

요약

평가 문항의 양호도에서는 고전 검사 이론에 의한 문항 분석과 문항 반응 이론에 의한 문항 분석에 대하여 살펴보았다. 고전 검사 이론에 의한 문항 분석에서는 고전 검사 이론의 기본 가정, 문항 난이도, 문항 변별도, 문항 추측도, 오답지 매력도, 문항 반응 분포, 교수 민감도, 차별 기능 문항, 고전 검사 이론의 장점과 단점에 대하여 살펴보았다. 문항 반응 이론에 의한 문항 분석에서는 문항 반응 이론의 개념, 기본 가정, 실행 조건, 문항 특성 곡선, 문항 반응 이론의 장점과 단점에 대하여 살펴보았다.

생각해 봅시다

1. 문항 난이도, 문항 변별도, 문항 추측도의 개념을 설명하시오.
2. 문항 추측도와 오답지 매력도와의 관계에 대하여 토의하시오.
3. 고전 검사 이론에 따라 문항 난이도, 문항 변별도, 문항 추측도를 계산하시오.
4. 문항 반응 이론의 문항 특성 곡선에서 문항 난이도, 문항 변별도, 문항 추측도를 설명하시오.
5. 고전 검사 이론과 문항 반응 이론을 비교하여 설명하시오.

05 Chapter 프로그램 평가

학습내용

1. 프로그램 평가의 개념
2. 프로그램 평가의 전개 과정
3. 프로그램 평가의 유형
4. 프로그램 평가 보고서

프로그램 평가는 교육 활동에 적용된 프로그램의 효과와 가치 등을 판단하는 행위이다. 프로그램 평가는 다양한 관점에서 이루어지고 있다. 즉 특정 프로그램을 평가할 때 어떤 시각에서 평가하느냐에 따라 프로그램 평가의 결과, 즉 프로그램에 대한 가치 판단이 달라질 수 있다. 프로그램 평가에서는 프로그램 평가의 개념, 프로그램 평가의 전개 과정, 프로그램 평가의 유형, 프로그램 평가 보고서에 대하여 살펴본다.

1 프로그램 평가의 개념

프로그램 평가는 프로그램을 평가하는 것이다. 프로그램 평가에 앞서 프로그램이 무엇인지에 대하여 살펴볼 필요가 있다. 프로그램에 대한 정의는 탄력적이고 광범위하게 사용되고 있다. 프로그램은 특정한 목표를 달성하기 위하여 설계된 일련의 계획된 활동으로서 어떤 문제를 해결하기 위해 지속적으로 이루어지는 의도적인 처치라고 할 수 있다(Fitzpatrick, Sanders, & Worthen, 2004). 한편, 프로그램은 특정의 목적과 목표를 달성하기 위하여, 내용, 인사, 활동, 자원을 구성하는 것으로 정의될 수 있다(정재삼, 2004).

오늘날 학교, 기업체, 관공서 등과 같은 다양한 기관에서 각양각색의 프로그램이 실행되고 있다. 이 중에서 특정 프로그램은 지속성이 강한 반면에, 어떤 프로그램은 도입되자마자 사라지기도 한다. 이러한 프로그램의 지속 여부는 프로그램의 가치와 장점에 대한 의사 결정자의 판단으로 결정된다. 만약 프로그램의 가치와 장점이 있음에도 불구하고, 프로그램의 가치를 제대로 인식하지 못하여, 프로그램을 폐기하게 된다면 문제가 발생할 수 있다. 그러므로 프로그램을 적절하게 평가하기 위해서는 프로그램 평가에 대한 이해가 선행되어야 한다.

프로그램 평가는 프로그램과 평가의 합성어로서, 국내외 학자들에 따라 다양하게 정의되고 있다. Law와 Fowle(1979)은 프로그램 평가를 활동의 효율성 또는 가치를 결정하는 일련의 의사 결정 과정으로 정의하고 있다. 한편, Scriven(1991)은 과정에 관한 산물 또는 대상의 가치 또는 장점을 판단하는 행위를 프로그램 평가로 정의하고 있다. Guskey(2000)는 구체적인 상황에서, 구체적인 프로그램, 교육과정, 또는 전략의 가치 또는 장점을 결정하기 위하여 사용되는 체계적 과정으로 프로그램 평가를 규정하고 있다. 이상의 정의를 볼 때, 프로그램 평가의 핵심 요소는 가치, 장점, 효율성, 의사 결정이라고 할 수 있다.

프로그램 평가에 관한 단일한 정의는 존재하지 않지만 프로그램 평가는 평가의 목적에 따라 다르게 정의된다(배호순, 2008). 프로그램 평가의 정의는 ① 프로그램 목표의 도달도 확인, ② 프로그램 의사 결정에 도움이 되는 정보 제공, ③ 프로그램의 가치 판단, ④ 프로그램의 효과나 영향의 체계적 검토 등과 같이 구분될 수 있다. 이들의 정의를 구체적으로 살펴보면 다음과 같다(이상화, 2024: 34-35).

첫째, 프로그램 평가는 프로그램 목표의 도달도를 확인하는 것이다. Tyler(1949)

는 프로그램 평가를 프로그램의 목표 달성도를 결정하는 행위로 정의하였다. 이 정의에 의하면, 프로그램 평가란 프로그램 개발자가 기획단계에서 의도적으로 설정한 목표가 실제로 프로그램 과정을 통해서 달성되었는가를 판단하는 것으로 규정할 수 있다.

둘째, 프로그램 평가는 프로그램 의사 결정에 도움이 되는 정보를 제공하는 것이다. 이 정의는 프로그램 평가는 프로그램의 계속적 실시 또는 중단 여부, 프로그램의 질적 개선을 위한 보완 사항 등과 같은 의사 결정을 제공하는 것을 의미한다. 평가자는 프로그램과 관련한 다양한 정보를 수집하고 분석하여 의사 결정자에게 정보를 제공한다. 의사 결정자는 평가자로부터 제공받은 평가 정보를 토대로 프로그램 관련 의사 결정을 한다.

셋째, 프로그램 평가는 프로그램의 가치를 판단하는 것이다. 예를 들어, 특정 프로그램이 청소년에게 어떠한 가치(유익함 등)를 제공하는지를 판단하거나, 청소년을 포함한 프로그램 이해관계자(또는 평가관계자)에게 특정 프로그램의 주관적, 객관적 가치(교육적 가치, 사회문화적 가치 등)를 다양한 측면과 관점에서 판단할 수 있다.

넷째, 프로그램 평가는 프로그램의 효과나 영향을 체계적으로 검토하는 행위이다. 이 정의에 의하면 프로그램 평가는 프로그램에 대한 변화와 효과를 측정하기보다는 사회적 영향력 등을 확인하는 것을 중시한다. 프로그램의 효과나 영향의 체계적 검토를 위한 다양한 측정방법과 도구 등의 개발과 활용이 수반된다.

2 프로그램 평가의 전개 과정

프로그램 평가에 대한 시대적 구분은 학자마다 다르게 구분한다. Stufflebeam과 Shinkfield(2007)는 교육 프로그램 평가의 이론과 실천과 프로그램 평가에 지대한 공헌을 이룬 시기를 중심으로 ① 타일러 이전 시대(-1930), ② 타일러 시대(1930-1945), ③ 순수의 시대(1946-1957), ④ 실재주의의 시대(1958-1972), ⑤ 전문화의 시대(1973-현재)의 5단계로 구분하였다.

한편, Fitzpatrick 등(2023)은 평가의 역사적 단계를 다음과 같이 5단계로 구분하였다. 이들은 평가의 역사를 ① 1800-1940: 현대 프로그램 평가의 토대, ② 1841-1963: 응용 사회학 및 교육학 연구의 보편화, ③ 1964-1969: 현대 프로그램 평가의 등장, ④ 1970-1999: 프로그램 평가의 전문화, ⑤ 2000-현재: 21세기 프로그램 평가의 5단계로 구분하고 있다.

또한, Madaus와 Stufflebeam(2000)은 프로그램 평가의 발달 시기를 7단계로 기술하고 있다. 그들은 평가의 역사적 발달 단계를 ① 개혁의 시대(1792-1900), ② 효율성과 검사의 시대(1900-1930), ③ 타일러의 시대(1930-1945), ④ 순수의 시대(1946-1957), ⑤ 발전의 시대(1958-1972), ⑥ 전문화의 시대(1973-1983), ⑦ 확장과 통합의 시대(1983-현재) 등의 7단계로 제시하였다.

이상에서 살펴보았듯이, 프로그램 평가에 대한 시대적 구분은 프로그램 평가의 시작을 언제로 볼 것인가에 따라 달라짐을 알 수 있다. 이 책에서는 Madaus와 Stufflebeam(2000)의 프로그램 평가 시대 구분을 기초로 하여, 각 시대별 특징을 살펴보았다.

가. 개혁의 시대(Age of Reform, 1792-1900)

평가에 양적인 방법이 등장한 1792년부터 19세기 말까지는 개혁의 움직임이 일어난 시기로 '개혁의 시대'라고 표현할 수 있다. 프로그램 평가의 시작은 1792년 Farish가 시험 점수를 수량화(quantitative mark)하면서 시작되었다(Hoskins, 1968). 이러한 방법은 질적 평가를 개선한 것으로, 점수 합산, 평균, 학생의 서열을 가능하게 하였다. Farish의 이 방법은 오늘날 심리 측정 분야의 최초의 개발로 알려져 있으며,

획기적인 검사와 기술은 현재의 프로그램 평가 역사에서 중요한 역할을 하고 있다(Madaus & Stufflebeam, 2000).

이 시기에는 19세기 산업혁명으로 영향과 영국과 미국 전역에서 교육과 사회 프로그램, 기관에 대한 개혁의 움직임이 일어났다. 영국에서는 정부가 임명한 위원회에서 교육, 법률, 병원 등을 지속적으로 개혁하려고 시도하였다. 이 시기에 영국은 정부의 지원을 받아 프로그램 평가가 진행되었고, 이러한 프로그램 평가를 실행하는 외부 기관이 설립되었다(Madaus & Stufflebeam, 2000).

이 시기의 미국의 프로그램 평가의 역사적 의의는 다음과 같다. 첫째, 미국에서는 1815년에 '육군 군수품부'에서 군수물자 생산을 단일화하기 위하여 최초의 형식적 평가가 이루어졌다. 둘째, 학교의 성취를 평가하기 위한 최초의 공식적인 시도가 1845년에 발생하였다. 이것은 학교와 수업프로그램의 효율성을 판단하는 주요 원천으로서 학생들의 시험점수를 활용하였다는 점에서 중요한 의미를 갖고 있다. 셋째, 기존의 구술시험을 당시 유럽에서 사용하는 논술형 검사(essay test)로 대체하였다. 이러한 논술형 검사의 실시는 학교 간 비교를 위한 자료수집이라는 정책적 의도가 숨겨져 있으며, 이것은 평가의 정치적 사례로 볼 수 있다. 넷째, 1887년부터 1898년까지 Rice는 미국에서 최초로 형식적인 교육 프로그램 평가를 수행하였다. Rice(1893)는 철자수업에서 반복학습의 가치를 연구하기 위하여 비교연구설계를 사용하였는데, 연구결과 철자수업과 반복학습 시간에는 아무런 관계가 없다고 보고하였다. 이 연구는 교육자들에게 실험가와 양적 사고자가 되어야 한다고 주장하였으며, 학생의 성취를 연구하기 위해서는 비교연구설계를 사용해야 한다고 주장하였다. 다섯째, 19세기 후반 인증평가(accreditation)와 전문가 판단을 중시하는 North Central Association of Colleges and Secondary Schools(NCACSS)가 설립되었다. 이 단체는 교육기관의 적합성을 평가하고, 교육 개선을 위한 전문가 방문 인증 평가 운동으로 확산되었다(Hogan, 2007).

나. 효율성과 검사의 시대(Age of Efficiency and Testing, 1900-1930)

Taylor(1911)의 과학적 관리 운동이 전개되기 시작한 20세기 초부터 제1차 세계대전을 거쳐 1930년까지는 학교와 교사의 효율성에 대한 연구가 실시되었고, 교육 및 산업분야에서 검사가 성행하였다. 이러한 특징에 따라 이 시대를 '효율성과 검사의 시대'로 표현한다. 이 당시의 역사적 의의는 다음과 같다(Madaus & Stufflebeam, 2000).

첫째, 20세기 초, Taylor(1911)의 과학적 관리 운동의 체계화, 표준화, 효율성은 미국인들의 삶 전반에 영향을 주었다. 둘째, 이 당시에는 다양한 준거(낙제율, 진학률 등)를 활용하여 학교, 교사의 효율성에 초점을 두고, 대규모 학교 시스템에 대하여 연구가 실시되었다. 셋째, 교육의 질을 평가하기 위한 셈하기, 철자 쓰기, 작문에서 객관식 검사를 개발하였다. 이들 검사는 지역구의 효율성 향상을 위하여 세부적으로 설정한 기준에 의하여, 큰 지역구에서 개발되었다. 예를 들어, Boston에서 실시한 검사는 도시 학생들의 통과율을 준거로 설정하고, 학교의 성적이 일반적인 표준에서 상위 또는 하위에 위치하는지를 판단준거로 사용한다는 점에서 규준 참조평가의 특성을 갖고 있다. 이들 지역에서 개발한 검사는 수업 목표를 매우 정교하게 측정하기 위하여 개발되었다. 넷째, 제1차 세계대전 이후, 표준화 검사가 증가하였다. 학교는 이들 검사를 활용하여 교육 프로그램의 효과성을 추론하였다. May(1932)의 표준화 검사 역사에 의하면, 평가 분야는 검사 분야와 밀접하게 연결되며, 검사자료는 평가의 중요한 자료 원천으로 소개되어 있다. 다섯째, 효율성 및 검사의 시대에서 가장 중요한 것은 평가가 학교 지역구를 중심으로 이루어졌다는 것이다. 이 당시의 평가와 관련된 질문은 지역의 실정과 관련이 있었다. 여섯째, 1920년과 1930년대의 대학 연구소는 학교 교육구의 조사 연구를 담당하였는데, 이때의 다양한 조사 연구 경험은 1960년대 후반의 평가 발전에 선험적으로 기여할 수 있는 바탕이 되었다(Hogan, 2007).

다. 타일러의 시대(Tylerian Age, 1930–1945)

Tyler가 교육 평가라는 용어를 처음 사용한 1930년부터 제2차 세계대전이 종료된 1945년까지는 Tyler의 8년 연구의 실시와 그 결과에 따른 파장이 일어난 '타일러의 시대'라고 할 수 있다. 이 당시의 특징은 다음과 같다(Madaus & Stufflebeam, 2000).

첫째, Tyler는 교육과정과 평가에서 폭넓고 개혁적인 관점을 제시하였다. Tyler는 일반교육, 교육 평가, 특히 검사에 강력한 영향을 끼친 학자로서, 교육 평가의 아버지로 알려져 있다. 그는 교육과정을 일련의 폭넓은 계획된 학교 경험의 설계로 간주하고, 학생들의 구체적인 행동 결과의 달성을 도와주기 위한 것으로 규정하였다. 따라서 교육 평가는 수업프로그램의 일부분으로서, 달성되어야 하는 중요한 목표의 범위를 측정하는 것으로 규정하였다. 둘째, 미국 대공황 현상이 심화되면서, 학교와 공공기관의 자원이 부족하면서, 루스벨트 대통령의 뉴딜정책과 존 듀이의 진보주의 운동이 전개되었다. Tyler(1942)는 진보주의 교육이 중등학교에서도 성공적으로 적용될 수 있는지를 확인하고 검증하기 위하여 8년 연구를 수행하였다. 8년 연구는 교육 평가에 대하여 새롭고 폭넓은 관점을 제시하였다는 점에서 의의가 있다. 셋째, Tyler는 의도한 결과와 실제 결과의 비교를 통하여 평가를 개념화하였다. 그는 목표와 결과의 내적 비교를 통해서 평가가 가능하다고 보았다. 이러한 접근은 행동 목표의 측정을 요구하며, 수업의 조직과 투입보다는 학습 결과를 강조하기 때문에 전문가 판단과 인증과 같은 주관성을 제거할 수 있었다(Hogan, 2007).

라. 순수의 시대(Age of Innocence, 1946–1957)

제2차 세계대전이 종식된 1946년부터 1957년까지는 정치와 경제가 안정되면서,

외부의 사건이나 연구의 사회적인 목적이 부각되지 않았던 '순수의 시대'라고 할 수 있다. 이 시기의 특징은 다음과 같다(Madaus & Stufflebeam, 2000).

첫째, 제2차 세계대전이 끝나고 정치적, 경제적 안정기에 접어들면서 실험대학과 지역대학과 같은 새로운 교육기관이 생겨나고 대학 입학자와 교사교육 프로그램 등록자 수가 급증하였다. 사회적 발전과 노력에도 불구하고 효율성과 효과성에 대한 요청이 없었고, 사회적인 목적이 부각되지 않았기 때문에, 순수의 시대라고 불리게 되었다. 둘째, 이 시기는 평가의 기술적인 측면에서 발전이 있었다. 표준화 검사 개발 기술이 성장하여, 새로운 국가 표준화 검사가 출판되었다. 이와 함께 실험설계와 통계적 법칙의 발달에 영향을 끼쳤다. 셋째, Tyler(1949)가 목표 설정을 명확하게 할 것을 요구하였는데, 이에 대한 결과로 교육 목표 분류학이 개발되었다. 넷째, 이 시기의 평가는 연방과 주의회와 관계없이, 지방 교육구의 요구와 지원에 의해서 지방자치적으로 이루어졌다(Hogan, 2007).

마. 발전의 시대(Age of Development, 1958–1972)

1957년 소련의 인공위성 스푸트니크호가 발사된 후인 1958년부터 1972년까지는 교육의 새로운 전환기를 맞게 되는 시기이다. 이 시기에는 평가에 대한 새로운 방향이 촉구되고 다양한 평가 모형이 등장한 '발전의 시대'라고 할 수 있다. 이 시기의 특징은 다음과 같다(Madaus & Stufflebeam, 2000).

첫째, 대규모의 교육과정 프로젝트가 연방정부에 의해서 조성되었다. 1957년 소련의 인공위성 발사로 인하여, 연방정부는 국방교육법(NDEA)을 실시하였다. 이 법에서는 수학, 과학, 외국어의 새로운 프로그램을 제공하고, 교육청에서 상담, 진로교육, 검사 프로그램의 확대가 이루어졌다. 둘째, 이 시기의 평가의 접근 방법은 크게 4가지 형태로 이루어진다. Tyler(1949)의 모형을 활용하여, 새로운 교육과정의 목표를 정의하고, 사후에 목표 도달도를 평가하였다. 새로운 교육과정의 목표와 내용을 반영하기 위하여 국가수준의 표준화검사를 개발하였다. 교육 종사자의 업적을 평가하기 위하여 전문가 판단 접근 방법이 제안되었다. 평가자들이 현장 실험을 통하여 교육과정 개발을 평가하였다. 셋째, Cronbach는 기존의 규준 참조평가를 비판하고, 프로그램의 개발에 도움이 되도록 정보를 수집하고 보고하는 '과정을 중시하는 평가'의 관점에서 평가를 재개념화할 것을 주장하였다. Cronbach는 평균 점수나 총점보다는 각 문항을 분석한 내용이 교사들에게 더욱 도움이 될 것이라고 지적하였다. 넷째, 케네디 대통령부터 존슨 대통령 재임 시절에 사회복지, 보건, 교육 등의 분야에 연방정부 예산이 대규모로 지원되었다. 이들 프로그램에 대한 책무를 규정하지 않으면 예산을 낭비할 수 있다는 주장에 따라 초중등교육법이 입법화되었다. 이 법에는 연방 정부의 지원금으로 수행한 프로그램 효과에 대한 평가의 의무화가 규정되었으며, 그 결과 보상교육법(Title I)이 만들어졌다. 보상교육법의 실효성을 판단한 결과, 프로그램의 실효성이 없다는 결론이 나왔다. 즉, 보상교육을 위하여 막대한 예산을 지출하여, 프로그램을 실행하였음에도 불구하고, 프로그램의 실행에 대한 의미 있는 결과와 산출물이 나타나지 않는다는 부정적인 평가 결과가 나타났다. 이후에도 다양한 교육 프로그램에 대한 연구를 수행하였는데, 모두 부정적인 평가 결과가 나타났다. 이러한 원인을 탐색하기 위하여 평가의 정의를 새롭게 개념화하고, 새로운 평가 모형이 개발되었다. Tyler의 평가 접근에서 탈피하여 새로운 평가 모형을 적용할 것을 권장되었다(Hogan, 2007).

바. 전문화의 시대(Age of Professionalization, 1973-1983)

1973년부터 1983년까지는 평가 영역의 세분화와 구체화가 이루어졌으며, 평가 전문가들의 전문성이 신장되었다. 그리고 평가학회지와 협회 및 평가기관들이 만들어졌다. 이러한 특징에 따라 이 시기를 '전문화'의 시대라고 표현한다. 이 시기에는 평가 분야에 대한 전문화가 이루어졌다. 그리고 평가 접근 방법의 개선과 평가 전문가를 훈련하는 프로그램이 발전함에 따라 평가가 학문 영역으로 발전하였다는 점에서 도약의 시기라고 할 수 있다(Madaus & Stufflebeam, 2000). 이 시기의 특징은 다음과 같다.

첫째, 1970년대 중반 이후 교육 평가 전문가를 중심으로 전문학술지를 발간하게 되었다. 이 이외에 평가만을 전문적으로 다룬 전문서적과 논문집이 발행되었으며, 학술단체가 조직되었다. 둘째, 많은 대학에서 평가 방법론 강의를 필수적으로 이수하도록 하였고, 주요 대학에서 평가 전공 대학원 프로그램이 개설되고, 박사학위과정이 신설되었다. 셋째, 평가의 질을 확인하고 점검하기 위하여 메타평가에 대한 관심이 증가하게 되었다. 넷째, 기능적 방법론이 개발되었고, 평가 이론 및 방법 측면에서 다양한 모형들이 개발되었다(Hogan, 2007).

사. 확장과 통합의 시대(Age of Expansion & Integration, 1983-현재)

교육 개혁 운동이 일어난 1983년부터 현재까지는 한 분야로서의 교육 평가의 확고한 입지가 다져지고 세계 각국의 학회와 협회를 중심으로 평가 네트워크를 통해 활발하게 교류를 하고 있는 시기로 '확장과 통합의 시대'라고 할 수 있다(Madaus & Stufflebeam, 2000). 이 시기의 특징은 다음과 같다.

첫째, 이 시기에는 교육 개혁 운동이 전개되었다. 이에 따라서, 프로그램 평가에 대한 관심이 급증하였고, 이러한 움직임에 발맞추어, 미국 내 49개의 주에서 기준기반 개혁운동이 실시되었다. 둘째, 교육 평가는 다양한 상황에서 다양한 접근과 방법을 사용하여 시행되었다. 그리고 프로그램 평가 전문가가 양산되고 세계 각국의 학회와 협회들을 중심으로 학문적인 교류와 발전이 이어지고 있다. 셋째, 평가를 위한 전문가 표준이 개발되어 활용되었다. 이 기준은 학교현장 및 수업상황에서 학생을 평가하기 위하여 개발되었다(Hogan, 2007).

지금까지 살펴본 프로그램 평가의 각 시기별 특징은 〈표 5-1〉과 같다.

〈표 5-1〉 프로그램 평가의 각 시기별 중요 특징(Madaus & Stufflebeam, 2000)

시대 구분	시기	특징	시대상황 및 사건
개혁의 시대	1792–1900	• 시험점수의 양적 표기 • 사회기관과 기능에 따른 평가 실시 • 교육, 사회프로그램, 기관 중심 개혁 • 평가의 초기 형태 등장 • 공식적인 학교 평가 실시 • 지필시험 등장 • 철자법 교수 비교연구	• 산업혁명
효율성과 검사의 시대	1900–1930	• 학교와 교사효율성 연구 • 선택형 검사 • 규준 참조검사 발전 • 표준화 성취검사 실시	• 과학적 관리 운동 • 제1차 세계대전 종식
타일러의 시대	1930–1945	• 교육 평가 용어 사용 • 8년 연구	• 뉴딜정책, 진보주의 • 2차 세계 대전
순수의 시대	1946–1957	• 교육기관 설립 • 평가의 기술적 측면 발전 • 국가 수준 표준화 검사 개발 • 교육검사 서비스 기관 설립 • 교육 목표 분류학	• 인종차별
발전의 시대	1958–1972	• 학교 교육 평가 강화 • 상담, 진로교육, 검사프로그램 확대 • 사후 목표달성도 평가 • 국가 수준 표준화 검사 재개발 • 평가의 새로운 방향 촉구 • 다양한 평가 모형 등장	• 스푸트니크호 발사 • 국가방위교육법 제정 • 초중등교육법 제정
전문화의 시대	1973–1983	• 평가 영역의 전문화 • 단행본, 학회지 • 학회, 협회, 기관 설립 • 평가 방법론의 필수과목 • 다양한 평가기법 등장	
확장과 통합의 시대	1983–현재	• 교육 평가 기준 위원회 • 국제적인 기구 설립 및 교류	• 교육개혁 운동

3 프로그램 평가의 유형

프로그램 평가 연구자들은 평가에 관한 자신들의 신념에 따라서 독자적인 프로그램 평가 모형을 개발하였다. 앞에서 살펴보았듯이, 프로그램 평가 모형의 개발은 1970년대에 들어와 전성기를 맞이하였으며, 현재 셀 수 없을 정도로 많은 프로그램 평가 모형이 존재한다. 이러한 다양한 프로그램 평가 모형은 유목화가 필요하다. 첫째, 여러 평가 모형 속에 공통적으로 반영되어 있는 기본적인 철학, 관점, 목적, 대상을 파악할 수 있다. 둘째, 평가 모형의 공통점과 차이점, 장점과 단점을 한눈에 파악할 수 있다.

가. House(1978)의 평가 모형 분류

House(1978)는 평가 모형을 분류하기에 앞서, 그 당시에 널리 활용되고 있는 평가 모형들을 ① 체제적 분석 모형, ② 행동 목표 모형, ③ 의사 결정 모형, ④ 탈목표 모형, ⑤ 예술 비평 모형, ⑥ 승인 모형, ⑦ 배심 모형, ⑧ 상호작용 모형 등으로 구분하였다. House(1978)는 이들 평가 모형들을 다음과 같이 구분하여 설명하였다.

① 체제적 분석 모형(systems analysis): 이 평가 모형에서는 양적 자료 산출을 위한 측정을 중시한다. 양적 자료를 수집하기 위하여 시험 점수를 산출하고, 시험 점수와 관련된 변인을 중심으로 프로그램의 효과를 분석한다. 실험 설계의 중요성이 강조되었고, 이에 따라 실험 설계에 대한 연구가 발전하게 되었다.

② 행동 목표 모형(behavior objective): 평가는 학생의 구체적인 수행이라는 관점에서 이루어져야 하며, 프로그램의 목표는 구체적인 학생들의 행동을 향상시킬 수 있는 방향으로 제시되어야 한다. 이러한 행동 특성은 규준 참고 검사, 준거 참고 검사에 의해 측정될 수 있다. 이 모형의 원조는 Tyler이다.

③ **의사 결정 모형**(decision making): 평가는 의사 결정을 위한 구조화가 이루어져야 한다. 평가자는 의사 결정자가 특별한 결정을 할 수 있도록 정보를 제공해야 한다. 질문지와 면접 조사가 주로 사용된다. 의사 결정자는 행정가와 관리자이다. 이 모형의 선도적인 역할을 한 학자는 Stufflebeam이다.

④ **탈목표 모형**(goal free): Scriven은 평가의 결과에서 발견되는 편의(bias) 문제를 줄이는 데 관심이 있었다. 이 모형은 사전에 설정한 목적 이외에 다른 영역을 평가함으로써 평가에서 제외된 영역을 평가함으로써 편의를 줄일 수 있다. 따라서 평가자는 모든 결과를 조사해야 한다.

⑤ **예술 비평 모형**(art criticism): 비평 모형은 예술과 문학 비평에서 유래하였다. 교육 프로그램 판단을 위해서는 경험과 훈련이 중요하다. 이 모형의 선도적인 역할을 한 학자는 Eisner이다.

⑥ **승인 모형**(Accreditation): 학교 평가는 외부 전문가 팀에 의해서 수행된다. 지역 사람들이 외부 기준에 의하여 프로그램을 연구하고 정보를 수집한다. 검토자가 지역 프로그램을 평가한다.

⑦ **배심 모형**(Adversary): 준 법적 절차를 활용한다. 프로그램의 찬성과 반대를 주장하는 두 입장이 제시되고, 이에 기초하여 프로그램 평가가 이루어진다. 프로그램 효과성에 대한 서로 다른 두 입장이 제시되고, 배심의 형태로 평가가 진행된다.

⑧ **상호작용 모형**(Transaction): 이 모형에서는 교육이 일어나는 과정에 관심을 갖는다. 즉 학교, 교실, 프로그램이 일어나는 과정을 평가한다. 사례 연구와 같은 비형식적인 방법이 사용된다. 이 모형의 선도적인 역할을 한 학자는 Stake이다.

House는 ㉠ 평가 대상, ㉡ 모형이 합의하고 있는 것, ㉢ 자료 수집, ㉣ 결과, ㉤ 전형적인 평가 질문 등의 5가지 준거를 활용하여, 이들 8가지 평가 모형들을 비교하였다. House(1978)가 분류한 프로그램 평가 모형의 특징은 〈표 5-2〉와 같다.

〈표 5-2〉 House가 제시한 프로그램 평가 모형들의 특징(House, 1978)

모형(제안자)	대상	합의	자료 수집	결과	평가 질문
체제 분석 모형 (Rivlin)	• 경제학자 • 경영자	• 목표 • 알려진 인과 관계 • 양적 변인	• PPBS • 선형 프로그램 • 계획된 변인 • 비용효과 분석	• 효율성	• 기대되는 효과가 나타났는가? • 효과가 더 경제적으로 나타날 수 있는가? • 가장 능률적인 프로그램은 무엇인가?
행동 목표 모형 (Tyler, Popham)	• 경영자 • 심리학자	• 미리 구체화한 목표 • 양적 결과 변인	• 행동 목표 • 성취도 검사	• 산출물 • 책무성	• 학생들이 목표를 성취하였는가? • 교사가 산출하였는가?
의사 결정 모형 (Stufflebeam, Alkins)	• 의사 결정자 • 행정가	• 일반적 목적 • 준거	• 설문, 면접 • 질문지 • 자연 변인	• 효율성 • 질 통제	• 프로그램이 효과가 있는가? • 어떤 부분이 효과적인가?
탈목표 모형 (Scriven)	• 소비자	• 중요성 • 준거	• 변인 통제 • 논리적 분석 • 절차	• 소비자 선택 • 사회적 유용성	• 모두 효과적인가?
예술 비평 모형 (Eisner, Kelly)	• 감식가 • 소비자	• 비평 • 기준	• 비판적인 검토	• 개선된 기준들	• 이 프로그램은 비판적으로 승인될 수 있는가?
승인 모형 (North Central Association)	• 교사 • 대중	• 준거 • 패널 • 과정	• 패널 검토 • 자아 연구	• 전문가들의 인정	• 이 프로그램에 대한 점수는 어떠한가?
배심 모형 (Owens, Levine, Wolf)	• 배심원	• 과정 • 판단	• 준 법적인 절차	• 결의문 (판결문)	• 프로그램에 대한 찬성 논의와 반대 논의는 무엇인가?
상호작용 모형 (Stake, Smith, MacDonald, Parlett-Hamilton)	• 의뢰인 • 계약자	• 상호작용: 활동	• 사례 연구, 면접, 관찰	• 이해: 다양성	• 무슨 프로그램이 다른 사람들에게 좋아 보이는가?

House는 〈표 5-2〉의 평가 모형들을 ① 윤리학, ② 인식론, ③ 정치적 입장에 따라 **[그림 5-1]**과 같이 유목화하였다. 평가 모형들이 자유주의 철학에 의하여 개발되었다는 공통점이 있으나, 각기 다른 윤리학, 인식론, 정치적 관점을 갖고 있다. 이들 평가 모형은 객관주의와 주관주의에 기초하여, 이들 세 가지 학문을 고려하여 유목화하였다. 이들 8개의 평가 모형은 ① 객관주의적 윤리관과 주관주의 윤리관, ② 객관주의적 인식론과 주관주의 인식론, ③ 공리주의와 직관적/다원주의적 정치관의 세 축에 의하여 분류된다. House(1978)가 분류한 평가 모형의 유형은 **[그림 5-1]**과 같다.

[그림 5-1]에서 볼 수 있듯이, 8개의 평가 모형은 모두 주관주의 윤리학에 해당된다. 그리고 이들 모형들은 다음과 같은 기준에 따라 다시 유형화된다. 공리주의와 객관주의, 그리고 직관주의/복수주의와 주관주의에 따라 분류된다.

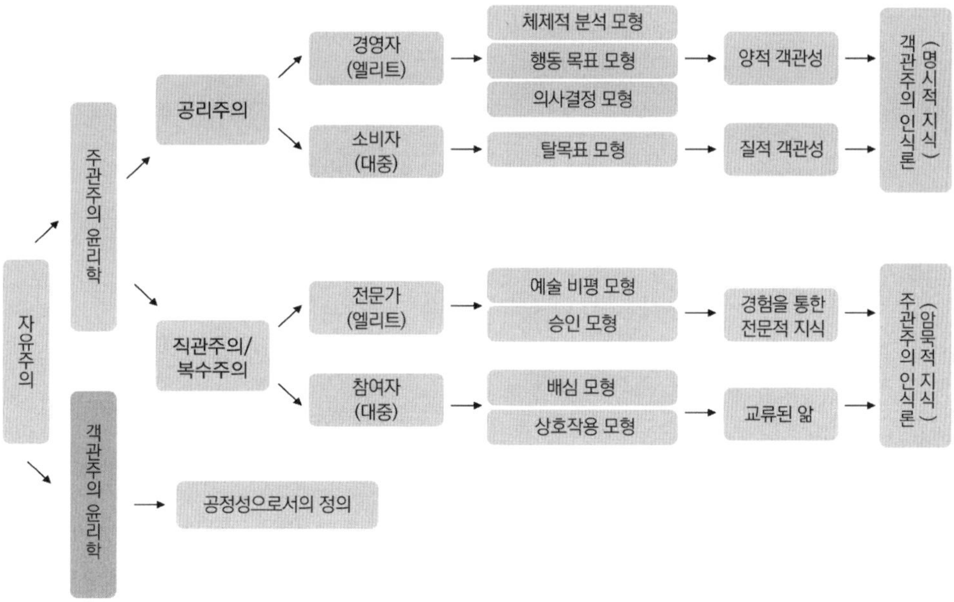

[그림 5-1] House(1978)가 분류한 프로그램 평가 모형의 유형

나. Stufflebeam과 Webster(1980)의 평가 모형 분류

Stufflebeam과 Webster(1980)는 교육 평가 연구에 대한 개념 정의와 평가 모형의 일치도에 기초하여, 널리 활용되고 있는 13가지 평가 모형을 분류하였다. Stufflebeam과 Webster(1980)는 교육 평가 연구를 "교육적 목표의 가치를 개선하고 판단하기 위하여 어떠한 청자들에게 도움을 주기 위하여 계획하고 수행하는 것"으로 정의하였다. 이러한 교육 평가 연구의 정의에 기초하여 ① 정치 지향 평가 연구(가평가), ② 질문 지향 평가 연구(준평가), ③ 가치 지향 평가 연구(참평가)의 세 유형으로 분류하였다. 프로그램 평가의 모형은 **[그림 5-2]**와 같이 3가지 유형으로 분류된다.

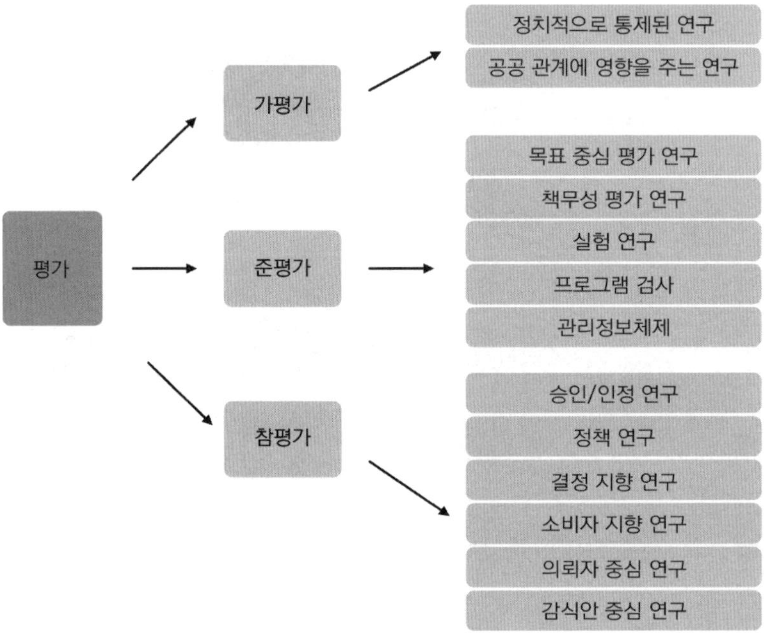

[그림 5-2] Stufflebeam과 Webster(1980)가 제시한 프로그램 평가 모형의 유형

첫째, 정치 지향 평가 연구(politically oriented studies)는 가평가(pseudo-evaluation)에 해당된다. 이 유형으로 분류되는 평가 연구는 실제적인 가치와 관계없이, 대상에 대한 긍정적인 측면과 부정적인 측면을 부각시키는 것이 특징이다. 정치 지향 평가 연구에 해당되는 평가 모형으로는 ㉠ 정치적으로 통제된 연구(politically controlled studies), ㉡ 공공 관련에 영향을 주는 연구(public relations inspired studies)가 해당된다.

둘째, 질문 지향 평가 연구(questions orientation)는 준평가(quasi-evaluation)에 해당된다. 이 유형으로 분류되는 평가 연구는 대상의 가치에 대한 평가보다는 구체적인 질문에 답하는 것을 중시한다. 질문 지향 평가 연구에 해당되는 평가 모형으로는 ㉠ 목표 중심 평가 연구(objectives-based studies), ㉡ 책무성 평가 연구(accountability studies), ㉢ 실험 연구(experimental research studies), ㉣ 프로그램 검사(testing program), ㉤ 관리 정보 체제(management information systems)가 해당된다.

셋째, 가치 지향 평가 연구(values orientation)는 참평가(true evaluation)에 해당된다. 이 유형으로 분류되는 평가 연구는 대상의 가치를 향상하고 개선하는 것을 중시한다. 가치 지향 평가 연구에 해당되는 평가 모형으로는 ㉠ 승인/인증 연구(accreditation/certification studies), ㉡ 정책 연구(policy studies), ㉢ 결정 지향 연구(decision oriented studies), ㉣ 소비자 지향 연구(consumer oriented studies), ㉤ 의뢰자 중심 연구(client centered studies), ㉥ 감식안 중심 연구(connoisseur based studies)가 해당된다.

이들이 분류한 13개의 평가 유형의 특징은 〈표 5-3〉과 같다. 13개 평가 모형은 ① 선행 조직자(advance organizer): 평가자가 연구를 설정할 때의 중요한 단서, ② 목적, ③ 질문의 원천, ④ 평가 질문, ⑤ 전형적인 방법, ⑥ 각 연구를 개념화하는 데 선구적인 역할을 한 사람, ⑦ 각 연구의 유형을 개발 및 확장한 사람 등의 7가지 준거에 따라 구분된다.

〈표 5-3〉 Stufflebeam과 Webster(1980)의 프로그램 평가 모형 분류

연구 유형	선행 조직자	목적	질문의 원천	평가 질문	전형적인 방법	선구자 (개발자)
정치적으로 통제된 연구	• 암시적 위협 • 명시적 위협	• 영향력, 권력, 재정 목록의 획득, 유지, 증가	• 특별한 관심 집단	• 어떠한 정보가 프로젝트에서 가장 질 보고될 수 있는가? 또는 방해할 수 있는가?	• 내부 조사와 모의 상황 연구	
공공관계에 영향을 주는 연구	• 대중의 정보 요구	• 대상을 위한 긍정적인 대중 이미지 형성	• 공공 관계 전문가와 행정가	• 어떠한 정보가 공공의 지지를 확실하게 하는 데 가장 도움이 될 수 있는가?	• 조사의 편의된 활용, 실험, 전문가 상담	
목표 중심 평가 연구	• 목표	• 목표와 결과 관련짓기	• 프로그램 개발자와 관리자	• 어떠한 학생들이 어떠한 목표를 성취하였는가?	• 구체적 목적과 관련된 수행 자료 분석	Tyler (Bloom, Hammond, Matfessel, Michael, Popham, Provus)
책무성 평가 연구	• 개인/제도의 책무성	• 결과에 대한 상세한 설명 및 법 제시	• 선거인	• 그들이 성취해야 하는 모든 것을 성취하는 데 이들 사람들과 조직이 책임이 있는가?	• 검사와 프로그램 검사 위임	Lessinger (Stenner, Webster, Kearney)

연구 유형	선행 조직자	목적	질문의 원천	평가 질문	전형적인 방법	선구자 (개발자)
실험 연구	• 문제 진술, 가설, 질문	• 구체적인 독립 변인과 종속 변인과의 인과관계 결정	• 연구자와 개발자	• 결과 변인이 중재에 어떤 영향을 받는가?	• 실험 설계와 준실험 설계	Lindquist, Cambell, Stanley, Cronbach (Suchman, Wiley, Glass)
프로그램 검사	• 교육과정, 출판된 검사, 구체적인 준거 집단	• 개별 학생과 준거로 선정된 학습 집단의 성취도 비교	• 검사 출판자와 검사 선정 협회	• 개인의 학생 성취도가 집단의 평균 점수보다 높은가?	• 표준화 검사 선정, 집행, 점수, 보고	Lindquist (Flanagan, Lord, Novick, Hyronymous, Thorndike 외 다수)
관리 정보 체제	• 프로그램 목표, 활동, 사건	• 프로그램 재정, 지식, 통제에 필요한 연속적인 정보 제공	• 관리 개인	• 프로그램 활동이 계획대로 실행되고 있는가, 비용이 합리적인가, 기대되는 결과가 나왔는가?	• 체제적인 분석, PERT, CPM, PPBS, 컴퓨터 지향 정보 체제, 비용 분석	Cook, Kerr (Kaufman)
인증/승인 연구	• 인증/승인 지침	• 제도, 프로그램, 개인을 대상으로 기능을 수행하고 있는지 인증	• 승인/인증	• 제도, 프로그램, 개인에 대한 최소 기준은 무엇이며, 어떻게 이것들을 향상시킬 수 있는가?	• 세부 지침과 관련된 수행을 평가하기 위하여 자기 연구 및 전문가 패널 방문	대학 입학 사정회(1901) 중등학교 표준에 관한 협동 연구(1933)

연구 유형	선행 조직자	목적	질문의 원천	평가 질문	전형적인 방법	선구자 (개발자)
정책 연구	• 정책 문제	• 제공된 제도 또는 사회에 경쟁적인 정책들에 대한 잠정적인 비용과 효과를 확인하고 평가	• 입법자, 정책 협회, 이해관계자 집단	• 두 개 또는 그 이상의 경쟁적인 정책에 대한 비용은 어떠한가? 가치 있는 성과를 극대화하려면 어떻게 해야 하는가?	• 델파이, 실험 설계, 준실험 설계, 시나리오, 예측, 법적 소송	Rice (Coleman, Jenks, Clarke, Owens, Wolf)
결정 지향 연구	• 결정 상황	• 의사 결정과 방어를 위한 지식과 가치 제공	• 의사 결정자 (행정가, 부모, 학생, 교사)	• 합리적인 비용으로 인간의 성장과 발달을 증진시키기 위하여 주어진 기획안이 어떻게 계획, 실행, 재순환되는가?	• 조사, 요구 분석, 사례 연구, 지원팀, 관찰, 준실험 설계, 실험 설계	Cronbach, Srufflebeam (Alkin, Ashburn, Brickell, Estes, Guba, Merriman, Ott, Reinhard)
소비자 지향 연구	• 사회적 가치와 요구	• 교육적 선과 서비스와 관련된 장점 판단	• 대다수의 사회, 소비자, 평가자	• 몇 가지 다양한 목표들 중에서 어떤 것이 최선인가? 소비자의 요구와 사회적 가치가 반영되어 있는가?	• 검목표 분석, 요구 분석, 탈목표 평가, 실험 설계, 준실험 설계, 비용 분석	Scriven (Glass)

연구 유형	선행 조직자	목적	질문의 원천	평가 질문	전형적인 방법	선구자 (개발자)
의뢰자 중심 연구	• 지역적인 관심과 쟁점		• 지역사회, 교육 전문가와 지역 환경에서의 중요한 집단	• 활동을 해야 하는 이유는 무엇인가? 그 활동이 가치로운가? 다양한 관점을 반영하고 있는가?	• 사례 연구, 상대편 보고서, 사회 드라마, 반응 평가	
감식안 중심 연구	• 평가자의 전문성과 직관	• 대상을 비평적으로 기술하고, 감상하고, 조명	• 비평가와 권위자	• 다른 것과 구별되는 장점과 가치는 무엇인가?	• 제한된 개념을 민감하고 체계적으로 사용하고 의미와 감정을 회고하기 위하여 다양한 방법 활용	Eisner (Guba, Sanders)

다. Fitzpatrick, Sander와 Worthen(2004)의 분류

Fitzpatrick, Sander와 Worthen(2004)은 House(1978)의 분류에 기초하여, 프로그램 평가 모형을 목표 중심, 의사 결정 중심, 소비자 중심, 전문가 중심, 참여자 중심 평가 접근 방법 등으로 분류하였다. Fitzpatrick, Sander와 Worthen(2004)의 프로그램 평가 접근 방법은 **[그림 5-3]**과 같다.

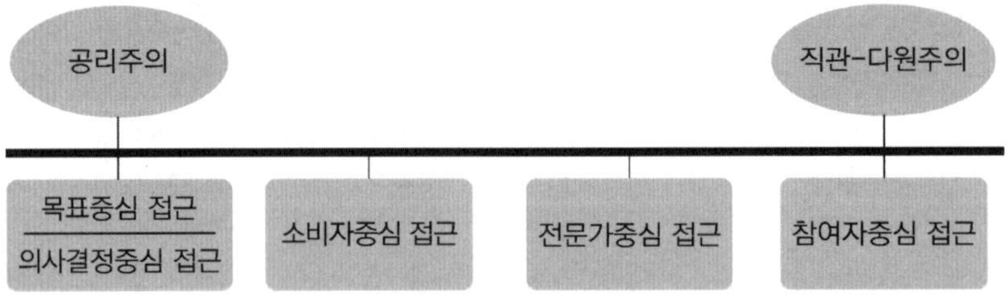

[그림 5-3] Fitzpatrick, Sander와 Worthen(2004)의 프로그램 평가 접근 방법

첫째, 목표 중심 평가 접근 방법은 구체적인 목적과 목표에 초점을 두고, 그것의 달성 여부를 결정하는 데 관심을 갖는다. 둘째, 의사 결정 중심 평가 접근 방법은 의사 결정자의 정보에 대한 요구를 확인하고 부합하는 데 초점이 있다. 셋째, 소비자 중심 평가 접근 방법은 산출에 관한 평가적인 정보를 만들기 위한 것으로, 산출, 서비스, 선호 등을 선택할 때 소비자의 활용과 책무성을 강조한다. 넷째, 전문가 중심 평가 접근 방법은 평가 대상의 질을 평가하는 데 있어서 전문가의 직접적인 응용을 강조한다. 다섯째, 참여자 중심 평가 접근 방법은 평가의 기준, 요구, 자료, 결론을 결정할 때 참여자의 결정을 강조한다. 이들에 대하여 살펴보면 다음과 같다.

1) 목표 중심 평가 접근 방법

목표 중심 평가 접근 방법에서는 구체적인 목적과 목표에 초점을 두고, 그것의 달성 여부를 결정하는 데 관심이 있다. 이러한 평가 접근 방법을 개념화하고 대중화시킨 대표적인 학자는 Tyler이다. 따라서, 이러한 평가 접근 방법을 Tylerian 평가 방법이라고 한다. 목표 중심 평가 접근으로 분류될 수 있는 평가 모형으로는 Tyler의 평가 모형, Metfess와 Michel의 평가 모형, Provus의 불일치 평가 모형, Hammond의 평가 모형, 논리 모형 등이 있다.

목표 중심 평가 접근 방법에서는 평가를 검사나 측정으로 분리함으로써, 하나의 독립된 학문영역으로 발전시켰다는 특징이 있다. 그리고 목표 측정을 위한 평가 절차와 도구 개발에 대한 방법 및 기술을 발전시킴으로써, 경험적, 실증적 연구를 촉진하는 데 공헌하였다. 목표 중심 평가 접근 방법의 장점은 다음과 같다. 첫째, 논리적이고 합리적이며 명확한 절차를 제시함으로써 어떤 상황에도 쉽게 적용할 수 있다. 둘째, 교육 목표를 구체적으로 제시하고 설정하기 때문에, 명확한 평가 기준에 의해 평가를 할 수 있다. 셋째, 계열성 있는 절차를 제시함으로써 교육과정과 평가 간의 논리적 일관성을 유지할 수 있다. 넷째, 목표의 중요성을 강조함으로써, 프로그램 개발자나 교사에게 자신의 교육활동에 대한 책무성을 자극하였다.

목표 중심 평가 접근 방법은 다음과 같은 단점이 있다. 첫째, 목표를 사전에 설정할 것을 강조함으로써, 수업 중에 발생할 수 있는 부수적, 확산적 목표의 중요성을 간과하여, 목표로 설정되지 않은 부수적 결과를 평가하기가 어렵다. 둘째, 가시적인 행동만을 강조함으로써 행동 용어로 진술하기 어려운 교육 목표에 대한 평가가 어려워서, 학생들의 내면적 인지구조의 변화, 가치와 태도 및 감정의 변화를 파악하는 데 한계가 있다. 셋째, 목표에 근거한 평가를 강조함으로써 수업이 평가에 종속되는 경향이 있다. 넷째, 결과에 대한 평가만을 강조하기 때문에 가르치고 배우는 과정 자체에 대한 평가를 간과할 수 있다. 다섯째, 기술적 합리성만을 강조함으로써 교육 실제의 복합적이고 복잡한 측면을 평가하기가 어렵다.

2) 의사 결정 중심 평가 접근 방법

의사 결정 중심 평가 접근 방법에서는 의사 결정자가 요구하는 정보를 확인하고, 이러한 요구에 부합하는 정보 제공을 강조한다. 의사 결정 중심 평가 접근 방법에서는 투입, 과정, 산출이라는 체제적 접근 관점에서 의사 결정자의 관심, 정보에 대한 요구 및 효율성을 평가 준거로 설정한다. 의사 결정 중심 평가 접근 방법으로 분류될 수 있는 평가 모형으로는 Stufflebeam의 CIPP 평가 모형, Alkin의 UCLA 평가 모형 등이다.

의사 결정 중심 평가 접근 방법은 프로그램 개선에 초점을 두고, 의사 결정을 도와주는 평가의 기능을 강조한다는 특징이 있다. 의사 결정 중심 평가 접근 방법의 장점은 다음과 같다. 첫째, 지속적인 평가를 통한 피드백이 가능하고, 의사 결정자에게 의사 결정에 유용한 정보를 제공함으로써 프로그램 개선에 직접적으로 기여할 수 있다. 둘째, 평가자에게 평가의 각 단계에서 다루어져야 할 중요한 질문들을 생성할 수 있도록 도움을 주어 평가의 초점을 명료화할 수 있다. 셋째, 프로그램 진행 과정의 어느 단계에서도 필요에 따라 평가를 실행할 수 있다.

그러나 의사 결정 중심 평가 접근 방법은 다음과 같은 단점이 있다. 첫째, 평가자와 의사 결정자의 역할이 구분됨으로써 평가자는 의사 결정자의 관심과 요구에 적합한 정보만을 제공하게 되고 의사 결정자는 평가자가 제공하는 정보의 수준과 범위 내에서 판단하게 되는 상호 구속적인 관계를 갖게 된다. 따라서 평가의 중요 항목임에도 불구하고, 의사 결정자의 관심에서 제외될 경우 평가 대상에서 제외될 수 있다. 둘째, 의사 결정자에게 가치 판단을 위임함으로써 평가자의 역할이 경시될 수 있다. 평가자에게 정보 제공자로서의 기능만을 강조하기 때문에, 평가자라기보다는 방법론자의 역할을 제한적으로 수행할 가능성이 있다. 셋째, 완벽하게 실천하기에는 경비가 많이 들고 복잡하다.

3) 소비자 중심 평가 접근 방법

소비자 중심 평가 접근 방법은 산출을 위한 평가적인 정보를 만들기 위한 것으로, 산출, 서비스, 선호 등을 선택할 때 소비자의 활용과 책무성을 강조한다. 이 접근 방법은 교육을 위하여 사용되는 모든 것들을 교육상품으로 보고, 교육행위도 서비스로 간주하며, 교육 프로그램 대상자인 소비자가 무엇을 원하고 필요로 하는

가에 관심을 두는 평가 접근 방법이다. 소비자 중심 접근 방법으로 분류될 수 있는 평가 모형으로는 Scriven의 탈목표 모형, Scriven의 핵심 평가 검목표(Key Evaluation Checklist)와 Morrisett와 Stevens의 교육과정 자료 분석 체제(Curriculum Materials Analysis System, CMAS) 점검표 등이 해당된다.

소비자 중심 평가 접근 방법은 분석 체제 및 체크리스트 등과 같은 도구를 개발하고, 이들 도구를 사용하여 교육 프로그램 평가에 도움을 제공한다는 특징이 있다. 소비자 중심 평가 접근 방법의 장점은 다음과 같다. 첫째, 정보나 시간이 부족한 교육자에게 교육 프로그램을 포함한 관련 상품에 대한 평가 결과를 구체적이고 신속하게 제공해 줄 수 있다. 둘째, 교육 프로그램 설정 과정에서 중요한 준거에 대한 구체적인 지침을 제공할 수 있다. 셋째, 점검표들이 프로그램에 대한 간편하고 유용한 평가 도구로 활용될 수 있다.

그러나 소비자 중심 평가 접근 방법은 다음과 같은 단점이 있다. 첫째, 교육 프로그램의 사전 심의 및 평가를 위해 소요된 시간과 비용이 교육상품의 가격을 높이게 되어 결국에는 소비자의 부담을 증가시키는 결과를 초래할 수 있다. 둘째, 엄격한 평가 준거를 강조하게 되면 프로그램 개발 및 실행에 있어서 창의성을 저하시킬 수 있다. 셋째, 표준화된 준거는 학교나 지역 고유의 독창성을 제대로 반영하지 못할 수 있다. 넷째, 소비자의 입장만을 고려한 나머지 교사나 교육과정 개발자들의 의욕이 저하될 수 있다.

4) 전문가 중심 평가 접근 방법

전문가 중심 평가 접근 방법은 평가 대상의 질을 평가하는 데 있어서 전문가의 직접적인 응용을 강조한다. 이 접근 방법에서는 전문가의 판단에 의해서 교육제도, 프로그램, 교육상품, 교육활동 등을 평가한다. 전문가 중심 평가 접근 방법으로 분류될 수 있는 평가 모형으로는 공식적 전문 심의 체제(formal professional review system), 비공식적 전문 심의 체제(informal professional review system), 특별전담위원회 심의(ad hoc panel review), 특별전담 개인 심의(ad hoc individual review), 교육적 감식과 교육 비평 등이 해당한다.

전문가 중심 평가 접근 방법은 평가 과정에서 전문가의 판단과 인간 지혜의 중요성을 강조한다는 특징이 있다. 전문가 중심 평가 접근 방법 중에서 Eisner(1979)의 교육적 감식과 교육 비평의 장점을 살펴보면 다음과 같다. 첫째, 평가에 대한 교육적 감식과 교육 비평은 교육적 관찰에 대한 질적 해석을 결합하여 사용한다. 둘째, 선행 훈련, 경험, 정련된 지각 능력을 강조함으로써 다양한 교육 실제에 대한 교사의 이해력을 높이고 평가 자료를 깊이 있게 해석할 수 있다. 셋째, 평가자의 전문적 판단 능력에 대한 강조는 교사의 평가자로서의 전문성 확보에 긍정적인 기여를 할 수 있다.

그러나 교육적 감식과 교육 비평은 다음과 같은 단점이 있다. 첫째, 평가자의 전문성에 대한 지나친 의존은 평가의 주관성 문제를 초래할 수 있기 때문에, 공정함과 정확함이 요구되는 공적 프로그램에는 적합하지 않다. 둘째, 교육적 감식과 교육 비평의 능력을 소유한 평가자를 찾기가 쉽지 않다. 셋째, 동일한 방법론을 사용하여 광범위한 대상을 평가하는 데 제약이 있다.

5) 참여자 중심 평가 접근 방법

참여자 중심 평가 접근 방법은 평가의 기준, 요구, 자료, 결론을 결정할 때 참여자의 결정을 강조한다. 이 접근 방법은 복잡한 맥락 속에서 인본적인 쟁점을 발휘하여 총체적인 접근을 시도하는 가치 다원주의를 가정하고 있다. 참여자 중심 평가 접근 방법으로 분류될 수 있는 평가 모형으로는 Stake의 종합실상모형, Stake의 반응적 평가 모형, 자연주의 평가 모형, 참여자 평가, 공리주의 평가, 역량 평가 등이 있다.

참여자 중심 평가 접근 방법은 현상학적, 해석학적, 구성주의적 패러다임에 따라 제시된 것으로서, 평가 영역을 확대했다는 점에서 의의가 있다. 이 접근 방법은 다음과 같은 장점이 있다. 첫째, 정보 수집을 위해 질적 방법을 도입하였다. 둘째, 평가 과정에서의 가치관 개입, 사회·정치적 영향이 제시되기 때문에, 평가 활동의 본질을 정확하게 이해하는 데 도움이 된다. 셋째, 평가 관련 이해당사자들의 반응을 중시하기 때문에, 유연한 평가가 가능하다. 넷째, 평가로 인해 불이익을 받을 수 있는 평가 관련 이해당사자를 배려함으로써 평가 활동의 공정성과 민주성을 확보할 수 있다. 다섯째, 평가의 교육적, 생산적 활동을 강조함으로써, 평가 활동의 내재적 가치를 고양하는 데 기여하였다.

그러나 참여자 중심 평가 접근 방법은 다음과 같은 단점이 있다. 첫째, 평가에 개입하는 주관이나 선입견을 배제할 수 없다. 둘째, 개인적인 평가 기준을 강조하기 때문에 전문적인 평가자가 아니라면 평가 활동의 수행이 어렵다. 셋째, 과도한 시간과 비용뿐만 아니라 집중적인 노동력이 요구되며, 이 경우 연구대상의 제한을 가져올 가능성이 있다.

Fitzpatrick, Sander와 Worthen(2004)은 5가지 평가 접근 방법들을 〈표 5-4〉와 같이 제시하였다.

〈표 5-4〉 프로그램 평가 접근 방법에 관한 비교 분석

요소	목표 중심 평가 접근 방법	의사결정 중심 평가 접근 방법	소비자 중심 평가 접근 방법	전문가 중심 평가 접근 방법	참여자 중심 평가 접근 방법
대표 학자	Tyler Provus, Metfessel & Michae Hammond Popham Taba Bloom Talmage	Stufflebeam Alkin Provus Wholey	Scriven Komoski	Esiner Accrediatioin Group	Stake Patton McDonald Guba & Lincol Rippey, Parlett, & Hamilton Cousins & Earl

요소	목표 중심 평가 접근 방법	의사결정 중심 평가 접근 방법	소비자 중심 평가 접근 방법	전문가 중심 평가 접근 방법	참여자 중심 평가 접근 방법
평가 목적	목표 달성도 확인	의사결정자에게 유용한 정보 제공	구입 또는 채택과 같은 의사 결정을 위한 정보 제공	질에 관한 전문가의 판단 제공	정보에 관한 청중의 요구에 대한 반응, 프로그램 활동에 대한 복잡성 묘사 및 이해
특징	측정가능한 목표 상세화, 자료 수집을 위한 객관적인 도구 활용, 목표와 수행의 간극 관찰	합리적 의사 결정 제공, 프로그램 개발의 모든 단계 평가	결과 도출을 위한 점검표 활용, 산출물 검증, 소비자에게 정보 제공	개인적 지식과 전문성에 기초한 판단, 합의된 기준 활용, 팀/장소 방문	다양한 실재 반영, 귀납적 추론과 발견 활용, 장소에 관한 직접 경험, 의도된 사용자의 참여, 의도된 사용자 훈련
활용도	프로그램 개발, 참여자 결과 관리, 요구 분석	프로그램 개발, 기관 운영 체제, 프로그램 계획, 책무성	소비자 보고서, 산출 개발, 보급(dissemination)을 위한 결과물 선정	자아연구, 최상(blue-ribbon)의 패널, 위원회 관찰, 비평	혁신 또는 잘 알려지지 않은 변화 조사, 운영 프로그램의 문화 인류학적 기술
기여도	수행의 사전-사후 측정, 목표의 명료화, 객관적인 도구 활용	요구와 객관성 확인 및 평가, 다양한 프로그램 설계와 평가 고려, 프로그램 실행 관찰, 결과의 문제점 관찰 및 설명, 요구가 감소하거나 제거되는 요소 관찰, 메타평가, 기관평가 지침 제공	교육 성과 활동 평가 리스트, 완전한 점검을 위한 기록 보관서 참고, 형성-총괄 평가의 기능, 편의 통제	주관적 비평의 제도화(legitimation), 외부 확인이 있는 자아 연구, 기준들	응급(emergent) 평가 설계, 귀납적 추론 활용, 다양한 실재 재인식, 연구 상황의 중요성, 자연주의 탐구에 관한 엄밀성 판단 준거

요소	목표 중심 평가 접근 방법	의사결정 중심 평가 접근 방법	소비자 중심 평가 접근 방법	전문가 중심 평가 접근 방법	참여자 중심 평가 접근 방법
판단 준거	객관성 있는 측정 가능성, 측정 도구의 신뢰도와 타당도	활용도, 편리성(feasibility), 적절성, 기술적 견고성	편의(bias)로부터의 자유, 기술적 견고성, 결론 도출과 조언에 활용할 수 있는 준거, 요구와 효율성에 대한 증거 요구	인식하고 있는 기준 활용, 전문가의 자격 증명서	신뢰성, 적합성, 감사능력(auditability), 승인능력(confirmability)
장점	사용 용이, 단순, 결과 강조, 인증능력, 객관성 강조	종합성, 정보 요구에 대한 민감성, 체제적 접근을 활용한 평가, 프로그램 개발 과정을 통한 평가 활용, 실행의 세부 지침의 조직화, 다양한 정보 활용	소비자 정보 강조, 산출 개발자 영향, 비용 효과와 활용 관심, 점검표의 이용가능성	다양한 범위, 효율성(실행 용이, 시간), 인간의 전문적 판단 가능	기술과 판단 강조, 상황 고려, 평가 계획 노출에 대한 개방성, 다원주의, 귀납적 추론 활용, 다양한 정보 활용, 이해 강조
단점	평가에 대한 과소평가, 결과 중심 평가, 환원주의, 직선, 결과 강조	조직의 효율성 강조와 산출 모형 강조, 의사 결정에 대한 위계성과 예측 가능성 가정, 유지와 관리의 고비용, 지도자의 관심을 덜 강조함	비용과 후원자 부족, 창의성 또는 혁신 저해, 논쟁 또는 평가에 대한 개방성 없음	대체 가능성, 개인차 편의에 약점, 결론을 지지하는 문서화 지원 부족, 흥미 있는 논쟁에 대한 개방성, 상황에 대한 피상성, 직관 남용, '전문가'질에 대한 신뢰성	비지시적, 색다르고 독특한 것에 대하여 빠져드는 경향성, 일의 긴장성과 비용이 많이 소요, 가설 생성, 결론 도출의 실패 가능성

4 프로그램 평가 보고서

프로그램 평가 보고서는 프로그램 평가의 과정 및 결과에 대한 정보 전달(convey), 청중(audience)의 이해 촉진 및 의미 창조, 의사 결정 지원을 목적으로 한다(Torres, Preskill, & Piontek, 2005). 프로그램 평가 보고서는 프로그램의 결과에 대해 체계적으로 정리된 산물인 동시에, 그 내용에 대해 이해관계자들과 소통하기 위한 주요 콘텐츠이며, 프로그램과 관련한 평가적 판단의 가시적이고 공식적인 근거로 작용한다. 따라서 프로그램 평가 보고서는 포괄적이고(comprehensive), 이해하기 쉬워야 하며(understandable), 명료하게(clear) 작성되어야 한다(박소연, 2010; Smith, 2010).

프로그램 평가 보고서는 과학적인 평가 과정과 그 결과를 모두 포함되어야 한다. 프로그램 평가 보고서에는 평가 결과뿐만이 아니라 평가 대상 프로그램의 상황과 목적, 이론적 설명(rationale), 평가 질문, 평가 절차 및 방법, 평가 결과, 제언이 충분히 기술되어야 한다(Torres, Preskill, & Piontek, 2005). 프로그램 평가 보고서는 프로그램에 대한 맥락적 이해를 촉진하고, 대안적 결론의 도출과 타 프로그램에서의 반복적(replicable) 평가 연구를 지원해야 한다. 다만 프로그램 평가 보고서는 현장 중심적으로 작성될 필요가 있다(Torres, Preskill, & Piontek, 2005).

프로그램 평가 보고서는 프로그램에 대한 소개와 기술, 프로그램과 정책 이슈에 대한 소개, 평가 연구의 설계 계획, 연구 수행 및 자료 수집과 분석에 대한 기술, 결과에 대한 요약과 그 시사점, 결과에 비추어 필요한 실행 등의 내용을 포함해야 하는데, 특히 이해관계자 모두가 프로그램이 무엇인지, 어떻게 평가되었는지, 결과가 무엇인지, 프로그램에 어떤 변화가 이루어져야 하는지에 이해할 수 있을 만큼 읽기 쉽고, 이해하기 쉽고, 명료하게 작성되어야 한다(Smith, 2010).

Patton(2008)은 보고서의 형태(format) 및 형식(style), 내용(content), 작성자(contributors), 관점(perspectives)을 중심으로 다양한 보고서 유형을 제안하였다. 프로그램 평가자가 어떤 유형의 보고서를 선택할 것인지는 평가의 목적을 고려하여 결정한다. 만약 총괄 평가 보고서라면 자료에 기반한 장점이나 가치에 대한 전반적인 판단이 강조될 것이며, 정책적 홍보를 목적으로 하는 보고서라면 전통적인 학술적 형태를 따를 것이다. 한편 형성적 보고서는 직원들에 한정하여 배포되는 내부 메모의 형태를 취할 것이다. 중요한 것은 평가 보고서 형태에 절대적 표준(standard)은 없다는 것이다. 각 평가 보고서의 유형은 평가 고유의 목적에 따라 특정한 상황에 맞게 특정한 의도된 활용자들의 요구를 충족시킬 수 있을 때 최적이라 할 수 있다(박소연, 2010).

Smith(2010)와 Torres, Preskill, Piontek(2005)에 따르면 프로그램 평가 보고서는 주로 〈표 5-5〉와 같이 평가 개요, 프로그램 소개, 평가 방법, 결과 및 제언으로 구성된다. 이에 대하여 간략하게 살펴보면 다음과 같다(박소연, 2010).

〈표 5-5〉 프로그램 평가 보고서의 구성(박소연, 2010)

평가 개요	보고서 요약	보고서의 관점과 주요 결과에 대한 요약
프로그램 소개	교육 목표	프로그램 목적, 목표
	교육 내용	배경, 프로그램 논리, 주요 내용 및 활동
	교육 운영	프로그램 일정, 참가자, 비용
평가 방법	평가 설계	평가 목적, 질문, 평가 유형
	평가 방법	자료 수집 및 분석 대상, 절차, 도구
결과 및 제언	기술 및 분석	양적, 질적 자료 기술 및 분석
	해석	양적, 질적 자료 해석 및 판단
	제언	향후 교육에의 시사점 및 개선 사항

첫째, 평가 개요는 보고서 요약(executive summary) 또는 프로그램 평가의 주요 결과에 대한 요약에 해당되는 부분으로서, 평가 보고서의 관점과 주요 결과를 포함한다(Smith, 2010). 최근 프로그램 평가 보고서에는 보고서 요약 부분을 포함하는 경

우가 많다. 상당수의 사람들이 보고서 요약 부분만 읽기 때문에(Weiss, 1998), 보고서 요약의 중요성이 증가하고 있다. 보고서 요약은 프로그램 평가 보고서 내용에서 중요한 정보를 제공한다는 점에서 중요하다(Torres, Preskill, & Piontek, 2005). 보고서 요약은 일반적으로 1~5페이지의 길이로 작성되는데, 평가 목적, 주요 질문, 설계, 자료 수집 및 분석 방법에 대해 간단하게 기술하며, 최종 보고서와 분리되어 제시되기도 한다(Torres, Preskill, & Piontek, 2005). 비록 요약된 내용일지라도 결론을 지지할 수 있는 증거, 해당 프로그램과 해당 분야 전반 그리고 정책적 이슈에 대한 시사점이 모두 포함되어야 한다(Smith, 2010).

둘째, 프로그램 소개는 교육 목표, 교육 내용, 교육 운영 등의 내용으로 구성된다(Smith, 2010; Torres, Preskill, & Piontek, 2005). 교육 목표에는 교육의 목적과 목표에 대한 기술이 포함된다. 교육 내용에는 프로그램 연혁 및 철학, 배경, 필요성과 같은 프로그램 내용 개발 배경과 함께, 프로그램 논리(theory), 프로그램 세팅(setting), 개입 방법(interventive methods)에 대한 기술, 프로그램 참가자 및 활동이 포함된다. 교육 운영에는 교육 대상자의 특징, 프로그램 운영팀의 특징, 비용 및 자금 등이 포함된다.

셋째, 평가 방법은 평가 설계와 평가 방법 등의 내용으로 구성된다(Smith, 2010; Torres, Preskill, & Piontek, 2005). 평가 설계에는 평가 질문, 실험, 조사, 질적 연구 등의 평가 유형이 포함된다. 평가 방법에는 각 평가 질문에 답하기 위해 활용된 설문, 개인 면접, 초점 면접, 관찰, 사례 연구 등의 자료 수집 방법, 자료 수집 도구, 표집 계획, 수집된 각 유형 자료에 대한 분석이 포함될 수 있다.

넷째, 결과 및 제언은 결과 기술 및 분석, 해석, 제언 등의 내용으로 구성된다(Owen, 2007; Smith, 2010; Torres, Preskill, & Piontek, 2005). 결과 기술 및 분석은 평가 과정에서 수집된 자료와 정보에 대한 양적 및 질적 평가에 대한 기술과 분석을 의미한다. 평가 질문에 따라 표, 그래프, 그림, 텍스트 등과 함께 평가 결과를 기술한다. 해석은 양적 및 질적 자료 결과에 대한 해석 및 판단으로서, 평가 담당자가 평가 결과를 종합하여 결론을 도출한다. 평가 준거에 근거한 프로그램에 대한 긍정적 혹은 부정적 판단을 포함한다. 제언은 향후 교육 프로그램을 위한 시사점 및 개선 사항을 의미한다. 제언은 결론에 기초한 실행 제언, 후속 연구에 대한 제언, 시사점 및 피드백 등으로 제시한다.

요약

프로그램 평가에서는 프로그램 평가의 개념, 프로그램 평가의 전개 과정, 프로그램 평가의 유형, 프로그램 평가 보고서에 대하여 살펴보았다. 프로그램 평가의 개념은 프로그램 평가의 목적에 따라 프로그램 목표의 도달도 확인, 프로그램 의사 결정에 도움이 되는 정보 제공, 프로그램의 가치 판단, 프로그램의 효과나 영향의 체계적 검토 등과 같이 다양하게 정의되었다. 프로그램 평가의 전개 과정에서는 Madaus와 Stufflebeam(2000)의 프로그램 평가의 역사적 특징에 따라, 프로그램 평가를 ① 개혁의 시대(1792-1900), ② 효율성과 검사의 시대(1900-1930), ③ 타일러의 시대(1930-1945), ④ 순수의 시대(1946-1957), ⑤ 발전의 시대(1958-1972), ⑥ 전문화의 시대(1973-1983), ⑦ 확장과 통합의 시대(1983-현재)로 구분하여 살펴보았다. 프로그램 평가의 유형에서는 House(1978)의 평가 모형 분류, Stufflebeam과 Webster(1980)의 평가 모형 분류, Fitzpatrick, Sander와 Worthen(2004)의 평가 모형 분류에 대하여 살펴보았다. 프로그램 평가 보고서는 개요, 프로그램 소개, 평가 방법, 결과 및 제언으로 구성된다. 프로그램 평가 보고서는 포괄적이고, 이해하기 쉬워야 하며, 명료하게 작성되어야 한다.

생각해 봅시다

1. 프로그램 평가의 개념을 조사하고, 자신이 가장 선호하는 관점에서 프로그램 평가의 개념을 정의하시오.
2. 프로그램 평가의 전개 과정이 현재 우리나라 교육 프로그램 평가에 어떻게 영향을 주거나 활용되고 있는지 조사하시오.
3. 프로그램 평가의 유형 분류가 중요한 이유에 대하여 토의하시오.
4. 프로그램 평가 사례를 조사하여 발표하시오.
5. 프로그램 평가의 모형에 따라서 특정 프로그램(현장실습 프로그램, 동아리 활동, 프로젝트 수업)을 평가하고, 프로그램 평가 보고서를 작성하시오.

PART
II
학생 평가의 실제

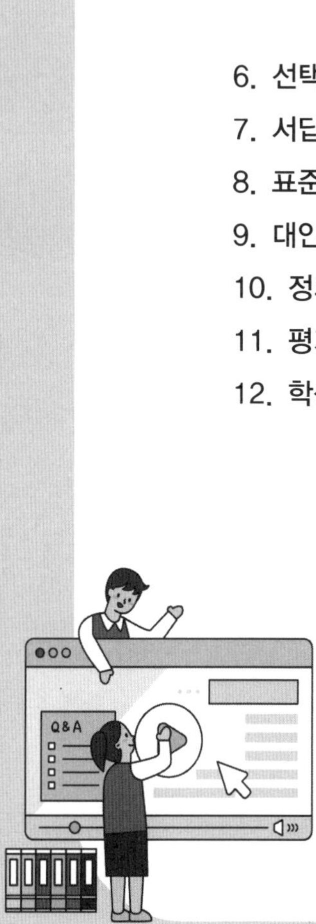

06 Chapter 선택형 평가

학습내용

1. 문항 제작의 원칙
2. 진위형 문항
3. 선다형 문항
4. 연결형 문항

지필 평가는 선택형 평가와 서답형 평가로 분류된다. 지필 평가의 유형과 인지적 영역의 신교육 목표 분류학의 관계를 살펴보면 **[그림 6-1]**과 같다.

<table>
<tr><th></th><th>기억</th><th>이해</th><th>적용</th><th>분석</th><th>평가</th><th>창안</th></tr>
<tr><td>사실적 지식</td><td colspan="3" rowspan="3">선택형 문항</td><td colspan="3" rowspan="4">서답형 문항</td></tr>
<tr><td>개념적 지식</td></tr>
<tr><td>절차적 지식</td></tr>
<tr><td>초인지</td><td colspan="3">서답형 문항</td></tr>
</table>

[그림 6-1] 지필 평가의 문항 유형과 인지적 영역의 신교육 목표 분류학과의 관계

[그림 6-1]에서 볼 수 있듯이, 선택형 문항은 사실적 지식, 개념적 지식, 절차적 지식의 기억, 이해, 적용 능력과 같은 저차원적 인지기능을 평가하는 데 적합하다. 한편 서답형 문항은 사실적 지식, 개념적 지식, 절차적 지식, 초인지 지식의 분석, 평가, 창안과 같은 고차원적 인지기능을 평가하는 데 적합하다.

선택형 평가는 주어진 답지 중에서 정답을 선택하는 문항을 말한다(김성훈 등, 2018; 성태제, 2019b). 선택형 평가에는 진위형, 선다형, 연결형 문항이 있다. 선택형 평가에서는 문항 제작의 원칙, 진위형 문항, 선다형 문항, 연결형 문항에 대하여 살펴본다.

1 문항 제작의 원칙

좋은 문항을 만들기 위해서는 다음의 유의점을 고려해야 한다. 첫째, 문항 내용의 적절성을 고려해야 한다. 둘째, 문항 내용의 복잡성을 고려해야 한다. 셋째, 문항 내용은 일정한 추상성을 지니고 있어야 한다. 넷째, 문항의 참신성을 고려해야 한다. 다섯째, 문항은 구조화되어야 한다. 여섯째, 문항의 난이도가 적절하여야 한다. 일곱째, 문항은 학습 동기를 유발해야 한다.

문항 제작을 위한 원칙을 제시하면 다음과 같다(성태제, 2019b; 황정규, 1998).

① 문항은 쉬운 용어를 사용하고, 간결하고 분명하게 서술한다. 문항은 중심개념을 포함하면서도 가능한 간결하고, 읽기 쉽고, 이해하기 쉽도록 작성한다.

② 문항은 될 수 있는 대로 단순화시킨다. 복합문이나 긴 문장일 때에는 적절히 짧은 문항으로 나눈다. 질문의 요점은 앞에 제시하고, 수식하는 부분은 뒤에 제시한다.

③ 정확한 의미를 가진 단어를 사용한다. 문항의 전후 문맥 속에서 의미가 없는 단어의 사용을 피한다. 또한, '대다수', '거의', '약간' 등의 표현과 형용사와

부사는 사람마다 의미와 해석이 다르기 때문에 사용하지 않는 것이 좋다.

④ 전문적인 용어는 가급적 사용하지 않는다. 전문적인 용어를 사용하게 되면 문항 자체가 어려워진다.

⑤ 가능한 부정문을 사용하지 않는다. 부정문은 피험자에게 혼동을 초래할 가능성이 있다. 부정문을 사용한다면 부정어에 밑줄을 긋거나 고딕체(다른 글씨체)를 사용한다.

⑥ 교재(교과서) 내용 또는 학습한 내용을 그대로 암기하는 문항을 만들지 않는다. 교재에서 '따온' 문장이나 학습한 내용을 그대로 출제하면 '기계적 암기'를 목적으로 하는 검사가 될 가능성이 크다. 교재 내용을 그대로 출제문항으로 하거나 문제 사태로 하지 않도록 한다.

⑦ 문항의 내용이 지나치게 특수한 것을 다루지 않도록 한다. 일반적 지식이란 다양한 특수 장면에서 적용할 수 있는 지식이다. 일반적 지식은 특수지식보다 추상적이며 '단편적 지식'이 아닌 상위의 종합적이고 전이가 높은 '고등정신과정'이다.

⑧ 도표와 수표와 같은 구체적이고 실제적인 자료를 사용하여 문항을 제작한다. 도표나 수표와 같이 구체적 자료가 포함된 문항은 학습한 것을 실제 문제에 적용하는 능력을 평가할 수 있어 사고력, 해석력, 적용력, 추리력, 비판력 등을 측정할 수 있다.

⑨ 문항에 답하는 데 필요한 모든 조건의 누락이 없어야 한다. 문항 중에 답하는 데 필요한 조건을 충분하게 제시하지 않아서 그 문항의 내용을 피상적으로 알고 있는 사람이나 '추측'을 하는 사람이 정답을 맞히는 사례가 종종 있다. 문항 내용은 피험자가 답하는 데 혼란을 주지 않고, 제삼자가 보더라도 다르게 해석할 여지가 없도록 필요한 모든 조건이 완벽하게 제시되어야 한다.

⑩ 한 개의 문항에는 단일한 아이디어만을 포함시킨다. 문항은 채점 단위를 의

미한다. 따라서 한 문항 속에는 하나의 개념이나 아이디어만을 포함시킨다. 한 개의 문항 속에 두 개의 아이디어가 들어가면 출제가 어려워질 뿐만 아니라 채점 비중이 달라져서 채점도 어려워진다.

⑪ 문항은 쉬운 것부터 어려운 것으로 제시하고, 문항이나 문항 속의 내용이 어떤 논리적인 순서를 가지고 있다면 그러한 순서대로 내용을 제시한다. 학생의 동기 유발이나 심리적 상태를 안정시키기 위해서는 쉬운 문항부터 차례로 제시하거나 논리적인 또는 연대적인 순서대로 내용을 제시한다. 첫 문항부터 너무 어렵거나 답안 작성에 오랜 시간이 걸리면 피험자는 좌절하거나 자신의 능력을 제대로 발휘할 수 없다.

⑫ 조건이나 예외 없이 절대적으로 맞거나 틀리는 사실에 근거하여 문항을 작성한다. 출제한 문항의 내용이 사람마다 다르게 해석되지 않아야 한다. 급격한 지식의 팽창과 함께 쉽게 변화되기 쉬운 내용이나 시대적 낙후성이 있는 낡은 지식을 출제하지 않기 위해서는 검사 목표의 선정에서부터 검사 내용, 출제방식에 이르기까지 세심한 주의를 해야 한다.

⑬ 문항은 피험자 집단의 성격을 고려하여 제작한다. 검사 집단의 크기, 동질성 등을 고려하여 문항을 제작한다. 피험자가 생소한 문항처럼 보이지 않도록 문항을 제작한다.

⑭ 피험자의 능력을 고려하여 문항 수를 적절하게 조절한다. 피험자가 정답을 할 수 있음에도 불구하고 시간의 제약 때문에 답을 못 하지 않도록 한다. 문항수의 결정은 측정해야 할 영역을 골고루 표집하는 것도 중요하지만, 피험자의 능력 수준도 충분히 고려한다.

한편, Gronlund(1988)는 좋은 문항 제작의 장애 요인으로 필요 이상의 어려운 단어, 불필요하게 복잡한 문장 구조, 모호한 문장, 장황하게 기술된 문장, 불분명하게 제시된 그림, 혼돈스러운 지시문 등을 제시하였다. 이와 같이, 새로운 문항을 제작하는 일은 고도의 기술과 특별한 능력이 요구되는 창의적 활동에 해당된다.

좋은 문항을 만들기 위해 검사 제작자가 갖추어야 할 자질은 다음과 같다(김대현, 김석우, 2020). 첫째, 문항 제작자는 교육과정을 충분히 이해하고 있어야 한다. 둘째, 피험자 집단의 심리적·교육학적 특성을 잘 알고 있어야 한다. 셋째, 자신의 생각을 정확하고 분명하게 표현할 수 있는 문장력을 갖추어야 한다. 넷째, 문항의 좋고 나쁨을 평가하기 위해 검사 이론에 대한 해박한 지식을 지니고 있어야 한다.

2 진위형 문항

가. 진위형 문항의 제작 원리

진위형 문항(true-false item)은 제시된 진술문이 맞는지 틀리는지, 진술문에 동의하는지 동의하지 않는지를 선택하는 문항이다. 이는 정답과 하나의 오답을 가진 특수한 형태의 선다형 문항이라고 할 수 있다. 진위형 문항은 특정 사실의 진술, 용어의 정의, 원리의 서술 등의 진위 여부를 판별하는 능력을 측정하는 데 사용된다(김재춘 외, 2020).

진위형 문항의 제작 원리는 다음과 같다.

첫째, 질문, 즉 진술문에 중요한 내용을 포함한다. 중요하지 않은 사소한 내용이 학생의 응답에 영향을 주지 않도록 유의한다. 문항의 내용을 알고 있는지 여부에 따라 정답 여부가 결정되어야 한다. 학생의 실수나 부주의로 인해 오답을 유도하는 것은 바람직하지 않다.

둘째, 복합적인 학습내용 측정을 위해서는 자료에 근거한 문항을 작성한다. 다양한 정보에 의한 복합적 내용을 해석, 분석, 비판하는 능력을 측정하기 위해 도표, 그림, 지도 등을 이용하는 것이 바람직하다.

셋째, 일반화되지 않은 주장이나 이론의 옳고 그름은 묻지 않는다. 진위형 진술문에는 한 가지 해석만 가능한 진술문을 사용해야 한다. 일반화되지 않은 주장이나 이론에 대해 맞는지 틀리는지를 묻는 것은 잘못된 것이다. 다음의 사례에서 이러한 문제를 발견할 수 있다.

〈예시 문항〉 수준별 수업은 학생들의 창의성을 향상시킨다. (   )
〈분석〉 이 질문에 수준별 수업을 지지하는 학자들이나 집단은 그렇다고 할 것이고, 수준별 수업의 용어 자체를 인정하지 않는 학자들이나 집단은 그렇지 않다고 할 것이다. 따라서 이러한 문항은 논쟁을 유발하기 때문에 좋지 않은 문항이다.

넷째, 하나의 질문에 하나의 내용만 포함되도록 한다. 진위형 진술문에 두 개의 내용이 동시에 포함되는 경우, 한쪽이 참인데 다른 한쪽이 거짓인 경우가 있다. 비록 부분적으로 참이면서 부분적으로 거짓인 진술문을 의도적으로 사용했다 하더라도 진위형 문항으로는 적절하지 않다.

다섯째, 부정문의 사용을 피한다. 문항 질문에서 부정문보다는 긍정문을 사용하도록 하는 것은 학생의 부주의를 예방하는 데 주목적이 있다. 문항을 끝까지 읽지 않고, 어떠한 특정 용어나 어구에 집중하여 바로 진위 여부를 판단하는 학생이 가끔 있기 때문이다.

여섯째, 교과서 또는 교재에 있는 똑같은 문장으로 질문하지 않는다. 교과서에 있는 문장을 그대로 진술하면 학생들이 기억력에 의하여 문항의 답을 맞힐 확률이 높을 뿐만 아니라 학생의 사고 및 판단 작용을 촉진하지 못할 수 있다.

일곱째, 가능한 간단명료하게 단문으로 질문한다. 복문이나 여러 개의 단문을 늘어놓은 형태의 질문은 질문의 내용을 불명확하게 할 수 있을 뿐만 아니라, 측정 내용의 이해와 인지 여부와 상관없는 독해 능력을 측정하는 오류를 범할 수도 있다.

여덟째, 답의 단서가 되는 부사어를 사용하지 않는다. 항상, 모두, 전혀, 반드시 등의 부사어는 틀린 답의 단서가 될 수 있다. 따라서 진술문이 거짓일 가능성이 많다. 반대의 경우, 가끔, 대체로, 보통과 같은 어구는 진술문이 참일 가능성이 많다. 따라서 진술문의 내용 이해 여부를 판단하려면, 정답의 단서가 되는 부사어를 사용하지 않아야 한다.

아홉째, 정답이 ○인 문항과 ×인 문항의 비율을 비슷하게 한다. 진위형 문항은 추측에 의해 문항을 맞출 확률이 50%이다. 정답이 어느 한 편에 지나치게 몰려 있는 것은 바람직하지 못하다.

열 번째, 정답의 유형이 고정되지 않고 무선적으로 배치한다. 이것은 학생들이 추측으로 또는 일정한 패턴으로 답을 제시하는 것을 방지할 수 있다.

나. 진위형 문항의 유형

진위형 문항은 하나의 진술문을 제시하고 그것의 진위를 가려내도록 하는 단순 진위형이 기본 형태이다. 진위형 문항은 단순 진위형, 오류 지적형, 오류 수정형, 군집형으로 구분할 수 있다(김경배, 김재건, 이홍숙, 2005).

첫째, 단순 진위형 문항은 가장 기본적인 형태의 진위형 문항으로서 하나의 진술문을 제시하고 그것이 맞는지, 틀린지를 판단하도록 하는 문항 형식이다.

〈예시 문항〉
다음의 진술문이 맞으면 ○, 틀리면 × 하시오.
(　) 1. 진위형 문항은 하나의 진술문을 제시하고 그것이 맞는지, 틀린지를 가려내는 문항 형식이다.
(　) 2. 객관형 문항은 채점이 객관적이고 용이하다는 장점이 있다.

둘째, 오류 지적형이란 단순 진위형과 마찬가지로 진술문에 대한 참 또는 거짓을 판단하도록 하고, 거짓인 경우 잘못된 부분에 표시하도록 요구하는 문항 형식이다.

셋째, 오류 수정형이란 오류 지적형과 마찬가지로 참 또는 거짓을 판단하고 거짓인 경우에 잘못된 부분을 표시하고, 틀린 부분을 수정하도록 요구하는 문항 형식이다.

넷째, 군집형이란 하나의 아이디어를 다양한 진술문으로 제시하고, 각각에 대해 참 또는 거짓을 판단하도록 하는 문항 형식이다.

다. 진위형 문항의 장점과 단점

진위형 문항의 장점은 문항 제작이 용이하다는 것, 채점의 객관성을 높일 수 있다는 것, 정해진 검사 시간 내에 다수의 문항으로 많은 교과 내용을 측정할 수 있다는 것이다. 반면, 진위형 문항의 단점으로는 추측에 의해 문항의 답을 맞힐 수 있다는 것, 고등 정신 능력보다는 단순 정신 능력을 측정할 가능성이 높다는 것, 학습 동기가 감소될 수 있다는 것, 문항의 변별력이 감소할 수 있다는 것 등이다.

라. 진위형 문항의 예시

진위형 문항의 예시는 다음과 같다.

> 다음 각 문항에 올바른 진술은 ○표, 그렇지 못한 것에는 ×를 하시오.
> 1. 물은 상온에서 고체 상태이다. (　　)
> 2. 모든 삼각형의 내각의 합은 180도이다. (　　)
> 3. “책을 읽는다”는 문장에서 ‘읽는다’는 형용사이다. (　　)

3 선다형 문항

가. 선다형 문항의 제작 원리

선다형 문항(multiple choice form item)은 선택형 문항 유형 중 가장 활용도가 높은 문항이다. 선다형 문항은 복수의 답지가 제시되고 그중 맞는 답지 또는 가장 알맞은 답지를 선택하는 형태의 문항이다. 선다형 문항은 단순 능력을 요구하는 내용부터 복잡한 능력을 요구하는 내용까지 측정하는 데 적합하다. 그리고 거의 모든 교과에서 사용할 수 있다. 채점이 용이하고, 객관적이기 때문에 표준화 검사에서 선다형 문항이 주로 사용된다(김재춘 외, 2020). 또한, 여러 개의 답지 중에 오답지를 어떻게 제작하느냐에 따라 문항 난이도가 달라진다는 특징이 있다.

선다형 문항은 일반적으로 답지가 세 개, 네 개, 또는 다섯 개로 이루어진다. 진위형의 경우 주어진 질문에 대하여 맞고 틀림을 결정하는 문항으로, 이 문항 역시 두 개의 답지가 제공된 선다형 문항의 특수한 형태라고 할 수 있다. 선다형 문항이 측정하는 내용은 일반적으로 용어, 사실, 개념, 원리, 이론 등에 대한 지식이다. 이러한 선다형 문항은 옳은 답을 선택하는 정답형 문항과 여러 답지 중 가장 옳은 답을 선택하는 최선답형 문항으로 구분할 수 있다.

선다형 문항의 제작 원리는 다음과 같다. 첫째, 문항은 중요한 학습내용을 포함하여야 한다. 둘째, 문항마다 질문의 내용이 하나의 사실을 묻도록 단순하고 명쾌하게 구조화되어야 한다. 셋째, 정의나 개념을 묻는 질문에서 정의나 개념을 질문하고 답지에 설명을 나열한다. 넷째, 문항이나 답지의 서술이 간단하고 명확한 단어로 서술되어야 한다. 다섯째, 문항의 질문 형태가 가능하면 긍정문이어야 한다. 여섯째, 문항의 질문 내용 중 답을 암시하는 내용이 포함되어 있지 않아야 한다. 일곱째, 그럴듯하고 매력적인 틀린 답지를 만들어야 한다. 여덟째, 답지 중 정답이

두 개 이상일 경우 최선의 답을 선택하도록 환기해야 한다. 아홉째, 답지 안에 옳은 답지를 선택하거나 틀린 답지를 제거할 수 있는 단서를 제공하지 말아야 한다. 열 번째, 답지만을 분석하여 문항의 답을 맞히게 하지 말아야 한다. 열한 번째, 가능하면 답지를 짧게 만드는 것이 바람직하다. 열두 번째, 문항의 답지들의 내용이 상호 독립적이어야 한다. 열세 번째, 각 답지에 똑같은 단어들이 반복되는 것을 피한다. 열네 번째, 답지들의 형태를 유사하게 만들어야 한다. 열다섯 번째, 유사한 답지끼리 인근 답지가 되게 배열하여야 한다. 답지 사이에 중복을 피해야 한다. 열여섯 번째, 답지의 길이를 가능하면 비슷하게 하고, 다소 상이할 때는 짧은 길이의 답지부터 배열하는 것이 타당하다. 열일곱 번째, 답지들이 수나 연도로 서술될 때, 일반적으로 작은 수부터 큰 수로 배열한다. 열여덟 번째, 답지에 어떤 논리적 순서가 있다면 논리적 순서에 따라 배열한다. 열아홉 번째, 답지 중 '모든 것이 정답' 또는 '정답 없음'이란 답지를 사용하지 말아야 한다. 스무 번째, 질문에 그림이나 도표 등을 포함할 경우 그림, 도표, 질문 그리고 답지가 모두 동일 쪽에 인쇄되어야 한다. 스물한 번째, 정답의 번호가 일정 형태를 유지하지 않는 무선 순에 의하도록 한다. 스물두 번째, 정답의 번호가 일정 번호에 치우치는 것을 삼가야 한다.

나. 선다형 문항의 유형

선다형 문항은 정답형, 최선답형, 다답형, 불완전 문장형, 합답형, 부정형 등으로 구분될 수 있다. 그리고 답지의 수에 따라서는 사지선다형과 오지선다형 등으로 구분할 수 있다(김경배, 김재건, 이홍숙, 2005). 선다형 문항의 유형은 다음과 같다.

첫째, 정답형이란 여러 개의 답지 중에서 하나만이 정답인 문항이다.

둘째, 최선답형이란 여러 개의 답지 중에서 가장 알맞은 답을 선택하도록 하는 문항이다. 다른 답지들도 정답에는 해당되나 그중에서 가장 정답에 가까운 것을 선택하도록 하는 문항이다.

셋째, 다답형이란 답지 중에서 정답을 두 개 이상 고르도록 하는 문항이다.

넷째, 불완전 문장형이란 문제를 미완성의 문장으로 제시하고 나서 문장이 완성되기 위해서 필요한 내용을 답지 중에서 고르도록 하는 문항 형식이다.

다섯째, 합답형이란 여러 개의 답지 중에서 두 개 이상의 답지가 모여서 하나의 정답을 구성하는 문항 형식이다. 다답형과 유사하나 단순히 있는 대로 고르기보다는 여러 개의 정답을 모두 골라야만 하나의 완성된 정답이 되는 경우이다.

여섯째, 부정형이란 답지 중에서 아닌 것을 선택하는 문항 형식이다. 부정문인 경우에는 부정을 표현하는 부분에 밑줄을 그어 눈에 잘 띄게 하는 것이 바람직하다.

다. 선다형 문항의 장점과 단점

선다형 문항의 장점은 모든 문항 유형 중에서 학습영역의 많은 내용을 측정할 수 있다는 점, 다른 문항 유형보다 넓은 교육 내용을 대표하는 내용을 추출하여 측정하기가 용이하다는 점, 내용 타당도를 증진시킬 수 있다는 점, 채점 시 주관성을 배제할 수 있다는 점, 양질의 문항은 고등 정신 능력을 측정할 수 있다는 점이다. 반면, 단점으로는 주어진 답지에서 하나를 선택하게 하므로 창의성 개발, 분석적 능력, 문제 해결능력 등의 복합적 인지구조의 발달을 제한할 수 있고, 그럴듯하고 매력적인 오답지를 제작하기가 용이하지 않으며 문항 제작에 많은 시간이 소요되는 점이 있다. 또한, 피험자 기억에 의한 단순 지식을 측정할 가능성이 있고, 문항의 답을 모를 때 추측에 의하여 답을 맞힐 확률이 있다는 단점이 있다.

라. 선다형 문항의 예시

선다형 문항의 예시는 다음과 같다.

> 문항: 다음 중 태양계에서 가장 큰 행성은 무엇입니까?
> (a) 지구 (b) 화성 (c) 목성 (d) 금성

4 연결형 문항

가. 연결형 문항의 제작원리

연결형 문항(matching form item)은 일련의 문제군과 답지군을 배열하여 문제군의 질문에 대한 정답을 답지군에서 찾아 연결하는 문항 형태로 배합형이라고도 한다. 연결형 문항은 선다형 문항의 특수한 형태로 볼 수 있다. 문제군에 있는 질문의 정답을 답지군에 있는 답지 중에서 하나를 선택하는 것이므로 답지가 많은 선다형 문항으로 볼 수 있다. 연결형 문항은 두 가지 내용의 연관성에 대한 기초지식을 측정하는 데 적합하며, 그림, 지도, 표 등을 사용할 수도 있다. 연결형 문항의 제작원리는 다음과 같다.

첫째, 문제군과 답지군에 각각 동질성이 유지되어야 한다. 연결형 문항은 일반 문항에서 묻는 내용인 문제군과 묻는 내용에 연결된 답지군으로 구성된다. 문제군을 이루는 어떠한 한 문제가 나머지 다른 문제들과 이질적일 때 그 문제에 대한 정답을 답지군에서 쉽게 찾을 수 있다. 또한, 답지군에 있는 답지들 중 매우 이질적인 내용이 들어 있는 경우에는 그 답지를 오답지로 제거할 수 있기 때문에 다른 답지의 정답 확률을 높이게 된다. 따라서, 문제군의 문제들끼리, 답지군의 답지들끼리는 서로 동질적인 내용으로 구성하는 것이 좋다.

둘째, 답지군의 답지 수는 문제군의 문제 수보다 많아야 한다. 연결형 문항은 문제군의 문제를 하나씩 맞출 때마다 나머지 문제들의 정답 확률이 높아진다는 특징을 지닌다. 따라서 답지군의 답지 수는 문제군의 문제 수보다 많게 하여 자동적으로 답을 맞히게 해서는 안 된다. 일반적으로 답지군의 답지 수는 문제군의 문제 수보다 1.3～1.5배가 되게 한다.

셋째, 문제군의 문제들은 왼쪽에, 답지군의 답지들은 오른쪽에 배열하고 번호를 각기 달리한다. 물음과 응답이 순차적으로 상응하게 하는 것이 가독성을 높인다. 따라서, 왼쪽에서 오른쪽으로의 언어 체계에 맞게 문제군을 왼쪽에, 답지군을 오른쪽에 배열하는 것이 일반적이다. 또한, 각 군의 문항과 답지에 서로 다른 번호 체계를 부여함으로써 학생들이 읽고 답하는 데 혼돈이 일어나지 않도록 할 필요가 있다.

넷째, 문제군의 문제들과 답지군의 답지들을 배열할 때 각각 문자 순이나 연대 순으로 한다. 문제군과 답지군의 내용들이 서로 어떤 규칙에 따라 순서성을 매길 수 있다면 그 규칙에 따라 내용을 배열하는 것이 가독성을 높인다.

다섯째, 문제군과 답지군은 같은 페이지에 인쇄되도록 한다.

여섯째, 문제군의 문제 수가 너무 많지 않도록 한다. 문제들이 많아질 때, 문제군의 문제들끼리 혹은 답지군의 답지들끼리 동질성을 유지하기가 어려우며, 문제군과 답지군의 각 항목 사이에 중첩되는 개념이나 포괄적인 개념이 반복하여 제시될 가능성이 커진다. 가급적 문제군에서 묻는 항목이 10개 이상이 넘지 않도록 하는 것이 좋다.

일곱째, 문제와 답지는 가능한 짧아야 한다. 연결형 문항은 지식이나 정보의 재생 등 단순 기억 능력을 측정하는 데 주로 활용되며, 그 측정 내용들은 역사적 사건 또는 문학작품, 간단한 사실들인 경우가 많다. 따라서, 가능하면 문제와 답지를 짧게 하는 것이 단순 기억 능력을 측정하기에 용이하다.

여덟째, 지시문이 명확해야 한다. 기본적으로 문제군과 답지군만 주어져서는 문항으로 성립하기가 어렵다. 문제군과 답지군을 어떤 관계에 따라 어떻게 연결할 것인지를 안내하는 지시문이 포함되어야 한다. 그 지시문은 선을 연결하는지, 기호를 찾아 쓰는지, 하나만 연결하는지 또는 다수를 연결하는지 등의 응답 형태와 방식을 명확하게 밝혀주어야 한다.

나. 연결형 문항의 유형

연결형 문항의 유형에는 단순 연결형, 복합 연결형, 분류 연결형 등이 있다(김경배, 김재건, 이홍숙, 2005). 이에 대하여 살펴보면 다음과 같다.

첫째, 단순 연결형이란 전제와 답지의 각각을 일련의 묶음으로 제시하고 이를 서로 관련 있는 것끼리 줄을 긋거나 해당 번호를 쓰도록 요구하는 문항 형식이다.

둘째, 복합 연결형이란 한 개의 전제와 두 개의 답지를 제시하고 나서 이를 서로 연결하도록 요구하는 형식이다.

셋째, 분류 연결형이란 용어, 개념, 법칙, 사건, 인명 등의 답지를 보기 속에 나열해 놓고 그중에서 정답을 찾도록 하는 형식이다.

다. 연결형 문항의 장점과 단점

연결형 문항의 장점은 채점이 용이하다는 장점이 있다. 또한 유사한 사실을 비교하거나 판단하는 능력을 측정하기에 좋은 문항 형태라고 할 수 있다. 반면, 문항 제작의 경험이 풍부하지 않으면 문항 제작 시간이 많이 소요되고, 문제군과 답지군이 동질하지 않을 경우 피험자가 쉽게 해답을 추측할 수 있다. 그리고 고등 정신 능력을 측정하기가 어렵다는 단점이 있다.

라. 연결형 문항의 예시

연결형 문항의 예시는 다음과 같다.

문항 1. 다음 용어와 그 정의를 연결하세요.			
1. 원소	•	•	A. 두 가지 이상의 원소가 화학적으로 결합한 물질
2. 화합물	•	•	B. 두 가지 이상의 물질이 물리적으로 섞인 것
3. 혼합물	•	•	C. 화학적으로 더 이상 나눌 수 없는 기본 물질

문항 2. 탄수화물은 분자의 양의 크기에 따라 세 가지로 구분된다. 서로 관계있는 것끼리 연결하시오.			
1. 단당류	•	•	A. 녹말, 글리코겐
2. 이당류	•	•	B. 엿당, 설탕
3. 다당류	•	•	C. 포도당, 과당

요약

선택형 평가에서는 문항 제작의 원칙, 진위형 문항, 선다형 문항, 연결형 문항에 대하여 살펴보았다. 문항 제작의 원칙에서는 좋은 문항 제작의 유의점, 문항 제작의 원칙, 검사 제작자의 자질에 대하여 살펴보았다. 진위형 문항에서는 진위형 문항의 제작 원리, 유형, 장단점, 예시에 대하여 살펴보았다. 선다형 문항에서는 선다형 문항의 제작 원리, 유형, 장단점, 예시에 대하여 살펴보았다. 연결형 문항에서는 연결형 문항의 제작 원리, 유형, 장단점, 예시에 대하여 살펴보았다.

생각해 봅시다

1. 좋은 문항을 만들기 위한 원칙에 대하여 토의하시오.
2. 선택형 평가와 서답형 평가의 공통점과 차이점을 설명하시오.
3. 진위형 문항의 제작 원리를 설명하고, 제작 원리에 고려하여 진위형 문항을 만드시오.
4. 선다형 문항의 제작 원리를 설명하고, 제작 원리를 고려하여 선다형 문항을 만드시오.
5. 연결형 문항의 제작 원리를 설명하고, 제작 원리를 고려하여 연결형 문항을 만드시오.

07
Chapter

서답형 평가

학습내용

1. 서답형 평가의 장점과 단점
2. 서답형 문항의 제작 원리 및 유의 사항
3. 서답형 문항의 유형
4. 서답형 문항의 채점 원칙

서답형 평가는 학생이 스스로 답안을 단어, 구, 문장 등으로 구성하여 서술해야 하는 문항으로 완성형, 단답형, 논술형 등이 있다. 서답형 평가에서는 서답형 평가의 장점과 단점, 서답형 문항의 제작 원리 및 유의 사항, 서답형 문항의 유형, 서답형 문항의 채점 원칙에 대하여 살펴본다.

1 서답형 평가의 장점과 단점

서답형 평가는 학생의 고차원적 사고와 깊이 있는 이해를 평가하는 데 타당한 평가 방법이다. 그러나 채점의 주관성과 시간 소모 등의 단점이 있다. 서답형 평가의 장점과 단점을 살펴보면 다음과 같다.

가. 서답형 평가의 장점

서답형 평가의 장점은 다음과 같다. 첫째, 고차원적 사고를 평가할 수 있다. 피험자가 자신의 생각을 정리하고 표현해야 하므로 문제 해결 능력, 비판적 사고, 창의적 사고 등을 평가하는 데 효과적이다. 둘째, 깊이 있는 이해를 확인할 수 있다. 서답형 문항은 단순한 기억이 아니라 주제에 대한 깊은 이해와 개념 간의 연결을 평가할 수 있다. 셋째, 다양한 표현으로 답안을 작성할 수 있다. 피험자는 다양한 방식으로 답변할 수 있어 개별적인 사고와 독창성을 표현할 기회를 제공한다. 넷째, 피험자의 사고 과정까지 평가할 수 있다. 답변 과정에서 피험자의 사고 과정을 추적할 수 있어 문제 해결에 접근하는 방식을 이해할 수 있다. 다섯째, 맞춤형 피드백을 제공할 수 있다. 피험자의 구체적인 답변을 바탕으로 보다 개인화된 피드백을 제공할 수 있다. 이는 학습에 도움이 되는 기초 자료로 활용될 수 있다.

나. 서답형 평가의 단점

서답형 평가의 단점은 다음과 같다. 첫째, 주관적 채점의 가능성이 높다. 서답형 문항은 채점이 주관적일 수 있어 평가자의 해석에 따라 점수가 달라질 수 있다. 이는 신뢰성을 저하시킬 수 있다. 둘째, 채점에 많은 시간이 소모된다. 답변이 길고 복잡할 수 있어 채점에 많은 시간이 소요될 수 있다. 특히 대규모 시험에서는 비효율적일 수 있다. 셋째, 피험자의 표현 능력에 점수가 좌우될 수 있다. 피험자의 언어적 표현 능력에 따라 평가 결과가 좌우될 수 있다. 이는 내용의 이해도와는 별개로 불공정한 결과를 초래할 수 있다. 넷째, 구체적인 정답이 부재할 수 있다. 정답이 명확히 정의되지 않은 경우, 피험자가 올바른 사고 과정을 거쳤더라도 점수가 낮게 나올 수 있다. 다섯째, 학습 부담이 증가한다. 서답형 문항은 피험자가 답변을 작성하는 데 더 많은 시간과 노력을 필요로 하므로 시험에 대한 스트레스가 증가할 수 있다.

2 서답형 문항의 제작 원리 및 유의 사항

서답형 문항의 제작 원리 및 유의 사항을 살펴보면 다음과 같다.

첫째, 서답형 검사 문항에 대한 응답의 범위를 가능한 한 좁혀서 하나의 정신 기능이나 교수 목표를 측정한다. 질문내용이 광범위하고 복합적인 경우에는 채점이 상당히 어려워질 뿐만 아니라 신뢰성이 적어지고 질문내용이 피험자에게 불명료해진다. 반응에 대한 자유도를 최대한 허용하되 답의 표현은 '이곳으로'라는 방향을 지시해 주는 문항이 되어야 한다.

둘째, 지식보다는 고등 정신 기능을 측정한다. 서답형 검사 문항의 가장 중요한 장점 중 하나는 다른 문항 유형에서 측정하기 어려운 사고력, 추리력, 종합력, 비유력, 표현력, 창의력과 같은 고등 정신 기능의 측정이 가능하다는 데 있다.

셋째, 문항의 질문은 명료해야 한다. 검사 문항이 무엇을 묻고 있는지, 어떤 근거 하에서 답을 해야 하는지에 대한 한계를 피험자에게 명료히 제시한다. 문제의 성격이 다른 반응의 여지가 있는 경우에는 응답의 길이를 어느 정도 제한할 필요가 있다. 이것저것 많이 쓰는 경우, 정답에 관계되는 반응을 많이 하게 됨으로써 많이 쓴 피험자에게 유리하게 된다.

넷째, 문항은 객관적인 채점을 고려하여 제작한다. 문항 제작과 동시에 모범답안을 작성한다. 객관적인 채점을 위한 방안은 다음과 같다. 문항 속에 채점 기준을 명시한다. 효과적인 채점 기준의 제시방식에는 사례 나열 방식, 감점조건 제시방식, 요소별 배점방식이 있다. ① 사례 나열 방식은 부분 점수를 받을 수 있는 가능한 모든 답안의 예를 구체적으로 제시하고, 각각에 대한 득점을 명시하는 형태이다. 단답형과 완성형의 채점 기준 작성에 이용할 수 있는 방식이다. ② 감점조건 제시방식은 감점을 당하게 되어 있는 답안상의 미비점을 구체적으로 명시하고, 그에 대한 감점치를 명시하는 형태이다. ③ 요소별 배점방식은 정답 또는 모범답안을 구성하고 있는 채점요소 각각에 대해 배점을 명시하는 방법이다. 이 방식은 논술형의 채점 기준에 적합한 방식이다.

다섯째, 검사 문항을 여러 개 제시하고, 그중에서 선택하여 답을 하지 않도록 한다. 선택형은 피험자의 부담을 덜어주지만 능력의 표집이 다르다. 따라서 평가 결과를 서로 비교할 수 없다는 단점이 있다.

여섯째, 문항 간의 비중을 너무 넓게 설정하지 말아야 한다. 특정 내용이 지나치게 전체 점수에 영향을 주지 않도록 해야 한다.

3 서답형 문항의 유형

가. 완성형(완결형)

1) 완성형 문항의 유형

완성형이란 진술문의 일부분을 빈칸으로 놓고 단어, 어구, 숫자, 기호 또는 문장을 써넣게 하는 문항 유형이다. 완성형 문항의 유형에는 불완전 문장형, 불완전 도표형, 제한 완성형의 3가지가 있다.

첫째, 불완전 문장형 문항이란 문장에서 중요하고 의미 있는 부분을 빈칸으로 두고, 그곳에 문장(단어, 구, 기호, 어구, 숫자 포함)을 써넣게 하는 것이다. 불완전 문장형 문항의 예시는 〈표 7-1〉과 같다.

〈표 7-1〉 불완전 문장형 문항의 예시

※ 〈자료〉의 ㉠~㉢에 들어갈 말을 순서대로 쓰시오.

어느새 여름이 됬다. 여름에는…

학생 1: 밑줄 친 문장에서 혹시 틀린 부분이 있나 봐 줄래?
학생 2: 두 개의 모음이 만나서 하나의 음절로 줄어드는 것을 모음 축약이라고 배웠잖아. 예를 들어 'ㅚ'와 'ㅓ'가 만나 'ㅙ'로 축약되는 것 말이야. 그러니까 이 문장에서는 '(㉠)'이/가 틀렸어. 원래 '되었다'가 줄어든 형태니까 '(㉡)'(이)라고 고쳐 써야 해.
학생 1: 아하, 그럼 '선생님, 내일 뵈어요.'에서 '뵈어요'도 줄여서 적으면 '(㉢)'(이)라고 적어야겠네.
학생 2: 맞아! 이제는 확실히 알겠지?

㉠: (   ), ㉡: (   ), ㉢: (   )

(정답) ㉠: 됬다, ㉡: 됐다, ㉢: 봬요
[2019학년도 국가수준 학업 성취도 평가 중3 국어]

둘째, 불완전 도표형 문항이란 문항의 내용을 도표로 제시하고, 도표 중 중요한 부분을 비워 놓고 그곳에 답을 써넣게 하는 것이다. 불완전 도표형 문항의 예시는 〈표 7-2〉와 같다.

〈표 7-2〉 불완전 도표형 문항의 예시

※ 다음 도표에서 빈칸을 채우시오.

원급	비교급	최상급
strong		
		best

(정답) stronger, strongest, good, better

셋째, 제한 완성형 문항이란 선택형과의 혼합형이라고 할 수 있다. 빈 곳에 들어갈 낱말을 순서 없이 혼합해서 제시하고 그중에서 정답을 골라 넣게 하는 방식이다. 제한 완성형 문항의 예시는 〈표 7-3〉과 같다.

〈표 7-3〉 제한 완성형 문항의 예시

※ 다음 문장을 읽고, (　　)안에 알맞은 낱말을 쓰시오.

고래는 (　　)으로 숨을 쉬고, 포유동물과 마찬가지로 (　　)을(를) 먹는다.

(허파, 숨통, 물, 세포, 플랑크톤, 밥, 우유, 아가미, 젖)

(정답) 허파, 젖

2) 완성형 문항 제작 시 유의 사항

완성형 문항을 제작할 때에는 다음에 유의해야 한다. 첫째, 교과서나 교재에 제시된 문장을 그대로 사용하지 않는다. 둘째, 여러 개의 정답이 나오지 않도록 문항을 구체적으로 개발한다. 셋째, 응답의 빈칸을 문장의 끝부분에 준다. 넷째, 정답을 숫자로 표시할 때에는 단위를 제시해 준다. 다섯째, 정답을 암시하는 단서를 주지 않는다. 여섯째, 응답 빈칸을 1~2개로 제한한다. 빈칸을 여러 개 두면 학생들이 어떻게 응답해야 하는지 이해할 수 없게 된다. 일곱째, 응답 빈칸의 길이를 모두 동일하게 한다. 빈칸의 크기는 정답을 추측하는 데 불필요한 단서가 될 수 있다.

3) 완성형 문항의 장점과 단점

완성형 문항의 장점은 다음과 같다. 첫째, 학생들이 쉽게 정답을 구성할 수 있다. 둘째, 짧은 시간에 다양한 문항을 출제할 수 있다. 셋째, 추측 요인을 줄일 수 있다. 넷째, 채점의 신뢰도가 높다. 다섯째, 단답형 또는 논술형보다 빠르게 채점할 수 있다. 여섯째, 선택형보다 타당한 결과를 도출할 수 있다. 한편, 완성형 문항의 단점은 다음과 같다. 첫째, 선택형보다 채점 시간이 오래 걸린다. 둘째, 문제를 잘못 만들 때, 다수의 정답이 될 수 있다.

나. 단답형

1) 단답형 문항의 유형

단답형 문항은 학생으로 하여금 직접 질문에 대한 응답으로 한 두 개의 단어, 구절, 혹은 문장을 써 놓도록 하는 형식이다. 즉 단답형 문항에서는 학생들에게 간단한 단어, 구, 문장, 숫자, 그림 등 제한된 형태로 대답하도록 한다. 단답형 문항의 유형에는 단구적 단답형과 서술형 단답형의 2가지가 있다.

첫째, 단구적 단답형 문항이란 완전한 문장 수준 미만의 답안을 요구하는 문항으로서, 한두 개 정도의 단어, 어구, 숫자, 기호 또는 간단한 그림을 이용하여 응답하는 문항 형태이다. 단구적 단답형 문항의 예시는 〈표 7-4〉와 같다.

〈표 7-4〉 단구적 단답형 문항의 예시

※ 다음은 지구 내부에서 깊이에 따른 지진파의 속도 변화와 지진파에 대한 설명을 나타낸 것이다.

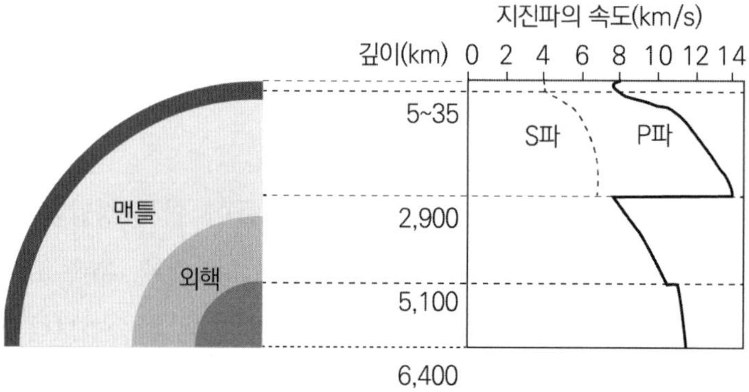

○ 지진파의 종류는 대표적으로 P파와 S파가 있다.
○ 지진이 발생했을 때, P파가 S파보다 먼저 도착한다.
○ 고체에서는 P파와 S파가 통과하고, 액체에서는 P파만 통과한다.

1. 지진파의 속도 변화를 통해 알 수 있는 맨틀과 외핵을 이루는 물질의 상태를 쓰시오.
   맨틀 : (㉠), 외핵 : (㉡)

(정답) ㉠ 고체, ㉡ 액체
[2019학년도 국가수준 학업 성취도 평가 중3 과학]

둘째, 서술형 단답형 문항이란 답안 내용의 범위와 서술양식, 또는 반응 수, 진술 요소, 답안의 길이(문장수, 글자수, 또는 행수)에 상당한 제한이 가해져서 대개 한두 개 정도의 짧은 문장으로 답하는 문항 유형이다. 답안의 양이 비교적 적다는 점과 답안을 작성하는 데 있어 조직력이나 표현력이 별로 요구되지 않는다는 점에서 논문형과 구분된다. 서술형 단답형 문항의 예시는 〈표 7-5〉와 같다.

〈표 7-5〉 서술형 단답형 문항의 예시

※ 다음 그래프는 우리나라의 도시화 곡선이다. A 시기에 주로 나타난 특징을 한 문장으로 서술하시오. (단, '도시 인구'와 '산업화'의 2개의 제시어를 모두 사용하여 진술할 것)

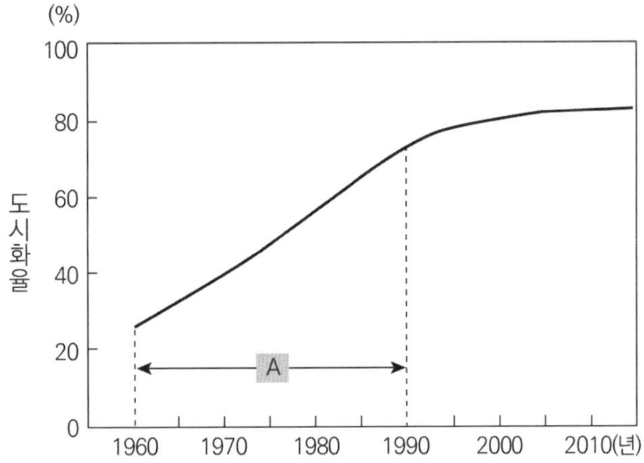

(정답) 산업화가 빠르게 이루어지면서 도시 인구가 증가했다.
[2018학년도 국가수준 학업 성취도 평가 중3 사회]

2) 단답형 문항 제작 시 유의 사항

단답형 문항을 제작할 때에는 다음에 유의해야 한다. 첫째, 간결하면서도 고유한 정답을 가지도록 문항을 구조화한다. 둘째, 응답 빈칸을 가장자리에 둔다. 가장자리에 두면, 학생의 응답을 빠르게 채점하는 데 도움이 된다. 셋째, 학생들이 생각하는 단어나 구절을 적을 수 있도록 충분한 공간을 제시한다. 넷째, 교과서나 교재의 내용을 그대로 사용하지 않는다. 다섯째, 학생들이 이해할 수 있는 단어로 문항을 구성한다.

3) 단답형 문항의 장점과 단점

단답형 문항의 장점은 다음과 같다. 첫째, 학생의 반응에서 추측요인을 줄일 수 있다. 둘째, 문항작성이 비교적 쉽다.

한편, 단답형 문항의 단점은 다음과 같다. 첫째, 선다형보다 채점하기가 어렵다. 둘째, 사실적 정보를 암기하도록 할 수 있다. 단답형 문항은 원리의 적용보다는 지식에 대한 암기를 재는 경향이 있다.

다. 논술형

1) 논술형 문항의 유형

논술형(essay)은 주어진 논제에 대해 자유롭게 자신의 생각을 펼쳐나가는 방법으로 자신의 의견을 논리적으로 전개하여 해결책을 탐색해 나가는 과정을 살펴보는 평가 유형이다. 논술형 문항의 유형에는 응답 제한형, 응답 자유형, 자료 제시형, 단독 과제형의 4가지 유형이 있다.

첫째, 응답 제한형 문항이란 학생들의 반응 허용 정도가 상당히 제한된 것으로 반응의 내용과 형식을 구체적으로 지시하여 제한된 방향으로 답을 구성하도록 요구하는 문항 형태이다. 응답 제한형 문항의 예시는 〈표 7-6〉과 같다.

〈표 7-6〉 응답 제한형 문항의 예시

초등학교 5학년 학생을 대상으로 50m를 몇 초에 달릴 수 있는지 알아보려고 하였다. 출발 지점에는 출발을 알리는 총을 가진 교사가 서 있고 도착 지점에는 스톱워치를 가진 교사가 서 있다. 출발 시에 총을 가진 교사가 총을 쏘아 신호를 하고 도착 지점에서는 스톱워치를 가진 교사가 시계를 작동하였다. 시간을 정확하게 재기 위해서 스톱워치를 가진 교사가 총소리를 듣는 순간에 그 시계를 작동하는 것이 좋은가? 또는 그 총에서 나는 빛을 보고 그 시계를 작동하는 것이 좋은가? 선택을 하고 그 이유를 설명하시오.

둘째, 응답 자유형 문항이란 응답의 내용 범위, 서술 양식, 답안의 길이에 대한 제한이 명시되어 있지 않다. 답안의 최대 길이가 학생 개개인의 능력 수준과 시험 시간에 간접적으로 영향을 준다. 응답 자유형 문항은 학생들이 자신의 생각을 자유롭게 표현하도록 한다. 이 형태의 문항은 중요한 교육 목표의 성취도를 보다 직접적으로 파악하는 데 도움이 되고, 학생의 개인적 특성을 파악하는 데 유용하게 활용할 수 있다. 응답 자유형 문항의 예시는 〈표 7-7〉과 같다.

〈표 7-7〉 응답 자유형 문항의 예시

요즘 청소년 문화에서 새로이 부상하고 있는 특징 중 하나는 연예인을 추종하며, 옷이나 좋아하는 물건, 사회에 대한 관점 등 생활의 거의 모든 측면에서 연예인을 모방하는 것이다. 이 현상에 대한 자신의 생각을 쓰시오.

셋째, 자료 제시형 문항이란 문항 속에 학생이 읽을 자료를 제시해 주고 그것을 바탕으로 해서 응답하도록 하는 문항 형태이다. 자료 제시형 문항의 예시는 〈표 7-8〉과 같다.

〈표 7-8〉 자료 제시형 문항의 예시

• **과학의 발달 :** 인간에게 도움을 주는 측면과 인간 생활을 파괴하는 위험한 측면을 열거하고 내일의 인류를 위한 과학의 발전 방향을 제시한 18절 4쪽 정도의 과학 분야 논문 또는 평론 배부 별도로 나누어준 글을 읽고 다음 물음에 답하시오. (1) 읽은 내용을 신문 문화란에 발표한다고 가정하고 간략히 요약하시오. (2) 자연개발과 생태계의 보전 방안에 대한 구상의 타당성을 논하시오.

넷째, 단독 과제형 문항이란 자료나 정보를 제시하지 않고 특정 질문에 응답하도록 하는 문항 형태이다. 흔히 '논술형'이라고 할 때 가장 널리 쓰이는 것으로,

응답 자유형 문항과 밀접하게 관련이 있다. 단독 과제형 문항의 예시는 〈표 7-9〉와 같다.

〈표 7-9〉 단독 과제형 문항의 예시

예: 점대칭도형과 점대칭의 위치에 있는 도형의 차이점을 설명하시오.

2) 논술형 문항 제작 시 유의 사항

논술형 문항을 제작할 때에는 다음에 유의한다. 첫째, 학생들이 작성해야 할 과제가 분명히 한정되도록 문항을 구조화한다. 문항의 모호성을 제거하기 위해서는 상세하게 진술하는 것이 좋다. 둘째, 각 문항에 대해 배점, 응답 길이 및 할당 시간을 명시한다. 이것은 논술형 문항에 적절하게 응답하는 데 필요한 정보를 제공하는 데 목적이 있다. 셋째, 긴 응답을 요구하는 소수의 문항보다는 짧은 응답을 요구하는 다수의 문항을 사용한다. 이것은 검사 내용의 대표성을 확보하기 위한 것이다. 넷째, 여러 개의 문항 중에서 일부를 선택하여 응답하게 하지 않는다. 여러 개의 논술형 문항 중에서 일부를 선택하게 되면, 서로 다른 검사를 실시하는 결과가 되어 검사를 비교하기 어렵다. 다섯째, 검사 전에 문항에 대한 답안을 작성함으로써 문항의 질을 스스로 점검한다. 학생의 입장에서 그 문항에 대한 답안을 직접 작성해 보는 것이 좋다.

3) 논술형 문항의 장점과 단점

논술형 문항의 장점은 다음과 같다. 첫째, 논술형 문항은 고차원적 수준의 학습 유형을 측정하는 데 적합하다. 정답의 자유도가 높기 때문에 사고 과정을 충분히 자유롭게 표현할 수 있으므로 표현력과 사고력, 문제 해결력과 같은 일반적 교육 목표와 개념이나 원리의 적용과 같은 구체적 학습 목표를 보다 쉽게 평가할 수 있다. 둘째, 학생들의 작문 능력을 신장시키는 데 적절하다. 셋째, 답안 반응의 자유도가 크다. 학생이 문제에 접근하는 방법이나 정보를 활용하는 방식, 답을 구성하는 방식 등에서 크게 제한받지 않는다. 따라서 문항이 제시한 범위 내에서 자유롭게 문제를 넓게 또는 깊게 다룰 수 있다. 넷째, 문항 제작이 비교적 용이하다. 좋은 논술형 평가 문항을 만들기 위해서는 꽤 많은 노력이 필요하지만, 선택형 평가 문항을 만들기 위해 필요한 시간과 노력에 비교하면 적게 드는 편이다.

논술형 문항의 단점은 다음과 같다. 첫째, 학생들의 논술 답안을 채점하는 데 많은 시간이 소요된다. 긴 분량의 다양한 응답 내용을 읽으며 평가 요소가 포함되었는지 찾고 채점 기준에 부합하는지를 판단해야 하기 때문이다. 둘째, 채점이 부정확할 가능성이 있다. 채점자들의 판단 간에 일관성 확보가 쉽지 않다. 즉 채점의 객관성이 낮다. 정해진 답이 없기 때문에 명확한 평가 기준을 설정하기가 어렵고, 평가 기준이 선정되었더라도 응답 내용이 기준에 부합하는지에 대한 판단에 개인의 주관이 영향을 미치기 때문이다. 셋째, 표집하는 문항의 수가 제한된다. 논술형 평가는 문항 하나에 긴 반응을 요구하기 때문에 선택형 평가와 비교할 때 적은 수의 문항밖에 출제하지 못한다. 따라서 측정을 못 하는 학습 목표가 생길 수 있고 나아가 검사의 타당도와 신뢰도도 낮아질 수 있다.

4 서답형 문항의 채점 원칙

서답형 문항은 객관적인 채점이 필요하다. 서답형 문항 채점의 원칙을 살펴보면 다음과 같다.

첫째, 학생 단위가 아닌 문항 단위로 채점한다. 이것은 채점 기준이나 결과가 다른 문항에 영향을 주는 것을 방지하기 위하여 필요하다. 이것은 채점자의 내적 일관성을 유지하게 하고 채점을 신속하게 하는 데에도 도움을 준다.

둘째, 출제자가 채점에 참여하여야 하고, 여러 사람에 의하여 채점이 이루어져야 한다. 이것은 한 사람의 채점보다는 능력을 갖춘 여러 사람에 의해 채점되는 것이 채점의 객관성과 신뢰성을 높일 수 있기 때문이다.

셋째, 채점자의 수 및 채점 시간을 최소화하여 채점자 간 및 채점 시간의 차이에서 올 수 있는 오류를 줄여야 한다.

넷째, 표현능력 채점 시 필체, 띄어쓰기, 철자법 등은 점수 산정에서 배제되어야 한다.

다섯째, 채점은 중간 중간에 충분한 휴식을 취해가며 맑은 기분으로 차분하게 해야 한다. 시간이 흐르는 동안 채점 기준이 변하지 않도록 채점의 일관성을 유지해야 한다.

여섯째, 채점 과정에서 채점자에게 나타내는 편견이나 오류를 최소화해야 한다. 평정의 오류에는 집중경향의 오류, 인상의 오류, 논리적 오류, 표준의 오류, 대비의 오류, 근접의 오류 등이 있다. ① 집중경향의 오류는 평정의 결과가 중간에 모이는 경향이다. 중간 평정점의 간격을 넓게 잡는 것이 좋다. ② 인상의 오류는 보다 좋게 평가하는 관대의 오류와 보다 나쁘게 평가하는 엄격의 오류가 있다. ③ 논리적 오류는 전혀 다른 두 가지 행동 특성을 비슷한 것으로 생각해서 평정하는 현상이다. 글씨를 잘 쓰면 내용도 좋을 것으로 판단하는 것이 대표적인 사례이다. ④ 표준의 오류는 평정자가 표준을 어디에 두는가에 따라 생기는 오류이다. 7단계 평정에서 어떤 평정자는 3을 표준으로, 어떤 평정자는 5를 표준으로 삼을 수 있다. ⑤ 대비의 오류는 평정자가 가지고 있는 것이 평정 받는 학생에게 있으면 신통치 않게 평정하고, 자기에게 없는 것이 평정 받는 학생에게 있으면 좋게 보는 현상이다. ⑥ 근접의 오류는 시간적으로나 공간적으로 가깝게 평정하는 특성 사이에 상관이 높아지는 현상이다.

일곱째, 채점 방식은 채점 단위에 따른 분석적 방법, 총체적 방법 및 절충적 방법으로 구분된다. 채점 방식은 논술형 답안지 성격을 고려하여 선정한다. ① 분석적 방법은 채점의 기준을 요소로 분석해서 채점하고, 이를 합산하여 채점한다. ② 총체적 방법은 피험자의 전체 답안을 한 개의 단위로 보고 종합적으로 판단하여 총체적 관점에서 채점한다. ③ 절충적 방법은 분석적 방법과 총체적 방법을 혼합하여 채점한다. 이 방법은 총체적 채점 방법을 이용하여 문항의 답안을 몇 개의 답안으로 평정한 다음, 분석적 채점 방법으로 점수를 평정하여 분류하는 방식이다.

요약

서답형 평가에서는 서답형 평가의 장점과 단점, 서답형 문항의 제작 원리 및 유의 사항, 서답형 문항의 유형, 서답형 문항의 채점 원칙에 대하여 살펴보았다. 서답형 평가는 고등 정신 기능을 평가할 수 있다는 장점이 있으며, 문항의 대표성과 채점의 객관성 부족이라는 단점이 있었다. 서답형 평가의 제작 원리 및 유의 사항에서는 서답형 문항 작성에서 필요한 응답 범위, 평가의 목적, 문항의 형식, 구조 등에 대하여 살펴보았다. 서답형 문항의 유형으로 완성형 문항, 단답형 문항, 논술형 문항에 대하여 살펴보았다. 서답형 문항의 채점 원칙에서는 채점의 공정성과 신뢰성을 확보할 수 있는 방안에 대하여 살펴보았다.

생각해 봅시다

1. 서답형 문항의 제작 원리 및 유의 사항에 대하여 토의하시오.
2. 서답형 문항의 장점과 단점을 비교하시오.
3. 서답형 문항의 유형을 설명하고, 유형별로 평가 문항을 만드시오.
4. 서답형 문항의 채점 원칙에 대하여 토의하시오.
5. 서답형 문항의 채점 원칙을 고려하여, 채점 기준을 만드시오.

08 Chapter 표준화 검사

학습내용

1. 표준화 검사의 이해
2. 표준화 검사의 활용
3. 표준화 검사의 해석
4. 표준화 검사의 문제점
5. 표준화 검사의 발전 방향

표준화 검사는 일정한 절차와 규칙에 따라 일관된 방식으로 시행, 채점, 해석되는 검사이다. 표준화 검사는 인간의 행동 특성에 따라 크게 인지적 행동 특성을 측정하거나 정의적 행동 특성 및 신체적 운동능력을 측정할 수도 있다. 이와 관련하여 Mehrens(1969) 등은 표준화 검사를 학업 성취도검사, 적성 검사, 흥미, 성격, 태도검사로 분류한 바 있고, Hopkins(1981) 등은 학업 성취도검사, 적성 검사로 분류하여 흥미, 성격, 태도검사를 적성 검사에 포함했다. 표준화 검사를 실시함에 있어 현장에서는 속도와 시간에 따라서는 검사에서 시간을 제한하는 '속도검사'와 시간에 관계 없이 문제를 푸는 '역량검사'로 나누기도 한다. 이와 같이, 표준화 검사는 지적, 성격, 신체적 발달 등을 검사하는 도구로 사용되고 있다. 표준화 검사에서는 표준화 검사의 이해, 표준화 검사의 활용, 표준화 검사의 해석, 표준화 검사의 문제점, 표준화 검사의 발전 방향에 대하여 살펴본다.

1 표준화 검사의 이해

가. 표준화 검사의 의미와 목적

표준화 검사(standardized test)는 일정한 절차와 규칙에 따라 일관된 방식으로 시행, 채점, 해석되는 검사를 의미한다. 이것은 많은 사람들에게 동일한 조건에서 검사를 실시함으로써 그 결과를 비교하고 해석하는 데 있어 객관성을 유지할 수 있도록 설계된 도구이다. 표준화 검사는 규준(norm)을 기반으로 하여 개개인의 능력이나 성과를 객관적으로 평가하는 데 기여한다.

표준화 검사의 목적은 다양한 집단에 대해 일관되고 공정한 평가를 제공하는 데 있다. 이를 통해 각 개인의 능력이나 성취도를 비교하게 하고, 교육적, 직업적 결정에서 중요한 기준으로 활용될 수 있다. 표준화 검사의 목적은 다음과 같이 5가지로 구분하여 살펴볼 수 있다.

첫째, 공정한 비교와 평가가 가능하다. 동일한 기준과 조건에서 평가를 진행함으로써 피험자 간의 공정한 비교가 가능해진다. 이를 통해 개인의 성취 수준을 정확하고 객관적으로 측정할 수 있다. 예를 들어, 전국 단위의 교육 평가에서 표준화된 시험은 지역, 학교 간 격차를 줄이고 학생들의 성취도를 비교할 수 있다.

둘째, 교육적 진단과 개선의 자료가 된다. 표준화 검사는 교육적 성취를 진단하고, 이를 바탕으로 교육의 질을 개선하는 데 활용된다. 학생들의 약점이나 강점을 파악하여 교사들이 적절한 교육적 조치를 취할 수 있다. 예를 들어, 표준화 검사는 학업 성취도가 낮은 학생에게 보충 학습이나 맞춤형 교육 방법을 제공하는 데 유용하다.

셋째, 교육적 및 직업적 결정의 기준을 제공한다. 입학, 졸업, 채용 등 중요한 의사 결정을 내릴 때, 표준화 검사는 객관적인 자료를 제공하여 신뢰도 높은 기준을 제공한다. 예를 들어, 대학 입시에서 수능과 같은 표준화 시험이 공정한 선발 기준으로 작용한다.

넷째, 연구 및 통계적 활용의 자료로 활용된다. 표준화 검사는 대규모 데이터 수집과 분석을 가능하게 하여 교육 연구 및 정책 결정에 중요한 자료를 제공한다. 예를 들어, 국가 교육 정책 수립 시 표준화 검사를 통해 각 학년별 성취도나 교육 격차 등을 분석한다.

다섯째, 개인 발전의 지표로 활용한다. 개인의 학습 성과와 능력을 평가하고 피드백을 제공하여 자기 발전의 방향을 제시한다. 예를 들어, 학생들이 자신의 학습 수준을 파악하고, 앞으로 어떤 영역에서 더 노력해야 할지 알 수 있다.

나. 표준화 검사의 특징

표준화 검사는 검사 내용, 조건, 채점 과정, 해석이 표준화되어 있다. 표준화 검사의 주요 특징은 다음과 같다.

첫째, 대규모적·전문적·체계적이다. 표준화 검사는 주로 상업적 목적을 가지고 측정 전문가에 의해 제작되는 것이어서 대규모적이고 체계적이다.

둘째, 검사 내용이 표준화되어 있다. 대규모로 실시하기 위한 것이기 때문에 검사 내용의 표준화가 엄격하게 이루어진다.

셋째, 표준화된 조건이 전제되어야 한다. 표준화 검사는 표준화된 조건하에서 검사가 실시될 수 있도록 검사 실시를 위한 일정한 지시와 검사 시간 및 검사 환경의 제한을 요구한다.

넷째, 채점 과정이 표준화되어 있다. 표준화 검사는 채점상의 주관이나 편견을 배제하기 위하여 채점 절차를 엄격히 규정하고 있으며, 채점의 객관성을 유지하기 위하여 객관식 문항으로 검사가 구성되는 경향이 있다.

다섯째, 해석의 표준화가 되어 있다. 일정한 검사 결과를 누구나 동일하게 해석할 수 있도록 해석절차와 해석방법을 엄밀하게 규정한다. 표준화 검사는 해석의 의의와 균일성을 유지하기 위하여 대체로 규준 집단의 검사 결과를 제시한다.

2 표준화 검사의 활용

표준화 검사는 다양한 분야에서 활용되고 있다. 표준화 검사는 교육 분야뿐만 아니라 심리학 및 정신 건강 분야, 진로 및 직업 분야, 채용 및 인사 관리 분야 등에서 활용되고 있다.

가. 교육 분야

표준화 검사가 교육 분야에서 활용되고 있다. 교육 분야에서 표준화 검사의 활용 분야와 사례를 제시하면 다음과 같다.

첫째, 학업 성취도 평가에 활용된다. 표준화 검사는 학생들의 학업 성취도를 평가하고, 특정 집단 내에서 상대적인 성과를 비교하는 데 사용된다. 예를 들어, SAT, ACT, 수능 등과 같은 대학 입학 자격시험은 학생들의 학업 능력을 평가하여 대학 입학 과정에서 중요한 기준으로 작용한다.

둘째, 학습 진단 및 교육 프로그램 평가에 활용된다. 학습 진단 검사는 학생들의 강점과 약점을 파악해 교육과정 개선에 활용된다. 학교나 교육 당국은 학생들의 성취 수준을 평가해 특정 교육 프로그램의 효과를 분석하거나 필요한 지원을 결정할 수 있다.

셋째, 특수 교육에 활용된다. 아동의 학습 장애나 발달 지연을 조기 진단하여 맞춤형 교육을 제공하는 데 사용된다. 예를 들어, IQ 검사, 발달 검사 등을 통해 개별화 교육 계획을 수립한다.

나. 심리학 및 정신 건강 분야

표준화 검사가 심리학 및 정신 건강 분야에서 활용되고 있다. 심리학 및 정신 건강 분야에서 표준화 검사의 활용 분야와 사례를 제시하면 다음과 같다.

첫째, 성격 및 심리 평가에 활용된다. 표준화된 심리 검사는 개인의 성격적 특성, 정서적 상태, 정신 건강을 평가하는 데 사용된다. 예를 들어, MMPI(미네소타 다면적 인성 검사)는 다양한 정신 질환을 평가하는 심리적 도구로 활용되며, 정신 건강 치료에 필수적인 정보를 제공한다. 로르샤흐 잉크반점 검사(Rorschach Inkblot Test)나 TAT(주제 통각 검사)와 같은 투사 검사는 내면적 갈등이나 무의식적인 성격 특성을 분석하는 도구로 활용된다.

둘째, 정신 건강의 평가 및 치료에 활용된다. 우울증, 불안 장애, 강박 장애 등 정신 건강 문제를 진단하고, 적절한 치료 계획을 세우기 위해 사용된다. 예를 들어, BDI(벡 우울 척도)와 같은 심리적 검사들은 우울증 증상을 평가하고 치료 진단의 보조 도구로 사용된다.

다. 진로 및 직업 분야

표준화 검사가 진로 및 직업 분야에서 활용되고 있다. 직업 적성 검사는 개인의 적성, 흥미, 성향을 평가하여 적합한 직업을 찾는 데 도움을 준다. 예를 들어, Holland의 진로 적성 검사, Strong의 직업 흥미 검사 등은 개인의 직업 선택과 경력 개발에 중요한 정보를 제공한다.

라. 채용 및 인사 관리 분야

표준화 검사가 채용 및 인사 관리 분야에서 활용되고 있다. 채용 및 인사 관리 분야에서 표준화 검사의 활용 분야와 사례를 제시하면 다음과 같다.

첫째, 기업에서는 채용 과정에서 지원자의 적성, 성격, 능력을 객관적으로 평가하기 위해 표준화된 인성 검사와 직무 적합성 검사를 사용한다. 예를 들어, MBTI, GATB(일반 적성 검사 배터리), BIG5 성격 검사 등은 지원자의 성격이나 직무 수행 능력을 평가하여 채용 또는 인사 배치에 활용된다.

둘째, 리더십 및 관리 능력 평가에 활용된다. 표준화 검사를 통해 기업 내에서 관리자의 리더십 스타일 또는 문제 해결 능력을 평가하여 승진이나 교육 프로그램을 결정하는 데 사용된다.

마. 의료 및 발달 평가 분야

표준화 검사가 의료 및 발달 평가 분야에서 활용되고 있다. 의료 및 발달 평가 분야에서 표준화 검사의 활용 분야와 사례를 제시하면 다음과 같다.

첫째, 발달 지연을 평가하는 데 활용된다. 표준화 검사는 영유아나 아동의 발달 상태를 평가하고, 발달 지연 여부를 진단하는 데 사용된다. 예를 들어, 베일리 영유아 발달 검사, 덴버 발달 검사 등은 인지, 운동, 사회적 발달을 평가하여 조기 개입이 필요한 경우를 식별하는 도구로 활용된다.

둘째, 인지 능력 평가에 활용된다. 지능 검사는 인지 능력이나 학습 능력을 평가하여 장애 진단이나 교육적 개입을 돕는다. 예를 들어, 웩슬러 지능 검사, 스탠포드-비네 지능 검사는 지적 장애 또는 영재성을 평가하는 데 사용된다.

바. 사회 및 법적 분야

표준화 검사가 사회 및 법적 분야에서 활용되고 있다. 표준화 검사는 법적 절차에서 피고인의 정신 상태나 판단 능력을 평가하는 도구로 사용된다. 예를 들어, 범죄자의 심리 상태를 분석해 형량이나 처벌을 결정하는 과정에서 활용된다. 예를 들어, 정신 감정 검사, 범죄 성향 검사 등을 파악하는 데 활용된다.

사. 사회성 및 언어 능력 평가 분야

표준화 검사가 사회성 및 언어 능력 분야에서 활용되고 있다. 사회성 및 언어 능력 평가 분야와 사례를 제시하면 다음과 같다.

첫째, 개인의 사회적 적응능력이나 대인관계 능력을 평가하여 사회 복귀, 재활 계획에 활용된다. 예를 들어, 사회성 기술 평가 검사는 자폐 스펙트럼 장애나 사회 불안 장애를 평가하는 데 사용된다.

둘째, 외국어 능력 평가에 활용된다. 표준화된 언어 능력 검사는 개인의 읽기, 쓰기, 말하기, 듣기 능력을 평가하여 외국어 숙달 정도를 측정한다. 예를 들어, TOEFL은 영어 능력을 평가하며, 학업, 이민, 취업 목적으로 활용된다.

셋째, 언어 발달 평가에 활용된다. 아동의 언어 발달 상태를 평가하고, 언어 장애나 지연을 조기에 발견하여 치료나 교정을 위한 계획을 세운다. 예를 들어, 언어 발달 검사, PPVT(그림 어휘력 검사) 등에 활용된다.

아. 연구 및 통계 분야

표준화 검사가 연구 및 통계 분야에서 활용되고 있다. 연구 및 통계 분야에서 표준화 검사의 활용 분야와 사례를 제시하면 다음과 같다.

첫째, 연구 데이터를 수집하는 데 활용된다. 사회 과학, 심리학, 교육학 등 다양한 학문 분야에서 연구자들은 표준화 검사를 사용해 데이터를 수집하고 분석한다. 이러한 검사 결과는 연구의 신뢰성을 높이는 데 기여한다.

둘째, 교육 정책을 수립하는 데 활용된다. 국가나 지역사회에서는 표준화된 교육 성취도 평가, 직업 적성 검사 결과 등을 바탕으로 사회적 정책을 수립하고, 제도 개선을 위한 데이터를 얻는다.

3 표준화 검사의 해석

표준화 검사의 해석은 검사 결과를 바탕으로 개인의 성취도나 특성을 의미 있게 분석하고 평가하는 과정이다. 일반적으로 표준화 검사의 해석에 참조되는 요소들로는 연령(같은 연령대에서의 성취도 비교), 학년(같은 학년에서의 성취도 비교), 성별(성별에 따른 성취도 차이 해석), 문화적 배경(문화적 차이에 따른 점수 해석의 유의미성) 등이 있다. 표준화 검사의 해석은 다양한 방법으로 이루어지며, 정확한 해석을 위해서는 검사의 목적과 특성, 피검자의 특수한 상황 등을 모두 고려해야 한다. 예를 들어, 교육 분야에서 표준화 검사는 학생들의 학습 성취도를 평가하고 교육 방법을 개선하는 데 유용하며, 진로 및 직업 선택 분야에서는 개인의 적성이나 성격을 평가하여 직업을 선택하거나 진로를 결정할 때 유용하다. 또한, 심리 치료 분야에서는 심리 검사를 통해 피검자의 심리 상태나 성격을 분석하여 적절한 치료 방법을 제시할 때 유용성을 갖는다.

표준화 검사는 측정 오차를 포함한다. 즉, 같은 사람이 여러 번 검사를 받으면 조금씩 다른 점수가 나올 수 있다. 이러한 오차를 감안해 신뢰 구간(confidence interval)을 사용하여 결과를 해석한다. 예를 들어, 신뢰 구간 95%가 주어진다면, 피검자의 실제 점수가 그 범위 내에 있을 확률이 95%라는 뜻이 된다. 이러한 해석은 신뢰도와 타당성 있는 정보를 제공하여, 피검자가 어떤 위치에 있는지, 어떤 능력을 가지고 있는지를 객관적으로 이해할 수 있게 해준다. 표준화 검사의 해석에는 여러 요소가 포함되며, 일반적으로 규준과 점수를 바탕으로 이루어진다.

표준화 검사의 해석 방법에는 규준을 통한 해석, 준거를 통한 해석, 신뢰도와 타당도에 기반한 해석의 3가지 방법이 널리 활용되고 있다. 이에 대하여 살펴보면 다음과 같다.

첫째, 규준을 통한 해석(norm-referenced interpretation)은 피험자의 점수를 다른 사람들과 비교하여 평가하는 방법이다. 표준화 검사는 대규모의 사람들에게 시행한 후, 그 결과를 통계적으로 분석하여 규준을 만든다. 백분위와 표준 점수가 주로 사용된다. 백분위는 피검자의 점수가 해당 집단 내에서 상위 몇 퍼센트에 속하는지를 나타낸다. 예를 들어, 백분위가 85라면, 피검자는 전체 집단 중 상위 15%에 해당하는 성취도를 보인다는 의미이다. 표준 점수는 피검자의 점수를 평균과 표준편차를 사용해 변환한 점수이다. 대표적인 표준 점수는 Z점수, T점수, IQ 점수 등이 있다.

둘째, 준거를 통한 해석(criterion-referenced interpretation)은 사전에 설정된 기준이나 목표에 따라 피검자의 성취도를 평가하는 방법이다. 이는 다른 사람과의 비교가 아닌, 피검자가 특정 기준에 도달했는지를 평가하는 방식이다. 예를 들어, 학교에서 학생들이 일정 기준을 통과하면, '합격', 기준 미달이면 '불합격'으로 구분하는 경우가 이에 해당한다. 준거를 통한 해석은 교육이나 직업 훈련 분야에서 특정 능력을 달성했는지 확인할 때 사용된다.

셋째, 신뢰도와 타당성에 기반한 해석이 있다. 신뢰도는 검사가 일관성 있게 결과를 도출하는지를 의미한다. 높은 신뢰도를 가진 검사는 반복적으로 시행했을 때 일관된 결과를 나타낸다. 따라서, 검사의 신뢰도를 고려하면서 결과를 해석해야 한다. 타당도는 검사가 측정하고자 하는 것을 충실히 측정하는지를 나타낸다. 검사 결과가 피검자의 실제 능력이나 특성을 얼마나 잘 반영하는지를 평가할 때 타당도를 고려해야 한다.

4 표준화 검사의 문제점

표준화 검사는 객관적이고 공정한 평가 도구로 널리 사용되지만, 그 과정에서 여러 가지 문제점이 발생할 수 있다. 이 문제점들은 검사의 설계, 실행, 해석 과정에서 나타날 수 있으며, 개인의 특성과 배경을 충분히 반영하지 못하는 경우가 대부분이다. 표준화 검사에서 발견되는 대표적인 문제점으로는 문화적 편향성, 사회·경제적 불평등, 심리적 부담, 학습의 협소화 등이 있다. 표준화 검사를 활용할 때는 이러한 문제들을 고려하고, 개인차와 다양한 능력을 평가할 수 있도록 유의해야 한다. 표준화 검사는 다음과 같은 문제점이 있다.

첫째, 문화적 편향성 문제가 발생할 수 있다. 표준화 검사는 특정 문화적 배경을 가진 집단을 대상으로 개발된 경우가 많기 때문에, 다른 문화적 배경을 가진 사람들에게는 불리하다. 문화적 차이로 인해, 다른 문화권의 사람들은 질문의 맥락을 이해하지 못하거나, 그들의 일상 경험과 동떨어진 내용을 접하게 되어 성취도가 낮아질 수 있다. 예를 들어, 미국에서 개발된 시험의 경우 미국의 생활이나 역사에 기반한 질문이 포함될 수 있는데, 비미국인에게는 공정하지 않을 수 있다.

둘째, 사회·경제적 불평등 문제가 발생할 수 있다. 표준화 검사는 피험자들의 사회경제적 배경을 충분히 반영하지 못한다. 저소득층 학생들은 고소득층 학생들에 비해 충분한 학습 자원과 지원을 받기 어려워, 동일한 표준화 시험에서 성과가 낮게 나타날 가능성이 크다. 사교육, 학습 자료, 교육 환경 등에서의 차이로 인해 성취도에 대한 격차가 발생할 수 있으며, 시험 결과는 경제적 격차를 반영하는 경우가 많다.

셋째, 시험 불안 및 심리적 부담 문제가 발생할 수 있다. 표준화 검사는 시험에 대한 불안감을 유발할 수 있다. 특히 고도의 경쟁을 요구하는 시험에서 피험자는 심리적 스트레스와 부담을 크게 느낄 수 있다. 시험 불안으로 인해 실제 능력보다 낮은 성과를 보이는 경우가 있으며, 특히 민감한 사람들에게 불리하게 작용한다. 또한, 이러한 심리적 부담은 학습 동기 저하로 이어질 수 있다.

넷째, 고정된 평가 기준의 문제가 발생할 수 있다. 표준화 검사는 모든 사람에게 동일한 문항과 조건을 적용하여 일률적으로 평가한다. 하지만 개개인의 학습 스타일, 강점, 약점이 다르기 때문에 고정된 평가 기준은 개인의 능력을 정확히 반영하지 못할 수 있다. 창의적 사고, 문제 해결 능력, 비판적 사고 등과 같은 중요한 능력은 표준화 검사에서 충분히 평가되지 않을 수 있으며, 일부 학습자가 자신의 잠재력을 제대로 발휘하지 못할 가능성이 있다.

다섯째, 결과에 대한 과도한 의존 문제가 발생할 수 있다. 표준화 검사는 종종 중요한 의사 결정(입시, 채용, 승진 등)에 큰 영향을 미치기 때문에 결과에 지나치게 의존하는 경향이 있다. 한 번의 시험 결과가 학생의 장래나 직업 경로를 결정짓는 상황이 발생할 수 있다. 이는 시험의 일시적인 성과가 지나치게 강조되어, 개인의 지속적인 발전 가능성이나 잠재력을 무시할 위험이 있다.

여섯째, 학습의 협소화 문제가 발생할 수 있다. 학교나 교사들은 표준화 시험에서 좋은 성과를 내기 위해 시험 준비에 집중하게 된다. 이로 인해 학습이 시험에만 초점을 맞추게 되고, 교육의 본래 목적이 훼손될 수 있다. 창의성, 비판적 사고, 협력 능력 등 중요한 교육적 목표가 소홀해질 수 있으며, 학생들은 시험에 필요한 지식만 암기하는 학습으로 한정될 위험이 있다.

일곱째, 개별 학습자의 차이가 무시되는 문제가 발생할 수 있다. 표준화 검사는 대규모 집단을 대상으로 하기 때문에 개인의 학습 스타일, 성향, 능력 등을 충분히 반영하지 못한다. 특정 유형의 학습자, 특히 ADHD, 학습 장애 또는 발달 지연을 가진 학생들에게는 표준화된 환경에서 성과를 발휘하기가 어려울 수 있다. 이러한 검사들은 일반적으로 개인의 독특한 학습 필요나 차이를 고려하지 않기 때문에 특정 학습자 그룹에게 불리할 수 있다.

여덟째, 검사의 신뢰성과 타당성 문제가 발생할 수 있다. 표준화 검사는 특정한 능력을 정확히 측정하지 못하거나, 결과가 반복적이지 않을 수 있다. 이는 신뢰성이나 타당성이 낮은 시험에서 흔히 나타나는 문제이다. 검사의 신뢰도가 낮으면, 동일한 시험을 여러 번 봤을 때 일관된 결과가 나오지 않을 수 있다. 또한, 타당성이 낮으면, 검사가 의도한 대로 측정하지 못해 평가 결과의 의미가 불분명해질 수 있다.

아홉째, 시간 제한으로 인한 문제가 발생할 수 있다. 표준화 시험에는 종종 엄격한 시간 제한이 있다. 이로 인해 성찰적이고 신중한 학습자나 장애를 가진 학습자들이 불리해질 수 있다. 시간 압박으로 인해 충분히 사고할 기회를 얻지 못하는 학습자들이 자신이 가진 능력을 제대로 발휘하지 못할 수 있으며, 천천히 사고하는 유형의 사람들에게 불리하게 작용할 수 있다.

열 번째, 동기 저하 및 탈락 문제가 발생할 수 있다. 반복적인 표준화 검사는 학생들에게 좌절감을 줄 수 있으며, 반복해서 낮은 성적을 받는 학생들에게 동기 저하를 유발할 수 있다. 시험 성과가 낮을 경우 학생들이 학업에 대한 자신감을 잃고, 학업을 포기하거나 흥미를 잃을 가능성이 크다. 이것은 장기적으로 학습 능력 개발에 부정적인 영향을 미친다.

5 표준화 검사의 발전 방향

표준화 검사는 객관적이고 공정한 평가 도구로 중요한 역할을 해왔지만, 개인화된 평가, 다양한 능력의 측정, 문화적 편향 해소, 평가 방식의 다양화 등의 차원에서 개선이 필요하다. 이를 통해 표준화 검사는 개인의 특성과 능력을 더 잘 반영하고, 학습자들에게 공평하고 효과적인 평가 기회를 제공할 수 있다. 형성 평가, 정성적 피드백, 기술 활용 등의 방안을 통해 평가의 질을 높이고, 학생들의 성장을 돕는 방향으로 나아가야 한다. 표준화 검사의 발전 방향을 제시하면 다음과 같다.

첫째, 맞춤형 평가(personalized assessment)의 도입이 필요하다. 표준화 검사에 개별 학습자의 특성, 능력, 학습 속도를 반영한 맞춤형 평가가 필요하다. 피험자의 학습 성향, 배경, 문화적 특성을 고려한 평가 도구를 개발함으로써 개인의 강점과 약점을 보다 정확하게 반영할 수 있다. 구체적인 방법으로 적응형 컴퓨터 시험(Computer Adaptive Testing, CAT)을 통해 개별 학습자의 수준에 맞춘 문제를 제공하거나, 성취도를 평가할 때 정답만이 아닌 문제 해결 과정과 사고의 깊이를 평가할 수 있는 방법을 도입할 수 있다. 예를 들어, 적응형 평가 도구는 시험 중 피험자의 답변에 따라 문제의 난이도를 실시간으로 조정하여 개인화된 평가를 가능하게 한다.

둘째, 다양한 능력을 측정(multiple intelligences and skills assessment)한다. 표준화 검사는 학업 성취나 인지적 능력 외에도 창의성, 문제 해결 능력, 비판적 사고, 사회적 능력 등을 포괄적으로 평가할 수 있어야 한다. 구체적인 방법으로 Gardner의 다중지능 이론처럼 학습자의 다양한 지적 능력을 평가할 수 있는 검사 도구를 개발하고, 성적뿐만 아니라 협력 능력, 리더십, 창의력 등의 역량을 평가할 수 있는 방법을 도입해야 한다. 예를 들어, 프로젝트 기반 평가나 그룹 협력 과제 등 다양한 방식으로 학습자의 종합적인 능력을 평가할 수 있는 대안 평가 방식을 병행할 필요가 있다.

셋째, 문화적 편향성을 해소(cultural bias reduction)해야 한다. 표준화 검사에서 발생하는 문화적 편향성을 줄이고, 다양한 문화적 배경을 가진 사람들이 공정하게 평가될 수 있도록 노력해야 한다. 구체적인 방법으로 다양한 문화적 배경을 반영한 문제 개발, 그리고 특정 문화나 사회적 배경에 종속되지 않는 보편적 문항 구성을 통해 공정한 검사를 구현할 수 있다. 예를 들어, 국제 평가 도구인 PISA는 다양한 국가의 학생들이 응시함에 따라 각 국가의 교육과정을 고려한 문제를 포함하여 문화적 차이에 따른 편향성을 줄이기 위하여 노력하고 있다.

넷째, 평가 방식의 다양화를 추구(diversification of assessment methods)해야 한다. 전통적인 지필 시험 방식에서 벗어나 실기 평가, 포트폴리오, 수행 평가 등의 다양한 평가 방식을 활용해야 한다. 특히 학생들의 실제 문제 해결 능력과 비판적 사고를 평가할 수 있는 평가 도구가 필요하다. 예를 들어, 한 가지 방식의 평가가 아닌, 여러 형태의 평가 방식을 혼합한 혼합형 평가 모델을 개발하여 학생들의 다양한 능력과 성향을 반영할 수 있다. 또한 수행 평가나 프로젝트 평가 등을 통해 실제 상황에서의 능력을 평가한다. 예를 들어, 창의적 과제 수행, 발표 능력 평가, 팀 프로젝트와 같은 활동은 학습자의 실제 능력과 협력 능력을 평가할 수 있다.

다섯째, 사회·경제적 격차를 완화(addressing socioeconomic disparities)해야 한다. 사회·경제적 배경이 표준화 검사 성과에 미치는 영향을 줄이기 위한 조치가 필요하다. 사교육 의존도를 낮추고, 모든 학생이 공평한 기회를 가질 수 있도록 지원해야 한다. 구체적인 방법으로 교육적 자원과 지원을 공평하게 제공하여 저소득층 학생들도 시험 준비를 충분히 할 수 있도록 보장해야 한다. 이를 위해 온라인 학습 자료 제공, 무상 튜터링 프로그램 등의 사회적 지원책이 필요하다. 예를 들어, 시험 준비를 위한 무상 학습 자료 제공, 저소득층 학생들을 위한 시험 지원 프로그램 도입 등이 있을 수 있다.

여섯째, 정성적 평가를 강화(emphasizing qualitative assessment)해야 한다. 정량적인 점수뿐만 아니라 정성적인 평가를 병행하는 것이 필요하다. 이는 학생의 발전 가능성, 문제 해결 과정, 학습 태도 등을 포괄적으로 평가할 수 있도록 돕는다. 구체적인 방법으로 시험 점수 외에도 학습 과정에서 나타난 노력, 창의성, 리더십 등을 고려하는 질적 평가 요소를 도입해야 한다. 학습자의 성과를 평가하는 데 있어 정성적인 피드백을 통해 발전을 독려할 수 있다. 예를 들어, 교사의 서술형 피드백이나, 학습자가 스스로 자신의 학습을 평가하고 반성하는 자기 평가와 같은 방법을 도입할 수 있다.

일곱째, 지속적인 피드백을 제공(continuous and formative feedback)해야 한다. 표준화 검사는 단일 평가에서 끝나는 것이 아니라, 학습자가 지속적으로 피드백을 받으며 발전할 수 있는 기회를 제공해야 한다. 구체적인 방법으로 학습자의 발전 과정을 평가하는 형성 평가를 도입해 지속적으로 피드백을 제공함으로써 성취도 향상에 기여할 수 있다. 예를 들어, 시험 결과뿐만 아니라 문제 해결 과정에서의 오류나 부족한 부분을 상세히 분석한 피드백을 제공해 학습자가 자신을 개선할 수 있는 기회를 제공한다.

여덟째, 평가의 윤리성을 강화(ethical considerations in testing)해야 한다. 표준화 검사의 결과가 개인의 삶이나 기회를 과도하게 제한하지 않도록 윤리적 관점에서의 검토가 필요하다. 평가 결과가 개인의 잠재력을 제한하거나 사회적 불이익을 초래하는 일이 없도록 주의해야 한다. 표준화 검사 결과의 의존성을 줄이고, 다양한 평가에 대한 기회와 방법을 제공함으로써 공정한 평가와 기회를 보장해야 한다. 또한, 시험 결과의 활용에 있어서도 학생에게 과도한 부담을 주지 않도록 윤리적 기준을 강화해야 한다.

아홉째, 기술을 활용(technology integration in assessment)하여 효율성을 개선한다. 디지털 기술을 활용하여 표준화 검사 과정의 효율성을 높이고, 보다 정교한 평가를 가능하게 해야 한다. 특히 AI와 빅데이터를 활용한 개별화된 평가와 자동 채점 시스템을 도입할 수 있다. 구체적인 방법으로 인공지능을 활용한 자동 채점 시스템, 데이터 분석을 통한 개인 맞춤형 평가 제공, 온라인 플랫폼을 통한 접근성 강화 등이 기술의 도입으로 이루어질 수 있다. 예를 들어, AI 기반의 에세이 채점 시스템은 교사의 채점 부담을 줄이는 동시에 공정하고 일관된 평가에 기여한다.

요약

표준화 검사에서는 표준화 검사의 이해, 활용, 해석, 문제점, 발전 방향에 대하여 살펴보았다. 표준화 검사의 이해에서는 표준화 검사의 의미와 목적과 표준화 검사의 특징에 대하여 살펴보았다. 표준화 검사의 활용에서는 다양한 분야에서 표준화 검사를 어떻게 활용하고 있는지 살펴보았다. 표준화 검사는 교육 분야, 심리학 및 정신 건강 분야, 진로 및 직업 분야, 채용 및 인사 분야, 의료 및 발달 평가 분야, 사회 및 법적 분야, 연구 및 통계 등과 같이 다양한 분야에서 활용되고 있다. 표준화 검사의 문제점과 발전 방향에 대하여 살펴보았다. 표준화 검사의 해석에서는 규준을 통한 해석, 준거를 통한 해석, 신뢰도와 타당도에 기반한 해석 방법에 대하여 살펴보았다. 표준화 검사의 대표적인 문제점은 문화적 편향성, 사회·경제적 불평등, 심리적 부담, 학습의 협소화 등이다. 이러한 표준화 검사의 문제점을 해결할 수 있는 방안에 대하여 살펴보았다.

생각해 봅시다

1. 표준화 검사의 목적에 대하여 토의하시오.
2. 표준화 검사가 다양한 분야에서 활용되는 이유에 대하여 토의하시오.
3. 표준화 검사를 사용한 경험에 대하여 토의하시오.
4. 표준화 검사의 문제점을 제시하고, 해당 문제점을 해결할 수 있는 방안을 제시하시오.
5. 표준화 검사를 위하여 교사가 갖추어야 하는 자질에 대하여 토의하시오.

09
Chapter

대안적 평가

학습내용

1. 수행 평가
2. 포트폴리오 평가
3. 참평가
4. 과정 중심 평가

대안적 평가는 한 시대의 주류를 이루고 있는 평가의 대안으로 대두된 평가를 의미한다. 대안적 평가는 전통적인 선택형 검사와 대비되어 사용되는 경향이 있다. 대안적 평가는 선택형을 제외한 모든 평가 방법들을 망라하므로, 논문형, 관찰, 면접, 실험 및 실습법, 시범 등이 모두 대안적 평가의 사례라고 할 수 있다. 대안적 평가에서는 수행 평가, 포트폴리오 평가, 참평가, 과정 중심 평가 등에 대하여 살펴본다.

1 수행 평가

가. 수행 평가의 개념

수행(performance)이란 구체적인 상황하에서 실제로 행동하는 과정이나 그 결과를 의미한다. 수행 평가는 실제로 행동을 하는 과정이나 행동의 결과를 관찰해서 판단하는 평가이다. 교육부(2021)에서는 수행 평가를 "교과 담당교사가 교과 수업시간에 학습자들의 학습 과제 수행 과정 및 결과를 직접 관찰하고, 그 관찰 결과를 전문적으로 판단하는 평가 방법"으로 정의하였다. 일반적으로 수행 평가는 선택형 지필 평가 이외의 모든 평가 방법으로 정의된다(권대훈, 2016). 이와 같이, 수행 평가는 전통적인 평가의 대안으로 제시되었다.

수행 평가는 지식이나 기능을 평가할 때 선택형 검사와 같이 정답을 선택할 수 있는 능력이 곧 '지식을 안다' 하거나 '기능을 습득했다'고 가정하는 것을 부정하고, 학생이 답안을 작성(구성)하거나 행동으로 나타내는 것을 통해 지식이나 기능을 직접적으로 측정 및 평가하는 것을 강조한다(윤인경 외, 1999). 이와 같이, 수행 평가는 "교사가 학생이 학습 과제를 수행하는 과정이나 그 결과를 보고, 그 학생의 지식이나 기능이나 태도 등에 대해 전문적으로 판단하는 평가 방식", 즉 "학생 스스로가 자신의 지식이나 기능이나 태도를 나타낼 수 있도록 답을 작성하거나, 발표하거나, 산출물을 만들거나, 행동으로 나타내도록 요구하는 평가 방식"으로 정의된다(백순근 외, 1998). 이러한 수행 평가에 대한 정의들을 종합해 볼 때, 수행 평가는 학습의 과정이나 학습이 이루어진 후 여러 가지 자료를 통해 학습자들이 무엇을 알고 있고 무엇을 행할 수 있는지를 판단하는 과정이라고 할 수 있다.

수행 평가와 유사한 용어에는 대안적 평가(alternative assessment), 참평가(authentic assessment), 직접 평가(direct assessment), 상황 지향적 평가(assessment in context), 자연주의적 평가(naturalistic assessment) 등이 있다. 이러한 용어들은 강조점이 조금씩 다르기는 하지만 모두 전통적인 표준화 성취 평가의 대안이라는 점과 일상생활과 관련된 의미 있는 과제에 대해 학생의 수행을 직접 평가한다는 공통점이 있다(백순근, 2002; 윤인경 외, 1999). 이러한 용어들이 수행 평가와 혼용되어 사용되고 있으며, 다음과 같은 점에서 차이가 있다.

대안적 평가란 한 시대의 주류를 이루고 있는 평가의 대안으로 대두된 평가를 의미한다. 그동안 평가가 선택형 평가 중심으로 이루어졌다면, 대안적 평가는 이의 대안으로 모색된 평가 방법을 의미한다. 이와 같이 대안적 평가는 전통적인 선택형 검사에 의한 평가와 구별된다는 의미에서 사용된다(Khatti & Sweet, 1996). 즉 대안적 평가는 선택형을 제외한 모든 평가 방법들을 망라하므로, 단답형, 논술형, 관찰, 면접, 실험 및 실습법, 시범 등이 모두 대안적 평가의 사례라고 할 수 있다(권대훈, 2016). 전통적 평가에서는 학생들의 능력을 선택형의 문항들을 통하여 단순한 사실들을 기억해 내는 것을 주로 측정했다면, 수행 평가에서는 학생들에게 실제적이고 복합적인 과제를 수행하도록 요구한다는 점에서, 수행 평가는 대안적인 평가로 간주된다(정종진, 2002).

참평가는 실제 생활과 같은 자연스러운 상황에서 당면하는 과제를 해결하기 위해 지식이나 기능을 활용하는 능력을 확인하기 위한 평가이다(권대훈, 2016). 이것은 복잡한 학습 과제에 대한 학생들의 수행을 평가하는 접근들이 학생들의 과제수행과 실제생활의 문제들과 직접적으로 관련되기 때문에 믿을만한 평가, 확실한 평가, 참다운 평가의 의미를 갖는다(남명호, 1995; Linn & Baker, 1991: 정종진, 2002). 수행 평가가 학생들에게 제한된 조건과 표준하에서 문제 해결을 수행하고, 실연하고, 구성하고, 산출물을 개발한다면, 참평가는 평가의 과제와 맥락이 실생활과 관련된다는 점에서 차이가 있다. 이러한 점에서 수행 평가와 참평가의 구분은 수행상황이 실제상황과 얼마나 근접한가에 달려 있다.

직접평가는 간접평가와 대비되는 용어이다. 표준화검사와 같은 전통적 평가는 검사 도구를 사용하여 학습자의 능력을 간접적으로 측정하지만, 수행 평가는 학생들의 능력이나 지식을 직접적이고 실제적으로 관찰하여 판단하기 때문에 직접 평가라고 할 수 있다. 운전면허 취득을 위한 필기시험은 운전하는 데 필요한 지식과 기능을 간접적으로 측정한다. 반면 운전면허 실기시험은 운전을 하는 데 필요한 기능을 직접 평가하기 때문에 직접 평가 방법이다. 수행 평가는 학생들에게 그들이 알고 있는 것을 스스로 입증하고 어떤 방식으로든 수행하도록 요구함으로써 가치 있는 측정치를 산출하기 때문에 직접평가라고 할 수 있다(정종진, 2002).

포트폴리오 평가는 작업결과나 작품 또는 어떤 수행의 결과를 모아 놓은 자료집이나 서류철을 보고 평가하는 방법으로, 하나 이상의 분야에서 학습자의 관심, 능력, 노력, 진보, 성취, 성장을 보여주는 학생들의 작품을 의도적으로 모아 둔 작품집 또는 모음집을 의미한다(정종진, 2002). 포트폴리오 평가는 수행 평가를 실천하는 다양한 방법 중의 하나로 간주된다(권대훈, 2016).

이상에서 볼 수 있듯이, 수행 평가란 단순히 하나의 평가 방법이 아니라, 21세기 지식·정보화 시대를 맞이하여 종래의 교육 평가 체제를 재구조화하기 위해서 교육 평가가 나아갈 방향을 제시하는 하나의 새로운 관점에 해당된다. 전통적인 평가 체제와 새로운 평가 체제를 비교하면 <표 9-1>과 같다.

<표 9-1> 전통적인 평가 체제와 새로운 평가 체제의 비교(백순근, 2002)

구분	전통적인 평가 체제	새로운 평가 체제
진리관	• 절대주의	• 상대주의
지식관	• 객관적 사실 · 법칙, 객관주의	• 개인 및 상황과 맥락에 따른 변화, 구성주의
철학적 근거	• 합리론, 경험론, 행동주의	• 구성주의, 현상학, 해석학
학습관	• 직선적, 위계적, 연속적 과정 • 추상적, 객관적 상황 중시 • 학습자 기억 및 재생 강조	• 인지구조의 계속적 변화 • 구체적, 주관적 상황 중시 • 학습자의 이해 및 성장 강조
평가 체제	• 상대 평가, 양적평가, 선발형 평가	• 절대 평가, 절대 평가, 충고형 평가
평가 목적	• 선발, 분류, 배치	• 지도, 조언, 개선
평가 내용	• 선언적(결과, 내용) 지식 • 학습 결과, 학문적 지능	• 절차적(과정, 방법) 지식 • 학습 결과 및 과정 중시, 실천적 지능
평가 방법	• 선택형, 표준화, 대규모, 일회적 및 부분적, 객관성, 일관성, 공정성 중시	• 수행 평가, 개별 교사 평가, 소규모, 지속적 및 종합적, 전문성, 타당도, 적합성

구분	전통적인 평가 체제	새로운 평가 체제
평가 시기	• 학습 활동 종료 • 교수 · 학습과 평가 분리	• 학습 활동의 전과정 • 교수 · 학습과 평가 통합
교사 역할	• 지식의 전달자	• 학습의 안내자 및 촉진자
학생의 역할	• 수동적 학습자, 지식의 재생산자	• 능동적 학습자, 지식의 창조자
교과서의 역할	• 교수, 학습, 평가의 핵심 자료	• 교수, 학습, 평가의 보조 자료
교수 · 학습 활동	• 교사 중심, 인지적 영역 중심 • 암기 위주, 기본 학습능력 강조	• 학생 중심, 지 · 정 · 행 모두 강조 • 탐구 위주, 고등사고기능 강조

나. 수행 평가 도입의 필요성

수행 평가는 사고의 다양성과 창의성을 신장시키기 위한 새로운 형태의 평가 체제의 요구로 인하여, 대안적으로 제시되었다. 교수·학습 활동에서 수행 평가가 필요한 이유를 살펴보면 다음과 같다(백순근, 2002). 첫째, 지식·정보화 시대를 맞이하여 사고의 다양성과 창의성을 신장시키기 위해 필요하다. 창의성이나 문제 해결력 등 고등 사고 기능을 직접적으로 평가함으로써 궁극적으로 그러한 능력을 신장시키기 위해서이다. 지식의 암기식 교육이 성행하고 시험내용이 지식이나 정보를 측정했기 때문에 고등 사고 기능에 대한 교육이나 평가가 소홀했다. 이러한 상황을 개선하는 데 수행 평가와 같은 새로운 형태의 평가 방법이 필요한 것이다. 둘째, 수행 평가는 여러 측면의 지식이나 능력을 지속적으로 평가하고 교수·학습 활동을 개선하기 위해서 필요하다. 교수·학습 활동을 개선하기 위해서는 교수·학습의 결과뿐만 아니라 그 과정에 대한 자세한 정보의 수집과 함께 학생 개개인의 특성과 수준을 여러 가지 측면에서 지속적이면서도 종합적으로 평가하는 것이 필요하다. 셋째, 학생이 인지적으로 아는 것뿐만 아니라, 아는 것을 실제로 적용할 수 있는지 여부를 파악하기 위해서 필요하다. 넷째, 학습자 개인에게 의미 있는 학습 활동이 이루어지도록 하기 위해서 필요하다. 학습자가 이해하지 못하는 단순 사실이나 정보를 기계적으로 암기하여 시험을 치르고, 시험 끝나는 종소리가 울리자마자 모두 잊어버리는 현상이 발견된다. 평가의 내용이나 절차를 각 개인에게 의미 있는 것으로 바꿈으로써 개개인의 학습과 이해력을 향상시키기 위해 수행 평가가 필요하다. 다섯째, 교수·학습 목표와 내용, 평가 목표와 내용을 직접적으로 관련시키기 위해서 필요하다. 교수·학습 목표가 글쓰기 능력을 키우는 것이라면 평가 목표도 글쓰기 능력이 신장되었는지를 확인하는 것이 필요하다. 여섯째, 학교 교육의 정상화를 위해서 필요하다. 지나친 점수화와 서열화의 관행에서 벗어나 학생 개개인의 성장과 발달을 돕기 위해 교수·학습 활동을 개선하고 지도, 조언, 충고하기 위한 수행 평가의 기본 취지를 제대로 살린다면 학교 교육의 정상화에 기여할 가능성이 있다.

교육부(1999)에서는 수행 평가 도입의 필요성을 다음과 같이 제시하였다. 첫째, 수행 평가는 21세기 지식정보화 사회에 부합한 평가 방법이다. 정보화 사회에서는 종합적이고 다양한 고등 정신 능력이 요구된다. 이에 따라 기존과 다른 새로운 방식의 평가 방법이 필요하다. 수행 평가는 고등 정신 능력을 측정하는 데 적합한 평가 방법이다. 둘째, 수행 평가는 학교 교육의 정상화에 기여할 수 있다. 고등 정신 능력, 바람직한 태도 및 정서 함양 등과 같은 전인적 인간 양성을 교육 목표로 제시해 왔으나, 교육방법과 평가는 이러한 능력이나 품성 함양을 위한 방향으로 진행되지 못했다. 수행 평가는 전인적 인간 양성이라는 교육 목표의 달성 여부를 평가하는 데 적절한 방법이 될 수 있다. 셋째, 수행 평가는 수업과 평가의 긴밀한 연계를 도울 수 있다. 수업과 평가의 긴밀한 연계를 위해서는 교수·학습 활동과 접목될 수 있는 새로운 평가가 요구된다. 수행 평가는 수업의 과정에서 교수·학습 활동과 평가 활동을 접목시키는 데 적절한 평가 방법이다. 넷째, 수행 평가는 보다 의미 있는 평가 결과를 제공한다. 기존의 지필 중심 평가는 평가가 가능한 부분만을 간접적으로 평가하므로, 교육 목표나 내용의 중요한 부분을 평가하는 데 한계를 지닌다. 이에 반해 수행 평가는 학생의 종합적인 능력을 정확하고 타당하게 파악하고, 수업 개선에 도움이 되는 의미 있는 평가 결과를 제공할 수 있다. 다섯째, 수행 평가는 최근에 변화하고 있는 진리관, 지식관, 학습관에 부응한다. 포스트모더니즘의 대두에 따라 기존의 객관적, 절대적 진리관은 주관적, 상대적 진리관으로 바뀌게 되었으며, 이에 따라 학습관도 변화하게 되었다. 학습은 더 이상 학습자 외부에 객관적, 독립적으로 존재하는 지식 체계를 수동적으로 받아들이는 과정으로 간주되지 않는다. 학습이란 학습자 개개인의 경험에 의해 능동적, 주관적으로 구성해 나가는 과정으로 해석하게 되었다. 수행 평가는 구성적 반응을 요구하는 것이므로, 이와 같은 진리관, 지식관, 학습관의 변화에 잘 부합된다.

다. 수행 평가의 특성

수행 평가에서는 학생이 답안을 작성하거나 행동으로 나타내는 것을 통해 지식이나 기능을 직접적으로 평가하는 특징이 있다. 선택형 검사의 대안으로 제시되고 있는 수행 평가의 특징을 구체적으로 살펴보면 다음과 같다(백순근, 2002).

첫째, 수행 평가는 학생의 지식이나 기능이나 태도 등을 평가할 때 교사의 전문적인 판단에 의거하여 평가하는 방식이다. 수행 평가는 채점의 객관성보다는 타당성이나 적합성을 강조하기 때문에 상황과 맥락에 고려한 교사의 전문적인 판단을 중시한다.

둘째, 수행 평가는 학생이 정답을 선택하는 것이 아니라, 자기 스스로 답을 작성하거나 행동으로 나타내도록 하는 평가 방식이다. 한 가지 정답만을 선택하게 하는 평가 방법으로는 학생이 그 반응을 선택하게 되는 인지 과정이나 문제 해결 과정을 파악하기 어렵다. 그러나 자신이 옳다고 생각하는 답을 직접 생산하게 되면, 그 과정이나 결과를 통해서 학생의 인지구조나 문제 해결 과정을 비교적 쉽게 파악할 수 있다. 수행 평가는 창의성, 문제 해결력, 비판력, 판단력, 정보 수집력 및 분석력, 통합력과 같은 고등 사고기능을 파악하는 것을 중시한다.

셋째, 수행 평가는 추구하고자 하는 교육 목표의 달성 여부를 가능한 한 실제 상황에서 파악하려는 평가 방식이다. 학생의 작문 능력을 판단한다면, 가상적인 상황에서 글쓰기보다는 어버이날을 맞이하여 부모님께 편지쓰기를 통하여 평가한다. 추상적인 상황에서 정답을 선택하게 하여 평가하기보다는 실제적인 상황에서 직접 관찰할 수 있는 방식으로 평가한다.

넷째, 수행 평가는 교수·학습의 결과뿐만 아니라 교수·학습의 과정도 함께 중시하는 평가 방식이다. 수행 평가에서는 학생들이 아는 것뿐만 아니라 아는 것을 실제로 적용할 수 있는지의 여부를 파악하는 것을 중시한다.

다섯째, 수행 평가는 학생의 학습 과정을 진단하고 개별 학습을 촉진하려는 노력을 중시하는 평가 방식이다. 수행 평가는 학생의 지적 수준을 진단하고 학생의 이해수준을 높이며 개별 학습을 촉진하는 데 일차적인 목적이 있다. 따라서 수행 평가의 평가 과정은 교수·학습 과정이 서로 분리되기보다는 서로 통합된 형태로 시행되는 것이 중요하다.

여섯째, 수행 평가는 개개인을 단위로 해서 평가하기도 하지만 집단에 대한 평가도 중시한다. 학생들이 집단을 이루어 프로젝트 과제를 수행한다면, 집단을 단위로 평가할 수 있다. 개인이나 집단을 평가할 때는 준거 참조 평가를 활용한다. 수행 평가는 경쟁보다는 학생 상호 간의 협력을 유도하기 때문에, 학생들의 사회성을 신장시키는 데 기여할 수 있다.

일곱째, 수행 평가는 단편적인 영역에 대해 일회적으로 평가하기보다는 학생 개개인의 변화·발달 과정을 종합적으로 평가하기 위해 체계적이면서도 지속적으로 평가하는 것을 강조한다. 교사가 학생 개개인의 변화와 발달 과정을 진단, 평가하기 위해 수시로 관찰하거나 면담을 통해서 그 결과를 누가적으로 기록할 필요가 있다.

여덟째, 수행 평가는 학생의 인지적인 영역뿐만 아니라 학생 개개인의 행동 발달 상황이나 흥미, 태도 등 정의적인 영역, 그리고 운동 기능 등 심동적인 영역에 대한 종합적이고 전인적인 평가를 중시한다. 교사와 학생 간의 신뢰와 사랑을 바탕으로 하여 학생의 지식, 기능, 태도 등에 대해 교사가 직접 평가하는 수행 평가를 시행하게 되면 교수·학습 활동에서 자연스럽게 전인교육의 이념이 실현될 가능성이 더욱 높아지게 될 것이다.

라. 수행 평가의 유형

학교 현장에서는 수행 평가 방법으로 서술형 검사, 논술형 검사, 구술시험, 토론법, 실기시험, 실험실습법, 관찰법, 자기평가 보고서법, 동료평가 보고서법, 연구보고서법, 프로젝트법, 포트폴리오법 등과 같은 다양한 방법을 사용할 수 있다. 이러한 평가 방법들은 과거에도 사용된 평가 방식이다. 이러한 평가 방법은 수행 평가의 본질을 구현하기 위한 하나의 도구라고 할 수 있다. 이정수, 나승일, 최유현(1998)은 수행 평가의 유형을 〈표 9-2〉와 같이 구분하였다.

〈표 9-2〉 수행 평가의 유형

구분	수행 평가의 유형
구조화된 반응 유형	• 서술형 검사 • 논술형 검사
결과물 평가 유형	• 학생의 자기평가 보고서 • 연구보고서 • 포트폴리오 • 사건 및 사태형 수행 과제 • 장기적 복합과제 • 개념 지도 그리기 • 사진, 녹음자료, 비디오 활용 평가 • 작품 평가
수행 행동 평가 유형	• 실기 시험 • 실험 및 실습법
대면 과정 평가 유형	• 구술 시험 • 찬반 토론법 • 면접법 • 관찰법

〈표 9-2〉에 제시된 다양한 평가 방법들이 수행 평가가 되기 위해서는 앞에서 살펴본 수행 평가의 중요한 특성들이 평가 상황과 장면에서 구현되어야 한다. 왜냐하면 어떤 평가 방법이 수행 평가 방법에 속하느냐 아니냐의 문제는 그 평가 방법이 어떤 상황에서 어떠한 방식으로 시행되느냐에 따라 달려 있기 때문이다(백순근, 2002). 즉, 평가의 상황이 교사의 전문적인 판단이 필요하고, 창의성 및 문제 해결력 등과 같은 고등 사고기능을 평가하고, 교수·학습의 과정을 개선하며, 개별 학생의 지도, 조언, 충고를 위하여 특정의 평가 방법을 사용하였다면, 이 평가 방법은 수행 평가에 해당된다고 할 수 있다. 즉 논술형 평가 또는 관찰 평가를 한다고 해서 수행 평가가 되는 것은 아니라는 점에서 유의해야 한다. 왜냐하면 수행 평가에서는 교수·학습 활동과 평가 활동이 상호 통합적으로 진행되는 것을 강조하기 때문이다. 따라서 다양한 교수·학습 방법들과 평가 방법이 유기적으로 연결될 필요가 있다.

2 포트폴리오 평가

가. 포트폴리오 평가의 개념

포트폴리오란 원래 폴더나 보관함에 들어 있는 서류, 또는 수집한 작품을 의미하거나 타인의 눈에 비친 특정인의 모습이라는 개념으로 활용되었다. 경제계에서는 특정인이 소유하고 있는 주식, 채권, 등의 투자를 수합한 모든 거래의 목록의 개념으로 사용되어 왔다(Farr & Tone, 1994). 예술 분야에서는 대표적이고 가장 잘 된 것으로 인정되는 작품을 질서 정연하게 수집한 일종의 모음집을 의미하는 것으로 사용되고 있다.

교육 분야에서의 포트폴리오는 하나 이상의 분야에서 학습자의 관심, 능력, 진도, 성취, 노력, 성장 등의 증거를 보여주는 학생들의 작품(결과물)을 의도적으로 모아 놓은 작품집으로 사용되고 있다. 이것은 교사에게 평가받기 위해 학생들이 제출하는 자료가 서류철이나 서류가방의 형태를 취하기 때문에 붙여진 이름이다. 이 서류철에는 학생의 개인적 지식과 기능, 학습 경험, 성장, 진전도 등에 대한 증거가 될 수 있도록 학생들의 작품, 수행결과물, 다양한 형태의 기록물 등이 스크랩북처럼 누가기록철의 형태로 담기게 된다. 따라서 포트폴리오 평가는 학생들이 무엇을 배우고 무엇을 할 수 있는가에 대한 적합하고 상세한 설명을 해 줄 수 있는 참조 체제로 활용되게 된다(Herman & Winters, 1994). 포트폴리오가 이러한 의미로 사용됨에 따라, 포트폴리오와 포트폴리오 평가는 동일한 의미로 사용되기도 한다(이재우, 2003: 21-22). 즉, 포트폴리오 평가란 포트폴리오를 활용하여 특정 평가의 목적을 달성하는 것을 의미한다(배호순, 1997a).

교육 분야에서의 포트폴리오, 또는 포트폴리오 평가에 대한 개념과 정의는 많은 연구자들에 의해서 다양하게 제시되고 있다. Paulson, Paulson, Meyer(1991)는 포트폴리오를 "하나 혹은 그 이상의 영역에서 학생의 참여, 결과의 판단준거, 학생의 자기 반성 증거를 가지고 있는 학생의 노력, 발달, 성취를 나타내는 학생 과제의 수집물"로 정의하였다. Nathan(1995)은 포트폴리오 평가를 "학생의 발달과 학습에 대한 기록과 증거물들을 일정한 기간 동안 시간의 흐름에 따라 구체적인 목적을 갖고 의도적으로 모아 놓은 것"이라고 정의하였다. 백순근(1995)은 포트폴리오 평가를 "단편적인 영역에 대해 일회적으로 평가하지 않고 학생 개개인의 변화·발달 과정을 종합적으로 평가하기 위해 전체적이면서도 지속적으로 평가하는 것"으로 정의하였다. 조한무(1997)는 포트폴리오를 "장시간에 걸쳐 학생들의 발달 과정을 지속적으로 종합적으로 평가할 수 있도록 모아 놓은 모음집인데, 이 모음집에는 학생의 목표, 반성적 진술, 교사 학생이 의견이 포함되어야 한다"라고 정의하였다. 김석우 등(2000)은 포트폴리오 평가를 "학생과 교사가 협력하여 정한 목표 영역에서 장기간에 걸쳐서 수집된 학생들의 활동과 그 활동에 따른 결과물을 정해진 준거에 따라서 교사와 학생이 협력하여 평가하고 활용하는 방법"으로 정의하였다.

이를 종합적으로 정리하면, 포트폴리오 평가는 "일정한 교육과정 동안 교사와 학생 등 수업에 직접 참여하는 사람들의 협력에 의해, 다양한 평가 방법을 통하여 비교적 장시간에 걸쳐 일어나는 자기반성, 성장 및 변화 내용에 대한 증거물과 기록물들을 지속적이고 체계적으로 수집하여, 정해진 준거에 따라 그 결과뿐만 아니라 과정까지도 종합적으로 판정하는 방법"이라고 할 수 있다. 즉 포트폴리오 평가는 평가를 평가 자체로 한정하는 전통적 평가와 달리 평가 과정을 학습 과정의 한 부분으로 인식한다. 이러한 점에서 포트폴리오 평가는 학습 결과의 비교가 아니라 학습 과정의 성장을 목적으로 하는 참평가(authentic assessment)에 해당된다고 할 수 있다(이재우, 2003).

나. 포트폴리오 평가의 특징

포트폴리오 평가는 교수·학습 활동 자체를 중시하기 때문에, 학습 과정과 결과를 진솔하고 타당한 근거 자료를 중시한다(Koretz et al., 1994). 표준화 검사에서는 간접적인 도구를 통하여 평가 활동의 객관성, 신뢰성, 편의성을 강조하였으나, 포트폴리오 평가에서는 평가 활동의 진솔성, 직접성, 타당성을 강조한다는 특징이 있다(Hill & Rubtic, 1994). 또한 포트폴리오 평가는 대안적 평가에서 추구하고 있는 학습 수행 자체를 평가 대상으로 삼고 있다. 따라서 포트폴리오 평가에서는 보다 직접적이고 생생한 측면을 평가함으로써 평가와 교수·학습 활동 간의 관계를 보다 긴밀하게 형성할 수 있다. 학생으로 하여금 평가 과정에 적극 참여하도록 하고 그 결과를 통하여 자신의 학습 행동의 장점과 약점을 정확하게 파악할 수 있는 기회를 부여하고 학생 개개인의 학습 방법을 개발하도록 함으로써 학습의 개별화에 기여할 수 있다는 장점이 있다(Birenbaum, 1996; Knight & Gallaro, 1994). 그리고 포트폴리오 평가는 수업의 일부로서 학생의 학습 활동과 교사의 수업 활동에 필요한 정보를 제공할 수 있으며 교사와 학생 간, 학생들 간의 협동을 요구한다. 교사는 포트폴리오를 통하여 교수 목표, 교수 방법 및 시기 등을 보다 적절하게 파악하고 조절할 수 있는 동시에 그를 부단히 개선해 나갈 수 있도록 피드백을 받을 수 있으며 학생은 자신의 학습 과정 및 결과에 대하여 책임을 질 수 있다(Black, 1993; Engel, 1994).

이와 같이 여러 연구자들에 의해서 제시된 포트폴리오 평가의 특징을 정리하면 다음과 같다(조한무, 1998; Barton & Collins, 1993; Gilman & Hassett, 1995; Oosterhof, 2001; Wade & Yarbrouch, 1996). 첫째, 장시간에 걸친 학생의 성장과 학습의 기록으로, 개인의 변화와 발전 과정을 총체적이면서 지속적으로 파악할 수 있다. 둘째, 교사나 학생의 목적에 따라 교수와 통합됨에 따라, 학습의 실제 상황을 중심으로 학생의 실제 작품을 평가 대상으로 하는 '실제적(authentic)' 평가라고 할 수 있다. 셋째, 교사와 학생에게 교수·학습에 대한 정보를 제공하고 반성의 기회를 제공함으로써 학생에게는 좀 더 나은 목표를 수립하여 능동적으로 학습할 수 있도록 한다. 또한 교사에게는 교육과정과 수업을 개선할 수 있는 정보를 제공하여 교사의 전문성을 높이는 데 기여한다. 넷째, 포트폴리오의 학습 목표, 활동 선택의 기준, 발표기준과 형식, 방법, 평가의 기준 등을 선정하는 과정에서, 학생을 참여시키고 학생과 지속적으로 협의를 해야 한다. 학생들은 포트폴리오의 내용이나 구성 방법을 선택할 수 있으며, 학습과 평가에 대한 책임이 교사로부터 학생으로 이동하게 되면서, 학생이 학습과 평가에 대하여 책임감을 가지게 된다. 즉, 포트폴리오는 학생들의 역할이 충분히 반영되는 평가라는 특징이 있다. 다섯째, 포트폴리오 평가는 실생활의 맥락에서 복합적인 개념을 이해하거나 복합적인 사고와 표현 기술 등을 사용하여 문제 해결력을 발휘하는 과정에서 실제적인 학습을 경험할 수 있다. 여섯째, 대부분의 성취검사는 개인적으로 수행되는 것인데 반해, 포트폴리오 과제는 공동 작업을 필요로 하는 경우가 많다. 여러 명이 함께 과제를 수행함으로써 협동심과 공동체 의식을 고양시킬 수 있다. 한편, 학생 각자가 포트폴리오를 별도로 준비하고 작성하는 과정이 포함되기 때문에, 학습의 개별화 전략을 적용하는 것이 용이하다. 일곱째, 학생의 성취도에 관한 정보를 학교, 교육청, 학부모 등에게 제공하기 용이하며, 학업 성취 과정이나 결과에 대한 증거물을 제공해 준다(이재우, 2003).

포트폴리오 평가의 장점은 다음과 같다(이재우, 2003). 첫째, 포트폴리오 평가는 교육과정과 수업의 개선에 도움이 되는 직접적인 정보를 제공해 준다. 교실평가 차원에서 실시되는 포트폴리오 평가는 계획, 개발, 실시, 채점, 해석에 이르기까지 교사와 학생이 교실에서 직접적이고 중추적인 역할이 요구된다. 포트폴리오 평가는 외부평가와 달리 피드백을 직접적으로 자연스럽게 할 수 있다. 이러한 점에서 포트폴리오 평가는 수업의 질을 개선하려는 교육 평가의 본질을 충실히 수행하는데 효과적이다. 포트폴리오 개발자를 위한 교사 연수는 교사전문성을 높이는 결과도 가져온다(Wolf, 1991). 둘째, 포트폴리오 평가는 정의적 특성을 포괄적으로 발달시키는 효과도 있다. 학습자가 포트폴리오 평가에 적극적으로 개입하는 과정에서, 내적 동기, 자신감, 성취감, 자아존중감 등이 증진되며, 또래와의 협동을 통해 친사회적 관계를 형성하는 방법을 터득할 수 있다. 또한 학습에 대한 통찰력을 제공함으로써, 학습자의 적응 차원에서도 긍정적인 효과를 제공한다(박영충, 1997; 조한무, 1997).

다. 포트폴리오 평가의 유형

포트폴리오는 그 활용 목적과 기능에 따라서 여러 가지 유형으로 분류될 수 있다. 포트폴리오는 설계자의 의도를 포함하여 포트폴리오의 적용 대상, 환경, 교과, 그리고 활용 목적에 따라 그 유형이 다르게 나타날 수 있다.

Danielson과 Abrutyn(1997)은 포트폴리오를 학습 포트폴리오(working portfolio), 전시 포트폴리오(display portfolio), 평가 포트폴리오(assessment portfolio)의 3가지로 구분하였다. 첫째, 학습 포트폴리오는 완전한 결과물이 아니라 하나의 단위 결과물과 학습

과정에서 나오는 산출물을 포함하기 때문에 학습용 포트폴리오라고 한다. 둘째, 전시 포트폴리오는 학생들이 성취한 가장 높은 수준의 성취를 표현하는 포트폴리오이다. 이것은 학생 자신이 누구이고 무엇을 할 수 있는지를 밝히는 데 유용하다. 셋째, 평가 포트폴리오는 교육 목표에 따른 학습 결과를 나타내는 포트폴리오이다.

Rolheiser 등(2000)은 포트폴리오를 우수 학습 포트폴리오와 성장 포트폴리오로 구분하였다. 첫째, 우수 학습 포트폴리오는 학습자의 가장 우수한 작품에 대한 근거를 조명하고 보여주는 것으로서, 전시 포트폴리오 또는 발표 포트폴리오에 해당된다. 둘째, 성장 포트폴리오는 오랜 기간 동안 개인의 발달과 성장 과정을 보여준다.

Kimledorf(1994)는 포트폴리오를 학생 포트폴리오, 연구 포트폴리오, 전문가 포트폴리오, 개인 포트폴리오로 구분하였다. 첫째, 학생 포트폴리오(student portfolio)는 학생의 성취, 지식을 나타내는 포트폴리오로서, 학생들이 학교에서 받은 수업과정이나 그 밖의 특별한 활동이 무엇인지 증명할 수 있는 포트폴리오이다. 학생 개인이 노력한 사항, 획득한 지식이나 기술 표본들을 포함할 수 있다. 둘째, 연구 포트폴리오(project portfolio)는 연구 과제나 연구 단계의 순서나 노력을 보여주는 다큐멘터리와 같은 포트폴리오이다. 셋째, 전문가 포트폴리오(professional portfolio)는 전문인이 되기 위한 목표와 연구 과제를 설정하고 전문가가 되기 위해서 주제를 고르는 포트폴리오이다. 넷째, 개인 포트폴리오(individual portfolio)는 개인에게 적용되는 포트폴리오로서, 개인의 최종 포트폴리오는 학생 개인의 장래 학습 방향과 현 상태를 조사하고 검토하는 데 도움을 줄 수 있다.

Kingore(1993)는 포트폴리오의 생성 유형에 따라 자연발생적 포트폴리오, 정기적 포트폴리오, 계획된 경험 포트폴리오로 구분하였다. 첫째, 자연발생적 포트폴리오는 학습 활동 전개 과정에서 자연스럽게 생성된 증거물, 성과물 등에 대한 자료 모음이다. 둘째, 정기적 포트폴리오는 계획된 교수 활동 중에서 행사와 같이 주기적으로 행해지는 활동의 성과물이다. 셋째, 계획된 경험 포트폴리오는 교육 목표에 입각하여 표준화된 상황을 제시하고 그로부터 실행할 경험들을 중심으로 내용들을 구성한 성과물이다(이재우, 2003).

라. 포트폴리오 평가의 개발 절차

포트폴리오 개발 절차는 표준화되어 있거나 정해진 방법이 있는 것은 아니다. 포트폴리오 평가의 절차는 지역, 학교, 교실의 상황적 맥락에 따라 다양할 수 있으며, 학습내용 및 평가 목적에 따라 포트폴리오의 모습이 다양하게 변할 수 있다. 포트폴리오 평가의 실제 절차 및 방법을 개념화하는 것은 매우 어려울 뿐만 아니라 절차의 표준화는 포트폴리오 평가의 특성상 존재하기 어렵다. 그러므로 누가 어떤 목적으로 어떤 상황에서 포트폴리오를 계획하고 실천하느냐에 따라서 포트폴리오 평가 과정과 절차가 달라질 수 있다. 그러나 포트폴리오 평가를 원활하게 수행하기 위해서는 포트폴리오 평가의 절차를 사전에 합리적이고 구체적으로 설정할 필요가 있다.

Knight와 Gallaro(1994)는 포트폴리오 평가의 개발 절차를 목적 및 목표의 개발, 도구의 개발, 자료의 수집, 자료의 분석, 그리고 자료의 활용 단계의 5단계로 제시하고, 각 단계와 관련된 핵심 질문을 다음과 같이 제시하였다.

① **목적 및 목표의 개발**: 포트폴리오 과정 중에 어떤 목적과 목표가 포함되어야 하는가?

② **도구의 개발**: 적절한 작품 견본을 어떻게 확인할 것인가, 개인별 작품 견본에 필요한 평정 체제를 어떻게 개발하고 타당화할 것인가?

③ **자료의 수집**: 누가 포트폴리오를 수집하고 관리할 것인가?

④ **자료의 분석**: 프로그램 수준에서 개인별 작품의 기대 수준(준거)이나 기준을 어떻게 설정할 것인가, 수집된 증거의 비중들을 어떻게 정할 것인가? 그 과정을 어떻게 타당화할 것인가?

⑤ **자료의 활용**: 수집된 증거에 입각하여 판단할 것인가, 자료 분석결과에 근거

하여 판단할 것인가?

포트폴리오 평가는 설계, 개발, 평가하는 데 어려움이 있다. 따라서 초기부터 완벽한 기대를 하기보다는 반복적인 시행을 통해 보완할 필요가 있다. 잘 설계된 포트폴리오는 학생들 자신의 작업에 대해 더욱 잘 인식하게 되고 다른 학습자에게도 자신을 잘 드러낼 수 있다. 설계가 잘 이루어진 포트폴리오는 학생들에게 발전적으로 성장할 수 있는 참 기회를 제공하게 된다(Camp, 1992). 포트폴리오 평가에서는 자료 수집의 대표성(representativeness), 정확성(accuracy), 일관성(consistency)을 고려해야 한다(Bachor et al., 1994). 첫째, 포트폴리오의 대표성이란 수집된 제작물들이 학습목표의 성취와 관련된 수행을 대표할 수 있어야 하며, 그 수 또한 충분해야 한다는 것을 의미한다. 둘째, 포트폴리오의 정확성은 제작물들이 학생들이 수업 기간에 적절한 맥락에서 실제로 제작되었는가에 초점을 두는 것으로, 학생의 학습이 정확하게 반영되었는지의 문제를 의미한다. 셋째, 포트폴리오의 일관성은 포트폴리오 사용과 관련이 있다. 이것은 교사와 학생이 포트폴리오 평가의 목적에 대하여 공통되고 일관적인 이해가 있어야 한다는 것을 의미한다(이재우, 2003).

3 참평가

가. 참평가의 개념

참평가(authentic assessment)는 학습자들이 지식과 기능을 학교 밖의 실세계에서 사용하는 것과 동일한 방식으로 적용하도록 요구하는 평가이다(Wiggins, 1989). 참평가에서는 지식이나 기능을 평가할 때, 그 지식과 기능이 적용될 수 있는 실제적인 상황과 가장 유사한 맥락 속에서 평가하는 것을 중시한다. Wiggins(1998)는 참평가의 요소로서 ① 평가의 실제성, ② 판단과 혁신, ③ 학습(discipline), ④ 상황, ⑤ 다양한 능력의 입증, ⑥ 피드백과 반복 기회의 허용의 6가지를 제시하였다. 참평가의 6가지 요소는 평가의 본질과 실제성이 반영되어 있다. Gulikers, Bastiaens와 Kirschner(2004)는 참평가를 학생들이 직업적인 생활에서 어떤 상황에 적용할 필요가 있는 지식, 기능, 그리고 태도와 같은 능력 또는 결합의 사용을 요구하는 평가라고 정의하였다. 진정성의 수준은 실제 상황과 닮은 정도에 의해 정의된다.

참평가에 대한 타당성은 다음과 같은 관점에서 살펴볼 수 있다. 첫째, 참평가는 구성주의 관점에서 그 타당성을 설명할 수 있다(Biggs, 1996). 평가가 학생 학습에 긍정적인 영향을 주기 위해서는 수업과 일치해야 한다. 둘째, 참평가는 학생들에게 중요하고, 의미 있고, 가치 있는 성취를 요구한다. 셋째, 진정성은 학생들이 학습에 영향을 미치는 참평가에 대한 중요한 이해를 만드는 주관적인 것이다(손정화, 2012; Huang, 2002; Petraglia, 1998). 참평가는 실제 상황에서 실시되는 수행 평가로서 평가 상황이 평가의 목적에 따라 인위적으로 고안되지 않는 특징을 지니고 있다. 따라서 참평가는 수행 평가의 본질을 가장 높게 구현한다(백순근, 2002).

나. 참평가의 특징

Mayer(1992)는 수행 평가와 참평가를 구분하여, 교육현장에서 의미 있는 평가가 이루어지기 위해서는 참평가가 이루어져야 한다고 주장하였다. 왜냐하면 참평가는 모두 수행 평가가 될 수 있으나 모든 수행 평가가 참평가가 될 수는 없기 때문이다(Oosterhof, 2001; Mayer, 1992; 성태제, 2019a에서 재인용). 수행 평가가 학습자들에게 평가될 구체적인 행동을 수행하도록 요구하고, 요구된 행동을 완성하거나 드러내는 것이라면, 참평가는 실생활 맥락에서 요구되는 행동을 평가한다는 점에서 차이가 있다. 수행 평가가 학생들에게 제한된 조건과 기준에서 결과를 산출하거나 문제를 해결하는 특징이 있다면, 참평가는 평가 과제의 맥락이 실생활을 반영한다는 점에서 차이가 있다(Khattri & Sweet, 1996). Herrington와 Herrington(2006)에 의하면, 참평가는 과제의 실제 가치와 상황을 강조한다는 특징이 있다. Gulikers, Bastiaens와 Kirschner(2004)는 평가의 진정성의 수준은 실제 상황과 닮은 정도에 의해 좌우되는데, 참평가는 다른 수행 평가 방법보다 실제성의 요구 정도가 높다는 점에서 차별화된다. 수행에 대한 실제적 평가를 요구할수록, 교수·학습과 평가 간의 경계는 희미해지고 점차 통합된다(Brookhart, 2003). 수행 평가와 참평가 사이의 결정적인 차이점은 과제의 진정성의 정도와 수행이 일어나는 상황이라고 할 수 있다(Reeves & Okey, 1996). 이상을 종합하면, 수행 평가와 참평가의 차이점은 평가 상황이 얼마나 실제에 근접한가에 있다(손정화, 2012).

참평가에 대한 기본적인 출발은 교수·학습 과정 또는 평가와 관련하여, 학교와 실제 사회와의 괴리가 크다는 점에서 출발한다. '참(authentic)'이라는 용어는 교실 수업이나 평가 활동이 인위적이고 고안된(contrived) 것으로서, 실생활의 학습이나 과제를 반영하지 못한다는 점을 지적하고, 이에 따라 평가의 본질, 즉 진정한 테스트(true test)로 되돌아간다는 의미에서 다소 급진적으로 등장한 개념이다. 전통적인 평가와 참평가와의 차이점은 〈표 9-3〉과 같다(이간용, 2001).

〈표 9-3〉 전통적 평가와 참평가의 비교(이간용, 2001)

구분	전통적 평가	참평가
학생에 대한 관점	탈맥락적인 기억가	맥락적인 실제 수행가
도구	지필고사	다양한 과제와 표현방식
행위목표	유일 정답 추구	정당화된 결과물 창출
타당성 및 신뢰성 확보	문항형식의 표준화	준거의 표준화
타당성 확보	교과내용 관련성 여부	실생활의 반영 여부
과제	분절화, 단순화된 과제	복잡 모호한 비구조화된 과제

다. 참평가 과제의 특성

참평가 과제는 실세계 상황에서 표준적인 지식과 기능을 적용하는 능력을 평가하기 위해 학생들에게 주어지는 과제를 의미한다(Mueller, 2005). 과제의 진정성 여부는 과제의 상황과 본질에 달려 있다. 참평가 과제는 지식의 응용과 그것이 사용되는 상황이 학습 과정에서 학습자에게 의미 있게 나타날 때, 실제적 또는 진정한 것을 의미한다(Greeno, 1989; Lajoie, 1995에서 재인용).

학생들이 평가 과제를 통하여 진정한 학문적 성취에 도달하려면, 학문적 탐구(disciplined inquiry), 지식의 통합(integration of knowledge), 그리고 평가를 넘어선 가치(value beyond evaluation)의 3가지 표준을 고려해야 한다(Archbald & Newmann, 1988). 첫 번째 표준은 학문적 탐구이다. 이것은 과학자 또는 역사가에 의해 창조된 것과 같은 것으로서, 새로운 지식의 생산을 의미한다. 이것은 기존의 개념과 절차상의 지식에 의존하고, 문제의 깊은 이해를 개발하고, 다른 것에 의해 산출되었던 지식 이상을 의미한다. 두 번째 표준은 지식의 통합이다. 진정한 과제는 지식 조각의 모임이라기보다는 전체로서 내용을 고려할 때 가능해진다. 학생들은 지식의 통합된 형태를 이해하기 위해서는 도전적인 과제에 참여해야 한다. 학습자는 지식을 통합하는 경험을 통하여, 지식의 재생산이 아니라 새로운 지식을 생산하게 된다. 세 번째 표준은 평가를 넘어선 가치이다. 진정한 과제는 그것들을 평가하는 과제로서 사용하는 것을 넘어서 가치 있는 활동을 만드는 데 공헌해야 한다는 것을 의미한다. 예를 들어, 참평가 과제는 담화, 목적, 수행을 유발한다. 참평가 과제는 협력 기회를 제공하는 가치를 가진다(Romberg& Wilson, 1995). 참평가에서는 진정한 성취를 위하여 이러한 3가지 표준을 요구하고 있으나, 이러한 기준을 충족한다고 해서 진정한 성취를 달성했다고 판단하는 오류에서 벗어나야 한다(이간용, 2001). 왜냐하면 진정한 성취의 핵심은 유목적인 가치에 있기 때문이다. 학습자들은 참평가 과제에 참여함으로써, 학습에 대한 동기부여, 참여, 전이 효과를 기대할 수 있다(손정화, 2012). 이상에서 살펴본 참평가 과제의 준거는 〈표 9-4〉와 같다.

〈표 9-4〉 참평가 과제의 준거(Newmann, Secada, & Wehlage, 1995)

진정한 성취의 표준	참평가 과제의 준거
학문적 탐구	• 학문적 내용
	• 핵심적인 학문적 절차
	• 이해 정교화를 위한 의사소통
지식의 통합	• 정보의 조직(더 높은 차원의 기능)
	• 대안 고려
평가를 넘어선 가치	• 교실을 넘어선 실세계로의 연결성 문제
	• 학교를 넘어선 청중을 포함하는 것

Danielson(1997)은 과제의 '진정성'을 수행 평가 과제의 본질로 간주하고 있다. 이것은 수행 평가 과제가 기억으로부터의 단순한 회상이나 기계적인 반응에 한정되어 있지 않고 학생들이 그 분야에서 성인들이 도전하는 것과 유사한 방식으로 도전할 수 있어야 함을 의미한다. 그러므로 참평가 과제는 비교, 분류, 분석, 의사 결정, 문제 해결, 실험탐구 등과 같은 복잡한 사고기능이 통합되어 설계되어야 한다(Boidy & Moran, 1994; Grady, 1994). 이러한 것을 볼 때, 참평가 과제는 오늘날 사회에서 유용한 고차원적 사고 기술을 증진시키는 데 기여한다(Boidy & Moran, 1994; Newman& Wehlage, 1993). 왜냐하면 참평가 과제는 고차원적 이해와 과정을 강조하는 인지적 목표의 습득을 중시하기 때문이다(손정화, 2012: 40-41).

참평가 과제의 유형은 다양하다. 참평가 과제의 유형은 구성적 반응, 산출물, 수행의 3가지로 구분할 수 있다(Mueller, 2005). 첫째, 구성적 반응이란 학생들이 최소한 그들 지식의 일부를 드러내 보이기 행위를 의미한다. 학생들은 기존의 지식과 새로운 지식으로부터 해법을 구성한다. 구성적 반응의 사례에는 답이 짧은 에세이 과제, 질문 만들기, 개념도, 자기평가 등이 있다. 둘째, 산출물이란 학생들이 어떤 실질적인 것, 그들의 개념과 기능을 적용하고 분석하고 종합하고 평가하기 위해 어떤 개념, 기능, 또는 능력을 나타내는 실질적인 결과물을 의미한다. 산출물의 사례에는 에세이, 프로젝트, 모형, 실세계 문제 해결, 데이터 분석 등이 있다. 셋째, 수행이란 그들의 개념과 기능을 적용하고 분석하고 종합하고 평가하기 위해 어떤 개념, 기능, 또는 능력의 이해를 드러내는 것을 의미한다. 수행의 사례에는 실험, 역할극, 연설, 인터뷰 등이 있다. 이러한 평가 유형들은 학생의 실질적인 능력을 평가할 수 있다. 참평가 과제는 학생들에게 새로운 방법으로 지식을 적용하는 기회를 제공하고, 흥미로운 해결 접근을 가지고 주어진 기간 동안 계속적으로 지적 활동을 할 기회를 제공하며, 학교 밖의 복잡한 상황과 밀접하게 관련된 활동에 참여하는 기회를 제공한다(손정화, 2012).

라. 참평가 과제 및 루브릭 개발

Wiggins와 McTighe(2005)는 참평가 과제 개발을 위하여 GRASPS 기법을 개발하였다. GRASPS 기법은 실제적인 맥락, 통합적인 사고 능력, 가치 있는 경험, 비구조된 문제 등을 반영하여 참평가 과제를 개발하는 기법을 의미한다. GRASPS 기법은 〈표 9-5〉와 같다.

〈표 9-5〉 참평가 과제 개발을 위한 GRASPS 기법

GRASPS 요소	정의
목표(G: Goal)	참평가 과제 목표를 기술
역할(R: Role)	참평가 과제 수행자의 역할
청중(A: Audience)	참평가 과제의 실시 대상
상황(S: Situation)	참평가 과제가 이루어지는 맥락, 상황조건 설명

GRASPS 요소	정의
수행(P: Performance)	참평가 과제 수행 결과물 형식
기준(S: Standard)	참평가 과제에 포함되어야 할 것

Wiggins와 McTighe(2005)는 참평가 과제 개발과 관련하여, 역할, 청중, 수행의 요소를 〈표 9-6〉과 같이 구체적으로 제시하였다. 이러한 요소는 참평가 과제를 개발하는 데 유용하게 활용될 수 있다.

〈표 9-6〉 참평가 과제 개발에 활용되는 용어

역할 (R)	광고주, 예술가(삽화가), 저자, 전기 작가, 후보자, 만화 캐릭터, 의장, 요리사, 코치, 작곡가, 탐정, 편집자, 엔지니어, 전문가, 목격자, 영화 제작자, 소방관, 역사학자, 인턴, 면접시험관, 발명가, 변호사, 문학 비평가, 박물관장, 뉴스 캐스터, 소설가, 영양학자, 토론자, 영양학자, 토론자, 공원 관리인, 사진사, 비행사, 극작가, 시인, 경찰, 제품 디자이너, 리포터, 연구원, 과학자, 선장, 사회과학자, 택시 운전사, 교사, 여행 안내원, 여행자 직원, 영화 주인공, 여행자, 동물원 사육사, 기타
청중 (A)	광고주들, 위원회 구성원들, 보스, 사업체나 조합들, 유명인들, 지역사회 구성원, 손님, 소비자들, 전문가들, 외국 대사관 직원, 친구들, 정부, 공무원, 역사적 인물들, 재판관, 배심원, 도서관 후원자, 박물관 방문객들, 이웃들, 친척들, 펜팔 친구들, 라디오 청취자들, 독자들, 교직원, 여행객, 시청자, 방문객들, 기타
산출물 또는 수행 (P)	(필문) 광고, 전기, 보고서, 서평, 팸플릿, 낱말 맞추기 게임, 사설, 에세이, 게임, 저널, 실험보고서, 편지, 일기, 잡지기사, 메모, 신문기사, 시, 성명서, 제안서, 연구 보고서, 대본, 이야기, 검사 (구술) 녹음테이프, 토론, 논의, 각색, 인터뷰, 뉴스 방송, 연극 상연, 시 읽기, 발표, 랩, 보고, 촌극, 노래, 연실, 단시 수업 (시각) 광고, 깃발, 만화, 콜라주, 수집물, 컴퓨터 그래픽, 구성된 기사, 자료 전시, 설계, 도표, 디오라마, 전시, 드로잉, 영사 슬라이드, 그래프, 지도, 모형, 페인팅, 사진, 포스터, 스크랩북, 조각물, 슬라이드쇼, 스토리보드, 비디오테이프

이상에서 살펴본 GRASPS 기법에 따라 개발한 참평가 과제의 예시는 〈표 9-7〉과 같다. 교사는 교육과정 성취기준을 달성하는 데 적합한 목표(G)와 수행(P)을 결정하고, 참평가와 관련된 역할과 대상을 정하고, 이 과제가 실현되는 상황을 설정

한다. 〈표 9-7〉의 참평가 과제에서 볼 수 있듯이, 이러한 참평가 과제는 토의·토론 수업, 협동학습, 프로젝트 학습 등과 같은 학습자 참여형 수업을 유발한다. 또한 이것은 수업과 평가를 통합하는 역할을 한다.

〈표 9-7〉 참평가 과제의 예시

〈참평가 과제: 작품을 읽고 역할극 만들기(역할 놀이)〉 • 목표(G; goal): 과제는 이야기에 등장하는 인물의 성격을 고려하여 역할극을 하는 것이다. • 역할(R: role): 여러분들은 역할극을 연기하는 배우이다. • 청중(A: audience): 대상은 역할극을 관람하는 관객이다. • 상황(S: situation): 여러분은 이야기를 역할극으로 표현하는 배우들이다. 관객들에게 보여주고 싶은 이야기를 역할극으로 표현해야 한다. • 수행(P: performance): 여러분들은 관객들이 관람하고자 하는 이야기를 조사하고, 5분 분량으로 역할극 대본을 완성하고, 이에 기초하여 역할극을 발표한다. • 기준(S: standard): 여러분들이 역할극을 할 때에는 다음이 포함되어야 한다. - 역할극은 필독도서의 책이어야 한다. - 역할극은 이야기의 주제, 인물의 성격, 사건 등을 표현해야 한다. - 역할극을 할 때에는 인물의 성격에 유의하고, 인물의 성격이 드러나게 역할극을 발표해야 한다.
◎ 필독도서의 책을 선정하여 역할놀이를 한다. 역할놀이는 인물의 성격을 분석하고, 그 결과에 기초하여 역할극 대본을 작성하여 역할극을 발표해야 한다. ◇ 평가준거: 성격 이해, 대본 작성, 극 표현

참평가 과제가 개발되었다면, 채점 준거인 루브릭을 개발해야 한다. 만약, GRASPS 기법을 활용하여 수행 평가 과제를 개발하였다면, GRASPS의 기준(S)이 평가준거로 사용된다. 교사는 평가준거에 따른 배점을 설정하고, 학생의 수행 수준을 구별할 수 있는 세부적인 내용을 진술한다. 루브릭은 총체적 루브릭과 분석적 루브릭으로 구성된다. 〈표 9-7〉의 수행 과제에 대한 총체적 루브릭의 예시는 〈표 9-8〉과 같다.

〈표 9-8〉 총체적 루브릭의 예시

점수	기술
3	이야기의 주제 및 인물의 성격을 명확하게 이해하였으며, 이야기의 주제와 등장인물의 성격이 드러나게 역할극 대본을 작성하고 이를 실감 나게 역할극으로 표현하였다.
2	이야기의 주제 및 인물의 성격을 제대로 이해하고, 이야기의 주제와 등장인물의 성격을 고려하여 역할극 대본을 작성하였으며, 재미있게 역할극으로 표현하였다.
1	이야기의 주제 및 인물의 성격을 이해하고, 역할극 대본을 작성하였으며, 역할극으로 표현하였다.

4 과정 중심 평가

가. 과정 중심 평가의 개념

세계 각국에서는 미래 사회에 요구되는 역량을 길러주기 위해서 교육과정과 교육 평가의 개선 운동을 전개하고 있다. 우리나라도 교육 평가 개선을 위하여, 교육과정, 수업, 평가의 일체화의 관점에서 과정 중심 평가라는 용어를 사용하였다. 과정 중심 평가는 1990년대 도입된 수행 평가가 본래의 의미를 되찾으려는 시도라고 할 수 있다.

과정 중심 평가는 학교에서 행하는 평가 자체가 학습 결과의 초점을 두고 그 결과를 바탕으로 학생을 서열화하는 것을 비판하고, 평가를 교수·학습 과정과 연계하여 교수·학습을 개선하는 방향으로 전환해야 할 필요성이 제기되면서 시작되었다. '과정 중심 평가'는 '창의인재 육성을 위한 학생 평가 정책 연구: 국제비교연구(김순남 외, 2013)'에서 처음 등장하였다(임은영, 2017: 52). 김순남 등(2013)의 연구에서는 창의인재 육성을 위한 학생 평가 패러다임으로 첫째, 학습 측정을 위한 평가에서 학습을 위한 평가로, 둘째, 교육과정, 수업과 분리된 평가에서 교육과정 및 수업과 동시에 이루어지는 교육 평가로, 셋째, 결과 중심의 평가에서 과정 중심의 평가로, 넷째, 지식 중심 평가에서 창의성, 인성 중심의 평가로의 전환을 제시하였다(김순남 외, 2013). 이 연구에서 '과정 중심적 평가'는 창의적인 인재 양성을 위해서는 암기 위주나 정답 찾기 등 결과 중심의 평가 방식에서 문제 해결 과정을 중시하는 평가로 전환해야 한다는 의미를 담고 있다. 즉 결과 중심 평가가 학생이 지식을 알고 있는지에 대한 여부를 평가하는 것이라면, 과정 중심 평가는 학생의 문제 해결 과정에 초점을 맞추는 평가의 관점에서, 평가가 이루어지는 단계에 초점을 맞춘 의미로 처음 사용되었다(임은영, 2017; 신혜진, 안소연, 김유원, 2017).

이후 과정 중심 평가라는 용어는 국가 수준에서의 2015 문·이과 통합형 교육과정 총론 주요 사항(시안)과 2015 개정 교육과정 총론 등과 같이 공식적인 문서에서 언급되었다. 과정 중심 평가는 미래 사회가 요구하는 역량을 기르기 위한 새로운 평가 패러다임을 의미하게 되었다. 그리고 그 이후부터 과정 중심 평가가 지역 교육청 수준의 주요 업무 계획 문건들에서 활발하게 사용되면서 하나의 개념처럼 자리 잡게 되었다(신혜진, 안소연, 김유원, 2017). 이처럼 과정 중심 평가는 특정 교육 평가의 유형을 가리키는 새로운 용어라기보다는 기존의 평가 방법들이 다양한 정책 요구 속에서 새롭게 등장한 용어라고 할 수 있다(임은영, 2017).

과정 중심 평가는 기존의 평가가 갖는 문제점에 대한 반성에 기반한 패러다임이라고 할 수 있다. 과정 중심 평가는 '인지적 판단에 근거한 유용한 정보를 학생이 자신의 학습을 계획하고 학습 과정을 스스로 반성할 수 있도록 학생의 학습을 돕고자 하는 교육 평가의 새로운 패러다임(김성숙, 2017)'이라고 할 수 있다.

과정 중심 평가라는 용어에서 볼 수 있듯이, 과정 중심 평가에서는 학습을 과정과 결과의 두 차원으로 구분하고, 결과에 도달하는 과정을 강조하는 평가이다. 그러므로 과정 중심 평가에서는 학생들이 결과에 도달하는 과정에서 적절한 도움, 즉 피드백을 제공함으로써 학생들의 성장과 발달의 지원을 중시한다. 과정 중심 평가는 '교육과정의 성취기준을 기반으로 한 평가 계획에 따라 교수·학습 과정에서 학생의 변화와 성장에 대한 자료를 다각도로 수집하여 적절한 피드백을 제공하는 평가'를 의미한다(교육부, 한국교육과정평가원, 2017). 과정 중심 평가는 **[그림 9-1]**과 같이 세 가지 측면에서 이해할 필요가 있다(교육부, 한국교육과정평가원, 2017).

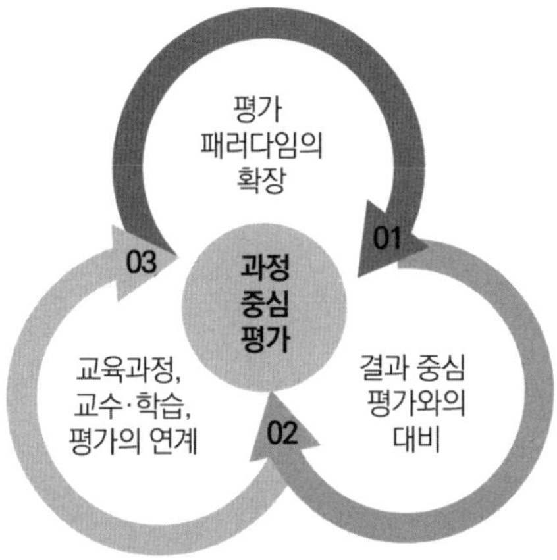

[그림 9-1] 과정 중심 평가의 방향(교육부, 한국교육과정평가원, 2017)

첫째, 과정 중심 평가는 평가 패러다임의 확장을 반영한 평가 방식이라 할 수 있다. 즉 과정 중심 평가는 평가의 패러다임이 '학습 결과에 대한 평가'에서 '학습을 위한 평가, 학습으로서의 평가'로 확장됨에 따라 등장한 개념으로서 학생의 학습 과정과 수행 과정을 평가 대상으로 포함하는 동시에 평가 결과의 활용 범위를 확장하고 평가를 학습의 도구로서 사용하려는 의도를 내포하고 있다. 둘째, 과정 중심 평가는 학생이 지식을 알고 있는지에 대한 여부를 평가하는 종래의 결과 중심적인 평가와 대비되는 개념으로서 학생들의 수행 과정에 주안점을 둔 평가 방식이라 할 수 있다. 셋째, 과정 중심 평가는 교과서에 제시된 단편적인 지식 중심의 평가에서 벗어나 교육과정에 제시된 성취 기준을 기반으로 교수·학습 활동 및 평가 계획을 세우고, 교수·학습의 과정에서 다양한 평가 방법으로 자료를 수집하고 학생들의 건전한 성장과 발달을 위한 적절한 피드백 제공을 강조하고 있다. 이와 같이, 과정 중심 평가는 결과 중심 평가에서 벗어나 학생의 배움과 성장을 지원하는 평가 체제라고 할 수 있다(교육부, 한국교육과정 평가원, 2017).

나. 과정 중심 평가의 특징

과정 중심 평가가 특정한 평가의 유형을 지칭하는 용어라기보다는 새로운 평가 패러다임에서 바람직한 평가 방법을 표현한 용어이기 때문에, 이를 정의하는 방식이 해석 주체에 따라 다르다(신혜진, 안소연, 김유원, 2017: 139). 이에 따라 학교 현장은 물론 학계에서도 과정 중심 평가에 대한 개념에 대한 혼란이 발생되고 있다(김정민, 2018; 이경화 외, 2016; 임종헌, 최원석, 2018). 이러한 혼란은 과정 중심 평가가 이와 유사한 과정평가, 형성 평가, 수행 평가, 지속적 평가, 상시 평가 등의 특징을 공유하고 있기 때문이다. 과정 중심 평가의 개념을 명료화하고, 학교현장에서 이것을 실현하기 위해서는 과정 중심 평가의 목적, 교육관과 평가관, 대비용어, 유사용어, 사용맥락 등을 종합적으로 이해해야 한다(박일수, 2019).

첫째, 과정 중심 평가의 목적은 학생들의 역량을 지원하는 것이다(김종헌, 이희복, 2018). 21세기 핵심 역량과 창의성, 문제 해결력, 비판적 사고력 등과 같은 고등 사고 기능을 신장시키기 위해서는 결과 중심의 평가 방법에서 과정 중심의 평가 방법으로의 전환이 요구된다. 학생들은 과정 중심 평가의 피드백을 통해 성공적으로 자신의 학습 과정을 돌아보고, 더 나은 성취를 위한 높은 수준의 영감을 얻을 수 있다. 학생들은 과정 중심 평가를 통해 학생들은 더 큰 자기 만족감과 전체적으로 더 높은 수준의 성과를 달성할 수 있다. 이와 같이 과정 중심 평가는 학생들의 핵심역량 달성 여부를 확인하는 데 목적이 있으며, 역량에 기반한 수행 중심의 평가가 요구된다.

둘째, 과정 중심 평가는 인본주의 교육관과 총평관과 관련이 있다. 과정 중심 평가는 학생의 성장과 발달을 중시하는데, 이것은 학생의 자아실현을 강조하는 인본주의 교육관과 관련이 있다. 한편 학생의 성장 및 발달 여부의 확인은 다양한 증거 자료를 종합적으로 수집할 때 가능한데, 이것은 다양한 증거 자료를 수집하는 총평관과 관련이 있다.

셋째, 과정 중심 평가는 결과 중심 평가와 대비되는 용어이다. 결과 중심 평가가 학생의 최종 산출물에 기반한 평가라면, 과정 중심 평가는 학생들이 최종 산출에 도달하는 과정에 기반한 평가에 해당된다. 예를 들어, 포스터 그리기를 생각해 보자. 결과 중심 평가는 포스터 그리기 결과물에 기초하여 평가한다. 반면에 과정 중심 평가는 포스터 주제 구상 과정, 포스터 그리는 태도, 포스터 실기 능력, 최종 결과물 등을 종합하여 평가한다. 결과 중심 평가는 최종 결과에 대한 피드백을 하지만, 과정 중심 평가는 어떠한 결과이든 그 결과에 도달한 과정을 점검하고, 각 과정에서 피드백을 제공한다는 점에서 차이가 있다.

넷째, 과정 중심 평가는 그 용어가 사용되는 상황 맥락에 따라서 그 의미가 형성된다. 과정 중심 평가는 '순환적 평가', '수업과 연계된 평가', '학습의 진전을 평가하는 과정평가(progress assessment)' 등의 맥락에서 사용된다. ① '순환적 평가'는 교수·학습 과정에서 수업과 연계되어 수업 진행에 맞물려 실시되는 평가를 의미한다. 이것은 평가 결과가 학습에 기여할 수 있도록 한다는 점에서 교수·학습과 순환적인 성격을 지닌다. ② '수업과 연계된 평가'란 수업과 연동된 평가를 실행하고 그 결과를 교수·학습에 반영함으로써 학생의 학습을 돕는 평가라고 할 수 있다(이경화 외 2016). 과정 중심 평가의 목적은 학생의 학습을 돕는 것, 즉 수업의 결과가 아닌 수업 중 나타난 학생의 학습 과정이 평가 대상이어야 하며, 그 결과를 학생에게 알려줌과 동시에 수업에 반영함으로써 더 나은 학습을 모색하는 데 있다(강현영, 2017). ③ '학습의 진전을 평가하는 과정평가'란 학생의 학습 성장 및 변화 과정을 평가하는 것을 의미한다. 따라서 과정 중심 평가의 루브릭은 수행 결과에 대한 루브릭과 차별화될 필요가 있다. 학생의 성장 및 변화에 기반한 루브릭이 필요하다.

다섯째, 과정 중심 평가에서는 평가 방법으로 수행 평가가 활용된다(임은영, 2017). 과정 중심 평가에서는 서술형 및 논술형 평가, 구술평가, 토론법, 실기평가, 실험·실습법, 면접법, 관찰법, 자기평가 보고서법, 동료 평가 보고서법, 연구 보고서법, 프로젝트법, 포트폴리오법 등과 같은 수행 평가 방법들이 사용된다. 이에 따라 과정 중심 평가와 수행 평가를 동일시하는 경향이 있다. 그러나 과정 중심 평가는 **[그림 9-2]**에서 볼 수 있듯이, 지필 평가와 수행 평가가 함께 활용될 수 있다(임종헌, 최원석, 2018). 현재의 학교 평가는 문서상으로 '지필 평가'과 '수행 평가'로 구분된다. 그런데 학교 문서상의 지필 평가는 '중간고사와 기말고사 점수의 총합'이며, 수행 평가는 '그 외의 평가'에 해당된다(임종헌, 최원석, 2018). 예를 들어, 과정 중심 평가에서는 학생들의 기초기본능력의 숙달 여부를 확인하고, 이들 학생들의 성장 지원을 활용하기 위하여 지필 평가를 사용할 수 있다. 이와 같이, 수행 평가가 객관식 선다형 중심의 표준화 검사에 대한 문제점이 제기됨에 따라 이러한 문제점을 해결하기 위한 하나의 대안으로서 제시된 평가개선 운동이라고 한다면, 과정 중심 평가는 기존의 결과 중심의 학습관에서 벗어나 학생의 성장과 발달을 지원하는 학습관에서 도입된 평가개선 운동이라고 할 수 있다는 점에서 차이가 있다.

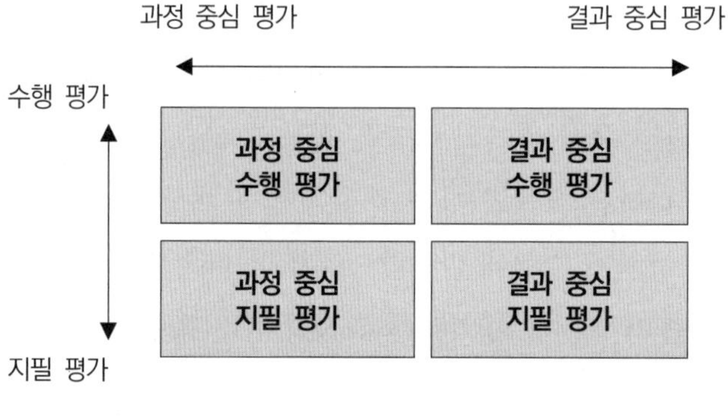

[그림 9-2] 과정 중심 평가와 결과 중심 평가, 수행 평가와 지필 평가의 개념영역

이상에서 볼 수 있듯이, 학교 수준 학생 평가가 경쟁지향적인 결과 중심 패러다임에서 벗어나 학생의 성장과 교사의 교수·학습 개선을 돕는 데 활용되어야 한다는 교육적 요구에 따라, 정책적으로 '과정 중심 평가'라는 용어가 도입되었으며, 학교 현장에 새로운 학생 평가 패러다임으로 인식되었다. 과정 중심 평가는 중학교에서 자유학기제가 도입되면서 학생 평가 방식으로 부각되기 시작하였으며, 2015 개정 교육과정에서 중요한 평가 방법으로 제시되었다(박지혜 외, 2018). 전경희(2016)는 과정 중심 평가의 특징을 과정 중심 평가의 기본 방향, 평가관, 평가 방법, 평가 내용, 평가 결과 보고 및 활용 등의 관점에서 제시하였다. 과정 중심 평가의 특징은 **[그림 9-3]**과 같다.

구분		
기본 방향	• 교수·학습을 극대화하기 위한 평가 • 정보 수집을 위한 과정으로의 평가 • 학습 전략 및 교수법 교정을 위한 평가 • 교수·학습과 평가가 연계된 순환적 구조에서의 평가	
평가관	• 학습에 대한 평가 • 결과 중시	➡ • 학습을 위한 평가 • 학습으로서의 평가 • 과정 중시
평가 방법	• 지필 평가 중심 • 구조화된 문항 형식 위주 • 정기 평가 • 교사가 주로 평가	➡ • 지필 평가, 수행 평가 등 다양한 방법 적용 • 구조화, 비구조화된 방식 혼용 • 교사, 학습자, 동료 등 평가주체의 다양화
평가 내용	• 단편적 지식 및 기능 • 인지적 영역 위주	➡ • 통합적 지식 및 기능 • 핵심역량 평가 • 인지적·정의적 특성 영역
평가 결과 보고 및 활용	• 상대적 서열 정보 중심 • 피드백의 부재	➡ • 성취기준 및 내용 준거에 의한 결과 • 즉각적이며 수시적인 피드백

[그림 9-3] 과정 중심 평가의 특징(전경희, 2016)

다. 백워드 설계 모형에 기반한 과정 중심 평가

백워드 설계 모형은 이해에 기반한 설계, 즉 이해 중심 교육과정을 추구한다. 이해는 단편적이고 분절적인 지식과 기능의 습득이 아니다. 이해는 학생들이 적극적으로 의미를 구성하고, 교과에서 배운 지식과 기능을 실생활 장면에서 자유자재로 활용할 수 있는 수행성을 전제한다. 여기서 수행성은 단순한 지식과 기능의 반복이 아니라 새로운 상황에 대처하거나 심층적인 사고와 고도의 기술이 요구되는 행위 능력을 의미한다. 이와 같이 백워드 설계 모형은 학생들에게 깊은 이해를 통하여 미래 사회에 필요한 핵심역량을 발달시키는 데 적절하게 활용될 수 있다(Wiggins & McTighe, 2005).

[그림 9-4]에서 볼 수 있듯이, 전통적인 교육과정 단원 설계는 목표 설정, 수업계획, 평가 계획의 순으로 이루어지는데, 이러한 방식을 포워드 설계 접근 방법이라고 한다. 반면, 백워드 설계 접근 방법은 포워드 설계 접근 방법과 달리, 평가 계획이 수업계획에 선행한다. 백워드 설계의 이러한 절차적 특성은 수업과 평가의 일관성을 높이는 데 기여한다. 이에 따라 백워드 설계 모형의 아이디어를 활용하여 과정 중심 평가를 적용하는 사례가 증가하고 있다.

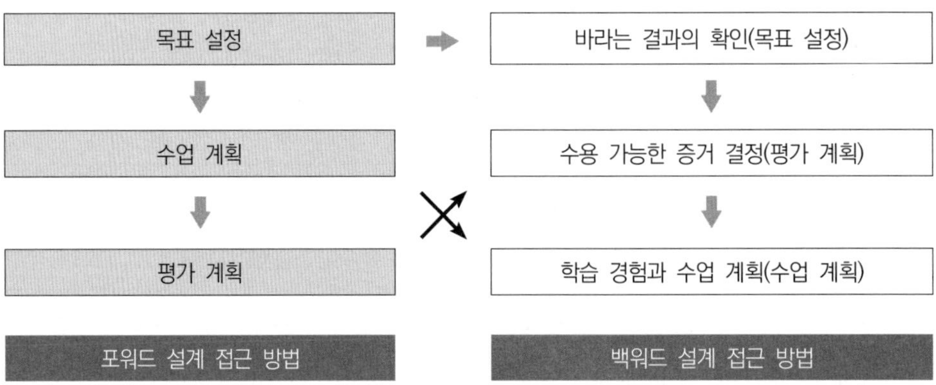

[그림 9-4] 포워드 설계 접근 방법과 백워드 설계 접근 방법의 비교

백워드 설계 모형은 평가를 강조하는 교육과정과 수업 설계 모형이다. 백워드 설계 모형에서 평가 계획은 '2단계: 수용 가능한 증거 결정'에 해당된다. 백워드 설계 모형에서 단원 평가 계획은 **[그림 9-5]**의 과정으로 진행된다. 첫째, 수행 과제를 개발한다. 백워드 설계 모형에서 수행 과제를 먼저 개발하는 이유는 평가의 타당성을 확보하는 데 있다. 백워드 설계 모형에서는 실생활 수행 과제를 개발함으로써, 학생의 영속한 이해의 달성 여부를 확인한다. 둘째, 교사는 수행 과제 채점의 타당도와 신뢰도를 확보하기 위하여 수행 과제 루브릭을 개발한다. 루브릭은 과제의 질, 능숙도, 이해의 연속성을 고려하여, 성취 수준별로 개발된다. 루브릭은 점수와 각 점수에 대한 서술로 구성된다. 백워드 설계 모형에서는 총체적 루브릭과 분석적 루브릭의 2가지 형식을 활용한다. 셋째, 교사는 수행 과제 이외의 평가 방법을 계획한다. 교사는 수행 과제에 포함되지 않는 핵심 지식과 핵심 기능을 평가하고, 학생들의 이해도를 정밀하고 정확하게 추론하기 위하여 다양한 평가 방법을 사용한다. 평가 방법으로 지필 평가와 수행 평가가 모두 사용된다.

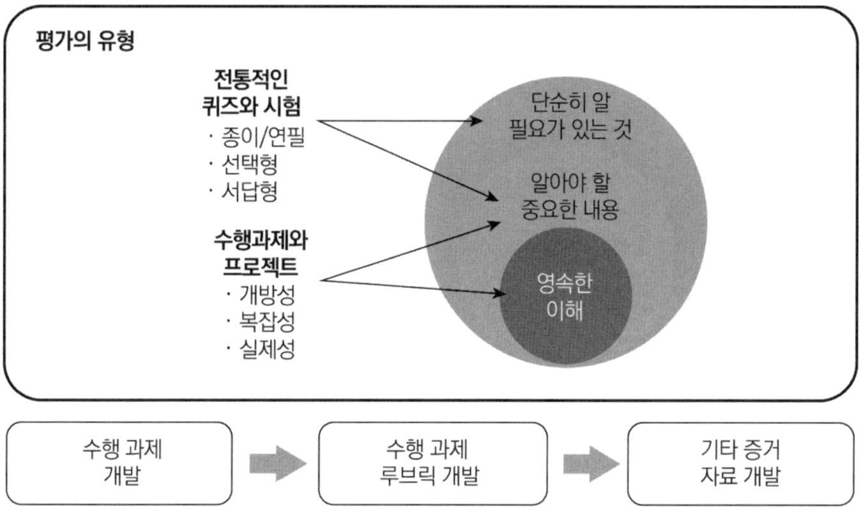

[그림 9-5] 백워드 설계 모형에서 단원 평가 계획

백워드 설계 모형에서는 수행 과제 개발, 루브릭 개발, 기타 증거 자료 개발의 순으로 평가를 계획한다. 백워드 설계 모형에 기반한 과정 중심 평가의 절차는 **[그림 9-6]**과 같다.

〈1단계〉 교육과정 분석	• 핵심역량 및 교과 역량 확인 • 난원과 관련된 성취기준 확인 • 핵심 아이디어, 내용 범주(지식·이해, 과정·기능, 가치·태도)
〈2단계〉 수행 과제 개발	• GRASPS 기법을 활용한 참평가(authentic assessment) 과제 개발 • 실제적인 맥락, 통합적인 사고 능력, 가치 있는 경험, 비구조된 문제 등을 평가할 수 있는 방향으로 참평가 과제 개발 • 최종 프로젝트 산출물 또는 결과물 형태로서의 수행 과제
〈3단계〉 수행 과제 루브릭 개발	• 수행 과제의 질적 평가 자료 개발 • 분석적 루브릭 및 총체적 루브릭 개발
〈4단계〉 기타 증거 자료 개발	• 수행 과제 이외에 학생들이 반드시 달성해야 하는 평가 내용 선정 • 교육과정 우선순위에 따른 핵심적인 평가 내용 결정 • 평가 내용에 타당한 평가 방법 결정(지필 평가 및 수행 평가)
〈5단계〉 과정 중심 평가 계획 수립	• 단원의 평가 계획 수립 • 학습 활동과 연계된 평가 내용 • 학습 활동의 순서와 계열에 따른 평가 계획 작성
〈6단계〉 과정 중심 평가 실시 및 채점	• 수행 과제 및 채점 기준 사전 안내 • 교수·학습과 연계한 과정 중심 평가 실시(기타 증거자료: 지필 평가 및 수행 평가) • 수행 과정에 대한 교사의 관찰 평가, 학생의 자기평가 및 동료평가
〈7단계〉 과정 중심 평가 피드백	• 학생의 현재 수준과 학생이 도달해야 할 수행 수준 간의 차이 제시(학생의 학습과 성장 지원 및 교사의 수업의 질 개선) • 수행 결과 및 과정, 인지적 측면과 정의적 측면에 대한 피드백
〈8단계〉 과정 중심 평가 기록 및 통지	• 수행 과제에 대한 루브릭에 기초한 기록 및 통지 • 학생의 학습과 성장을 돕는 방향으로 평가 결과 제공 • 학습의 참여 과정과 발전 과정을 중심으로 기록 및 통지

[그림 9-6] 백워드 설계 모형에 기반한 과정 중심 평가의 절차(박일수, 2019)

요약

대안적 평가에서는 전통적인 선택형 평가의 문제점을 개선하기 위하여 도입된 수행 평가, 포트폴리오 평가, 참평가, 과정 중심 평가에 대하여 살펴보았다. 수행 평가에서는 수행 평가의 개념, 수입평가 도입의 필요성, 수행 평가의 특성, 수행 평가의 유형에 대하여 살펴보았다. 수행 평가란 단순히 하나의 평가 방법이 아니라, 21세기 지식·정보화 시대를 맞이하여 종래의 교육 평가 체제를 재구조화하기 위해서 교육 평가가 나아갈 방향을 제시하는 하나의 새로운 관점에 해당된다. 포트폴리오 평가에서는 포트폴리오 평가의 개념, 포트폴리오 평가의 특징, 유형, 개발 절차에 대하여 살펴보았다. 포트폴리오 평가는 일정한 교육과정 동안 교사와 학생 등 수업에 직접 참여하는 사람들의 협력에 의해, 다양한 평가 방법을 통하여 비교적 장시간에 걸쳐 일어나는 자기반성, 성장 및 변화 내용에 대한 증거물과 기록물들을 지속적이고 체계적으로 수집하여, 정해진 준거에 따라 그 결과뿐만 아니라 과정까지도 종합적으로 판정하는 방법이다. 참평가에서는 참평가의 개념, 특징, 참평가 과제의 특성, 참평가 과제 및 루브릭 개발에 대하여 살펴보았다. 참평가는 학습자들이 지식과 기능을 학교 밖의 실세계에서 사용하는 것과 동일한 방식으로 적용하도록 요구하는 평가이다. 과정 중심 평가에서는 과정 중심 평가의 개념, 특징, 백워드 설계 모형에 기반한 과정 중심 평가에 대하여 살펴보았다. 과정 중심 평가는 교육과정의 성취기준을 기반으로 한 평가 계획에 따라 교수·학습 과정에서 학생의 변화와 성장에 대한 자료를 다각도로 수집하여 적절한 피드백을 제공하는 평가를 의미한다.

생각해 봅시다

1. 수행 평가의 도입 배경과 필요성에 대하여 토의하시오.
2. 수행 평가의 문제점과 이에 대한 개선 방안에 대하여 토의하시오.
3. 포트폴리오 평가의 필요성을 설명하고, 포트폴리오 평가의 장점과 단점에 대하여 토의하시오.
4. 포트폴리오 평가의 적용 사례를 조사하고, 포트폴리오 평가에서의 효과적인 피드백 방안에 대하여 토의하시오.
5. 참평가 과제 개발을 위한 GRASPS 기법을 설명하고, GRASPS 기법을 활용하여 참평가 과제와 루브릭을 개발하시오.
6. 과정 중심 평가의 필요성과 특징에 대하여 설명하고, 과정 중심 평가에서 요구되는 평가 전문성에 대하여 토의하시오.

10
Chapter

정의적 행동 특성 평가

학습내용

1. 정의적 행동 특성 평가의 의의
2. 정의적 행동 특성의 유형
3. 정의적 행동 특성의 평가 방법
4. 정의적 행동 특성의 측정 도구

학교교육은 전인교육을 추구한다. 따라서 학습 성과의 측면에서 인지적 영역의 성장과 더불어 정의적 행동 특성을 신장시켜야 한다. 단위 학교에서는 학생의 태도, 흥미, 가치 등과 같은 정의적 행동 특성의 발달에 노력을 기울여야 한다. 정의적 행동 특성에서는 정의적 행동 특성 평가의 의의, 정의적 행동 특성의 유형, 정의적 행동 특성의 평가 방법, 정의적 행동 특성의 측정 도구에 대하여 살펴보았다.

1 정의적 행동 특성 평가의 의의

가. 정의적 행동 특성 평가의 중요성

학생 평가에서 정의적 행동 특성(affective characteristics) 평가에 관심을 가져야 한다. 학생 평가에서 정의적 행동 특성 평가의 중요성을 살펴보면 다음과 같다.

첫째, 학교교육은 전인교육을 추구한다. 그러므로 학습 성과의 측면에서 정의적 행동 특성의 성장과 발달에 관심을 가져야 한다. 학습 성과로서 정의적 행동 특성은 전인교육의 한 영역으로서 학교교육을 통해 반드시 교육되고, 달성되어야 하는 목표를 의미한다. 학교교육에서 중시하는 정의적 학습 성과에는 가치관, 태도, 자아개념 등이다(Anderson, 1981). 학교에서는 학생의 정의적 행동 특성과 관련된 목표 달성 여부를 확인하고, 학생의 정의적 행동 형성 및 성장 여부를 평가할 필요가 있다(황정규, 1998).

둘째, 학교 학습 장면에서 학습자가 열의와 흥미를 가지고 학습 과제에 참여하게 되면 학습의 효과성이 높아진다(Marsh, 1990). 정의적 행동은 학생의 지적 성취의 성공과 실패를 결정하는 중요한 요소이기 때문에, 정의적 행동 특성 평가에 관심을 가져야 한다(정미숙, 1991).

셋째, 정의적 행동 특성 평가는 학생들로 하여금 사회 구성원으로서 참여하게 하며, 직업기술을 준비시키며, 현재와 미래의 동기를 최대화시키며, 낙제나 유급을 방지하는 효과가 있다. 정의적 행동 특성에 대한 평가는 교육과정, 교과서, 수업 등을 개선을 위한 의사 결정에 활용된다(황정규, 1998).

나. 정의적 행동 특성 평가의 목적

교사는 학생의 정의적 행동 특성을 평가하게 된다. 정의적 행동 특성의 평가 목적은 다음과 같다(Ormrod, 1999; Popham, 2003).

첫째, 정의적 행동 특성은 학생의 미래 행동을 예측하는 데 매우 강력한 변인이다. 교사는 학생들이 학교에서 성공하고 졸업 후 사회에서 성공하기를 바란다. 수업이 지루하거나 능력이 부족해서 수학을 싫어하는 학생이 있다면 이 학생은 혼자서 수학 문제를 풀지 못하고 회피하게 될 가능성이 높다. 교사는 이에 대하여 긍정적인 태도를 형성시켜야 하며, 학생이 가지고 있는 부정적인 태도를 바꾸기 위해 교육적으로 개입해야 할 의무가 있다.

둘째, 교육의 중요한 목적 중의 하나는 정의적 행동 특성을 발달시키는 것이다. 교사는 학업 성취도와 같은 인지적 영역뿐만 아니라 학생의 태도, 흥미, 가치 등과 같은 정의적 행동의 발달에 노력을 기울여야 한다. 교사는 학년 초와 학년 말에 학생의 정의적 행동 특성을 평가함으로써 이러한 평가 활동이 교육의 질을 높이는 데 얼마나 중요한지를 생각할 수 있고, 정의적 행동 특성에 대해 보다 많은 관심을 가지고 수업에 임할 수 있다.

셋째, 정의적 행동 특성에 대한 평가 도구를 제작하고 검토함으로써 교사는 특정한 정의적 영역을 분명하게 파악하여 학습 목표에 반영할 수 있다. 교사가 학생의 정의적 행동 특성을 평가함으로써, 정의적 영역에 대한 목표를 명료화하고, 정의적 영역에 대한 학습 성과를 증진할 수 있는 방안을 모색하게 된다.

넷째, 학생의 정의적 행동 특성에 관한 정보는 효과적으로 수업을 하는 데 도움이 된다. 예를 들어, 어떤 학생이 학습 내용에 대해 지루해하고 흥미를 보이지 않는다면, 이 문제를 해결하려고 시도할 것이다.

다섯째, 정의적 행동 특성은 학습과 밀접한 관계가 있다(Ormrod, 1999). 학생이 학습 활동에 흥미를 갖고 참여하게 되면 문제 해결력이 향상된다. 학생이 정서적으로 안정되고 편안함을 가지면 학습에 보다 적극적으로 참여하게 되고, 주의집중, 기억, 회상, 전이하는 데 긍정적인 영향을 끼친다. 교실의 긍정적인 분위기는 학생 참여를 촉진한다. 정의적 행동 특성의 평가는 학생들의 정의적 행동을 긍정적으로 형성하고 유지하는 데 활용된다.

다. 정의적 행동 특성의 평가가 어려운 이유

정의적 행동 특성이 중요함에도 불구하고, 정의적 행동 특성에 대한 체계적인 평가가 이루어지지 않는 경향이 있다. 정의적 행동 특성의 평가가 실시되지 않는 이유는 다음과 같다(김호권 외, 1978; 임인재 외, 1987; 황정규, 1998; Ormrod, 1999).

첫째, 정의적 행동 특성에 대한 개념 정의의 문제가 있다. 정의적 행동 특성은 추론에 의하여 설정된다. 따라서 태도, 가치, 흥미를 정의하기는 쉽지 않다. 왜냐하면 겉으로 드러난 행동을 가지고 그것을 개념화하기에는 모호한 점이 있기 때문이다.

둘째, 학년이 증가할수록 학교는 교과를 중심으로 운영된다. 교과에서는 인지적 행동을 주로 평가하고, 정의적 행동에 대한 평가는 후순위가 된다.

셋째, 정의적 행동 특성의 평가에 대한 신뢰도가 낮다. 교사가 원하는 답에 응답하거나 순간적이고 일시적인 분위기에 영향을 받으며, 이들 특성 인식에 대한 교사의 편의가 발생한다.

넷째, 교육의 책임성 문제이다. 정의적 행동 특성의 발달에 대한 책임은 학교에 있지 않고, 사회와 가정이 공유할 책임으로 인식되고 있다. 따라서 학교가 이를 회피해도 그 책임을 전적으로 물을 수 없다는 인식이 있다.

다섯째, 교육 기간의 문제이다. 정의적 행동 특성이 단기간의 학교학습을 통해 변화될 수 없다는 인식이 있다. 학교교육에서 지적 성취를 이루기에도 벅차다는 이유로 정의적 행동 특성에 대한 교육과 평가가 이루어지지 않는다.

여섯째, 수업시간에 교과 내용 이외에 태도, 가치관, 신념 등을 가르치면 안 된다는 사회적 인식이 있다. 왜냐하면, 정의적 행동 특성은 가치판단 문제와 개입되기 때문에 교사의 판단에 의하여 그 가치가 학습자에게 주입, 교화, 세뇌될 수 있기 때문이다. 따라서 논쟁의 여지가 없는 태도, 흥미, 가치 등에 대한 정의적 행동 특성을 평가해야 한다. 논쟁의 여지가 없는 정의적 행동 특성은 〈표 10-1〉과 같다.

〈표 10-1〉 논쟁의 여지가 없는 정의적 행동 특성의 예

정의적 특성	예시
태도	학습태도, 자아개념, 다문화 태도
흥미	교과 흥미, 시사 문제 흥미, 봉사 활동 흥미
가치	정직, 성실, 정의

라. 정의적 행동 특성 평가의 유의 사항

정의적 행동 특성은 직접적으로 관찰되지 않기 때문에 행동으로부터 추론하거나 자신과 다른 사람들의 말을 통해서 추론하게 된다. 정의적 행동 특성의 자료를 수집할 때에는 다음을 고려해야 한다. 첫째, 감정과 느낌은 빠르게 변하기 때문에 장기간에 걸쳐 다양한 평가 방법을 사용한다. 둘째, 정의적 행동 특성을 측정하는 데 다양한 방법을 활용해야 한다. 교사 관찰, 자기보고식 평가, 동료평가 등의 결과가 일치하면 그 결과를 신뢰할 수 있다. 셋째, 정의적 행동 특성의 평가는 평가 목적과 평가 방법에 유의해야 한다. 정의적 행동 특성의 평가는 개인과 집단에 따라서 다르게 실시된다. 수업 방법을 개선할 때에는 집단을 대상으로 정보를 수집하고, 학부모 상담을 한다면 다양한 자료를 활용하여 개인정보를 수집한다.

2 정의적 행동 특성의 유형

가. 정의적 행동 특성의 개념

정의적 행동 특성은 개인의 동기, 흥미, 태도, 자아개념, 가치관, 성격 등을 총칭

하는 것으로 인지적 행동 특성과 달리 일정한 대상에 대한 감정적 색조를 나타내는 호-불호, 접근-회피, 수용-거부의 관계를 설명하는 추상적 개념이다(Krathwohl, Bloom & Masia, 1964). 또한, 정의적 행동 특성이란 인간이 지니고 있는 전형적인 감정이나 정서를 나타내는 특성 또는 특질이라고도 할 수 있다.

Anderson(1981)은 인간의 사고나 행동이 어떤 정의적 행동 특성으로 분류되기 위해서는 다음과 같은 5가지 요소가 반영해야 함을 강조하였다. 첫째, 정의적 행동 특성은 그 행동이나 사고가 감정이나 정서를 내포한다. 이것은 직접 관찰할 수 없으므로 개인의 행동을 통해 추리된다. 둘째, 정의적 행동 특성은 전형성을 갖는다. 정의적 행동 특성은 일관성과 안전성을 지니고 있어야 한다. 정의적 행동 특성은 일시적으로 생기는 정의적 반응과 구별되며, 일반적으로 느끼는 것을 측정한다. 셋째, 정의적 행동 특성은 강도가 있다. 강도는 감정의 세기와 정도를 의미한다. 예를 들어, '사랑의 감정'은 '좋아함의 감정'보다 더 강한 감정이다. 또한, 사람에 따라서 지니고 있는 감정의 세기도 다르다. 넷째, 정의적 행동 특성은 방향성을 지녀야 한다. 방향성이란 감정의 정적 방향과 부정 방향을 의미한다. 이것은 어떤 감정의 '좋음'과 '나쁨'을 표현한다. 다섯째, 정의적 행동 특성은 감정이 향하는 목표물, 활동 또는 아이디어 등과 같이 대상이 있다. 예를 들어, 불안의 대상은 사람, 사회적 상황, 수업, 특정 교과 등이 있다. 이상과 같이 정의적 행동 특성은 환경 내에 있는 구체적인 대상, 사물, 사람, 추상적인 이념 등과의 관계를 나타낸다. 따라서 정의적 행동 특성은 환경의 자극과 그에 대한 해석을 통해서 습득된다.

나. 정의적 행동 특성의 유형

정의적 행동 특성은 비인지적 심리 특성으로서 학자에 따라 구체적인 기준과 개념 분류 방식에 있어서 차이가 있다. Brown(1987)은 정의적 행동 특성을 인성적 요인과 사회 문화적 요인으로 분류하였다. 인성적 요인에는 자아존중감, 동기, 자아

방어, 모험 감수, 불안감, 감정 이입, 외향성 등이 있으며, 사회 문화적 요인에는 태도, 사회적 거리감 등이 있다. McMillan(2014)은 정의적 행동 특성에 대한 정의에 기초하여, 정의적 행동 특성과 관련된 요인으로 태도, 가치, 동기, 학업적 자아개념, 사회적 관계, 학급 환경 등을 제시하였다. Anderson(1981)은 학교학습과 관련된 정의적 행동 특성으로 태도(attitude), 흥미(interest), 가치(values), 선호(preferences), 학업적 자아 존중(academic self-esteem), 통제의 소재(locus of control) 및 불안(anxiety)을 제시하였다.

1) 태도

태도(attitude)란 주어진 한 대상에 대해 호의적 또는 비호의적으로 일관성 있게 반응하는 학습된 경향성을 의미한다. 태도는 적당한 정도의 강도를 지닌다. 호의성의 정도는 태도의 강도를 표시한다. 태도의 표적 대상은 하나의 대상이고, 호의적 또는 비호의적인 방향성을 갖는다. 태도는 특정 대상을 향해 형성되는 전형적인 감정이다. 태도가 학습된다는 것은 특별한 표적에 대해 감정을 나타내는 것을 학습한다는 것을 의미한다. 따라서 태도가 학습되면 그 대상이 존재할 때마다 동일한 감정을 일관되게 표출한다.

2) 흥미

흥미(interest)란 개인으로 하여금 주의 또는 획득을 위하여 어떠한 대상, 이해, 활동, 목표 또는 기술을 추구하려는 충동으로서, 이것은 경험을 통해 형성된 조직적 기질과 성향을 의미한다. 흥미는 어떤 대상에 대하여 특별히 주의하려고 하는 감정과 경향이다. 따라서 흥미의 표적은 특정한 대상 특히 어떤 활동을 향하며, 방향성은 흥미가 있거나 흥미가 없는 것으로 정해진다. 흥미의 강도는 높고 낮음으로 표현된다. 흥미는 학습된 것으로 학습을 통해 조직된다. 흥미는 태도보다 높은 강도를 갖는다.

3) 가치

가치(values)란 바람직한 것의 개념, 실제로 바람직한 것이 아니라 바람직해야 하는 것으로 행동의 선택에 영향을 미친다. 즉, 가치란 바람직해야 하는 것, 중요하거나 소중한 것, 그리고 어떤 행위나 존재의 표준이 개인적으로 또는 사회적으로 받아들여질 수 있는 것 등과 관련된 신념이라고 할 수 있다. 태도와 흥미는 가치에 의해 영향을 받는다. 가치는 높은 강도를 나타내며, 방향은 옳고 그름, 중요도, 수용도의 한쪽으로 나타난다. 가치의 표적은 행동, 활동, 태도 등과 같이 다양하다. 가치는 일단 형성되면 영구히 지속되어 생활의 전반에 영향을 미친다. 가치는 학습되지만 비교적 변하지 않는다. 가치는 태도나 흥미보다 잘 변하지 않고 변화시키기도 어렵다.

4) 선호

선호(preferences)는 어떤 대상물, 활동 또는 아이디어를 다른 대상물 또는 아이디어를 받아들이려는 기질이다. 선호는 여러 대상 중에서 특정의 것을 선택하려는 경향성이다. 선호는 흥미, 태도 또는 가치 중에서 각각 어떤 것에 우선권을 부여할 때 영향을 미친다. 선호는 여러 다양한 수준의 강도를 지니고 있으나 '받아들이려는' 용어에서 볼 수 있듯이, 낮은 정도의 강도를 가진 감정이라고 할 수 있다.

5) 학업적 자아 존중

학업적 자아 존중(academic self-esteem)은 학업 상황에서 자기 자신을 대상으로 자기 자신에 대해서 스스로 가지고 있는 지각을 의미한다. 자기 자신에 대한 지각은 평가적 지각(나는 좋은 학생이다)과 사실적 지각(나는 나눗셈을 할 수 있다)으로 구분될 수 있다. 학업적 자아존중감의 표적은 자기 자신의 학업과 관련된 것으로, 방향성은 정적 방향과 부적 방향을 갖는다. 강도는 실제 어떤 사람이 지니고 있는 다른 여러 가지 지각과 신념 그리고 자기 자신에 대한 지각과의 관계에 따라 달라지며, 강도의 범위는 낮은 강도에서 높은 강도에 이르는 폭넓은 범위를 가지고 있다. 학업적 자아 존중은 학습되는 것으로서 학습의 많은 부분이 타인에 의한 자아의 평가로부터 발생한다.

6) 통제의 소재

통제의 소재(locus of control)는 어떤 개인이 자신의 행동이나 그 행동의 결과에 대한 책임을 받아들이는 정도이다. 이것은 실제적으로 자신의 행동에 대해 책임을 지거나 거부하는 일종의 선호라고 할 수 있다. 표적은 개인의 행동 또는 활동이며, 방향은 외적인 방향과 내적인 방향으로 구성된다. 강도는 추정하기가 어렵다.

7) 불안

불안(anxiety)이란 자신의 안전에 대해 어떠한 실제적인 위협 또는 상상적인 위협을 느낄 때 생기게 되는 긴장된 경험이다. 표적은 자신의 안전에 대한 실제 또는 상상적인 위협이다. 방향은 안정과 긴장의 어느 하나를 갖는다. 강도는 다른 정의적 행동 특성보다 매우 높다.

이상에서 살펴본, 정의적 행동 특성을 표적, 방향, 밀도의 측면에서 비교하면 <표 10-2>와 같다.

〈표 10-2〉 정의적 행동 특성의 표적, 방향, 밀도 비교

정의적 행동 특성	평균 강도	방향	표적	진술문 예
태도	중간	호의-비호의	대상, 활동, 아이디어	나는 선생님을 좋아한다.
흥미	높음	관심-무관심	대상, 활동, 아이디어	나는 커서 선생님이 되고 싶다.
가치	높음	중요성-비중요성	대상, 활동, 아이디어	교사는 권위가 있어야 한다.
선호	낮음	호-불호	대상, 활동, 아이디어	나는 영어를 선택하였다.
학업적 자아 존중	중상	적극적-소극적	학업적 자아 속의 자신감	나는 공부를 잘할 수 있다.
통제의 소재	낮음	내적-외적	한 행동 뒤에 뒤따르는 행동 또는 활동	공부를 못하는 이유는 나 때문이다.
불안	매우 낮음	긴장-이완	위협으로 지각되는 대상, 활동, 아이디어	나는 교사 옆에만 가도 신경이 쓰인다.

3 정의적 행동 특성의 평가 방법

정의적 행동 특성을 측정 및 평가하는 방법에는 질문지법, 관찰법, 평정법 등 다양한 방법이 사용될 수 있다(김성훈 외, 2018). 이에 대하여 살펴보면 다음과 같다.

가. 질문지법

질문지법은 많은 학생을 대상으로 단기간에 일제히 실시할 수 있을 뿐만 아니라 그 결과를 비교적 신속하게 기계적으로 처리할 수 있다. 질문지법은 사실 발견과 심리 측정을 위해서 사용되는 경향이 있다. 사실 발견에 관한 질문은 주로 학생의

생활배경에 관한 사실을 묻는 질문이다. 예를 들어, 나이, 키, 부모의 직업, 가족 수 등을 묻는 질문이다. 심리 측정에 대한 질문은 의견, 태도, 감정과 같은 개인의 심리적 경향성을 묻는 질문이다.

질문지의 종류는 응답 형식에 따라 구조화된 질문지와 비구조화된 질문지가 있다. 구조화된 질문지는 미리 정해진 여러 개의 선택지를 주어 선택하게 하는 방법이며, 비구조화된 질문지는 학생이 주어진 문제에 대해 자유롭게 반응하도록 하는 방법이다. 구조화된 질문지에는 선택형, 체크리스트형, 유목 분류형, 등위형, 평정척도형 등이 있으며, 비구조화된 질문지에는 자유반응형이 있다.

나. 관찰법

관찰법은 정의적 행동 특성을 측정하는 가장 오래된 방법이다. 관찰은 질문지를 통해 양적으로 알게 된 학생의 정의적 행동 특성을 보다 심도 있고 면밀하게 이해할 수 있다는 장점이 있다. 교사는 학생들의 반응, 수업 태도, 토의나 토론 과정, 문제 해결 과정 등을 관찰함으로써, 학생들의 정의적 행동 특성을 파악할 수 있다.

관찰법을 사용할 때 주의할 점은 다음과 같다. 첫째, 관찰은 계획적으로 이루어져야 한다. 둘째, 평가자의 주관이 개입되지 않은 객관적인 관찰을 해야 한다. 셋째, 교사는 관찰 상황을 고려한 학생들의 변화 추이를 관찰한다. 넷째, 교사는 편견이나 고정관념이 없어야 한다. 다섯째, 교사는 사전에 구체화한 관찰 행동 목록에 기초하여 자료를 기록한다.

관찰법의 장점은 질문지법, 평정법에 의해서는 발견할 수 없는 학생의 행동 변화에 관한 자료를 얻을 수 있다는 것이다. 그리고 관찰법은 자기 보고로 인한 허위 반응이나 응답의 중립화 경향을 어느 정도 예방할 수 있다는 장점이 있다. 그러나 관찰법은 수집한 자료의 수량화에 대한 제한이 있으며, 주관적 판단이 개입될 수 있다는 단점이 있다.

관찰의 방법으로는 자연 관찰법, 전기 관찰법, 행동 요약법, 시간 표집법, 장면 표집법, 참여 관찰법, 실험 관찰법 등이 있으며, 각각의 주요 특징은 〈표 10-3〉과 같다.

〈표 10-3〉 관찰법 유형과 주요 특징

유형	주요 특징
자연 관찰법	어떠한 의도도 없이 일상생활 속에서 자연스럽게 일어난 행동을 관찰하는 방법
전기 관찰법	개인의 다양한 특성을 장기간에 걸쳐 지속적으로 관찰하는 것
행동 요약법	개인의 행동을 특정 분류 체계에 의해 범주화한 후 그것을 준거로 집중 관찰하고 그 대표적 특성을 기록하는 방법
시간 표집법	특정한 행동이 일정한 시간 사이에 얼마나 빈번히 발생하는가를 양적으로 측정하는 방법
장면 표집법	상황이나 장면을 표집하여 관찰하는 것
참여 관찰법	관찰자가 관찰하고자 하는 집단이나 상황 속에 직접 참여하여 피관찰자의 행동을 관찰하는 방법
실험 관찰법	관찰하려는 장면이나 조건을 인위적으로 통제하거나 조작해서 행동을 보다 정확하고 엄밀한 조건 아래에서 관찰하려는 방법

다. 평정법

평정법은 한 개인의 어떤 특성에 관한 의견의 표본을 직접적으로 또는 객관적으로 수집하는 방법을 말한다. 평정법의 종류에는 기술 평정척, 표준 평정척, 숫자 평정척, 순위법, 체크리스트 평정척 등이 있으며, 각각에 대한 설명은 〈표 10-4〉와 같다.

〈표 10-4〉 평정법 유형과 주요 특징

유형	주요 특징
기술 평정척	평정척도의 각 유목 또는 단계를 간단한 단어, 구, 문장으로 기술하는 방법
표준 평정척	사전에 엄밀한 판단과 통계적 절차에 따라 결정된 표준이 될 만한 작품이나 인물을 결정해 놓고, 평정하려는 작품이 그 표준작품 또는 인물의 어느 것에 보다 근사한가를 결정하는 방법
숫자평정척	가장 많이 사용되는 방법이며, 평정하려는 정의적 특성의 단계를 숫자로 표시하는 방법
순위법	평정하려는 행동 특성에 관해 평정 집단의 개인을 최고에서 최저에 이르기까지 서열을 매기는 방법
체크리스트 평정척	사전에 어떤 행동 특성의 일람표를 만들어 각 행동 특성이 일어나는가 그렇지 않은가를 체크하는 방법

4 정의적 행동 특성의 측정 도구

정의적 행동 특성의 측정 도구로는 리커트 척도, 다차원 척도, 자신감 척도 등이 사용된다. 이들 측정 도구에 대하여 살펴보면 다음과 같다.

가. 리커트 척도

정의적 행동 특성 척도 중에서 가장 잘 알려져 있고 가장 널리 사용되고 있는 척도는 리커트 척도이다. 리커트 척도는 일련의 진술문으로 구성되어 있으며, 응답자는 각 진술문에 동의하는 정도를 표시한다. 리커트 척도는 대체로 '매우 동의', '동의', '불확실', '반대', '매우 반대'의 다섯 개의 응답 유목을 가지고 있다. 리커트 척도의 중요한 특징은 일차원성이라는 점이다. 한 척도에 담긴 모든 진술

문항은 단일한 정의적 행동 특성에 대한 정보를 수집하기 위하여 설계된다. 리커트 척도는 약 20~30개의 진술문으로 구성된다. 리커트 척도의 예는 〈표 10-5〉와 같다.

〈표 10-5〉 리커트 척도의 예

문항 내용	매우 그렇다	그저 그렇다	보통이다	조금 아니다	매우 아니다
모든 사람의 평등과 공정함의 가치를 존중한다.					
지구환경의 보호와 보존의 가치를 존중한다.					
다른 사람의 기쁨과 슬픔 등의 감정의 차이와 다양성을 존중한다.					
다양한 문제를 해결하기 위해 다른 사람과 협력해야 하는 가치를 존중한다.					
자신과 타인을 소중히 여기며 존중한다.					

나. 다차원 척도

교사는 학생의 흥미, 태도, 가치 등과 같이 정의적 행동 특성을 대략적으로 이해할 필요가 있다. 교사가 학생의 정의적 행동 특성을 대략적으로 파악할 때에는 다차원 척도를 활용하는 것이 타당하다. 다차원 척도는 다양한 정의적 행동 특성을 동시에 다룰 수 있다는 장점이 있다. 교사가 정의적 행동 특성의 측정을 위한 다차원 척도를 개발할 때에는 긍정 문항과 부정 문항을 균형 있게 사용하는 것이 좋다. 다차원 척도의 예는 〈표 10-6〉과 같다.

〈표 10-6〉 다차원 척도의 예(이광상 외, 2016)

구인	문항	매우 그렇다	그저 그렇다	보통 이다	조금 아니다	매우 아니다
자신감	나는 대체로 수학을 잘한다.					
	나는 우리 반 친구들에 비하여 수학을 더 어려워한다.					
	수학은 내가 잘하는 과목이 아니다.					
	나는 수학 내용을 빨리 배운다.					
흥미	나는 수학을 공부하는 것이 즐겁다.					
	수학은 지루하다.					
	나는 수학을 좋아한다.					
가치	수학을 배우는 것이 일상생활에 도움이 된다고 생각한다.					
	다른 과목을 배우는 데 수학이 필요하다.					
	원하는 대학에 들어가기 위해 수학을 잘할 필요가 있다.					
	원하는 직업을 갖기 위해 수학을 잘할 필요가 있다.					

다. 자신감 척도

자신감 척도는 수업과 관련된 교사의 의사 결정을 돕는 데 목적이 있다. 이 척도는 학생에게 다양한 종류의 활동을 열거한 후 만약 이러한 활동을 개인적으로 수행해야 한다고 할 때, 어느 정도 자신감이 있는지 묻는 형식으로 구성된다. 학생이 기대하는 자신감과 실제 그 학생의 역량 간에는 정적인 상관관계를 가질 가능성이 있다. 예를 들어, 역량이 높으면 자신감이 높다. 자신감 척도에 기초한 추론은 반 전체 학생에 초점을 두어야 한다는 것이다.

자신감 척도를 사용할 때에는 다음에 유의한다. 첫째, 교사가 특별히 관심을 가지는 활용을 선택해서 자신감 척도를 제작한다. 둘째, 수업과 관련된 의사 결정을 하는 것이 목적이므로, 개별 문항에 대한 학급 전체의 평균을 산출하는 것이 유용한 채점 방식이다. 자신감 척도를 구성하는 활동은 교사가 가르칠 내용에 초점을 두고 구체적으로 기술되기 때문에, 교사가 어떤 학습 내용을 어느 정도 시간을 할애해야 하는지를 결정하는 데 도움이 된다. 셋째, 자신감 척도 각 문항에 대한 학급의 사전 검사와 사후 검사 점수를 비교하여 수업 효과성을 평가할 수 있다. 성재형(2012)의 무용공연 자신감척도(DPCS)는 〈표 10-7〉과 같다.

〈표 10-7〉 무용공연 자신감척도(DPCS)(성재형, 2012)

문항 내용	매우 그렇다	그저 그렇다	보통 이다	조금 아니다	매우 아니다
1. 나는 무용 공연 수행 시 생각과 행동을 일치시킬 수 있는 능력이 뛰어나다.					
2. 나는 공연 시 연습 때와 같이 일관성 있게 실력을 발휘할 수 있다.					
3. 나는 공연 시 압박감(스트레스)을 해소할 수 있는 능력이 뛰어나다.					
4. 나는 무대 조건에 따라 대처할 수 있는 능력이 뛰어나다.					
5. 나는 공연 시 관객정도에 따라 대처할 수 있는 능력이 뛰어나다.					
6. 나는 공연을 성공적으로 수행할 수 있다는 자신감이 충만해 있다.					
7. 나는 평소 무용 활동에 있어서 컨디션을 조절할 수 있는 능력이 뛰어나다.					
8. 나는 평소 작품 연습을 할 때 작품에 대한 정신 집중력이 뛰어나다.					

문항 내용	매우 그렇다	그저 그렇다	보통 이다	조금 아니다	매우 아니다
9. 나는 평소 무용 활동에 대한 자신감과 자부심이 충만해 있다.					
10. 나는 평소 무용 활동이나 연습을 충분히 소화할 수 있는 능력이 있다.					

요약

정의적 행동 특성의 평가에서는 정의적 행동 특성 평가의 의의, 정의적 행동 특성의 유형, 정의적 행동 특성의 평가 방법, 정의적 행동 특성의 측정 도구에 살펴보았다. 정의적 행동 특성은 태도, 가치, 흥미 등에 관한 것으로 학교교육에서 중요하게 달성시켜야 하는 교육 목표 중의 하나이다. 정의적 행동 특성의 평가의 의의에서는 정의적 행동 특성 평가의 중요성, 목적, 정의적 행동 특성 평가가 어려운 이유, 정의적 행동 특성 평가의 유의 사항에 대하여 살펴보았다. 정의적 행동 특성의 유형에서는 정의적 행동 특성의 개념, 정의적 행동 특성의 유형에 대하여 살펴보았다. 정의적 행동 특성의 평가 방법에서는 질문지법, 관찰법, 평정법을 살펴보았다. 정의적 행동 특성의 측정 도구에서는 리커트 척도, 다차원 척도, 자신감 척도에 대하여 살펴보았다.

생각해 봅시다

1. 정의적 행동 특성 평가의 중요성을 설명하고, 정의적 행동 특성 평가에서 고려할 점에 대하여 토의하시오.
2. 정의적 행동 특성의 유형을 설명하고, 자신이 가장 중요하다고 생각하는 정의적 행동 특성에 대하여 토론하시오.
3. 정의적 행동 특성의 평가 방법을 비교하시오.
4. 정의적 행동 특성의 측정 도구를 조사하여 발표하시오.

11 Chapter 평가 피드백

학습내용

1. 피드백의 개념 및 기능
2. 피드백의 원리
3. 피드백 모형
4. 피드백의 유형
5. 효과적인 피드백 전략

피드백은 교수·학습 및 평가에 있어서 핵심적인 역할을 하며, 학습자 자신의 학습 상황을 이해하도록 돕는 데 중요한 역할을 한다. 평가 피드백에서는 피드백의 개념 및 기능, 피드백의 원리, 피드백 모형, 피드백의 유형, 효과적인 피드백 전략에 대하여 살펴본다.

1 피드백의 개념 및 기능

가. 피드백의 개념

피드백은 교수·학습 및 평가에 있어서 핵심적인 역할을 하며 학습자 자신의 학습 상황을 이해하도록 돕는 데 중요한 역할을 한다(Sadler, 2010). 피드백은 학습에서 폭넓게 사용되기 때문에, 다양한 관점에서 정의되고 있다. 예를 들어, 피드백은 제공자와 수용자 사이의 메시지 전송이라는 기계적인 관점에서 정의될 수 있다. 피드백은 현재 수준과 목표 수준과의 차이를 좁혀줄 수 있는 다양한 정보 제공 활동으로 정의되기도 한다. 최근에는 대화의 과정, 지속 가능한 과정과 같이 과정으로서의 피드백에 초점을 맞추는 경향이 있다. 한편 피드백은 자기조절학습을 촉진시키는 요소에 포함되기도 한다. 교사 피드백, 동료 피드백, 자기 피드백으로 피드백의 범위가 확장되면서, 이들을 포함한 피드백에 대한 개념이 정의되기도 한다(McLean et al., 2015).

피드백은 학습자 반응에 대한 적절한 정보 제공이라는 공통점이 있다(임태민, 백석윤, 2009). 피드백은 학습자 반응에 대한 정보 제공의 관점에서, 학생의 학습 결과에 대한 안내와 교수·학습 과정에서 발생하는 의사소통의 관점으로 구분할 수 있다(김동희, 2023).

첫째, 피드백은 학생의 학습 결과에 대한 안내의 관점에서 다음과 같이 규정될 수 있다. Kulhavy(1977)는 피드백을 학생 반응의 옳고 그름을 안내하는 다양한 방법으로 정의하였다. 김학수(1983)는 학습을 성공적으로 수행하기 위해 교사가 학생들에게 학습 결과에 대한 지식을 깨닫게 해주는 것을 피드백으로 정의하였다. Cole과 Chan(1987)은 학습에 대한 학습자의 반응에 대한 정보 제공 또는 학습자의 성취 과정 또는 결과의 적절성을 확인하여 학습의 진전도를 조정하는 데 도움을 주는 정보를 피드백으로 정의하였다. 권낙원(2013)은 개별 학습자의 활동이나 반응의 적절성에 대하여 개별 학습자에게 송환하는 정보를 피드백으로 보았고, 피드백을 학습자에게 정보를 제공하는 모든 형태의 의사소통으로 정의하였다. 신동로와 서길주(2001)는 학습자가 일정한 학습 과제를 수행한 다음 그 결과의 옳고 그름에 대한 정보를 제공하고, 그 이유를 설명하거나 학습의 부족한 부분을 보충하기 위해 교수·학습 과정 이외의 부가적 정보를 학습자에게 제공하는 것을 피드백으로 정의하였다. McMilan(2014)은 평가 결과로 나타난 학생의 지식, 기술, 능력에 대하여 다양하고 구체적인 정보를 제공하는 것을 피드백으로 정의하였다.

둘째, 피드백은 교수·학습 과정에서 발생하는 의사소통 관점에서 다음과 같이 규정할 수 있다. Hyland(2003)는 피드백을 수정, 적절성, 학습자의 행동의 정확성에 대하여 학습자에게 제공하는 코멘트로 설명하였다. 이것은 학습 상황에서 학생들의 질적·양적 성취에 대해 정보를 제공하는 모든 형태의 의사소통을 피드백으로 간주한 것이다. Hattie와 Timperley(2007)는 피드백을 교수자에 의해 제공되는 학습자의 수행과 이해 측면에 관한 정보로 정의하였다. Shute(2008)는 피드백을 학생의 사고와 행동을 교정하기 위한 정보로 정의하였으며, 교사의 교수·학습 개선에 유용한 정보를 제공하는 것으로 정의하였다. 김은희와 변호승(2017)은 학습자의 능력을 최대한 발휘하도록 동기를 부여하는 것으로 피드백을 정의하였다. 이들은 학습자의 학습 활동에 대해 양적이거나 질적인 정보를 학습자에게 제공해 주는 모든 활동을 피드백으로 규정하였다. 피드백은 학습 과제의 각 부분을 완전히 숙달했는지의 여부를 알려주거나 현재 행동에 관한 정보를 제공하여 미래 행동을 향상시킬 수 있는 데 사용할 수 있는 정보를 제공하는 행위라고 할 수 있다. 허가은과 신항균(2017)은 피드백을 학습 진행 과정에서 학생의 학습 이해 정도를 파악하여 학습의 이해도를 높일 수 있게 제공하는 구체적인 활동과 설명인 동시에 교사가 학습 증진에 도움이 되는 방향으로 수업을 수정 및 보완할 수 있도록 정보 제공의 근거가 되는 것이라고 정의하였다.

이상에서 살펴본 피드백의 두 가지 관점을 종합하면, 피드백은 교수·학습 과정에서 발생하는 학습자 반응에 대해 교수자와 학습자 간에 이루어지는 모든 형태의 의사소통이라고 할 수 있다(김동희, 2023: 61).

최근에는 피드백에 대한 관점이 학생들에게 일방향으로 정보를 제공하는 관점에서 벗어나 학생들의 적극적인 역할을 강조하는 대화적 관점으로 전환되고 있다(Carless, 2015). 정보 제공의 관점에 의하면, 피드백은 학생들의 학업 수행 또는 학업 이해에 관해 정보를 제공하는 형태가 된다(Black & Willam, 1998). 이와 같이, 정보를 제공하는 형태로서의 피드백은 학생의 반응을 충분히 이끌어 내지 못하며, 단순 정보전달만으로는 성취향상으로 이어지는 데 한계가 있다(Crisp, 2007).

이러한 한계를 극복하기 위하여, 최근에는 피드백의 일방향적 제시보다 양방향적 대화에 초점을 맞추어 공식적, 비공식적 상황에서 학습을 지지하는 모든 대화를 피드백으로 규정하는 경향이 있다(Askew & Lodge, 2000; Yang & Carless, 2013). 대화적 관점에 의하면, 교사와 학생들의 피드백에 대한 인식이 긍정적으로 변화될 수 있다. 대화는 단순히 생각을 교환하는 것 이상으로, 교사와 학생이 함께 생각하고 추론하는 것을 포함한다(Gravett & Petersen, 2002). 대화 형식의 피드백은 학생들이 새로운 지식을 이해하고 개념적 틀을 개발하는 것을 돕는 데 중요한 역할을 한다(박민애, 2019).

최근에는 형성적 피드백(formative feedback)이라는 용어가 사용되기도 한다. 형성적 피드백은 정보를 제공하는 활동을 넘어서 실질적인 학습향상이 이루어지는 데 관심을 갖는다. 형성적 피드백의 개념을 정리하면 다음과 같다(Ruiz-Primo & Li, 2013). 첫째, 형성적 피드백은 현재의 수준과 목표 수준의 비교를 통해 목표와의 차이를 줄일 수 있는 구체적인 정보제공을 의미한다. 즉, 형성적 피드백이란 학습목표를 명료화하고 평가 기준을 명확화하여 목표를 성공적으로 달성할 수 있도록 안내하는 피드백을 의미한다. 둘째, 형성적 피드백은 피드백의 과정에서 학생의 적극적인 역할 수행을 강조한다. 학생들은 평가 과정에서 학습목표, 평가목표를 명확하게 이해해야 하며, 자신의 수준과 목표 수준과의 비교를 통해 이들의 차이를 줄일 수 있도록 평가정보를 활용하고, 어떤 피드백이 도움이 되었는지 함께 논의하면서 참여하게 된다. 또한 자기 평가와 동료평가를 통해 스스로 피드백을 생산하도록 격려 받는다. 셋째, 형성적 피드백은 특별한 피드백의 방식이라기보다는 교육적 비계(scaffolding)로서 기능하는 다양한 형태의 피드백을 모두 포함한다. 교육적 비계란 학습자의 학습 과정과 결과에 있어서의 인지적 요소와 정의적 요소를 모두 포함한다. 즉, 형성적 피드백은 학습전략, 자기모니터링, 메타인지, 자기효능감 등을 종합적으로 향상시킬 수 있도록 돕는 피드백이라고 할 수 있다. 따라서 피드백은 학습자 수준에 적절해야 하며 구체적이며 공식적, 비공식적 정보를 모두 고려해야 한다. 피드백 활동은 대화, 논의, 토의, 모델링, 설명, 힌트, 비언어적 전략 등과 같은 모든 것을 포함한다. 이러한 점에서 볼 때, 형성적 피드백이란 학습목표와 평가기준에 대한 이해를 토대로 학습 향상을 위해 의사소통하는 전반적인 과정을 의미하며, 피드백 과정에 있어서 학생이 핵심적 역할을 수행해야 한다는 것을 전제하고 있다(박민애, 2019).

나. 피드백의 역할과 기능

피드백은 다차원적인 목적을 수행하는 요소로서 다음과 같은 4가지의 역할을 한다(Price et al. 2010). 첫 번째는 '수정'의 의미이다. 이는 명확한 지시, 교정을 의미하며 피드백의 역할이 틀린 것을 바로잡는다는 뜻으로 사용된다. 두 번째로 '강화'의 의미이다. 이는 정적, 부적 행동을 하는 데 있어서 행동주의자들에 의한 강한 외적 자극을 의미한다. 세 번째는 '진단과 벤치마킹'으로서의 의미이다. 피드백은 학습 수정뿐 아니라 현 학습에 대한 진단도 포함되어야 하며 피드백이 평가 기준과 학습 사이의 차이를 줄여 줄 수 있어야 한다는 것을 의미한다. 교육과정과 관련이 있을 경우 피드백을 통해 지식 내용을 이해하도록 하는 것을 의미한다. 다만, 이때 피드백이 더 많이 주어졌다고 하여 더 많은 학습이 일어난 것을 의미하는 것은 아니다(Kulhavy et al., 1985). 마지막은 '피드포워드' 관점이다. 이것은 후속 학습에 대한 조언을 의미하며, 학생들의 학습향상을 지지하는 데 초점이 있다.

피드백의 기능은 강화의 기능, 교정적 기능, 동기 유발의 기능 등으로 구분할 수 있다. 첫째, 행동주의 심리학자인 Skinner 등은 강화의 기능을 강조한다. 둘째, 인지주의 심리학자인 Bradwell와 Kulhavy 등은 피드백의 교정적 기능을 강조한다. 피드백은 학습에서 학습자의 지식의 구조화를 안내하는 지식의 결과를 제공하기 때문에, 피드백에 의해 새로이 구조화된 지식은 앞으로 성공적인 행동을 일으킨다고 간주한다. 피드백은 행동을 변화시키는 것이 아니라, 지식을 변화시키는 것이다. 셋째, 피드백의 동기 유발 기능을 강조한다(Annett, 1969; Leshin, Pollock, & Reigeluth, 1992). 학습자에게 적절한 조언, 즉 정보와 도움을 제공하고, 그러한 학습 결과에 대해 교사는 인정해 주고, 격려와 지지를 해줌으로써 학습자가 학습 결과에 만족감과 성공감을 느끼게 될 때 학습에 대한 동기가 유발되어 학습효과의 증진을 가져올 수 있다(Cronbach, 1977). 학습 결과에 대한 즉각적인 지식은 학습자에게 강력한 동기 부여의 기능을 한다.

2 피드백의 원리

피드백에 관한 원리를 이해하고 실천한다면, 보다 효율적인 수업이 될 수 있을 것이다. Cole과 Chan(1987)은 피드백의 효율성에 영향을 미치는 요인으로서, 학생 성취에 대한 정확한 분석, 제공 시기, 학생 요구의 적합성, 구체성과 명확성, 피드백 대상, 학생 반응에 대한 적절성 등을 제시하였다. Cole과 Chan(1987)은 이들 요인을 반영하여 피드백과 교정의 원리를 다음과 같이 제시하였다. 첫째, 피드백과 교정의 계획을 수립하기 전에 학습 과제를 먼저 분석한다. 교사가 학습 과제의 요소를 잘 알고 그 요소들을 가르치는 방법에 정통하게 되면 학생들은 그만큼 피드백과 교정으로부터 많은 도움을 얻을 수 있다. 둘째, 피드백과 교정에 앞서, 학생 성취 수준에 대한 정확한 진단이 선행되어야 한다. 교사가 학생들의 오류나 곤란을 세심하게 분석할 때, 피드백에 필요한 적합한 결정을 내릴 수 있다. 셋째, 학생들이 항상 피드백을 얻을 수 있도록 내재적인 기능을 지닌 학습내용을 제시해야 한다. 이를 위해 학생들이 과제를 성취하는 동안 자신들의 반응이 옳은가를 스스로 점검할 수 있도록 연습문제를 준비하거나 학습 활동을 계획하는 것이 바람직하다. 넷째, 학생들이 답을 찾는 데 너무 쉽게 모든 것을 제공하지 말고 학습자가 스스로 학습을 할 수 있는 도움을 주는 피드백을 제공한다. 다섯째, 학생들의 학습전략을 개선시킬 수 있는 피드백을 제공한다. 학생들이 어떤 과제를 해결할 때, 자신들의 사고과정을 말하게 하고, 그 방법과 절차가 효과적인가에 대해 피드백과 교정을 제공한다. 여섯째, 학생 개개인의 요구에 맞게 피드백과 교정의 형태를 변화시켜야 한다. 피드백은 각각의 학생의 요구가 부합될 때 효과적이다. 일곱째, 모호하지 않고 구체적이고 명확한 피드백을 사용한다. 피드백은 명확하고 구체적일 때 효과적이다. 여덟째, 교사는 정확한 피드백을 제공한다. 학생들은 과제 수행에서 잘된 점과 잘못된 점을 확실하게 지적해 주는 피드백에 적극적으로 반응한다.

Brophy와 Good(1986)은 피드백의 원리를 다음과 같이 제시하고 있다. 첫째, 학생의 요구에 적합한 피드백을 제공하여야 한다. 일반적으로 의존적이거나 불안한 학생에게는 빈번한 피드백이 필요하며, 자신감 있고 유능한 학생들에게는 자주 피드백을 주지 않아도 된다. 또한, 빈번한 피드백은 학생들이 새로운 과제를 학습하는 초기 단계나 혹은 복잡한 과제를 학습할 때 필요하다. 둘째, 구체적이고 명확한 피드백을 제공하여야 한다. 피드백은 일반적인 것보다는 구체적으로, 암시적인 것보다는 명확할 때 더 효과적이다. 학생들의 반응 중 어떤 면이 적절하고 또 어떤 면이 부적절한가를 정확하게 말해 줄 필요가 있다. 셋째, 학생의 반응에 부응하는 피드백을 주어야 한다. 학생의 학습에 대한 피드백의 효율성을 극대화하기 위하여 교사는 학생의 반응 형태에 따라 피드백의 유형과 양을 일치시켜야 한다.

Nicole과 Macfarlane-Dick(2006)은 학습자의 자기조절학습능력 향상을 위한 효과적인 피드백의 원리를 7가지 제시하였다. 효과적인 피드백의 원리는 다음과 같다. 첫째, 학생들에게 바람직한 수행이 어떤 것인지를 명확하게 알려주어야 한다. 둘째, 학습에서 자기성찰이 이루어지도록 촉진해야 한다. 셋째, 학생들에게 그들의 학습에 대한 유용한 정보를 제공해주어야 한다. 넷째, 학습에 관한 교사와의 대화를 격려할 수 있어야 한다. 다섯째, 긍정적 자아존중감과 동기 유발을 가능하게 할 수 있어야 한다. 여섯째, 학생의 현재 수행 수준과 이상적인 수준 사이의 차이를 줄일 수 있는 기회를 제공해야 한다. 일곱째, 교사들에게도 수업을 개선하는 데 사용할 수 있는 정보를 제공할 수 있어야 한다.

Shute(2008)는 학생의 메타인지, 동기, 귀인, 자기조절학습능력, 학생의 수준 등을 고려한 형성적 피드백의 효과성을 제시하였다. 첫째, 피드백은 학습자 자신보다는 과제에 대해 언급을 해야 한다. 피드백은 과제와 학습자의 관련성, 과제 발전방향 등의 특성을 제시한다. 둘째, 학습 향상을 위한 정교한 피드백을 제공해야 한다. 과제가 무엇이고 어떻게 접근하며 왜 해야 하는지를 제시해야 한다. 셋째, 학생 수준에 적절한 피드백을 제공함으로써, 학생이 중도에 포기하지 않도록 한다. 과제에 부담을 느끼거나 포기하지 않도록 피드백을 제공한다. 넷째, 학습 목표와 수행에 명확하고 특별하게 연결되는 피드백을 제공해야 한다. 피드백이 명확하지 않아 오히려 학습에 방해되거나 학습을 포기하게 할 수 있다는 것에 유의해야 한다. 다섯째, 가능한 간결하고 의도가 명확하게 유지되어야 한다. 단순한 피드백은 학습자의 단서에 의해, 복잡한 피드백은 여러 가지 단서에 의해 제공되어야 한다. 여섯째, 수행과 목표의 불확실성을 감소하거나 제거해야 한다. 목표를 명확하게 하고, 과제수행에 영향을 미치는 불확실성을 제거한다. 일곱째, 피드백을 통한 학습 목표 지향을 증진한다. 실수는 학습 과정에서 중요한 부분이라는 것을 강조하고, 수행에 초점을 두기보다는 학습에 초점을 갖도록 피드백을 제공한다. 여덟 번째, 피드백은 학습자의 해결 시도 이후에 제공한다. 학습자 스스로 결론을 도출할 수 있도록 정답을 보여주지 않는다.

3 피드백 모형

Hattie와 Timperley(2007)는 피드백 모형을 **[그림 11-1]**과 같이 제시하였다. 피드백의 목적을 '현재의 이해와 수행'과 '바람직한 목표'와의 간극을 줄이는 것으로 규정하고, 이러한 목적을 달성할 수 있는 방향으로 피드백 전략을 제시하였다. 피드백 효과성 여부는 다음의 세 가지 질문을 통해서 판단해야 한다. 첫째, 목표가 무엇인가(where am I going), 둘째, 목표를 향해 어떤 단계들이 이루어지고 있는가(how am I going), 셋째, 더 발전하기 위해 어떤 활동들을 수행해야 하는가(where to next)이다. 이들 각 질문은 순서대로 '피드업(feed up)', '피드백(feedback)', '피드포워드(feedforward)'에 해당된다.

피드백의 목적: 현재의 이해, 수행과 목표와의 간극 줄이기

⬇

간극을 줄일 수 있는 방법
[학생]
- 이전보다 노력을 많이 하고, 효과적인 전략 사용
- 목표를 포기하거나, 불명확하게 하거나, 낮추기

[교사]
- 도전 가능하고 구체적인 적절한 목표 제공
- 효과적인 학습 전략과 피드백을 통해 학생들이 목표에 도달하도록 지원

⬇

효과적인 피드백은 다음의 세 가지 질문을 해결해야 한다.
- 학습 목표 및 성공 기준에 대한 피드백(feeding up): 어디로 가고 있는가? (목표)
- 현행 수행 수준에 대한 피드백(feeding back): 어떻게 가고 있는가?
 (목표를 향해 나아가고 있는가?)
- 학습 개선을 위한 구체적인 피드백(feeding forward): 다음에는 어디로 가야 하는가?
 (개선을 위해 어떤 활동이 필요한가?)

⬇

각 피드백 질문은 네 가지 수준으로 나타난다.

과제 수준	과정 수준	자기조절 수준	자아 수준
과제의 이해도/수행도	과제의 이해/ 수행에 필요한 과정	자기 점검, 방향 설정, 행동 조절	학습자에 대한 개인적 평가와 감정 (주로 긍정적)

[그림 11-1] 피드백 모형(Hattie & Timperley, 2007)

[그림 11-1]에 의하면, 세 개의 피드백 질문은 피드백이 작용하는 네 가지 수준과 관련이 깊다. 첫째, 과제 수준의 피드백은 수행한 작업의 옳고(correct), 그름(incorrect)에 대한 피드백이다. 이것은 "베르사유의 조약에 대해 더 많은 정보를 포함하시오"와 같이 학습자가 과제와 관련된 다양하고, 정확한 정보를 찾아보도록 요구하는 피드백이다. 둘째, 과정 수준의 피드백은 과제를 완수하기까지의 과정과 정보처리에 대한 방향을 제시하는 피드백이다. 예를 들어, "독자들이 글에 적힌 단어들의 의미를 잘 이해할 수 있도록 각주를 활용하시오"와 같은 피드백이다. 셋째, 자기조절 수준(Self-regulation level) 피드백은 학습자가 어떤 정보 또는 지식을 알고 있는가를 되돌아보게 하고, 이를 토대로 개선점을 제안하는 피드백이다. 예를 들어, "이전 수업시간에 배운 주장을 제기할 때 갖춰야 하는 형식을 자신의 글에도 적용하였는지 확인하시오"와 같은 피드백이다. 넷째, 자아 수준(Self-level) 피드백은 과제와는 전혀 무관한 개인의 특질을 언급하는 피드백이다. 예를 들어, "너는 참 성실하구나"와 같은 피드백이다. 자아 수준의 피드백이 상대적으로 효과가 적고, 자기 조절 수준과 과정 수준의 피드백이 과제 완수에 가장 긍정적인 영향을 미친다(Hattie & Timperley, 2007).

Hattie와 Timperley(2007)는 효과적인 피드백을 위하여 피드백 전략과 피드백 내용을 제시하였다. 피드백 전략에 따른 효과적인 피드백은 **〈표 11-1〉**과 같으며, 피드백 내용에 따른 효과적인 피드백 방법은 **〈표 11-2〉**와 같다.

〈표 11-1〉 피드백 전략에 따른 효과적인 피드백

피드백 전략		좋은 피드백을 위한 제안
시간	• 언제 • 얼마나 자주	• 사실적인(fact) 지식에 대해서는 즉각적 피드백 제공 • 학생들의 사고와 정보 처리와 같은 포괄적 사고가 요할 때에는 지연된 피드백 제공 • 학생들 간 격차가 발생하기 이전에 피드백 제공 • 모든 주요 과제에 대해 가능한 한 자주 피드백 제공
양	• 얼마나 많은 부분에 • 각 부분에 얼마나 많이	• 우선순위에 따라 가장 중요한 부분에 피드백 제공 • 학습 목표와 관련된 피드백 제공 • 학생의 발달 수준을 고려한 피드백 제공
제공 형태	• 구두 • 서면 • 시연	• [구두] 피드백 내용을 고려하여 피드백 제시 방법 선정: 수업 중 순회 지도 vs 별도의 면담 • [구두] 상호작용 피드백(학생과 대화) 제공 • [서면] 과제나 시험지에 피드백 제공 • [시연] '어떻게 해야 하는가'가 중요할 때, 예시가 필요한 때
대상	• 개별 • 집단/학급전체	• [개별적인 피드백] '선생님은 나의 학습을 가치 있다고 생각한다.'라는 메시지 제공 • [집단/학급전체 피드백] 모든 학생이 이해하지 못한 내용이 있을 때, 전체 학생 대상으로 관련 내용 가르치기

〈표 11-2〉 피드백 내용에 따른 효과적인 피드백 방법

피드백 내용		좋은 피드백을 위한 제안
초점	• 과제 • 과정 • 자기 조절 • 자아(개인)	• 과제와 과정 그리고 그들의 관계를 설명하기 • 교사의 의견이 학생의 자기효능감을 증진시킬 수 있다면, 해당 학생에 대한 자기조절 언급하기 • 학습자 개인에 대한 의견 피하기
참조 준거	• 준거 참조 • 규준 참조 • 자기 참조	• 과제 자체에 대한 정보 제공 및 준거 참조 피드백 사용 • 학생의 수행 과정 또는 노력에 대한 정보 제공 및 규준 참조 피드백 사용 • 성공적이지 않은 학습자에게는 학습목표에 비해 얼마나 뒤처져 있는지의 피드백보다는 이전의 수행에 비해 자신이 얼마나 발전하고 있는지에 대한 자기참조 피드백 사용하기
기능	• 설명적 • 평가/판단적	• 설명하기 • 판단금지
유인가	• 긍정적 • 부정적	• 무엇을 잘했는지 설명하는 긍정적인 용어와 의견 제공 • 부정적 설명이 필요할 때에는 개선을 위한 긍정적 제안도 제시
명확성	• 명확성 • 불명확	• 학생이 이해할 수 있는 어휘와 개념 사용 • 학생의 발달 수준에 따라 피드백의 양과 내용 조정
구체성	• 사소함 • 정확함 • 상당히 일반적	• 학생의 과제에 따라 피드백의 구체성 조정 • 학생들이 무엇을 해야 할지 알 수 있도록 구체적으로 피드백하되, 너무 구체적이지는 않게 할 것 • 오류나 오류 유형 등에 대한 피드백을 제공하되, 모든 오류(예: 교정 또는 정답 제공)에 대한 수정 금지(학생들이 아무것도 안 하는 문제점 발생)
어조	• 함축적 • 학생들이 듣게 되는 것	• 학생과 그 학생의 수행에 대한 존중을 나타내는 단어 사용 • 학생이 자신의 학습에 책임을 가지게 하는 단어 사용 • 학생들이 되돌아보거나 궁금해할 수 있는 단어 사용

〈표 11-1〉과 〈표 11-2〉에 근거하여, 좋은 피드백과 나쁜 피드백의 사례는 〈표 11-3〉에 제시하였고, 피드백 분석 예시는 〈표 11-4〉에 제시하였다.

〈표 11-3〉 좋은 피드백과 나쁜 피드백의 사례

피드백	초점, 참조준거, 기능, 유인가의 유형
각 문단은 하나의 주요한 아이디어를 가지고 있어야 하며, 그 아이디어는 주제 문장에 들어가야 합니다.	[초점] 과제 [참조준거] 준거 참조 [기능] 설명적 [유인가] 긍정적 ➡ 이것은 **좋은 피드백** 사례이다. 학생이 문단에 들어가야 할 내용이 무엇인지 알고 싶어 할 경우 좋은 피드백이 된다.
반에서 가장 짧은 보고서였습니다. 충분하지 않습니다.	[초점] 과제, 과정, 개인 [참고준거] 규준 참조 [기능] 판단적 [유인가] 부정적 ➡ 이것은 **나쁜 피드백** 사례이다. 교사는 보고서에 개선이 필요하다는 내용을 전달하려고 했다. 그러나 이렇게 말하는 것은 다른 학생들과 경쟁을 유발할 수 있고(학습목표 달성을 목적으로 하는 것이 아니다), 학생이 무언가 잘못했기 때문에 수행이 부족했다는 것을 암시할 수 있다. 결국 그 학생은 개선하려는 의욕을 잃게 된다.
우리 반 보고서 중에서 최고입니다. 오늘 밤 숙제는 면제 가능합니다.	[초점] 개인(보고서가 훌륭하다고 말하지만, 그 속성은 '좋은 학생'이라고 하는 것 같다.) [참조준거] 규준 참조 [기능] 판단적 [유인가] 긍정적 ➡ 이것은 **나쁜 피드백** 사례이다. 학생에게 보고서에 대해 좋은 점은 알려 주지 않는다. 또한 관련도 없는 다른 과제를 면제시켜 줌으로써 학생에게 보상을 하고 있다.
나무로 시작하여(더 많은 나무가 아닌) 재활용 공장에서 끝나는 차트가 보기 좋습니다. 보고서에는 적절한 내용이 포함되어 있고 전반적인 주기(cycle)를 명료하게 잘 기술하였습니다. 그 아이디어를 어떻게 생각해 냈나요?	[초점] 과제, 과정, 자기조절 [참조준거] 준거 참조 [기능] 설명적 [유인가] 긍정적 ➡ 이것은 **좋은 피드백** 사례이다. 좋은 보고서의 특이하고 긍정적인 특징을 선택하고, 이것이 틀림없이 독창적인 생각이었을 것임을 알아차리며, 학생에게 어떻게 그 아이디어를 생각해 냈는지 되돌아보게 한다. 학생에게 자신이 사용한 전략의 이름을 지어보게 한다면 이 학생의 자기 조절 능력이 강화되고 자기효능감이 향상될 수 있다.

〈표 11-4〉 피드백 분석 예시

피드백	설명	의견
주제 문장과 결론 문장은 명확하며, 잘 어울리네요.	[초점] 과제 [참조준거] 준거 참조 [기능] 설명적 [유인가] 긍정적 [명확성] 있음 [구체성] 있음 [어조] 지지	• 이러한 피드백들은 과제 준거의 달성 여부를 확인하고 설명해준다. 교사는 피드백을 통해 이러한 세부적인 특징들, 그리고 이들과 과제 준거와의 관련성을 잘 파악하고 있음을 학생들에게 알려주고 있다. • 이들 중 하나 또는 모두가 이후에 있을 건설적인 비판과 함께 함께 사용될 수 있다.
세부적인 설명을 충분히 제시했어요. 강아지를 좋아하는 이유를 7가지나 기술했네요.	[초점] 과제 [참조준거] 준거 참조 [기능] 설명적 [유인가] 긍정적 [명확성] 있음 [구체성] 있음 [어조] 지지	

한편, Hattie와 Timperley(2007)는 피드백을 효과적으로 사용하기 위한 방법으로서, **[그림 11-2]**의 피드백 분석 지침을 제시하였다. **[그림 11-2]**에 의하면, 피드백은 미시적 관점, 스냅숏 관점, 장기적 관점의 세 가지 관점에서 분석할 수 있다.

<table>
<tr>
<td>

미시적 관점

피드백을 평가해보세요.

피드백은..........

- 평가적(판단적)이지 않고, 서술적인가?
- 적절한 시간 내에 주어졌는가?
- 적당한 양의 정보가 포함되었는가?
- 학습기준과 비교하였는가?
- 과제(수행)에 초점을 두었는가?
- 과정에 초점을 두었는가?
- 긍정적이었나?
- 학생들에게 명확하였나?
- 구체적이었는가?(너무 지나치지 않게)
- 능동적인 학습자라는 것을 암시하였나?

</td>
<td>

스냅숏 관점

피드백은 어떠한 학습 근거를 제공하였나요?

- 학생은 피드백으로 무엇을 배웠나요?

- 교사는 피드백으로 무엇을 배웠나요?

</td>
</tr>
<tr>
<td colspan="2">

장기적 관점

- 교사와 학생은 학습 향상을 위해 이 피드백을 활용하려면 무엇을 해야 할까요?
- 이를 위해 할 수 있는 방법은 무엇인가요?
- 학생들의 학습은 향상되었나요?

</td>
</tr>
</table>

[그림 11-2] 피드백 분석 지침

첫째, 피드백은 미시적 관점에서 분석이 가능하다. 미시적이란 피드백 내용 그 자체를 현미경으로 보는 것처럼 세밀하게 살펴보는 것을 의미한다. 즉 피드백이 어떤 말로 혹은 글로 표현되었는지, 또는 그 피드백이 어떻게 전달되었는지 등을 분석한다. 둘째, 피드백은 스냅숏 관점에서 분석이 가능하다. 스냅숏이란 카메라가 학습에 대한 사진을 찍는 것처럼 피드백을 하나의 학습 일화(episode)로 살펴보는 것이다. '교사와 학생은 그 피드백 일화로부터 무엇을 학습하였는가?'와 같은 질문을 제기한다. 셋째, 피드백은 장기적 관점에서 분석이 가능하다. 장기적 관점이란 멀리 있는 것을 망원경을 통해 보는 것처럼, 피드백 결과를 살펴보는 것이다. '학생들은 피드백을 활용할 기회를 얻었는가?', '실제로 학생들은 피드백을 활용하였나?' 그리고 '학습이 향상되었는가?'와 같은 질문을 하게 된다.

이러한 세 가지 분석 관점에 기초하여 피드백을 활용할 때에는 다음에 유의해야 한다. 첫째, 미시적 관점에서는 과제나 과정에 초점을 둔 피드백을 사용하여야 한다. 피드백은 기본적으로 준거 참조적이고, 설명적이고, 긍정적이고, 명확하고, 구체적이며, 학생 자신이 학습의 주체임을 인식할 수 있는 방식으로 표현되어야 한다. 둘째, 스냅숏 관점에서는 교사와 학생 모두가 피드백 일화로부터 무엇인가를 배울 수 있어야 한다. 셋째, 장기적 관점에서는 학생들이 피드백을 사용하고 학습을 향상시킬 수 있는 기회를 제공해야 한다.

4 피드백의 유형

피드백은 기준에 따라 다양하게 분류할 수 있다. 피드백의 유형은 제공 시기, 제공 방법, 제공 주체, 제공 목적, 기능 등에 따라서 다양한 형태로 구분할 수 있다.

첫째, 피드백은 정보 제공자에 따라 외적 피드백과 내적 피드백으로 분류할 수 있다(Cole & Chan, 1987). 내적 피드백은 개인이 스스로 느끼는 성취 수준의 질에 관한 내적인 정보이며, 외적 피드백은 학습자 이외의 다른 사람에 의해 제공되는 정보이다. 내적 피드백이란 어떤 과제를 완성하는 동안 개인이 스스로 느끼는 성취 수준의 질에 관한 내재적 정보를 의미한다. 예를 들면, 학습자가 수학 문제를 풀고 나서 자기 스스로 '이렇게 푸는 게 정확한 거야, 잘 풀었어!' 하고 느끼는 것이 해당된다. 아동이 자신의 성취에 대하여 스스로 평가하는 자기평가를 통한 피드백이 내적 피드백이다. 외적 피드백은 어떤 개인의 성취에 대한 적절성이나 정확성에 관한 정보를 학습자 자신이 아닌 다른 사람이 피드백을 제공하는 것으로, 학습 과정에서 아동의 성취정도에 대하여 교사가 정보를 제공해 주는 것이 여기에 해당한다. 외적 피드백은 적극적, 소극적 피드백, 강화와 벌, 의도된 피드백과 의도되지 않은 피드백, 평가적 피드백과 비평가적 피드백, 언어적-상징적 피드백과 비언어적 피드백, 교정 피드백으로 분류된다. 이 중 교정적 피드백(corrective feedback)은 학생이 학습 과정에서 특정 문제를 해결할 수 있도록 제공되는 의도된 부가적 설명 또는 예시와 피드백을 포함하는 것으로 피드백의 확장된 형태이다. 그것은 옳은 반응이나 실수에 관한 정보뿐만 아니라 실수를 교정하는 데 필요한 부가적 교수를 제공한다는 의미에서 확장된 피드백이라고 할 수 있다.

둘째, 정보의 내용에 따라 피드백의 유형은 동기적 강화 피드백, 정보적 교정 피드백으로 구분할 수 있다(Smith, 1988). Smith(1988)는 피드백을 학생의 올바른 반응에 대한 칭찬이나 보상을 의미하는 동기적 강화 피드백과 학습자의 반응을 교정해주는 정보적 교정 피드백으로 분류하였다. 그리고 정보적 교정 피드백을 무피드백, 정오 피드백, 정답 제시 피드백, 정교한 피드백으로 세분화하였다.

셋째, 수업의 주도적인 역할과 안내의 정도를 기준에 따라 피드백의 유형은 교사주도 피드백과 학생주도 피드백으로 구분할 수 있다. 교사주도 피드백은 학습 활동에서 안내의 정도를 최대로 하고 학습 과제의 구조화 정도가 높은 교사중심의 설명식 수업방법에 의한 피드백이며, 학생주도 피드백은 안내의 정도를 최소로 하고 구조화 정도가 낮은 학생중심의 발견식 수업방법에 의한 피드백이라고 볼 수 있다.

넷째, 교수·학습 과정에서의 피드백 제공 방식에 따라서 유보적 피드백, 종착적 피드백, 과정적 피드백으로 구분할 수 있다(Anderson, Kulhavy, & Andre, 1971). 유보적 피드백은 학습자 자신이 스스로 오답을 수정하도록 기회를 주고 피드백 제공을 유보하는 것이다. 종착적 피드백은 교사가 정답을 가르쳐주는 행동이다. 과정적 피드백은 교사가 학생으로 하여금 정답을 찾아내도록 유도하는 것이다.

다섯째, 피드백은 제공되는 내용에 따라 정·오 확인 피드백, 정답 반응 피드백, 오류관련 피드백, 설명적 피드백과 같이 네 가지로 분류할 수 있다(Schimmel, 1998). 정·오 확인 피드백은 학습자의 반응 후에 즉각적으로 제시되는 피드백으로서, 학습자의 응답이 맞았는지 혹은 틀렸는지 확인해 주는 것이다. 예를 들면, 학습자가 질문에 대하여 올바르게 응답하면 프로그램은 "맞았습니다.", "예", "잘 해냈어요" 등의 정보를 제공한다. 만약 학습자의 응답이 오답이면 "틀렸습니다", "아니요", "다시 해보세요" 등의 정보를 제공한다. 정답반응 피드백은 정답에 대한 내용을 제공하는 피드백이다. 예컨대, "정답은 미국의 수도는 워싱턴입니다."와 같이 정·오 확인 피드백과 함께 제공되기도 한다. 이를 통해, 먼저 학습자는 자신의 반응을 정답과 비교함으로써 자신의 반응이 정답인지 오답인지 확인할 수 있다. 정답이 제공됨으로써 학습자는 자신의 반응이 틀렸을 경우 자신의 오류를 고칠 기회를 갖게 된다. 정답반응 피드백은 오답반응 이후에만 제공되는 경우도 있다. 셋째, 오류관련 피드백에서, 오류는 학습자가 절차를 이해할 때 범하게 되는 체계적인 잘못을 말한다. 오류관련 피드백으로 제공되는 설명은 절차에 관한 학습자의 잘못된 모델을 고치는 것을 목표를 삼고 있다. 그러므로 오류관련 피드백은 단지 정답만 알려주는 것 이상의 역할을 한다. 오류관련 피드백에서는 오류를 구체적이고 정확하게 제시하는 것이 중요하다. 넷째, 설명적 피드백은 구체적 논평 피드백, 일반적 논평 피드백, 속성 분리 피드백으로 나눌 수 있다. 구체적 논평 피드백은 부정확하게 대답한 문제를 마지막 단계만 제외하고 단계적으로 해결하는 과정을 설명하는 피드백이다. 일반적 논평 피드백은 학습자의 오답반응 전의 교수내용을 요약해 주는 진술을 포함한다. 속성 분리 피드백은 학습자들이 오류를 범했던 개념의 속성들을 제시해 준다.

여섯째, 피드백은 제공시기에 따라 즉각적 피드백과 지연적 피드백으로 구분될 수 있다. 학습자의 반응 바로 후에 주어지는 즉각 피드백과 학습자가 반응한 후 조금의 시간이 흐른 뒤 주어지는 지연 피드백이 있다.

일곱째, 피드백은 정보 제공 방법에 따라 동기 유발, 정보제공, 의도적/비의도적 피드백으로 구분할 수 있다. 이것은 피드백의 전달 목적과 관련이 있다. 학습자를 학습 목표로 이끌 수 있도록 동기를 유발하는 피드백, 학습자에게 옳은 반응을 유도할 수 있는 정보제공 피드백, 그리고 피드백을 제공하는 데 특정한 의도가 있는지 없는지에 따라서 의도적/비의도적 피드백으로 구분할 수 있다.

여덟째, 피드백은 어떤 내용의 피드백을 얼마나 제공하는가에 따라 4가지로 구분해 살펴볼 수 있다. 학습자의 응답에 대해 아무런 반응을 하지 않는 무피드백(No feedback), 학습자의 응답이 옳고 그른지에 대한 정보만 제공하는 정오제공 피드백, 학습자에게 정답을 제공해주는 정답제공 피드백, 그리고 학습자에게 옳은 반응을 이끌어 낼 수 있도록 관련 정보를 주는 관련 정보 제공 피드백이 바로 그것이다.

이상에서 살펴본 피드백의 유형을 정리하면 〈표 11-5〉와 같다.

〈표 11-5〉 피드백의 유형(김은희, 변호성, 2017)

<table>
<tr><th>학자</th><th>분류기준</th><th colspan="2">피드백 유형</th></tr>
<tr><td>Schooler & Anderson(1990)</td><td>제공 시기</td><td colspan="2">• 즉각적 피드백, 지연적 피드백</td></tr>
<tr><td>Anderson & Kulhavyt, Andre(1971)</td><td rowspan="2">제공방법</td><td colspan="2">• 유보적 피드백, 종착적 피드백, 과정적 피드백</td></tr>
<tr><td>백영균(1994)</td><td colspan="2">• 확인적 피드백, 교육적 피드백, 동기적 피드백</td></tr>
<tr><td rowspan="4">Bangert-Drowns et al.(1991)</td><td>의도성</td><td colspan="2">• 의도적 피드백, 무의도적 피드백</td></tr>
<tr><td>실시 방법</td><td colspan="2">• 대인 간 피드백(교사와 학생 간 피드백, 학생 상호 간 피드백), 매개물 통한 피드백(교과서 이용 피드백, 컴퓨터 이용 피드백)</td></tr>
<tr><td>제공 목적</td><td colspan="2">• 정보 제공 피드백, 절차 제공 피드백</td></tr>
<tr><td>제공 내용</td><td colspan="2">• 원래 학습 과제/내용 과제 제공 피드백, 수업 내용과 다른 내용 피드백</td></tr>
<tr><td rowspan="2">Cole & Chan (1987)</td><td rowspan="2">제공 주체</td><td colspan="2">• 내적 피드백(자기주도 피드백)</td></tr>
<tr><td>• 외적 피드백(교사주도 피드백, 동료 피드백)</td><td>• 긍정적 피드백, 부정적 피드백, 강화와 벌, 의도적 피드백, 무의도적 피드백, 평가적 피드백, 비평가적 피드백, 언어 · 상징적 피드백, 비언어적 피드백, 교정적 피드백</td></tr>
</table>

<table>
<tr><th>학자</th><th>분류기준</th><th colspan="2">피드백 유형</th></tr>
<tr><td rowspan="2">Smith(1988)</td><td rowspan="2">제공 방법,
제공 내용</td><td colspan="2">• 동기적 강화 피드백</td></tr>
<tr><td>• 정보적 교정 피드백</td><td>• 무 피드백, 정 · 오 피드백, 정답제시 피드백, 정교한 피드백(설명식, 암시적, 충고적 피드백)</td></tr>
<tr><td>Shimmei(1988)</td><td>제공 내용</td><td colspan="2">• 정 · 오 확인 피드백, 정답 반응 피드백, 오류관련 피드백, 설명적 피드백</td></tr>
<tr><td>Hannafin, Hannafin, & Dalton(1993)</td><td rowspan="3"></td><td colspan="2">• 과제적 피드백(결과, 문맥, 감각 피드백), 전략적 피드백(진단 · 처방, 수행, 관리 피드백), 정의적 피드백(사회 · 동기 피드백)</td></tr>
<tr><td rowspan="2">Nelson & Schunn (2009)</td><td>• 인지적 피드백</td><td>• 종합(summarization),
구체성(specificity),
설명(explanation), 범위(scope)</td></tr>
<tr><td>• 정서적 피드백</td><td>• 칭찬(praise), 완화된 칭찬 (mitigation compliment)</td></tr>
<tr><td>Fleming, M., & Levie, W. H.(1993)</td><td>제공 내용,
구체성</td><td colspan="2">• 정 · 오 확인 피드백, 교정적 피드백, 설명적 피드백, 진단적 피드백, 정교한 피드백</td></tr>
<tr><td>Shute, V. J.(2008)</td><td rowspan="2">제공 내용,
교정 유형</td><td colspan="2">• 무 피드백, 확인 피드백, 옳은 응답 피드백, 재시도 피드백, 오류 수정 피드백, 정교화 피드백</td></tr>
<tr><td>Strijbos, Narciss, & Dunnebier(2010)</td><td colspan="2">• 간결하고 일반적 피드백(concise general feedback), 상세하고 구체적 피드백(elaborated specific feedback)</td></tr>
<tr><td>Ross & Morrison (1993)</td><td>제공 내용,
컴퓨터 기반</td><td colspan="2">• KR(Knowledge of Response) 피드백
• KCR(Knowledge of Correct Response) 피드백, AUC(Answer Until Correct) 피드백, 지연 피드백, 정교화 피드백</td></tr>
<tr><td>Sales(1993)</td><td>제공 역할,
테크놀로지 기반</td><td colspan="2">• 지시 피드백, 정보 · 교수 피드백, 조언 피드백, 요약 피드백, 동기 · 자극 피드백</td></tr>
<tr><td>임정훈(1998)</td><td>제공 내용,
제공 목적</td><td colspan="2">• 동기 유발적 피드백, 과제 지향적 피드백</td></tr>
<tr><td>Black et al.(2004)</td><td rowspan="2">기능</td><td colspan="2">• 지시적(directive) 피드백, 촉진적(facilitative) 피드백</td></tr>
<tr><td>McMillan(2014)</td><td colspan="2">• 목적 참조 피드백, 자기 참조 피드백, 스케폴딩 피드백, 기준 참조 피드백</td></tr>
</table>

한편, 김은희와 변호승(2017)은 학습분석학적 관점에서 여러 학자들이 제시한 피드백 분류 기준 및 유형을 분석하고, 교수자의 피드백 유형 및 예시를 〈표 11-6〉과 같이 22가지로 제시하였다.

〈표 11-6〉 교수자 피드백 유형 및 예시(김은희, 변호승, 2017: 756-757)

번호	피드백	설명	예시
1	무 피드백	반응의 옳고 그름에 상관없이 어떤 정보도 제공하지 않는 것	피드백 없음
2	정답제시 피드백	정답만 제시하는 것	정답은 제퍼슨입니다.
3	암시적 피드백	답의 정오 여부를 찾을 수 있도록 암시, 격려해 주는 것	이 대통령은 교육자 · 철학자로 미국의 독립선언문을 기초하였습니다.
4	조언적 피드백	학습에 대한 숙달정도를 알려주고, 성취 방식에 대한 정보를 제공하는 것	역대 대통령에 대한 출신 지역 학습이 부족합니다. 대통령별 출신 지역에 대한 내용을 더 공부하시기 바랍니다.
5	정 · 오 확인 피드백	답의 정오 여부를 확인하는 것	당신의 응답은 틀렸습니다.
6	설명적 피드백	답의 정오 여부와 정답을 제시하고, 제시한 답이 틀린 이유를 부가적으로 설명하는 것	당신의 응답은 틀렸습니다. 카터는 조지아 출신이기 때문입니다. 제퍼슨만 버지니아 출신입니다.
7	교정적 피드백	답의 정오 여부와 정답을 제시하는 것	당신의 응답은 틀렸습니다. 정답은 제퍼슨입니다.
8	진단적 피드백	답의 정오 여부와 그에 대한 이유 제시와 함께 관련 내용을 첨가하여 제시하는 것	당신의 응답은 틀렸습니다. 각 대통령의 출신 주를 공부해 두시면 도움이 될 것입니다.
9	정교한 피드백	내용에 대한 인정 후, 다른 관점 및 견해, 정보 제시로 내용을 더 풍부하게 전개하도록 도움을 주는 것	제퍼슨을 고른 당신의 답은 정답입니다. 제퍼슨식의 건축과 글이 가득한 버지니아 대학은 제퍼슨 스쿨로 불리기도 합니다.
10	재시도 피드백	답을 찾을 때까지 정답을 제시하도록 하는 것	당신의 응답은 틀렸습니다. 다시 시도하시기 바랍니다.

번호	피드백	설명	예시
11	오류 수정 피드백	잘못을 초래하는 구체적인 오류를 정확하게 지적하는 것	당신의 응답은 틀렸습니다. 카터는 조지아 출신이기 때문입니다.
12	확인 피드백	반응을 확인해 주는 정보를 제공하는 것	당신의 응답은 맞았습니다.
13	옳은 응답 피드백	옳은 반응을 확인해 주는 정보를 제공하는 것	당신의 응답은 정답이며, 답은 제퍼슨입니다.
14	과제적–결과 피드백	학습자 행동과 결과 간의 인과관계를 설명하는 것	당신의 응답은 틀렸습니다. 역사를 학습할 때 지도 및 지역 정보를 참고하지 않았기 때문입니다.
15	과제적–문맥 피드백	학습자 반응, 행동에 대한 예시를 통해 내용이나 개념과 환경 간의 관계 설정을 지원하는 것	당신의 응답은 틀렸습니다. 학습자가 이전 주차에 발표했던 역대 대통령과 연관된 내용이며, 미국 독립선언문과 관련된 인물입니다.
16	전략적–감각 피드백	특히 신체 감각기관과 관련된 과제에 대해 물리적 결과를 제공하는 것	정답을 찾기 위해 제퍼슨식의 건축과 글이 가득한 버지니아대학을 직접 방문해 보십시오.
17	전략적–진단 · 처방 피드백	학습자 행동의 경향을 분석하여 다음 행동을 기술할 수 있게 오류분석, 조언 등 제공하는 것	당신의 응답은 틀렸습니다. 당신은 미국의 남부 지역에 대해 혼동하는 경향이 있습니다. 역대 대통령별 출신 지역에 대해 폭넓게 공부하십시오.
18	전략적–수행 피드백	소요시간, 수행 등급 등의 정보를 제공하는 것	정답을 찾기 위한 역대 대통령의 업적 및 출신 지역 관련 학습은 1주차가 소요됩니다.
19	전략적–관리 피드백	이수할 내용, 학습할 내용, 성취해야 할 목표 등의 정보를 제공하는 것	이번 주차에서는 버지니아주의 출신 대통령을 포함한 모든 역대 대통령의 출신 지역에 대해 파악하여야 합니다.
20	정의적–사회 · 동기적 피드백	내용에 흥미를 갖게 하거나 신념에 영향을 주어 계속 참여하도록 동기 유발 및 유지가 지속되도록 정보를 제공하는 것	"미국독립선언문의 기초자, 종교의 자유를 확립한 버지니아 헌법의 기초자, 버지니아 대학교의 아버지, 여기에 잠들다."는 생전에 그가 직접 작성한 묘비명입니다.

번호	피드백	설명	예시
21	동기 유발적 피드백	칭찬 및 격려하고, 보다 적극적으로 참여할 수 있도록 정보를 제공하는 것	당신의 응답은 맞았습니다. 과거의 역대 대통령 출신 주 외에, 관련 지역 정보도 같이 공부하면 더 재밌을 것입니다.
22	과제 지향적 피드백	과제의 해결을 위한 절차나 방법에 대해 안내하고, 과제해결 과정을 통제하기 위한 정보를 제공하는 것	당신의 응답은 틀렸습니다. 과거의 역대 대통령 출신 지역을 연대기별로 다시 공부하시기 바랍니다.

5 효과적인 피드백 전략

효과적인 피드백이란 학생의 배움과 성장에 기여하는 피드백이다. 즉 학생이 현재의 이해 수준에서 학습 목표의 숙달을 위해 다음 단계로 더 나아가도록 하는 데 도움이 되는 피드백을 의미한다. 효과적인 피드백은 학생의 수행이나 과업에 대해 평가적 내용이 아닌 조언적 내용, 일반적 내용이 아닌 구체적 내용이 포함되어 있어야 한다. 또한, 개선을 위한 정보를 담고 있어야 한다. 효과적인 피드백을 위한 전략을 제시하면 다음과 같다(김선, 반재천, 2020; 이찬승, 2020).

첫째, 목표 달성에 초점을 맞춘다. 피드백은 수행의 질을 평가하기 위한 것이 아니다. 피드백은 논평을 통해 학습자가 목표를 향해 바른 방향으로 나아갈 수 있도록 질문하고 스캐폴딩(scaffolding)을 제공하고, 상기시키고, 모범적 본보기와 예 등을 제공하는 것이다. 상기 프롬프트(reminder prompt)란 학습목표를 분명하게 다시 말해주는 것을 의미한다. 이러한 프롬프트는 내용을 이해하고 있지만 과제를 재조정할 필요가 있는 학생에게 유용하다. 예를 들어, "우리는 지금 다른 사람의 마음을 헤아려서 글을 쓰는 방법에 대해 배우고 있다는 것을 기억하기 바라요."라고 하는 것과 같다. 둘째, 비계 프롬프트(scaffold prompt)는 학습 목표를 다시 말해주는 것으로 충분하지 않을 때 사용한다. 비계 프롬프트는 학생들에게 자세한 질문형태로 제시되기도 한다. 예를 들어, "그 문단에서 핵심 단어를 찾을 수 있니? 그럼 어떤 문장이 중심 문장이 될 것 같아?"와 같은 반응이다. 비계 프롬프트는 학생들이 학습 활동을 수행하는 데 걸림돌 역할을 하는 것을 제거함으로써, 하나씩 배워 나갈 수 있도록 한다. 셋째, 예시 프롬프트(example prompt)는 교사가 학생들에게 해야 할 것에 대한 모델을 제시하고, 학생들이 이들 모델 중 하나를 사용하게 하거나, 교사가 제시한 모델을 바탕으로 스스로 만들어 보도록 하는 것을 말한다. 예를 들어, 교사는 학생이 어떤 문단을 작성할 때 근거가 되는 문장을 보다 자세하게 보완하기를 원할 수 있다. 이때 교사는 학생이 보완해야 할 내용에 대해 여러 가지 방안을 제시하고 학생이 이들 방안 중 하나를 선택하거나 유사한 방식으로 문단을 보완하게 할 수 있다. 이와 같이, 피드백은 학습자가 이루고자 노력하고 있는 특정 성취를 위해 제공되어야 한다. 피드백을 제시할 때에는 학습자가 받는 정보가 어떻게 최종 목표 달성에 도움을 줄 수 있는지에 대한 고민이 필요하다.

둘째, 수행의 기준을 명확히 한다. 좋은 피드백을 제공한다는 것은 피드백을 받는 학습자가 교사의 기대 수준을 알고, 우수한 수행 기준을 이해하고 있다는 것을 포함한다. 다음과 같은 활동이 수행의 기준을 명확히 하는 데 도움이 된다. 첫째, 수행의 기준에 대해 의논하거나 바꾸어 표현해 보며 이해 정도를 확인하는 기회를 갖는다. 둘째, 모범적 수행 결과를 평가해 보게 한다. 셋째, 문제를 어떻게 해결하는지 시범을 보이고 기준을 어떻게 달성했는지 학습자로 하여금 확인하게 한다.

셋째, 평가적 피드백보다 조언적 피드백을 제공한다. 평가적 피드백은 판단에 초점이 있기 때문에, 교사의 코멘트는 학생이 수행한 것에 대해 정/오답, 인정/불인정과 같은 언급을 하게 된다. 그리고 교수적 이행과 관련해서 교사는 어떤 설명도 없이 단지 정/오답만 제공한다. 따라서 학생들이 자신의 학습이나 학습 전략을 개선하는 데 필요한 정보를 충분히 제공받지 못한다. 반면 조언적 피드백에서는 학습자의 수준에 따라 목표를 성취하는 데 적절한 조언을 제공한다. 피드백이 조언적일수록 학생들은 숙달 목표 지향의 성취동기를 가지고 수행 과정에 초점을 두며, 자기조절을 강화함으로써 피드백의 적극적 참여자가 되어, 피드백을 활용하여 자신의 성장을 도모한다.

넷째, 학생에게 피드백을 활용할 기회를 제공한다. 학생들에게 조언적 피드백을 제공하는 것과 더불어 학생들이 이러한 피드백을 사용할 기회를 갖도록 수업을 설계하는 것 또한 매우 중요하다. 단순히 학생에게 피드백만 제공하면, 학생들이 자신의 수행을 향상하기 위해 피드백을 사용한다는 보장이 없다. 학생들에게 피드백을 사용할 기회를 주는 것은 학습에 대한 기회를 균등하게 한다.

다섯째, 자기조절학습자로의 성장을 돕는다. 피드백을 제공하는 근본적인 목적은 정보를 명확히 제공해서 학습자가 자기조절학습자로 성장할 수 있도록 돕는 데 있다. 자신이 수행한 과제를 스스로 평가하고 수정할 수 있는 역량을 갖추게 할 필요가 있다.

여섯째, 보호나 지원받는다는 느낌을 주도록 한다. 교실 수업 분위기는 판정이나 비난의 장소가 아니라 누구나 할 수 있다는 느낌을 받을 수 있게 힘을 길러주는(empowering) 것이어야 한다. 학생이 실수로 인해 처벌과 같은 곤경에 빠지는 것이 아니라는 인식을 심어줄 필요가 있다. 학생을 존중하고 지원하는 어조를 사용한다. 피드백은 받는 사람이 '나는 적절한 교육적 돌봄을 받고 있다'라는 생각을 할 때, 비로소 받아들여지기 시작한다.

일곱째, 학생이 이해할 수 있도록 구체적이고 명확하게 제공한다. 피드백은 가능한 한 구체적이어야 한다. 피드백 내용이 구체적이고 명확하려면 피드백 대상이 되는 학생의 수행 과업이나 과제가 학습목표와 관련되고, 성공적인 수행 기준의 기대 수행이 구체적이어야 한다. 이때, 중요한 점은 학생들을 대신해서 과업을 수행해주는 피드백은 하지 말아야 한다는 것이다.

여덟째, 적시에 제공한다. 일반적으로 피드백은 가능한 한 빠를수록 좋다. 아직하려던 시도에 대한 기억, 수행의 영향 등이 생생하게 존재할 때 피드백을 제공해야 이를 사용할 가능성이 높기 때문이다. '즉시(immediately)' 제공하는 것은 항상 가능하지도 적절하지도 않다. 상황을 봐서 '적시에(timely)' 하는 것이 가장 효과적이다. 학생들이 여전히 해당 내용에 대해 생각하고 있고 과제를 개선하기 위해 피드백을 사용할 기회가 있을 때 피드백을 제공해야 한다.

아홉째, 고등사고능력을 신장시킬 수 있도록 피드백을 제공한다. "참 잘했어요!"와 같은 내용 없는 피드백보다는 다시 곰곰이 생각해 보게 하고, 논점을 명확히 하며, 가설을 세우고, 요약하는 등의 고차원적 사고력을 신장할 수 있는 피드백을 주는 것이 필요하다. 안내 질문이 유용하게 활용될 수 있다. "어떻게 생각하니?", "다르게 접근하는 방법으로는 어떤 것들이 있을까?" 이와 같이 탐구적이고 열린 질문을 제시하는 것이 좋다.

열 번째, 자기 검토(self-review) 및 동료 피드백(peer feedback)을 장려한다. 학습자가 교사로부터의 피드백에만 의존하면 자신의 과제를 스스로 평가하거나 동료의 과제를 검토할 수 있는 능력을 키우지 못한다. 학생들로 하여금 타인의 수행 결과에 피드백을 주게 하면 피드백의 질에 상관없이 평가 기준을 더 잘 이해하고 그렇게 이해한 것을 자신들의 과제 수행에 활용할 수 있게 된다. 또한 동료 검토와 피드백에 바로 이어서 초안을 개선하는 기회를 갖도록 하면 교사의 피드백 부담을 줄일 수 있다. 학생들로 하여금 과제를 제출할 때 평가 기준을 참고해 스스로 평가한 결과를 함께 제출하도록 하는 것도 좋은 방법이다. 아니면 과제를 제출할 때 피드백을 받고 싶은 것에 대해 2~3개의 질문을 제시하도록 하는 것도 좋다.

열한 번째, 학생의 반응 원리에 맞추어 제공한다. 여러 가지 이유로 학생들은 교사의 피드백을 이해하지 못하거나 활용하지 않는 경우가 많다. 피드백을 주는 것이 의미 있기 위해서는 학습자가 이를 중요하게 여기고 이를 행동으로 옮기는 것이 필요하다.

열두 번째, 개인 맞춤형 피드백을 제공한다. 집단으로 주는 피드백보다 개인 맞춤형(personalized) 피드백의 만족도가 더 높고 성적 향상도가 더 크다. 학생들의 학습 단계를 고려하여 과제 수준에 부합하는 피드백을 개별적으로 제공한다. 피드백의 양과 횟수는 피드백을 받는 학생이 이해하고 활용할 수 있는 정도로 제시한다. 피드백은 피드백을 받는 사람의 발달수준을 고려하여 제공함으로써, 피드백을 활용할 수 있도록 유도한다.

이상에서 볼 수 있듯이, 효과적인 피드백은 '확인(verification)'과 '자세한 설명(elaboration)'이라는 두 가지 방식으로 학생들에게 정보를 제공한다는 공통점이 있다(Kulhavy & Stock, 1989). 확인은 학생 수행 결과에 대해 정·오답 판정을 해주는 것이고, 자세한 설명은 확인보다는 더 다양한 형태로 이루어진다. 예를 들어, 자세한 설명은 ① 주제에 대해 이야기하고, ② 응답에 대해 이야기하고, ③ 특정한 오류에 대해 논의하고, ④ 완성된 사례를 제공하고, ⑤ 온화한 지도를 제공한다. 앞의 세 가지(①, ②, ③)는 보다 구체적이고 지시적인 피드백이고 나머지 두 가지(④, ⑤)는 보다 더 일반적이고 촉진적인 피드백이다. 비록 자세한 설명의 피드백이 그렇지 않은 피드백보다 효과적이라고 하더라도 피드백의 분량과 복잡성에 따라 그렇지 않을 수도 있다. 피드백이 너무 길고 복잡하다면 대다수의 학습자는 관심을 갖지 않고 따라서 유용하지 않게 된다(Mason & Bruning, 2001; Narciss & Huth, 2004).

요약

평가 피드백에서는 피드백의 개념 및 기능, 피드백의 원리, 피드백 모형, 피드백의 유형, 효과적인 피드백 전략에 대하여 살펴보았다. 피드백의 개념 및 기능에서는 피드백의 개념, 역할과 기능에 대하여 살펴보았다. 피드백은 교수·학습 과정에서 일어나는 학습자의 반응에 대한 교수자와 학습자의 모든 형태의 의사소통에 해당된다. 피드백은 강화의 기능, 교정적 기능, 동기 유발 기능을 한다. 피드백의 원리는 효과적인 수업과 평가를 제공할 때 사용할 수 있는 지침에 해당된다. Cole과 Chan(1987), Brophy와 Good(1986), Nicole과 Macfarlane-Dick(2006), Shute (2008)의 피드백 원리를 살펴보았다. 피드백 모형에서는 Hattie와 Timperley(2007)의 피드백 모형을 살펴보았다. 피드백의 유형은 제공 시기, 제공 방법, 제공 주체, 제공 목적, 기능 등에 따라서 다양한 형태로 구분할 수 있다. 효과적인 피드백 전략에서는 학생의 배움과 성장에 부합하는 피드백 전략을 살펴보았다.

생각해 봅시다

1. 피드백의 기능에 대하여 토의하시오.
2. 피드백의 원리를 제시하고, 이들 원리가 효과적인 이유에 대하여 토의하시오.
3. 피드백의 모형에 따라 피드백의 좋은 사례와 나쁜 사례를 찾아보고, 그 이유에 대하여 토의하시오.
4. 피드백의 유형은 다양하게 존재합니다. 여러분들이 선호하는 피드백의 유형을 3가지 제시하고, 그 이유에 대하여 설명하시오.
5. 효과적인 피드백 전략을 설명하고, 피드백을 제시할 때 주의할 점에 대하여 토의하시오.

12
Chapter

학생 평가 결과 통지

학습내용

1. 평가 결과의 점수 기록 방식
2. 성취평가제
3. 학생성적의 기록 및 통보
4. 학교생활기록부

학생 평가 결과 통지는 학생의 성취도를 학생, 학부모 등에게 알려주는 것을 의미한다. 학생 평가 결과 통지는 학생의 현재 수준을 파악하고 발전의 자료로 활용되어야 한다. 학생 평가 결과 통지에서는 평가 결과의 점수 기록 방식, 성취평가제, 학생성적의 기록 및 통보, 학교생활기록부에 대하여 살펴본다.

1 평가 결과의 점수 기록 방식

평가 결과는 평가 결과를 받아본 사람들이 학생의 성취도를 파악할 수 있도록 분명하고 의사소통이 가능하도록 기록되어야 한다(National Forum on Assessment, 1995). 평가 결과의 점수 기록 방식은 여러 가지 형태가 있다.

가. 원점수

원점수(raw score)는 채점 기준에 따라 채점하여 각 개인이 얻은 점수를 의미한다. 이것은 정답의 개수일 수도 있고, 정답의 개수에 가중치를 부여하여 계산한 점수일 수도 있다. 예를 들어, 총 6개의 문항으로 구성된 10점 만점의 수학 시험지가 있다고 가정하자. 이 중에서, 2개의 문항의 배점이 1점이고, 4개의 문항의 배점이 2점이다. A학생이 1점짜리 문항 2개, 2점까지 문항 3개를 맞추었다면, A학생의 원점수는 8점이 된다.

이러한 원점수는 쉽게 얻을 수 있는 반면에 다음과 같은 문제점이 존재한다. 첫째, 원점수에는 의미 있는 기준점이 없다. 원점수는 어떤 속성의 일정한 크기를 나타내지 못한다. 예를 들어, 길이의 측정에서 0미터는 길이가 없는 상태를 의미하지만, 학력고사에서 0점은 학력의 절대적인 결핍상태를 의미하지 않는다. 이러한 원점수는 고사의 난이도에 의해서 영향을 받는 불안정한 수치이다. 둘째, 검사마다 측정의 단위가 다르고 문항의 난이도가 다르기 때문에 원점수는 서로 비교될 수 없다는 단점이 있다. A학생이 국어 시험과 수학 시험 모두에서 80점을 받았다고 해도 이 학생의 국어과 능력과 수학과 능력이 같다고 할 수 없다. 셋째, 원점수 척도에는 단위의 동간성이 없다. 따라서 원점수들 간의 차이를 의미 있게 비교하지 못한다. 예를 들어, 한 검사에서 50점과 60점의 차이와 80점과 90점의 차이는 10점으로 동일하지만, 그 차이는 동일하지 않다(이종승, 2009).

나. 백점만점점수

백점만점점수는 인위적으로 0점과 100점을 기준점으로 삼는 점수 표기방식이다. 백점만점점수가 가장 흔하게 사용된다. 왜냐하면 만점을 100점으로 고정해 두기 때문에 사용하기가 편리하기 때문이다. 백점만점점수는 인위적인 기준점을 제시하였다는 것 이외에 원점수 표시방법과 차이가 거의 없다. 백점만점점수는 다음과 같은 문제점이 있다. 첫째, 백점만점점수는 유의미한 준거점 또는 기준점이 없다. 둘째, 백점만점점수는 검사 도구의 난이도에 따라서 점수가 달라지기 때문에 점수의 안정성이 없다(김대현, 김석우, 2020).

다. 등위점수

등위점수(rank-order score)는 원점수나 백점만점점수를 순서대로 배열하고, 점수가 제일 높은 것에서 낮은 것까지 순위를 산출한 후, 그 순위를 점수로 활용하는 방식이다. 만약, 50명의 피험자가 있다면 등위점수는 1/50, 10/50, 20/50 등으로 표시한다. 등위점수는 집단 내의 학생의 상대적 위치를 직접 비교할 수 있으며, 한 학생의 등위점수를 다른 검사 점수결과와 비교해 볼 수 있다. 예를 들어, 어떤 학생의 국어 등위점수가 5/50이고 수학 등위점수가 10/50이라면, 이 학생은 국어를 수학보다 잘한다고 판단할 수 있다. 그러나 등위점수는 다음과 같은 단점이 있다. 첫째, 등위점수의 등위 차이가 능력의 차이와 일치하지 않는다. 둘째, 등위점수는 서열척도이기 때문에, 능력의 차이를 동간적으로 해석할 수 없다(김대현, 김석우, 2020).

라. 백분위점수

백분위점수(percentile rank)는 한 점수분포에서 어떤 학생의 점수보다 낮은 점수를 받은 학생들이 전체의 몇 %인가를 나타내주는 표시 방법이다. 백분위점수는 얻어진 자료를 크기순으로 늘어놓아 100등분한 값을 말한다. 예를 들어, A학생의 수학 시험의 원점수가 80점이고, 백분위점수가 76이라면, A학생이 받은 80점보다 낮은 점수를 받은 학생이 전체 시험 응시 집단 내에서 76%가 있다는 것을 말한다.

백분위점수의 장점은 다음과 같다. 첫째, 집단의 크기나 시험의 종류가 다르더라도 상대적인 위치(석차)를 서로 비교할 수 있다. 둘째, 통계적인 소양이 부족한 사람들도 이해하기 쉽다. 백분위점수의 단점은 다음과 같다. 첫째, 백분위점수는 척도의 단위에 동간성이 없는 서열척도이기 때문에, 개인 간 상대비교, 개인 내 영역 간 비교가 어렵다. 둘째, 백분위점수 차이가 능력의 차이라고 단정하기 어렵다. 셋째, 원점수 분포를 백분위점수로 전환할 때 중간점수는 과소평가되고, 상하 극단의 점수는 과대평가되는 경향이 있다(김대현, 김석우, 2020; 이종승, 2009; 박도순 외, 2007).

마. 표준점수

표준점수(standard score)란 원점수를 의미 있게 비교할 수 있도록 해당 점수분포의 평균과 표준편차를 기준으로 해서 얻어진 변환점수척도를 지칭한다(이종승, 2009). 표준점수는 정규 분포에서 상대적 위치를 표시하여 의미 있게 비교하여 통계적 분석을 가능하게 하려는 목적으로 원점수를 변환시킨 점수이다. 표준점수는 규준 집단의 점수가 정규 분포를 이룬다고 가정하고, 특정 원점수가 규준 집단 점수의 평균으로부터 얼마나 떨어져 있는지를 알려주는 점수이다(박도순 외, 2007). 대표적인 표준점수에는 Z점수, T점수, 스테나인 점수 등이 있다.

Z점수는 원점수를 평균이 0이고 표준편차가 1인 점수로 변환된다. Z점수의 공식 및 예시는 **〈표 12-1〉**과 같다. 예를 들어, 규준 집단의 평균이 60점이고, 표준편차가 10이라면, 원점수 50점의 Z점수는 -1이며, 원점수 60점의 Z점수는 0이며, 원점수 70점의 Z점수는 1이다.

〈표 12-1〉 Z점수 산출 공식 및 예시

공식	$Z=\frac{X-\overline{X}}{S}$	$X=$ 원점수, $\overline{X}=$ 평균, $S=$ 표준편차
$Z=-1$	$Z=\frac{50-60}{10}$	$X=50$, $\overline{X}=60$, $S=10$
$Z=0$	$Z=\frac{60-60}{10}$	$X=60$, $\overline{X}=60$, $S=10$
$Z=1$	$Z=\frac{70-60}{10}$	$X=70$, $\overline{X}=60$, $S=10$

Z점수는 점수단위가 작고, 음수를 갖게 되어 활용하는 데 불편한 점이 있다. 음수와 소수로 표현되는 Z점수의 불편함을 개선하기 위해 Z점수에 상수를 더하거나 곱하여 사용이 보다 용이한 척도체계로 변환해 사용한다. T점수는 Z점수를 평균이 50, 표준편차 10인 점수로 변환한 점수이다. T점수의 공식은 〈표 12-2〉와 같다.

〈표 12-2〉 T점수 산출 공식

공식	$T=50+10Z$
$Z=-1$	$T=40$
$Z=0$	$T=50$
$Z=1$	$T=60$

스테나인 점수(stanine)는 원점수를 표준점수로 변환하여 9개의 구간으로 나눈 점수이다. 스테나인 점수는 9개의 범주를 가진 표준점수로 평균을 5, 표준편차를 2

로 표준화한 점수이다. 스테나인 점수는 원점수의 분포를 정규분포라고 가정하고 가장 낮은 점수부터 높은 점수로 배열한 후, 일정한 구간마다 점수를 부여한다(박도순 외, 2007). 9등급 점수를 산출하는 방법은 먼저 원점수들을 크기 순서대로 배열한 다음 **〈표 12-3〉**과 같이 정규 분포상의 백분율(%)에 따라 스테나인 점수를 할당한다. 예를 들어, 어떤 시험에 응시한 피험자 수가 100명이라면, 성적 상위자로부터 4명은 1의 등급을, 그다음 성적순에 따라 7명(누적 11명째)은 2의 등급을 부여하게 된다.

〈표 12-3〉 스테나인 점수 분포표

백분율	4	7	12	17	20	17	12	7	4
누적 백분율(%)	4	11	23	40	60	77	89	96	100
스테나인 점수 (9등급 점수)	1	2	3	4	5	6	7	8	9

정규 분포와 각 표준점수와의 관계는 **[그림 12-1]**과 같다.

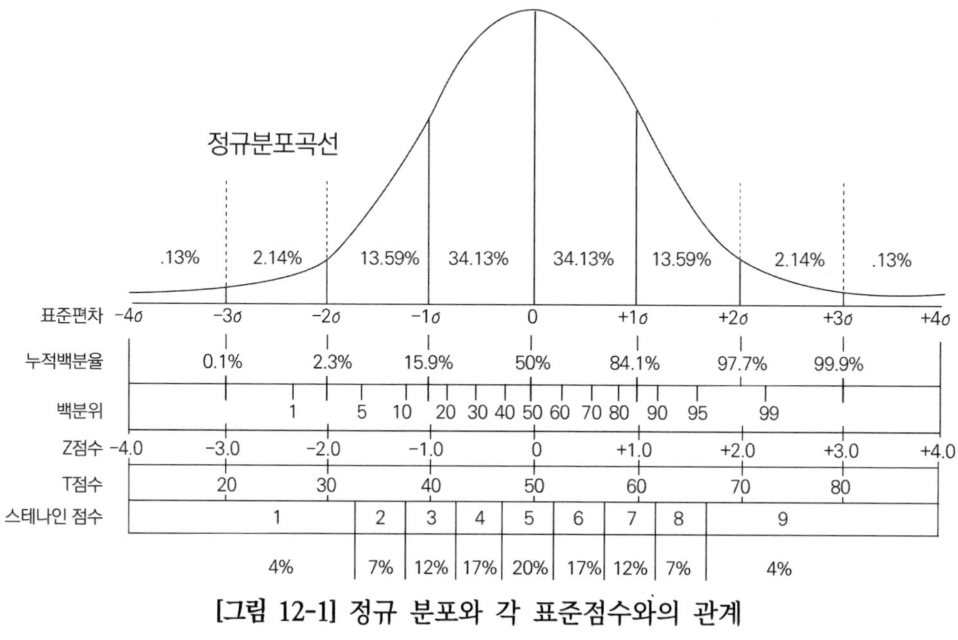

[그림 12-1] 정규 분포와 각 표준점수와의 관계

바. 등급

등급(letter grades)은 학생들의 성적을 A/B/C/D/F 등과 같이 표시하는 것을 의미한다. 등급은 학생 점수에 기초하여 결정되며, 등급화 과정을 통하여 등급이 결정된다. 등급화 방법(grading)은 상대 평가와 절대 평가의 관점에서 이루어진다. 절대 평가에서는 점수대에 따른 절대적 기준을 사용하고, 상대 평가에서는 평균이나 백분율을 기준으로 일률적인 기준을 적용한다(박은진, 정홍, 장덕성, 2002).

상대 평가에서의 등급화는 등위점수, 백분위점수, 표준점수 등에 의해서 이루어진다. 고등학교의 9단계 내신산출과 수학능력평가의 등급은 스테나인 표준점수의 비율에 의하여 결정된다. 상대 평가를 실시하는 대학에서는 등급별 학생 인원을 정해 놓고 있는데, 이것은 백분위점수에 따른 등급화 방식에 해당된다.

절대 평가에서의 등급화는 분할 점수에 따라서 이루어진다. 절대 평가에서는 학생의 성취 결과를 미리 설정한 준거에 따라 이루어진다. 분할점수는 어떤 점수 척도 위에 설정된 특정한 점수를 말하고, 준거는 피험자가 알고 있고 할 수 있는 수행 능력의 기준을 의미한다(김창환, 2011). 예를 들어 학업 성취도 평가의 척도에서 3개의 '분할점수'가 설정된다면, 점수 척도는 4부분으로 구분되고, 각각 기초학력 미달 수준, 기초학력 수준, 보통학력 수준, 우수학력 수준과 같은 '수준'들이 설정될 수 있다(이명숙, 이규민, 강상진, 2018). 절대 평가에서는 고정점수방법, Angoff 방법, Bookmark 방법 등을 활용하여 등급화가 이루어진다. 고정점수방법은 원점수를 사용하여 정해진 분할 점수를 기준으로 학생들의 성취 수준을 분류하는 방법이다. Angoff 방법은 분할 점수를 설정하는 패널이 문항을 먼저 분석한 후 최소한의 능력을 보유한 피험자들로 구성된 가상의 집단 중 몇 %가 문항을 맞힐 수 있는지를 판정하도록 하는 방법이다. Bookmark 방법은 문항 난이도 순서대로 문항을 배열한 문항집(Ordered Item Booklet, OIB)을 제작하여 준거 설정 패널들이 각 성취 수준의 최소능력자가 정답을 맞힐 수 있을 것으로 기대되는 문항을 표시하는 방법이다(박일수, 2022).

사. 평가 결과 표기 방식의 장단점

평가 결과 표기 방식은 성취기준과 집단 서열의 관점에서 절대 평가와 상대 평가의 관점에서 이루어진다. 성취기준에 근거한 절대 평가에서는 원점수와 원점수 등급이 사용되며, 집단서열에 근거한 상대 평가에서는 석차와 석차 등급이 사용된다. 절대 평가와 상대 평가에 따른 평가 결과 표기 방식을 비교하면 〈표 12-4〉와 같다.

〈표 12-4〉 절대 평가와 상대 평가에 따른 평가 결과 표기 방식(홍후조 외, 2004에서 변형)

구분	성취기준 근거(절대 평가)		집단서열 근거(상대 평가)	
	원점수	원점수 등급	석차	석차 등급
표기 방법	• 원점수 • 과목평균 • 표준편차	• P/F • 우수/통과/미달 • 5단계(A, B, C, D, F)	• 과목 이수자 수 • 석차	• 5단계(A, B, C, D, F) • 9단계(stanine)
장점	• 교육 평가 본연의 성취 기준에 따른 목표 도달도 파악 가능 • 교사들의 평가 자율성 존중 • 교사의 평가 전문성 향상		• 경쟁 상황에서 선발을 위한 편리한 정보 제공 • 대학에 가장 유리함	
단점	• 학력 수준 정확히 표시하기 어려움		• 개인차가 지나치게 드러남 • 한 줄 세우기 • 경쟁 유발에 의한 비교육적인 측면 • 목표 도달도 파악 곤란	

한편, 앞에서 살펴본 평가 결과 표기에 따라서 학교생활기록부를 작성하거나 학생 평가 결과를 가정에 통지한다. 홍후조와 박승한(2004)이 제시한 학생 평가 결과 표기 방식의 특징은 〈표 12-5〉와 같다.

〈표 12-5〉 학생 평가 표기 방식의 특징

표기 방식	예시	장점	단점
백점만점점수	75	• 교육과정이 지향하는 성취기준 파악 가능 • 교육과정에 입각한 평가 시행 • 불필요한 경쟁 유도 안 함 • 해당 과목의 목표 도달도 확인 가능	• 집단(학교 내 또는 학교 간)에서 학생의 상대적 위치 파악 불가
등급	C	• 학생 평가에 대한 부담 해소 • 간편한 평가 • 학생 간 경쟁 해소	• 학생 개개인의 교과에 대한 강점과 약점 파악 곤란 • 집단(학교 내 또는 학교 간)에서 학생의 상대적 위치 파악 불가 • 교과의 목표 달성도의 정확한 파악 곤란
등위점수	15/30	• 평가 난이도 조절에 대한 어려움의 상대적 감소 • 학생의 상대적 위치 파악 가능	• 학생의 교과별 성취 수준이나 목표 도달도 파악 곤란 • 학생의 지나친 서열화 • 교사의 평가 전문성 신장 어려움 • 지나친 경쟁의식과 열등감 조장 우려
백점만점점수 +등급	75(C)	• 교육과정이 지향하는 성취 기준 파악 가능 • 교육과정에 입각한 평가 가능 • 학생 간의 지나친 경쟁 해소 • 해당 과목의 목표 도달도 확인	• 집단(학교 내 또는 학교 간)에서 학생의 상대적 위치 파악 불가
백점만점점수 +등위점수	75(15/30)	• 교육의 질 관리 가능 • 목표 도달도와 상대적 위치를 통한 학력 확인 가능	• 여러 학교의 차이 반영 곤란 • 상대적 위치 및 서열화 강조 • 학생 생활 부담 증가
등급+ 등위점수	C(15/30)	• 교육의 질 관리 가능 • 목표 도달도와 상대적 위치를 통한 학력 확인 가능	• 여러 학교의 차이 반영 곤란 • 상대적 위치 및 서열화 강조 • 학생 생활 부담 증가 • 목표 도달도 확인 불가
백점만점점수 +등위점수 +등급	75(15/30) (C)	• 매우 자세한 학업 성적 결과에 대한 정보 획득 가능 • 목표 도달도와 상대적 위치를 통한 학력 확인 가능	• 여러 학교의 차이 반영 곤란 • 상대적 위치 및 서열화 강조 • 학생 생활 부담 증가

2 성취평가제

가. 성취 수준

교육부(2024)에서는 2022 개정 교육과정에 따른 교과별 성취 수준을 개발하였다. 교육부(2024)에서는 성취기준과 성취 수준을 다음과 같이 규정하였다. 첫째, 성취기준이란 각 교과목에서 학생들이 학습을 통해 성취하기를 기대하는 지식·이해, 과정·기능, 가치·태도 등의 능력과 특성을 진술한 것을 의미한다. 둘째, 성취 수준은 학생들이 각 교과목 성취기준(들)에 도달한 정도를 나타낸 것으로서, 이러한 도달 정도는 몇 개의 수준으로 구분하고, 각 수준에 속한 학생들이 무엇을 알고 할 수 있는지를 기술한 것을 의미한다. 성취 수준은 성취기준별 성취기준과 영역별 성취기준으로 구분된다. 성취기준별 성취 수준이란 성취기준 단위 성취 수준으로, 학교급·교과목·성취기준의 특성에 따라 3~5수준으로 구분하여 진술한다. 영역별 성취 수준이란 영역 단위 성취 수준으로, 영역 내 성취기준들을 포괄하는 전반적인 특성을 학교급·교과목의 특성에 따라 3수준, 5수준으로 구분하여 진술한다.

교육부(2024)에서는 성취 수준 구분의 원리를 다음과 같이 제시하였다. 첫째, 지식의 개념 위계나 이해의 깊이를 활용하여 수준을 구분한다. 둘째, 과정·기능 수행 정도나 맥락과 상황 변인으로 차별화하여 수준을 구분한다. 셋째, 가치·태도의 내면화와 실천과 참여 등으로 수준을 구분한다. 범주별 성취 수준의 특성은 **[그림 12-2]**와 같다.

수준	범주별 성취 수준 특성								
	지식·이해			과정·기능			가치·태도		
높음	높은 위계	깊은 이해	높은 전이	문제 해결	복잡한 상황	다양한 맥락	내면화	넓은 적용	적극적 실천
↕									
낮음	낮은 위계	단순 암기	낮은 전이	문제 인식	단순한 상황	단순한 맥락	약한 반응	좁은 적용	약한 실천력

[그림 12-2] 범주별 성취 수준의 특성(교육부, 2024)

[그림 12-2]의 범주별 성취 수준의 특성을 반영하여, 성취 수준은 3수준과 5수준으로 구분할 수 있다. 교육부(2024)에서는 내용 체계 범주에 따른 5수준 구분 성취 수준의 일반적 특성은 〈표 12-6〉, 3수준 구분 성취 수준의 일반적 특성은 〈표 12-7〉과 같이 제시하였다.

〈표 12-6〉 내용 체계 범주에 따른 5수준 구분 성취 수준의 일반적 특성(교육부, 2024)

범주	성취 수준	일반적 특성
지식 · 이해	A	개념에 대한 이해가 깊고, 지식 전이 수준이 매우 높음
	B	개념에 대한 이해와 지식 전이 수준이 높은 편임
	C	개념에 대한 이해와 지식 전이 수준이 보통임
	D	위계가 낮은 수준의 개념을 이해하고, 지식 습득이 다소 제한적임
	E	위계가 낮은 수준의 개념을 일부 이해하고, 지식 습득이 제한적임
과정 · 기능	A	배운 지식을 다양하고 복잡한 맥락에 적용하고, 연계된 기능의 수행 정도가 매우 능숙함
	B	배운 지식을 다양한 맥락에 적용하고, 연계된 기능의 수행 정도가 능숙한 편임

범주	성취 수준	일반적 특성
	C	배운 지식을 일부 맥락에 적용하고, 연계된 기능의 수행 정도가 중간 수준임
	D	배운 지식을 일부 제한된 맥락에 적용하고, 연계된 기능의 기본적인 부분을 수행할 수 있음
	E	연계된 기능의 일부를 수행할 수 있음
가치 · 태도	A	기대하는 가치와 태도의 내면화가 가능하고, 실천과 적용 범위가 매우 넓음
	B	기대하는 가치와 태도를 조직화하고, 실천과 적용 범위가 넓은 편임
	C	기대하는 가치와 태도를 일부 조직화하고, 실천과 적용 범위가 보통임
	D	기대하는 가치와 태도의 의미를 알고, 실천과 적용 범위가 다소 제한적임
	E	기대하는 가치와 태도의 일부 의미를 알고, 실천과 적용 범위가 좁음

〈표 12-7〉 내용 체계 범주에 따른 3수준 구분 성취 수준의 일반적 특성(교육부, 2024)

범주	성취 수준	일반적 특성
지식 · 이해	A	개념에 대한 이해가 깊고, 지식 전이 수준이 높음
	B	개념에 대한 이해와 지식 전이 수준이 보통이거나 지식 습득이 다소 제한적임
	C	위계가 낮은 수준의 개념을 일부 이해하고, 지식 습득이 제한적임
과정 · 기능	A	배운 지식을 다양한 맥락에 적용하고, 연계된 기능의 수행 정도가 능숙함
	B	배운 지식을 일부 맥락에 적용하고, 연계된 기능의 수행 정도가 중간 수준이거나 연계된 기능의 기본적인 부분을 수행할 수 있음
	C	연계된 기능의 일부를 수행할 수 있음
가치 · 태도	A	기대하는 가치와 태도를 조직화하고, 실천과 적용 범위가 넓음
	B	기대하는 가치와 태도를 일부 조직화하고 실천과 적용 범위가 보통이거나 다소 제한적임
	C	기대하는 가치와 태도의 일부 의미를 알고, 실천과 적용 범위가 좁음

또한, 교육부(2024)에서는 성취 수준에 대한 일반적 특성을 제시하였다. 5수준 구분 성취 수준의 일반적 특성은 〈표 12-8〉, 3수준 구분 성취 수준의 일반적 특성은

〈표 12-9〉와 같다.

〈표 12-8〉 5수준 구분 성취 수준의 일반적 특성(교육부, 2024)

성취 수준	일반적 특성	성취율
A	교과목의 교수·학습을 통해 기대하는 지식·이해, 과정·기능, 가치·태도에 도달한 능력 정도가 매우 우수한 수준 • 개념에 대한 이해가 깊고, 지식 전이 수준이 매우 높음 • 배운 지식을 다양하고 복잡한 맥락에 적용하고, 연계된 기능의 수행 정도가 매우 능숙함 • 기대하는 가치와 태도의 내면화가 가능하고, 실천과 적용 범위가 매우 넓음	90% 이상
B	교과목의 교수·학습을 통해 기대하는 지식·이해, 과정·기능, 가치·태도에 도달한 능력 정도가 우수한 수준 • 개념에 대한 이해와 지식 전이 수준이 높은 편임 • 배운 지식을 다양한 맥락에 적용하고, 연계된 기능의 수행 정도가 능숙한 편임 • 기대하는 가치와 태도를 조직화하고, 실천과 적용 범위가 넓은 편임	80% 이상 90% 미만
C	교과목의 교수·학습을 통해 기대하는 지식·이해, 과정·기능, 가치·태도에 도달한 능력 정도가 보통 수준 • 개념에 대한 이해와 지식 전이 수준이 보통임 • 배운 지식을 일부 맥락에 적용하고, 연계된 기능의 수행 정도가 중간 수준임 • 기대하는 가치와 태도를 일부 조직화하고, 실천과 적용 범위가 보통임	70% 이상 80% 미만
D	교과목의 교수·학습을 통해 기대하는 지식·이해, 과정·기능, 가치·태도에 도달한 능력 정도가 다소 제한된 수준 • 위계가 낮은 수준의 개념을 이해하고, 지식 습득이 다소 제한적임 • 배운 지식을 일부 제한된 맥락에 적용하고, 연계된 기능의 기본적인 부분을 수행할 수 있음 • 기대하는 가치와 태도의 의미를 알고, 실천과 적용 범위가 다소 제한적임	60% 이상 70% 미만

성취 수준	일반적 특성	성취율
E	교과목의 교수 · 학습을 통해 기대하는 지식 · 이해, 과정 · 기능, 가치 · 태도에 도달한 능력 정도가 제한된 수준 • 위계가 낮은 수준의 개념을 일부 이해하고, 지식 습득이 제한적임 • 연계된 기능의 일부를 수행할 수 있음 • 기대하는 가치와 태도의 일부 의미를 알고, 실천과 적용 범위가 좁음	40% 이상 60% 미만

〈표 12-9〉 3수준 구분 성취 기준의 일반적 특성(교육부, 2024)

성취 수준	일반적 특성	성취율
A	교과목의 교수 · 학습을 통해 기대하는 지식 · 이해, 과정 · 기능, 가치 · 태도에 도달한 능력 정도가 우수한 수준 • 개념에 대한 이해가 깊고, 지식 전이 수준이 높음 • 배운 지식을 다양한 맥락에 적용하고, 연계된 기능의 수행 정도가 능숙함 • 기대하는 가치와 태도를 조직화하고 실천과 적용 범위가 넓음	80% 이상
B	교과목의 교수 · 학습을 통해 기대하는 지식 · 이해, 과정 · 기능, 가치 · 태도에 도달한 능력 정도가 보통 수준 • 개념에 대한 이해와 지식 전이 수준이 보통이거나 지식 습득이 다소 제한적임 • 배운 지식을 일부 맥락에 적용하고, 연계된 기능의 수행 정도가 중간 수준이거나 연계된 기능의 기본적인 부분을 수행할 수 있음 • 기대하는 가치와 태도를 일부 조직화하고 실천과 적용 범위가 보통이거나 다소 제한적임	60% 이상 80% 미만
C	교과목의 교수 · 학습을 통해 기대하는 지식 · 이해, 과정 · 기능, 가치 · 태도에 도달한 능력 정도가 제한된 수준 • 위계가 낮은 수준의 개념을 일부 이해하고, 지식 습득이 제한적임 • 연계된 기능의 일부를 수행할 수 있음 • 기대하는 가치와 태도의 일부 의미를 알고, 실천과 적용 범위가 좁음	40% 이상 60% 미만

나. 성취평가제의 도입 배경 및 추진 과정

성취평가제는 교육과정의 성취기준 및 평가 기준에 따라 학생의 성취 수준을 평가하고 성취도(A-B-C-D-E-(F))를 부여하는 방식이다. 성취평가제의 도입은 「중등학교 학사관리 선진화 방안」(교육과학기술부, 2011)으로부터 시작되었다. 규준 참조평가에 기초한 고등학교 석차 9등급제는 학생들에게 과도한 스트레스 유발, 배타적 경쟁심 조장, 협동학습 저해, 학업 성취 달성 여부 확인 곤란, 다양한 교과목 선택의 제약 등의 문제가 있었다. 성취평가제는 학생 중심의 다양한 맞춤형 교육과정 운영, 학생의 성취에 대한 정확한 정보 제공, 지나친 경쟁의식 해소, 창의·인성 교육을 목표로 도입되었다(박혜영 외, 2022).

성취평가제는 2012년에 중학교와 고등학교 전문교과에 도입되었으며, 2014년에는 고등학교 보통교과까지 확대되어 도입되었으며, 2025년에는 고교학점제 시행에 따라 고등학교에 전면 도입되었다. 이러한 변화는 '학교생활기록 작성 및 관리지침'과 그에 따른 '교과학습발달상황 평가 및 관리(별지 제9호)'에서 살펴볼 수 있다(박혜영 외, 2022).

성취평가제가 중학교와 고등학교 전문교과에 도입되었던 2012년에는 '중학교 학업성적 평가 결과 처리' 항목에서 그동안 '수/우/미/양/가'로 평정하던 것을 'A/B/C/D/E'로 평정할 것을 명시하였고, '고등학교 학업성적 평가 결과 처리' 항목에서는 전문교과에서 'A/B/C/D/E'로 평정하고 학교별, 교과목별로 기준 성취율을 설정할 수 있게 하였으며, 보통교과는 석차 9등급제를 그대로 유지하며 '체육/음악/미술' 교과는 '우수/보통/미흡'을 그대로 유지하였다(교육부, 2012. 1. 27).

성취평가제가 고등학교 보통교과에 도입되었던 2014년에는 '고등학교 학업성적 평가 결과 처리' 항목에서 과목별 성취도 A/B/C/D/E로 평정하도록 하였고, 기준 성취율에 따른 분할점수를 과목별로 학교가 정할 수 있다고 명시함으로 처음으로 분할점수라는 용어를 사용하였으며, 체육/예술 교과도 성취도 A/B/C로 평정하도록 하였다. 그러나 석차 9등급제도 여전히 공존하였고, 성적표에는 성취도와 석차 등급이 함께 표기되었다(교육부, 2014. 1. 16).

성취평가제는 고교학점제의 도입으로 새로운 국면을 맞이하게 되었다. 「2022학년도 대학입학제도 개편방안 및 고교교육 혁신방향」(교육부, 2018)을 통해 학생들의 자유로운 과목 선택 지원을 위해 고교학점제 도입과 연계하여 성취평가제 정착을 지원할 것을 발표하였다. 그중 하나로 2019학년도 고등학교 1학년부터 '진로선택과목'은 석차등급을 제공하지 않고 과목별 성취도와 함께 원점수, 과목평균 및 성취 수준별 학생 비율로 학생 성적을 산출하게 되었다([그림 12-3] 참고). 그리고 '학교생활기록 작성 및 관리지침'의 '고등학교 학업성적 평가 결과 처리' 항목에서 보통 교과의 진로 선택 과목은 원점수, 과목평균, 성취도(수강자수), 성취도별 분포비율을 산출한다고 명시하였다(박혜영 외, 2022).

학생생활기록부(현행)				
과목	단위수	원점수/과목평균(표준편차)	성취도(수강자수)	석차등급
고전 읽기	4	95/70 (10)	A (532)	1

➡

학교생활기록부(개선)				
과목	단위수	원점수/과목평균	성취도(수강자수)	성취수준 학생비율
고전 읽기	4	95/70	A (532)	A(32.4%) B(30.9%) C(36.7%)

[그림 12-3] '진로선택과목' 성적 산출 변화(교육부, 2018)

한편, 성취기준에 기반하여 성취 수준을 파악하는 성취평가제가 도입된 이후, 학생 평가 관련 문서에 성취기준 및 성취 수준에 대한 서술이 추가되었다. '학교생활기록 지침 및 관리'의 별지 제9호 '교과학습발달상황'에서 '각 교과의 학습 활동 진보정도, 수행 평가 결과, 특징' 등을 쓸 수 있다고 명시되었던 부분이 '각 과목별 성취기준에 따른 성취 수준의 특성'으로 변경되었다. 또한 '특기사항'란에 '각 과목별 성취기준에 따른 성취 수준 특성'을 추가적으로 기록할 것을 명시하였으며, '세부능력 및 특기사항'란에도 '과목과 관련된 세부능력 및 수행 평가, 학습 활동 참여도 및 태도'라는 표현이 '과목별 성취기준에 따른 성취 수준의 특성'이라는 표현으로 변경되었다(교육부, 2014. 1. 16). 이러한 변화는 성취평가제의 도입으로 인해 성취기준과 성취 수준이 강조된 결과라고 볼 수 있다. 성취평가제 관련 학생 평가 지침의 변화를 정리하면 〈표 12-10〉과 같다(박혜영 외, 2022).

〈표 12-10〉 성취평가제 관련 학생 평가 지침의 변화(박혜영 외, 2022)

<table>
<tr><th>문서</th><th>항목</th><th>내용</th></tr>
<tr><td rowspan="2">학교생활기록 및 관리 지침 (교육부, 2012)</td><td>중학교 학업성적 평가 결과 처리</td><td>• 수/우/미/양/가로 평정하던 것을 A/B/C/D/E로 평정할 것을 명시</td></tr>
<tr><td>고등학교 학업성적 평가 결과 처리</td><td>• 전문교과에서 A/B/C/D/E로 평정하고 학교별, 교과목별로 기준성취율을 설정할 수 있게 함
• 보통교과는 석차 9등급제를 그대로 유지함
• 체육/음악/미술 교과도 우수/보통/미흡을 그대로 유지</td></tr>
<tr><td rowspan="2">학교생활기록 및 관리 지침 (교육부, 2014)</td><td>고등학교 학업성적 평가 결과 처리</td><td>• 과목별 성취도 A/B/C/D/E로 평정하도록 하였고 기준성취율에 따른 분할점수를 과목별로 학교가 정할 수 있다고 명시함으로써 처음으로 '분할점수'라는 용어를 사용함
• 체육/예술 교과도 성취도 A/B/C로 평정하도록 함
• 석차 9등급제도 여전히 공존하였고, 성적표에는 성취도와 석차등급이 함께 표기</td></tr>
<tr><td colspan="2">• '각 교과의 학습 활동 진보정도, 수행 평가 결과, 특징 등을 쓸 수 있다'고 명시되었던 부분이 '각 과목별 성취기준에 따른 성취 수준의 특성 등을 쓸 수 있다'라고 변경됨
• '특기사항'란에 '각 과목별 성취기준에 따른 성취 수준 특성'을 추가적으로 기록할 것을 명시
• '세부능력 및 특기사항'란에도 '과목과 관련된 세부능력 및 수행 평가, 학습 활동 참여도 및 태도'라는 표현이 '과목별 성취기준에 따른 성취 수준의 특성'이라는 표현으로 변경</td></tr>
<tr><td>학교생활기록 및 관리 지침 (교육부, 2019a)</td><td>고등학교 학업성적 평가 결과 처리</td><td>• 보통 교과의 진로 선택 과목은 원점수, 과목평균, 성취도(수강자수), 성취도별 분포비율을 산출한다고 명시</td></tr>
</table>

다. 성취평가제의 개요

성취평가제는 분할 점수에 기초하여 학생의 성취 수준을 결정한다. 김경희 등(2012)은 고교학점제에서의 최소 성취 수준 설정과 관련하여, 성취 수준별 특성을 <표 12-11>과 같이 제시하였다. <표 12-11>의 성취 수준은 '매우 우수', '우수', '보통', '다소 미흡', '미흡'에 해당되는 것으로서, 학생들에게 기대되는 특성으로 개념화하였다(박혜영 외, 2022).

<표 12-11> 성취 수준별 특성(김경희 외, 2012)

성취 수준	성취 수준 특성
A	ㅁ 포괄적 개념이나 내용의 이해와 기능의 수행 정도가 매우 우수하고 개념의 적용력이 뛰어나며 태도가 매우 긍정적임 • 모든 개념의 이해력이 매우 우수함을 구체적으로 설명 • 기능의 수행정도가 정교하고 능숙하여 매우 우수함을 구체적으로 설명 • 개념의 적용을 잘하고 그 적용 범위가 넓음을 구체적으로 설명
B	ㅁ 포괄적 개념이나 내용의 이해와 기능의 수행정도가 우수하고 개념을 적용할 수 있으며 태도가 긍정적임 • 위계가 중간보다 높은 개념의 대부분을 이해할 수 있음을 구체적으로 설명 • 기능의 수행정도가 능숙하여 우수함을 구체적으로 설명 • 개념의 적용을 잘하는 것을 구체적으로 설명
C	ㅁ 포괄적 개념이나 내용을 대체적으로 이해하고 있으며 일부 기능을 제외한 기능을 수행할 수 있고 개념을 일부 상황에 적용할 수 있을 뿐 아니라 태도가 긍정적인 편임 • 위계가 중간인 개념을 이해하고 상위 개념의 일부를 이해하고 있음을 구체적으로 설명 • 일부 기능의 수행이 미흡하나 대체로 기능을 수행할 수 있음을 설명 • 개념의 적용이 가능하나 개념의 적용범위가 한정적임을 구체적으로 설명
D	ㅁ 포괄적 개념이나 내용을 부분적으로 이해하고 있으며 기능의 일부만 수행할 수 있고 개념의 적용범위가 좁음 • 위계가 낮은 개념을 잘 이해하고 중간인 개념을 일부 이해하고 있음을 구체적으로 설명 • 기능의 일부를 수행할 수 있음을 구체적으로 설명 • 개념의 적용에 한계가 있고 적용 범위가 좁음을 구체적으로 설명

성취 수준	성취 수준 특성
E	ㅁ 포괄적 개념이나 내용의 일부만 이해하고 있으며 기능의 극히 일부만 수행할 수 있음 • 위계가 낮은 하위 개념의 일부를 이해하고 있음을 구체적으로 설명 • 기능의 극히 일부를 수행할 수 있음을 구체적으로 설명 • 개념의 적용이 어려움을 구체적으로 설명

성취평가제에서는 학생이 성취기준에 어느 정도 도달했는지에 대한 정보를 제공하기 위해서 체계적인 절차에 의해 분할점수를 산출하여 성취 수준을 구분해야 한다. 중학교에서는 성취율을 평가 결과 원점수와 동일하게 사용하였으며, 이때 분할점수는 모든 교과, 모든 학교에 동일하게 적용되므로 '고정 분할점수'에 해당된다(박혜영 외, 2022).

고등학교는 학교 유형이 다양하게 나뉘고 학교 유형별로 교육과정과 학생들의 학업 수준 및 교육 여건에 차이가 있기 때문에 모든 고등학교에 똑같은 분할점수를 적용하는 것에 문제가 있었다. 성취평가제 시범학교의 평정결과를 분석한 결과, 고정분할점수 방식보다는 '예상 정답률 추정 방법(변형된 Angoff 방법)'과 '이원목적분류표 활용 방법(변형된 Ebel 방법)'이 적절하다. '예상 정답률 추정 방법(변형된 Angoff 방법)'은 교사가 개별 문항에 대해 성취 수준별 최소 능력자의 정답률을 추정하고 그 결과를 종합해 분할점수를 산출하는 방법이다. '이원목적분류표 활용 방법(변형된 Ebel 방법)'은 문항의 특성과 난이도에 따라 문항들을 몇 개의 범주로 구분하고, 문항 범주별로 성취 수준별 최소 능력자의 정답률을 예측하는 방법이다(박혜영 외, 2022).

교육과학기술부(2011)에서는 성취평가제에서의 성취도별 정의와 성취율을 **〈표 12-12〉**와 같이 제시하였다. 고등학교 보통교과에서의 성취도 단계는 교과와 과목의 특성에 따라 2단계(Pass/Fail), 4단계(A-B-C-(F)), 6단계(A-B-C-D-E-(F))로 다양화하여 제시하였다(박혜영 외, 2022).

〈표 12-12〉 성취도별 정의 및 성취율(예시)(교육과학기술부, 2011)

성취도	정의(Description)	성취율(점수)
A	내용영역에 대한 지식습득과 이해가 매우 우수한 수준이며 새로운 상황에 일반화할 수 있음	90% 이상
B	내용영역에 대한 지식습득과 이해가 우수한 수준이며 새로운 상황에 대부분 일반화할 수 있음	90% 미만~80% 이상
C	내용영역에 대한 지식습득과 이해가 만족할 만한 수준이며 새로운 상황에 어느 정도 일반화할 수 있음	80% 미만~70% 이상
D	내용영역에 대한 지식습득과 이해가 다소 미흡한 수준이며 새로운 상황에 제한적으로 일반화할 수 있음	70% 미만~60% 이상
E	내용영역에 대한 지식습득과 이해가 미흡한 수준이며 새로운 상황에 거의 일반화할 수 없음	60% 미만~40% 이상
F	내용영역에 대한 지식습득과 이해가 최소 학업 성취 수준에 미달하여 별도의 보정 교육 없이는 다음 단계의 교수·학습 활동을 정상적으로 수행하기 어려움	40% 미만

만약, 학생들이 최소 학업 성취 수준에 도달하지 못할 경우에는 이들 학생에 대한 책임교육을 실시해야 한다. 만약 미이수(F)에 해당하는 학생이 발생하면 보충이수를 제공하여 학생들이 교과목을 이수하도록 하였다. 보충이수는 별도 과제 수행, 보충 과정 제공 등 본 과목의 내용이나 수업량을 축소하여 수강하는 방식이다(교육부, 2021). 보충이수는 학업결손 보완뿐만 아니라 학습 동기 부여 등과 같은 정서적 지원을 고려해야 한다. 보충이수는 학교·교육(지원)청 단위·온라인 등과 같은 다양한 방법이 가능하도록 하였다. 보충이수 이후 부여되는 성적에 상한을 설정하였으며(성취도 E), 보충이수에 참여하지 않은 경우 해당 과목 미이수(I, Incomplete의 약자)로 처리하는 것을 원칙으로 하였다. 미이수 과목에 통상 F학점을 부여하나, 단어(Fail)의 의미를 고려하여 I(Incomplete)를 사용하였다(교육부, 2021). 고교학점에서의 학업성취율과 성취도는 **[그림 12-4]**와 같다(박혜영 외, 2022).

현행	
성취율	성취도
90% 이상	A
80% 이상 ~ 90% 미만	B
70% 이상 ~ 80% 미만	C
60% 이상 ~ 70% 미만	D
60% 미만	E

➡

향후('25~)		
성취율	성취도	
90% 이상	A	
80% 이상 ~ 90% 미만	B	
70% 이상 ~ 80% 미만	C	
60% 이상 ~ 70% 미만	D	
40% 이상 ~ 60% 미만	E	↑ 이수
40% 미만	I	↓ 미이수

[그림 12-4] 고교학점제에서의 학업 성취율과 성취도(교육부, 2021)

3 학생성적의 기록 및 통보

가. 학생성적의 기록

교과학습발달상황 세부능력 및 특기사항은 교사의 교육과정에 대한 이해를 바탕으로 한 수업과 전문적인 평가의 결과로 작성된다. 교육부와 한국교육과정평가원(2022)에서는 교사의 '교육과정-수업-평가-기록'의 일체화를 지원하기 위하여 교과학습발달상황 세부능력 및 특기사항 기재방법과 예시 자료를 개발하였다. 교과학습발달상황 세부능력 및 특기사항이 교과별 특성을 토대로 학생의 성장과 변화를 제시하기 위해서는 학생의 성취 수준, 수행과정 및 결과, 교과 역량, 학생의 전체적인 교과 특성의 4가지가 반영될 필요가 있다. 교과학습발달상황 세부능력 및 특기사항 작성을 위한 기준은 〈표 12-13〉과 같다.

〈표 12-13〉 교과학습발달상황 세부능력 및 특기사항 작성을 위한 기준

구분	설명
학생의 성취 수준	해당 성취기준에 대해 학생이 결과적으로 도달한 성취 수준에 대한 특성 ※ 구체적인 평가를 통해 관찰한 내용을 '성취기준 단위 평가 기준'을 참고하여 포괄적으로 진술함
평가 과제를 통해 관찰된 학생의 수행 과정 및 결과	구체적인 평가 문항이나 평가 과제를 통해서 관찰한 학생의 수행 과정 및 수행 결과 특성 ※ 성취 수준에 대한 판단을 내리게 된 근거나 상세 내용에 해당함
교과역량 또는 핵심역량	평가나 수업을 통해 관찰된 역량에 대한 특성
학생 교과 특성에 대한 교사 총평	특정 성취기준에 국한되지 않은, 교과 학습 평가 및 수업과정에서 수시·상시로 교사가 기록한 내용 중심의 학생 특성

〈표 12-13〉의 기준에 따라 국어과 학습발달상황 세부능력 및 특기사항을 진술한 예시는 **[그림 12-5]**와 같다.

[성취기준 2개, 평가 과제 2개]
→ 국어 1학년: 326자

학생의 성취 수준	수행 과정 및 결과	**역량**	교사 총평

(· · ·) 풍부한 독서 습관을 바탕으로 학년 수준에 비해 다양한 어휘를 사용하여 표현력이 우수하고, 발표 시 발음이 정확하고 비언어적 표현을 잘 활용하여 전달력이 우수함. 흉내 내는 말을 삶과 연결해 말의 재미를 느낄 수 있음. 그림을 보며 동물의 소리와 물건의 모양을 상상해 소리와 몸짓으로 표현하여 흉내 내는 말을 생동감 있게 표현함. 시에 나타난 흉내 내는 말의 느낌을 친구들과 공유하면서 시에 흥미를 보임. 시에서 흉내 내는 말을 찾아 다양한 어조로 표현하고 느낌을 살려 친구들 앞에서 낭송함. **이를 통해 우리말의 재미를 느끼고 문학 작품에 흥미를 가지고 즐길 수 있는 역량을 향상시킴.** (· · ·)

교육과정 성취기준	평가 기준	
[2국05-03] 여러 가지 말놀이를 통해 말의 재미를 느낀다.	상	여러 가지 말놀이를 언어생활에 즐겨 활용하며 말의 재미를 느낄 수 있다.
	중	여러 가지 말놀이에서 말의 재미를 느낄 수 있다.
	하	간단한 유형의 말놀이를 통해 말의 재미를 느낄 수 있다.

<table>
<tr><td rowspan="3" colspan="2">[2국05-05]
시나 노래, 이야기에 흥미를 가진다.</td><td>상</td><td>다양한 시나 노래, 이야기를 감상하거나 표현하는 데에 즐겨 참여하며 흥미를 가진다.</td></tr>
<tr><td>중</td><td>시나 노래, 이야기를 감상하거나 표현하는 데에 흥미를 가진다.</td></tr>
<tr><td>하</td><td>시나 노래, 이야기를 듣거나 읽는 데 관심을 가진다.</td></tr>
<tr><td>평가 과제</td><td colspan="3"></td></tr>
<tr><td colspan="4">• 짝과 흉내 내기 놀이하기, 그림과 어울리는 흉내 내는 말 찾아 쓰기, 끝말잇기 등 다양한 말 잇기 놀이하기
• 시에서 소리나 모양을 떠올리며 흉내 내는 말을 찾아 느낌을 살려 소리 내어 낭송하기</td></tr>
<tr><td>관련 역량</td><td colspan="3">문화 향유 역량</td></tr>
</table>

[그림 12-5] 국어과 세부특성 진술 예시(교육부, 한국교육과정평가원, 2022)

나. 학생성적 통보 방법

학생성적의 통보는 성적통지표를 통하여 이루어진다. 또한, 가정통신문이나 학부모 면담과 같은 보조수단을 활용할 수 있다. 학습이나 생활면에 대한 구체적인 정보를 제공하려면 성적통지표 이외의 다양한 방법이 활용될 수 있다.

1) 성적통지표

성적통지표는 학교에서 학부모에게 그들 자녀의 학업수행상태에 관한 정보를 제공하기 위하여 주기적으로 발송되는 문서화된 보고서를 의미한다. 성적통지표의 양식은 학교 수준이나 학교 특성에 따라 학교마다 다를 수 있다. 성적통지표는 대체로 다음과 같은 내용을 포함하고 있다. ① 교과학습발달상황, ② 행동발달상황, ③ 출석상황, ④ 창의적체험활동상황, ⑤ 교사와 부모의 통신란 등이 그것이다. 보통 교과학습 발달상황과 행동발달상황은 문자평점으로 기록되며, 통신란에는 교사나 학부모가 상대방에게 전달하고자 하는 의견을 간단히 기록하게 된다.

성적통지표는 가정통신문이나 학부모 면담과 같은 성적 통보의 보조수단과 함께 사용될 때 효과적이다(이종승, 2009).

2) 가정통신문

학생의 학업 상태에 관해 학부모에게 보다 구체적인 정보를 제공할 목적으로 많은 학교에서 비공식적인 가정통신문을 이용하고 있다. 이러한 가정통신문은 해당 학생의 학교학습에 있어서 강점과 약점, 학교생활의 제반 문제, 특별지도계획 등 성적통지표만으로는 전달하기 어려운 구체적인 정보를 학부모에게 전달해 준다. 또한 학생의 교과별 학업수행 상태에 관한 세세한 정보도 전달해 줄 수가 있다. 그러나 가정통신문을 이용하는 방법은 다음과 같은 몇 가지 문제점을 지니고 있다. 첫째, 모든 학생들의 학교생활에 관한 포괄적이고 구체적인 가정통신문을 작성하는 일은 상당한 시간과 노력을 필요로 한다. 둘째, 학생의 학업상의 문제점이나 약점에 대한 기술은 자칫하면 해당 학부모로부터 오해를 살 여지가 있다. 셋째, 가정통신문은 교육 목표에 대한 해당 학생의 성취정도를 체계적으로 계속 전달해 주기가 어렵다. 성적통보 수단으로 성적통지표와 함께 가정통신문을 사용한다면, 성적통지표가 제공하기 어려운 구체적인 정보를 전달해준다는 측면에서 유용하다고 볼 수 있다(이종승, 2009).

3) 학부모 면담

성적통지표의 기능을 보완하고 교사와 학부모 사이의 협력관계를 유지하기 위하여 상당수의 학교에서 정기적으로 학부모와의 면담을 실시하고 있다. 학부모 면담은 특히 초등학교 저학년의 경우에 유용하다. 학부모 면담은 가정과 학교 사이에 대화의 통로를 마련해 준다는 데 그 의의가 있다. 학부모는 학교에서 파악하지 못하는 학생에 관한 정보를 교사에게 제공하고, 학생에 관한 제반 관심사를 교사와 의논할 수 있는 기회를 갖는다. 따라서 학부모 면담은 교사와 학부모 사이에 긴밀한 협조체제를 가능하게 하고 양측이 필요로 하는 정보를 상호 제공한다는 점에서 중요하다. 그러나 학부모 면담은 교사나 학부모에게 많은 시간과 노력을 요구하게 되므로, 가정통신문의 경우와 마찬가지로 학부모 면담은 성적통지표의 제한된 기능을 보완하는 수단으로 활용되어야 할 것이다(이종승, 2009).

4 학교생활기록부

가. 학교생활기록부의 성격

학교생활기록은 「초·중등교육법」 제25조에 따라 학교의 장이 학생의 학업 성취도 및 인성 등을 종합적으로 관찰·평가하여 학생지도 및 상급학교(「고등교육법」 제2조 각 호의 규정에 의한 학교를 포함한다. 이하 같다)의 학생선발에 활용할 수 있는 학생의 인적·학적사항, 출결상황, 자격증 취득 및 국가직무능력표준 이수상황, 교과학습발달상황, 행동 특성 및 종합의견, 그 밖에 교육목적에 필요한 범위에서 교육부령이 정하는 사항에 대하여 교육부령이 정하는 기준에 따라 작성·관리하도록 하고 있다(교육부, 2025a: 33).

나. 학교생활기록부의 작성 기준

학교생활기록부를 작성할 때에는 객관성, 계속성, 신뢰성, 타당성, 해석가능성, 실용성 등에 유의해야 한다. 이에 대하여 살펴보면 다음과 같다.

첫째, 학교생활기록부는 객관성에 기초하여 기록해야 한다. 학생의 정보는 오랜 기간에 걸쳐서 다수의 사람들에 의한 관찰, 누가 기록에 의해 작성·활용되기에 입력되는 모든 정보는 객관적 사실에 입각하여야 한다.

둘째, 학교생활기록부는 계속성에 기초하여 기록해야 한다. 학생의 성장발달은 그 자체가 계속적이고 점진적이기에 충실하게 입력되어야 한다.

셋째, 학교생활기록부는 신뢰성을 확보해야 한다. 시험과 측정의 신뢰도를 향상시키고, 오류 없이 정확하게 입력해야 한다.

넷째, 학교생활기록부는 타당하게 기록해야 한다. 학교생활기록부의 자료는 학생의 학습지도와 생활지도, 진로지도 등에 유익하게 활용될 수 있도록 타당한 자료가 입력되어야 한다.

다섯째, 학교생활기록부는 해석 가능해야 한다. 학교생활기록부의 자료는 의미 있고 쉽게 해석할 수 있도록 입력되어야 한다.

여섯째, 학교생활기록부는 실용적이어야 한다. 학교생활기록부는 유용하게 활용될 수 있는 점을 고려하여 작성한다.

다. 학교생활기록부 작성 시 유의 사항

교육부(2025c)에서는 학교생활기록부 작성 시 유의 사항을 제시하였다. 학교생활기록부 작성 시 유의 사항을 살펴보면 다음과 같다.

첫째, 학교생활기록부는 학생의 성장과 학습 과정을 상시 관찰·평가한 누가기록 중심의 종합 기록이어야 한다.

둘째, 학교생활기록부에는 학교교육계획이나 학교교육과정에 따라 학교에서 실시한 각종 교육활동의 이수상황(활동내용에 따른 개별적 특성이 드러나는 사항 중심)을 기재하는 것이 원칙이다. 단, 학교교육계획 이외의 체험활동은 교육관련기관(교육부 및 소속기관, 시도교육청 및 직속기관, 교육지원청 및 소속기관)에서 주최하고 주관한 행사, 봉사활동 실적 등만

학교장이 승인한 경우에 한해 기재가 가능하다.

셋째, 사교육 유발 요인이 큰 사항에 대해서는 학교생활기록부의 어떤 항목에도 기재할 수 없다. 학교생활기록부에 기재할 수 없는 상황은 〈표 12-14〉와 같다.

〈표 12-14〉 학교생활기록부에 기재할 수 없는 상황

가. 각종 공인어학시험 참여 사실과 그 성적 및 수상 실적

[기재불가 공인어학 시험]
영어(TOEIC, TOEFL, TEPS), 중국어(HSK), 일본어(JPT, JLPT), 프랑스어(DELF, DALF), 독일어(ZD, TESTDAF, DSH, DSD), 러시아어(TORFL), 스페인어(DELE), 상공회의소한자시험, 한자능력검정, 실용한자, 한자급수자격검정, YBM 상무한검, 한자급수인증시험, 한자자격검정 등

나. 교과·비교과 관련 교내·외 대회 참여 사실과 그 성적 및 수상 실적*
*학교장의 참가 허락을 받아 참여한 각종 교외대회에서의 수상실적도 기재 불가함.

다. 교외 기관·단체(장) 등에게 수상한 교외상(표창장, 감사장, 공로상 등도 기재 불가함)

라. 교내·외 인증시험 참여 사실이나 그 성적

마. 모의고사·전국연합학력평가 성적(원점수, 석차, 석차등급, 백분위 등 성적 관련 내용 일체) 및 관련 교내 수상실적

바. 논문을 학회지 등에 투고 또는 등재하거나 학회 등에서 발표한 사실

사. 도서출간 사실

아. 지식재산권(특허, 실용신안, 상표, 디자인 등) 출원 또는 등록 사실

자. 어학연수, 봉사활동 등 해외 활동 실적 및 관련 내용

차. 부모(친인척 포함)의 사회·경제적 지위(직종명, 직업명, 직장명, 직위명 등) 암시 내용

카. 장학생·장학금 관련 내용

타. 구체적인 특정 대학명, 기관명[1](기구, 단체, 조직 등 포함), 상호명, 강사명[2] 등

1) 기관명
- 교육관련기관(교육부 및 소속기관*, 시도교육청 및 직속기관, 교육지원청 및 소속기관**에 한함)의 경우 기관명을 입력할 수 있음.
  *교육부 소속기관: 대한민국학술원, 국사편찬위원회, 국립국제교육원, 국립특수교육원, 교원소청심사위원회, 중앙교육연수원(총 6개 기관)
  **시도교육청 및 직속기관, 교육지원청 및 소속기관: [참고자료 4] 참조

※ 교육관련기관이 직접 운영하는 기구, 단체, 조직 등 포함
- 봉사활동 실적의 '장소 또는 주관기관명'에는 구체적인 장소 또는 주관기관명을 입력함.

2) 강사명
- 특정 강사명은 강사로 활동하고 있는 사람 모두를 지칭하는 것이 아니라, 학생들이 참여한 강의(또는 교육활동)의 강사를 말함.

파. 자격증 명칭 및 취득 사실

넷째, 학교생활기록부에 '항목과 관련이 없거나 기록해서는 안 되는 내용의 기재', '단순 사실을 과장하거나 부풀려서 기재', '사실과 다른 내용을 허위로 기재' 하는 등 학교생활기록부의 신뢰도를 저하시키는 사례가 발생하지 않도록 특히 유의한다. 특히, 학교생활기록부 서술형 항목에 기재될 내용을 학생에게 작성하여 제출하도록 하는 행위를 금지한다. 학교생활기록부 허위사실 기재는 '학생성적 관련 비위'로 간주되어 「교육공무원 징계양정 등에 관한 규칙」을 적용하며 징계의 감경에서도 제외된다.

다섯째, 학부모 등의 학교생활기록부 기재 및 수정 관련 부당 요구는 「부정청탁 및 금품 등 수수의 금지에 관한 법률」 제5조제1항제10호에 해당하는 위법 행위에 해당된다.

여섯째, 「학교생활기록 작성 및 관리지침」 제3조제3항에 따라 학교생활기록부 입력 및 정정 권한과 관련하여 업무의 편의나 관행을 이유로 담당이 아닌 교사에게 입력 및 정정 권한을 부여하는 행위를 금지한다.

일곱째, 학교생활기록부 기재요령 내 '기재방법'은 준수하되, '기재예시'는 참고자료이며 의미의 변동이 없는 범위에서 다르게 기재할 수 있다.

라. 학교생활기록부 처리 요령

교육부훈령 제504호, 학교생활기록 및 작성 및 관리 지침의 제4조에는 학교생활기록부 처리요령이 ①항에서 ⑤항까지 제시되어 있다. 그리고 교육부(2025c)에서는 이와 관련한 처리 요령에 대한 해설을 제시하고 있다. 이 중에서 ①항과 ②항에 대한 내용에 대하여 구체적으로 살펴보면 다음과 같다.

첫째, 제4조 ①항에는 '학교생활기록의 자료 입력 및 정정 업무는 당해 업무를 담당하는 사용자가 수행함을 원칙으로 한다.'고 규정되어 있다. 이와 관련하여 교육부(2025c)에서는 학교생활기록부 항목별 입력 주체를 명확히 하여 학교생활기록부 기재와 관리의 책무성을 제공하고 있다. 학교생활기록부 항목에 따른 입력 주체는 〈표 12-15〉와 같다.

〈표 12-15〉 학교생활기록부 항목에 따른 입력 주체(교육부, 2025c)

항목		입력 주체
출결상황 특기사항		학급담임교사
학교폭력 조치상황 관리		학급담임교사
창의적 체험활동상황 영역별 특기사항	자율 · 자치활동* (*2~3학년은 자율활동)	학급담임교사
	진로활동	학급담임교사
	동아리활동	해당 동아리 담당교사
일상생활 활동상황** 특기사항		영역별 담당교사
교과학습발달상황	과목별 세부능력 및 특기사항	교과담당교사
	개인별 세부능력 및 특기사항	학급담임교사
독서활동상황		교과담당교사, 학급담임교사
행동특성 및 종합의견		학급담임교사

** 특수학교 1학년 재학생 중 '기본교육과정'을 이수한 학생에 한하여 적용됨(이하, 해당 문구 생략)

학교생활기록부 정정 시 학교생활기록부 정정대장 결재 절차에 따라 발견 학년도 담임교사가 정정처리를 하며, 졸업생 및 학업 중단 학생의 경우 업무담당자가 정정한다. 단, 고등학교의 교과학습발달상황은 2025학년도 1학년부터 학기 단위로 작성·마감해야 한다. 따라서, 1학기 교과학습발달상황은 당해 학년도 8월 31일까지 작성·마감해야 하며 수정 사유 발생 시, 정정 절차에 따라 처리하도록 명시하였다(교육부, 2025c).

둘째, 제4조 ②항에는 '사용자는 직접 관찰·평가한 내용을 근거로 자료를 입력해야 한다.'고 규정되어 있다. 학교생활기록부의 서술형 항목은 교사가 직접 관찰

·평가한 내용을 근거로 입력하며, 학교교육계획에 따라 실시한 교육활동 중 교사 지도하에 학생이 직접 작성한 자료는 활용할 수 있다. '학교교육계획에 따라 실시한 교육활동 중 교사 지도하에 학생이 직접 작성한 자료'로 학생부 기재 시 활용 가능한 자료는 ① 동료평가서, ② 자기평가서, ③ 수업산출물(수행 평가 결과물 포함), ④ 소감문, ⑤ 독후감의 5가지로 한정하였다. 사용자는 학생부 내 서술형 항목 입력을 위해 학생·학부모 등에게 상기 ①~⑤의 자료에 해당하지 않는 일체의 자료를 요구하거나 제공 받아서는 안 된다. 학교생활기록부 영역별 내용은 해당 영역에만 입력한다. 입력 글자 수 초과를 이유로 특정 영역의 내용을 타 영역에 입력하지 않는다(교육부, 2025c).

마. 교과학습발달상황의 평가 및 관리

학교생활기록부 작성 및 지침 제15조에는 교과학습발달상황을 명시하고 있다. '세부능력 및 특기사항'은 모든 학생에 대해 입력하며 학생들의 특성을 구체적으로 기술한다. 학생들의 교과특성은 교사가 교과학습 평가 및 수업 과정에서 수시·상시로 기록한 내용을 중심으로 전 영역을 고려하여 종합적으로 기술한다. '세부능력 및 특기사항'의 기술은 성취기준과 성취 수준에 근거하여 학생 개인의 성취과정과 성취특성이 명료히 드러나도록 하되, 수업에서 이루어진 활동의 단순 나열이나 이미 성취기준에 명시된 지식의 단순 서술은 지양한다(교육부, 2025a).

성취기준이란 각 교과목에서 학생들이 학습을 통해 성취하기를 기대하는 지식·이해, 과정·기능, 가치·태도 등의 능력과 특성을 진술한 것으로 교수·학습 및 평가의 실질적인 근거로서 교사가 무엇을 가르치고 평가해야 하는지, 학생이 무엇을 공부하고 성취해야 하는지에 관한 실질적인 지침이 된다. 성취 수준은 학습 정도를 판단하기 위해 각 성취기준에 도달한 정도를 3~5단계로 구분하고 각 단계에 속한 학생들이 무엇을 알고, 할 수 있는지를 기술한 것으로 성취기준별 성취 수준 및 영역별 성취 수준으로 구성한다. 영역별 성취 수준이란 영역에 해당하는 교수·학습이 끝났을 때 학생이 성취하기를 기대하는 지식·이해, 과정·기능, 가치·태도에 도달한 정도를 수준별로 '종합적'이고 '포괄적'으로 기술한 것이다. 학기 단위 성취 수준은 학생이 한 학기 동안 학습한 성취기준에 도달한 정도를 종합하여 나타내는 지표로서, 과목 내 성취기준을 포괄하는 전반적인 특성을 나타내며, 한 학기 동안 교수·학습 목표를 설정하고, 수업 및 평가를 계획하고 운영하는 데 기초 자료로 활용할 수 있다. 최소 성취 수준은 각 과목의 교수·학습이 끝났을 때 학생들이 성취하기를 기대하는 지식·이해, 과정·기능, 가치·태도에 최소한으로 도달한 정도를 의미한다(교육부, 2025c).

지필 평가란 '중간 또는 기말고사(1회, 2회고사 등)'와 같은 '일제식 정기고사'를 의미하며, '문항정보표'의 구성에 따라 '선택형'과 '서답형'으로 구분한다. 단, 시도교육청 공동으로 실시하는 '영어듣기평가'는 수행 평가로 간주할 수 있으며, 학교에서 형성 평가 및 수행 평가의 일환으로 실시하는 '선택형' 및 '서답형' 문항으로 구성된 평가는 훈령에 제시된 '지필 평가'에 해당하지 않는다. 지필 평가 문항은 선택형 문항(진위형, 배합형, 선다형), 서답형 문항(완성형, 단답형, 서술형, 논술형)으로 구분한다(교육부, 2025c).

수행 평가는 교과담당교사가 교과 수업시간에 학습자들의 학습 과제 수행 과정 및 결과를 직접 관찰하고, 그 관찰 결과를 전문적으로 판단하는 평가 방법이다. 수행 평가 과제 유형은 서술·논술, 구술·발표, 토의·토론, 프로젝트, 실험·실습, 포트폴리오 등이다. 수행 평가에서 사용하는 용어는 다음과 같은 의미를 가진다. 학습 과제란 학습자들에게서 성취되기를 기대하는 교육과정상 각 교과 교육 목표와 관련되는 것으로, 실제 생활에 가치 있고 중요하며 유용한 과제를 의미한다. 수행이란 학생이 단순히 답을 선택하는 것이 아니라, 학생 스스로 답을 구성하는 것, 산출물이나 작품을 만들어 내는 것, 태도나 가치관을 행동으로 드러내는 것 등을 모두 포함한다. 관찰이란 학습자가 수행하는 과정이나 그 결과를 평가자가 읽거나, 듣거나, 보거나, 느끼거나 하는 활동을 모두 포함한다. 판단이란 평가자가 관찰한 것을 객관성·합리성·타당성·신뢰성 등이 있는 기준을 준거로 점수화하거나, 문장화하는 것을 의미한다(교육부, 2025c).

교과학습발달 상황의 평가는 별표 9 '교과학습발달상황 평가 및 관리'에 따라 시행하도록 되어 있다. 별표 9에는 평가의 목표 및 방침, 평가 운영의 유의 사항, 초등학교 평가 방법, 중·고등학교 평가 방법을 제시하고 있다(교육부, 2025a). 이에 대하여 살펴보면 다음과 같다.

1) 평가의 목표 및 방침

학교생활기록부 기재요령에는 교과학습발달 상황에 대한 평가의 목표 및 방침이 제시되어 있다. 교과학습의 평가의 목표 및 방침을 살펴보면 다음과 같다(교육부, 2025a, 2025c).

첫째, 교과학습의 평가는 학생 개개인의 교육 목표 도달도를 확인하고 교수·학습의 질을 개선하는 데 주안점을 두고, 성취기준에 근거하여 교수·학습과 평가 활동이 일관성 있게 이루어지도록 한다. 또한, 교과목의 성격과 학습자의 특성을 고려하여 적합한 평가 방법을 활용한다. 학교는 교육과정의 성취기준에 기반한 평가 계획에 따라 교수·학습 과정에서 학생의 변화와 성장에 대한 자료를 다각도로 수집하여 적절한 피드백을 제공하는 과정 중심 평가를 통해 교수·학습의 질을 제고한다.

둘째, 시도교육청 및 학교는 교과학습의 평가 및 관리의 객관성·공정성·투명성·신뢰도를 제고하기 위하여 노력하여야 한다. 학업성적 평가 및 관리의 중요성을 감안하여, 학업성적 평가 및 관리의 객관성·공정성·투명성·신뢰도를 제고하기 위해 시도교육청은 교육부 훈령을 바탕으로 학업성적관리 시행지침을 마련한다. 또한, 각급 학교에서는 해당 시도 학업성적관리 시행지침을 바탕으로 학업성적관리규정을 정하고, 학년(교과)협의회와 학업성적관리위원회를 구성하여 운영한다.

셋째, 시도교육감은 학교급별 학업성적관리 시행지침을 수립한다. 평가의 세부적인 사항은 시도교육청의 '학업성적관리 시행지침'에 따라 학교의 '학업성적관리규정'으로 정하여 실시한다. 학년(교과)협의회 운영과 관련된 사항은 시도교육청의 학업성적관리 시행지침으로 정한다.

넷째, 학교는 시도교육청의 학업성적관리 시행지침을 바탕으로 학업성적관리규정을 제정하고, 교과(학년)협의회와 학업성적관리위원회를 구성하여 운영한다. 학년협의회를 운영할 수 없는 학교는 교과협의회를 운영할 수 있다. 학년(교과)협의회 운영과 관련된 사항은 시도교육청의 학업성적관리 시행지침으로 정한다.

다섯째, 교과학습의 평가는 지필 평가와 수행 평가로 구분하여 실시한다. 다만, 학교별 학업성적관리규정에 따라 교과목의 특성상 수업 활동과 연계한 수행 평가만으로 평가할 수 있다. 교과학습의 평가는 학교 및 교과(목)의 특성에 따라 다양한 방법으로 실시할 수 있으며, 성취기준에 기반하여 수업시간 중에 실시한다. 지필 평가와 수행 평가의 실시 비율, 서·논술형 문항 출제 비율 등 평가의 세부적인 사항은 시도교육청의 '학업성적관리 시행지침'에 따라 학교의 '학업성적관리규정'으로 정하여 실시한다. 단, 학생의 발달 특성 및 과목의 성격 등을 고려하여 지필 평가는 서·논술형 문항만으로도 평가할 수 있다.

여섯째, 감염병의 전국적 유행 등 국가 재난에 준하는 상황에서는 지필 평가 또는 수행 평가만으로 평가하거나 초등학교와 중학교는 교육부장관이 정하는 바에 따라 지필 및 수행 평가를 실시하지 않을 수 있다.

2) 평가 운영의 유의 사항

학교생활기록부 기재요령에는 교과학습발달 상황에 대한 평가 운영의 유의 사항이 제시되어 있다. 평가 운영의 유의 사항을 살펴보면 다음과 같다(교육부, 2025a, 2025c).

첫째, 교육과정 성취기준을 실제 평가의 상황에서 준거로 사용하기에 적합하도록 재구조화할 수 있다. 학생의 특성·학교 여건 등에 따라 교육과정 및 교과서 내용을 분석하여 교과협의회를 통해 성취기준을 재구조화할 수 있다. 다만, 성취기준을 통합하거나 일부 내용을 압축하여 재구조화할 경우, 성취기준의 내용 요소 일부가 임의로 삭제되지 않도록 유의해야 한다. 또한, 일부 내용요소를 추가해야 하는 경우에는 학생의 학습 및 평가 부담이 가중되지 않도록 학년(군), 학교급 및 교과(군) 간의 연계성을 충분히 고려해야 한다.

둘째, 「공교육 정상화 촉진 및 선행교육 규제에 관한 특별법」 제8조제3항에 따라 지필 평가, 수행 평가 등 학교 내 학교 시험 및 각종 교내대회에서 학생이 배운 학교교육과정의 범위와 수준을 벗어난 내용을 출제하여 평가하지 않도록 유의한다.

셋째, 부정행위 예방 대책과 부정행위자(협조자 포함) 처리 절차 및 처리 기준을 학업성적관리규정으로 정하고, 학기 초에 학생 및 학부모에게 안내한다. 또한, 부정행위 적발 시 절차 및 규정에 따라 엄중히 처리한다. 부정행위 예방대책은 '학생의 수행여부 확인 방안 등'을 포함하여야 한다.

넷째, 자녀가 재학하는 학교에 부모 교직원이 재직하는 경우, 자녀가 재학 중인 학년의 출제, 검토, 인쇄, 채점, 평가 관리 등 자녀와 관련한 '평가 관련 업무'를 담당하지 않도록 유의한다. 시도교육청의 여건에 따라 부득이하게 자녀가 재학하는 학교에 부모가 교직원으로 재직하는 경우에는 평가 등 자녀와 관련된 업무에서 배제하여야 한다. 다만, 부득이한 경우에는 학교의 학업성적관리규정에 평가의 공정성 제고 방안을 마련해야 한다.

3) 초등학교 평가 방법

① 평가 계획 수립

학교생활기록부 기재요령에는 초등학교 교과학습발달 상황에 대한 평가 방법으로 평가 계획, 평가 운영, 평가 결과 처리를 제시하고 있다. 교과학습발달 상황에 대한 평가 계획 수립을 살펴보면 다음과 같다(교육부, 2025a).

첫째, 교과학습의 평가 계획은 학교의 여건과 교과(목) 및 학교자율시간 활동의 특성을 감안하여 교과(학년)협의회에서 수립하고, 이를 학교 학업성적관리위원회의 심의를 거쳐 학교장이 최종 결정한다. 또한, 학교의 여건을 고려하여 필요시에는 시도교육청의 학업성적관리 시행지침에 따라 학급별로 평가 계획을 달리 정할 수 있다. 교과(목) 및 학교자율시간 활동 학습의 평가를 위하여 학기(학년) 평가 계획을 학년별·교과별(필요시 학급별)로 수립하되, 다음의 내용이 포함되도록 한다. (1) 평가의 목적, 평가의 방향과 방침, 평가 유의 사항 등, (2) 평가의 영역, 요소, 방법, 시기 등, (3) 평가의 세부기준(채점 기준), 결시자와 학적 변동자 처리 기준 등이 포함되어야 한다. 단, 학교자율시간 활동의 평가 계획에 포함되어야 할 내용은 시도교육청의 학업성적관리 시행지침에서 별도로 정할 수 있다. 학기(학년)초에 교과별 성취기준에 따른 평가 기준을 마련(교과교육과정에 포함 혹은 별도 관리)하여 이를 교수·학습에 활용하고, 이에 근거하여 평가 계획을 수립하여 실시한다.

둘째, 평가 계획에는 각 교과(학년)별 평가의 영역·요소·방법·시기·기준 및 결과의 활용 등을 포함한다. '평가의 영역'은 평가를 실시하고자 하는(평가에서 측정하고자 하는) 영역을 의미하며, 이때 영역은 '교육과정의 영역, 핵심개념, 기능 등'을 활용하여 교과 및 학교의 특성에 따라 결정할 수 있다.

셋째, 확정된 평가 계획은 정보공시 등을 통해 학생 및 학부모에게 공개한다. 또한, 변경사항이 있는 경우에는 수정하여 평가 실시 전에 재공지한다. 학년별·교과별·학급별 평가 계획은 학기 초에 학생 및 학부모에게 공개하여야 하며, 평가 실시 전에 평가 방법 및 채점 기준 등 평가 운영과 관련된 세부적인 사항을 학생에게 안내하여 학생들이 해당 평가의 평가 방법 및 평가 요소를 인지하도록 하여야 한다. 세부적인 채점 기준을 모두 공개하기 어려운 경우, 채점 기준에 포함된 평가 요소를 안내하도록 한다. 또한, 평가 계획이 변경되는 경우 학업성적관리위원회의 심의를 받아 변경사항을 확정하고, 평가 실시 전에 변경사항을 학생과 학부모에게 안내하여야 한다. 평가 요소는 교육과정 성취기준 도달의 증거로, 학생들이 보여주기를 기대하는 핵심 내용을 구체적으로 기술한 평가 내용을 말한다.

② 평가 운영

학교생활기록부 기재요령에는 초등학교 교과학습발달 상황에 대한 평가 방법으로 평가 계획, 평가 운영, 평가 결과 처리를 제시하고 있다. 교과학습발달 상황에 대한 평가 운영을 살펴보면 다음과 같다(교육부, 2025a).

첫째, 성취기준·평가 기준에 따른 성취 수준과 학생의 성장 및 발달 정도에 중점을 두고 평가가 이루어지도록 한다. 교과학습의 평가는 평가 계획에 근거한다.

둘째, 모든 수행 평가는 수업 중 실시하는 것을 원칙으로 하며, 수업시간 외 가정 등에서 이루어지는 '과제형 수행 평가'는 실시하지 않는다. 과제형 수행 평가 금지는 사전 준비가 필요한 암기식 수행 평가 등이 포함됨을 유의하여야 한다. 복수의 학생이 공동으로 수행하는 모둠활동 등을 평가할 때에는 개별 학생에게 역할을 부여하고, 개인별 학습 과제에 대한 수행과정과 결과를 평가해야 한다.

셋째, 학생의 이의신청 절차는 학업성적관리규정으로 정하고, 이의신청이 있을 때에는 절차에 따라 면밀히 검토하여 처리한다.

③ 평가 결과 처리

학교생활기록부 기재요령에는 초등학교 교과학습발달 상황에 대한 평가 방법으로 평가 계획, 평가 운영, 평가 결과 처리를 제시하고 있다. 교과학습발달 상황에 대한 평가 결과 처리를 살펴보면 다음과 같다(교육부, 2025a).

첫째, 교과(목) 및 학교자율시간 활동별 평가 결과를 포함한 일람표는 학급 담임교사 또는 교과 담당교사가 작성한다. '교과별 평가 결과를 포함한 일람표'는 '교과별 성적일람표' 또는 '종합일람표'를 의미한다.

둘째, 학업성적 평가 결과는 평가 계획에 따른 각 평가에 대한 학생의 성취 수준 및 평가 중 관찰한 사실을 바탕으로 작성한다. 평가 결과 작성을 위해 학생의 수행 과정과 결과에 대해 수시·상시 기록을 하되, 구체적인 기록 방법 및 양식 등은 시도교육청의 학업성적관리 시행지침에 따라 학교 학업성적관리위원회의 심의를 통해 결정한다.

셋째, 학생의 평가 결과는 학생 및 학부모에게 제공하며, 세부적인 방법 및 횟수 등은 학교에서 정할 수 있다. 평가 결과 제공 방법 및 횟수 등은 학기 초에 학업성적관리위원회 심의 등을 통해 결정하고, 결정된 사항을 학생과 학부모에 안내한다.

넷째, 개인정보 보호를 위해 학생의 평가 결과는 학생 본인에게만 공개하여야 하며, 타인에게 노출되지 않도록 유의한다. 평가 결과 확인 시, 학생 본인에게만 공개하여 다른 학생에게 학생 개인정보가 노출되지 않도록 유의하며, 학생 본인의 확인이 어려운 경우 학부모 등 보호자에게 공개하여 확인한다.

다섯째, 학생의 평가 결과물과 성적 산출의 증빙자료로 활용되는 중요한 자료의 보관기간은 학업성적관리규정으로 정하며, 학생들의 확인·이의신청·성적처리가 완료된 후 보관한다. 학기 초에 학업성적관리위원회의 심의를 통해 학생의 수행평가 결과물의 보관 기간을 결정하며, 학생들의 이의신청·접수·처리·확인 과정 등 적절한 조치가 완료된 후 보관한다. '성적 산출의 증빙자료로 활용되는 중요한 자료'라 함은 학생들의 평가 결과 산출에 사용된 기록 자료 등을 의미한다. 학교장은 교과학습의 평가가 공정하고 타당하게 시행될 수 있도록 사전계획을 수립하고,

학생과 학부모에게 이를 안내하여 평가에 대한 신뢰도를 제고하기 위해 노력해야 한다.

4) 중 · 고등학교 평가 방법

① 평가 계획 수립

학교생활기록부 기재요령에는 중·고등학교 교과학습발달 상황에 대한 평가 방법으로 평가 계획, 평가 운영, 평가 결과 처리를 제시하고 있다. 교과학습발달 상황에 대한 평가 계획 수립을 살펴보면 다음과 같다(교육부, 2025b).

첫째, 교과학습의 평가 계획은 각 과목의 교육과정 및 학교·교과의 특성을 감안하여 교과(학년)협의회에서 수립하고, 이를 학교 학업성적관리위원회의 심의를 거쳐 학교장이 최종 결정한다. 다만, 중학교 자유학기에는 학교의 여건을 고려하여 필요시 시도교육청의 학업성적 관리시행지침에 따라 해당 교과 담당 교사별로 평가 계획을 달리 정할 수 있다. 교과학습의 평가(지필 평가와 수행 평가)를 위하여 학기(학년) 평가 계획을 학년별·교과목별로 수립하되, 다음의 내용이 포함되도록 한다. (1) 평가의 목적, 평가의 방향과 방침, 평가 유의 사항 등, (2) 평가(지필 평가 및 수행 평가)의 영역, 요소, 방법, 시기, 횟수, 반영비율 등, (3) 교과목별 기준 성취율과 성취도, (4) 과목별 학기 단위 성취 수준 설정(최소 성취 수준 설정 포함), (5) 수행 평가의 세부기준(영역별 배점과 채점 기준), 결시자와 학적변동자 처리 기준 등이다. 학기(학년)초에 교과목별 성취기준에 따른 성취 수준을 마련(교과교육과정에 포함 혹은 별도 관리)하여 이를 교수·학습에 활용하고, 이에 근거하여 평가 계획을 수립하여 실시한다.

둘째, 평가 계획에는 각 교과(학년)별 지필 평가 및 수행 평가의 평가 영역·요소·방법·횟수·반영 비율·수행 평가 세부기준(배점) 등과 성적처리방법 및 결과의 활용 등을 포함한다. '평가(지필 평가 및 수행 평가)의 영역'은 평가를 실시하고자 하는(평가에서 측정하고자 하는) 영역을 의미하며, '교육과정의 영역, 핵심개념, 기능 등'을 활용하여 교과 및 학교의 특성에 따라 결정할 수 있다.

셋째, 확정된 평가 계획은 정보공시 등을 통해 학생 및 학부모에게 공개한다. 또한, 변경사항이 있는 경우에는 수정하여 평가 실시 전에 재공지한다. 교과별·학년별 평가 계획은 학기 초에 학생 및 학부모에 공개하여야 하며, 평가 실시 전에 평가 방법 및 채점 기준 등 평가 운영과 관련된 세부적인 사항을 학생에게 안내하여 학생들이 해당 평가의 평가 방법 및 평가 요소를 인지하도록 하여야 한다. 세부적인 채점 기준을 모두 공개하기 어려운 경우, 채점 기준에 포함된 평가 요소를 공개하도록 한다. 또한, 평가 계획이 변경되는 경우 학업성적관리위원회의 심의를 통해 변경사항을 확정하고, 평가 실시 전에 변경사항을 학생과 학부모에게 안내하여야 한다. 학교는 지필 평가 기출문제(정답 포함)를 공개하되, 공개범위와 방법(학교 홈페이지 탑재, 교내 특정장소 비치, 출력물 제공 등)은 학업성적관리위원회를 통해 학교장이 정한다. 평가 요소는 교육과정 성취기준 도달의 증거로, 학생들이 보여주기를 기대하는 핵심 내용을 구체적으로 기술한 평가 내용을 말한다.

넷째, 자유학기의 교과학습발달상황 평가는 학교별로 자유학기의 취지에 맞는 평가 방안을 마련하고, 이를 학교 학업성적관리위원회의 심의를 거쳐 학교장이 최종 결정한다.

② 평가 운영

학교생활기록부 기재요령에는 중·고등학교 교과학습발달 상황에 대한 평가 방법으로 평가 계획, 평가 운영, 평가 결과 처리를 제시하고 있다. 교과학습발달 상황에 대한 평가 운영을 살펴보면 다음과 같다(교육부, 2025b).

첫째, 지필 평가 문제는 타당도, 신뢰도를 제고할 수 있도록 출제하고, 평가의 영역, 내용 등을 포함한 문항정보표 등 출제 계획을 작성하여 활용하며, 동일 교과(목) 담당교사 간 공동 출제를 한다. 지필 평가의 신뢰도 제고를 위해 문항오류가 없도록 교과 내 검토를 강화하여야 한다. 지필 평가의 문항정보표에 내용영역, 성취기준이 표시되도록 한다.

둘째, 지필 평가는 문항별 배점을 표시하여 가급적 100점 만점으로 출제한다. 또한, 다양한 성취 수준을 판별할 수 있도록 문항의 난이도를 고려하여 출제하고 난이도에 따른 문항 배열에 유의한다. 특별한 사유가 없는 한 지필 평가의 만점은 100점으로 한다. 모든 출제 원안에는 문항별 배점을 표시하되, 평가의 변별력을 최대한 높이고 동점자가 가능한 한 생기지 않도록 문항 수를 적절하게 출제하고, 문항당 배점 및 채점 기준 세분화에 유의한다.

셋째, 지필 평가 관련 보안규정과 시험지 유출 시 처리기준은 학업성적관리규정으로 정하고, 평가 문제는 출제·인쇄 및 평가의 전 과정에서 보안이 유지되도록 철저히 관리한다. 지필 평가의 보안 강화를 위해 학업성적관리규정에 다음의 사항을 포함하여야 한다.

- (출제 단계) 교직원 자녀 재학 시 평가 업무 배제, 평가 시행 전 보안 연수 실시 등
- (인쇄 단계) 평가관리시설 출입 통제, 인쇄실 내 전자기기 소지 금지, 평가관리시설 출입자 확인 장치(CCTV, 동작 감지센서 등) 설치, 인쇄 시 평가 담당자 입회, 인쇄 담당자 평가지 수령 당일 인쇄(1일 초과분 평가 원안 보안 책임자 보관) 등
- (시행 단계) 고사 당일 평가지 반출, 평가 종료 후 답안지 매수 확인 등
- (채점 단계) 답안지 인수 후 매수 확인, 채점기간 중 학생 통제 등

넷째, 모든 수행 평가는 수업 중 실시하는 것을 원칙으로 하며, 수업시간 외 가정 등에서 이루어지는 '과제형 수행 평가'는 실시하지 않는다. 수행 평가는 학교 및 교과의 특성에 따라 다양한 방법을 구안하여 적용할 수 있다. 수행 평가 문항 출제는 수행 평가 출제 계획표 등을 작성하여 활용한다. 수행 평가는 학생의 학습 과제 수행과정과 결과를 평가한다. 모든 수행 평가는 수업 중 실시하는 것을 원칙으로 하며, 수업시간 외 가정 등에서 이루어지는 '과제형 수행 평가'는 실시하지 않는다. 과제형 수행 평가 금지는 사전 준비가 필요한 암기식 수행 평가 등이 포함됨을 유의하여야 한다. 복수의 학생이 공동으로 수행하는 모둠활동 등을 평가할

때에는 개별 학생에게 역할을 부여하고, 개인별 학습 과제에 대한 수행과정과 결과를 평가해야 한다.

다섯째, 수행 평가의 점수는 점수화가 가능한 영역의 점수만 반영하되, 기본점수의 부여 여부, 부여 점수의 범위 등은 학업성적관리규정으로 정한다. 수행 평가의 기본점수 부여 여부 및 부여범위 결정 시에는 평가의 목적 등을 고려하여 타당하게 이루어질 수 있도록 해야 한다. 수행 평가 영역별 기본점수의 범위는 시도교육청의 학업성적관리 시행지침을 따른다.

여섯째, 지필 평가 및 수행 평가의 이의신청 절차는 학업성적관리규정으로 정하고, 이의신청이 있을 때에는 절차에 따라 면밀히 검토하여 처리하여야 한다. 또한, 평가 문항의 이의신청에 따른 오류검증을 위해 필요시 외부 전문가의 자문을 받을 수 있다.

③ 중학교 학업성적 평가 결과 처리

학교생활기록부 기재요령에는 중·고등학교 교과학습발달 상황에 대한 평가 방법으로 평가 계획, 평가 운영, 평가 결과 처리를 제시하고 있다. 교과학습발달 상황에 대한 중학교 학업성적 평가 결과 처리를 살펴보면 다음과 같다(교육부, 2025b).

첫째, 과목별 성적일람표는 매 학기말 과목 담당교사가 작성한다. 이때, 지필 평가와 수행 평가의 점수를 합산하여 산출하며, 교육정보시스템을 활용함을 원칙으로 한다.

둘째, 지필 평가와 수행 평가의 영역(고사)별 반영 비율에 따른 환산 점수 합계는 소수 셋째 자리에서 반올림하여 소수 둘째 자리까지 산출한다. 또한, 원점수는 환산 점수 합계를 소수 첫째 자리에서 반올림하여 정수로 산출하고, 과목평균은 원점수를 사용하여 계산하되 소수 둘째 자리에서 반올림하여 소수 첫째 자리까지 산출한다.

셋째, 성취도는 원점수에 따라 다음과 같이 평정한다.

성취율(원점수)	성취도
90 % 이상	A
80 % 이상 ~ 90 % 미만	B
70 % 이상 ~ 80 % 미만	C
60 % 이상 ~ 70 % 미만	D
60 % 미만	E

단, 체육·음악·미술교과의 과목의 성취도는 다음과 같이 평정한다.

성취율(원점수)	성취도
80 % 이상 ~ 100 %	A
60 % 이상 ~ 80 % 미만	B
60 % 미만	C

넷째, 수강자수는 매 학기말 성적산출 시점을 기준으로 해당 과목을 수강한 학생수로 한다. 다만, 자유학기에 해당 교과 담당교사별로 해당 과목의 평가 계획을 다르게 수립한 경우, 시도교육청의 학업성적관리 시행지침에 따라 당해 학교의 학업성적관리규정으로 정하여 해당 교과 담당 교사별로 수강자수를 달리할 수 있다.

다섯째, '모든 평가가 완료되어 당해 학교의 학업성적관리규정에 따라 성적을 처리할 수 있는 학생'은 현재의 학적 상태와 무관하게 수강자수에 포함하고, '재취학·전입학·편입학한 학생' 중 '원적교에서 성적을 취득해 온 학생'은 수강자수에서 제외한다.

여섯째, 채점 등 평가 결과를 전산처리할 경우, 교과 담당교사는 전산처리 결과의 이상 유무를 철저히 대조·확인해야 한다.

일곱째, 개인 정보 보호를 위해 지필 및 수행 평가 결과는 학생 본인만 확인하도록 하며, 타인에게 성적 정보가 노출되지 않도록 유의해야 한다.

여덟째, 성적처리 및 학생 확인이 완료된 지필 평가의 학생 답안지는 성적산출의 증빙자료로 5년간 보관한다.

아홉째, 수행 평가 결과물의 보관기간은 학업성적관리규정으로 정하며, 학생들의 확인·이의신청·성적처리가 완료된 후 보관한다.

열 번째, 성적 산출의 증빙 자료로 활용되는 수행 평가의 중요한 자료는 졸업 후 1년 이상 보관하며, 상급학교 진학 시 입학전형권자의 요청이 있을 경우 이를 전형자료로 제공할 수 있다.

④ 고등학교 학업성적 평가 결과 처리

학교생활기록부 기재요령에는 중·고등학교 교과학습발달 상황에 대한 평가 방법으로 평가 계획, 평가 운영, 평가 결과 처리를 제시하고 있다. 교과학습발달 상황에 대한 고등학교 학업성적 평가 결과 처리를 살펴보면 다음과 같다(교육부, 2025c).

첫째, 과목별 성적일람표는 매 학기말 과목 담당교사가 작성한다. 이때, 지필 평가와 수행 평가의 점수를 합산하여 산출하며, 교육정보시스템을 활용함을 원칙으로 한다. 고등학교는 '교과', '과목', '학점', '원점수/과목평균', '성취도', '성취도별 분포비율', '석차등급', '수강자수'를 산출하여 각 학기말에 입력한다. 보통교과 및 전문교과는 '성취도(A-B-C-D-E)'와 '석차등급(1등급~5등급)'을 산출하는 것을 원칙으로 하되, 다음의 교과(목)는 예외로 하여 각 호의 사항을 입력한다.

1. 보통 교과 사회·과학 교과(군)의 융합 선택 과목('여행지리', '역사로 탐구하는 현대 세계', '사회문제 탐구', '금융과 경제생활', '윤리문제 탐구', '기후변화와 지속가능한 세계', '과학의 역사와 문화', '기후변화와 환경생태', '융합과학 탐구'), 특수교육 전문 교과: '교과', '과목', '학점', '원점수/과목평균', '성취도', '성취도별 분포비율', '수강자수'
2. 보통 교과 공통 과목의 '과학탐구실험' 및 체육·예술 교과(군)의 과목(특수 목적 고등학교 선택 과목 제외): '교과', '과목', '학점', '성취도'
3. 보통 교과 교양 교과(군)의 과목: '교과', '과목', '학점', '이수여부'

석차등급을 산출하는 과목 중 수강자수가 5명 이하인 경우, '교과', '과목', '학점', '원점수/과목평균', '성취도', '성취도별 분포비율', '수강자수'를 입력하고, '석차 등급'란에는 '석차등급'이나 '·'을 입력한다. 다만, 동일 입학년도 교육과정 내에서 동일한 과목인 경우에는 '석차등급'란에 '석차등급' 또는 '·' 표기 중 한 가지 방법으로 동일하게 입력한다.

고등학교에서 공동교육과정 및 온라인학교 개설 과목으로 이수한 과목은 제4항에 따라 성적을 산출하되, '석차등급'란에는 '·'을 입력한다. '공동교육과정'과 '온라인학교'에서 개설한 이수 과목의 '석차등급'에는 '·'을 입력하며, '비고'에는 각각 '공동교육과정', '온라인학교'로 표시된다. 거점학교에서는 공동교육과정의 해당 과목을 수강한 학생 모두(수강하였으나 이수하지 못한 학생수도 포함)를 '수강자 수'로 하여 성적을 산출한다(일반고등학교, 특수목적고등학교(산업수요 맞춤형 고등학교 포함), 특성화고등학교* 등). '특성화고등학교'는 '특정분야의 인재양성을 목적으로 하는 교육을 실시하는 학교'를 의미한다. 본교(거점학교)와 타교 학생(공동교육과정)을 구분하여 운영하는 경우 동일 과목이라도 별도로 개설·운영하고, 별도로 성적을 산출한다.

고등학교에서 학교 밖 교육으로 이수한 과목은 '교과', '과목', '학점'을 입력하고, 이외 항목은 모두 '·'을 입력한다. '학교 밖 교육'으로 이수한 과목의 '비고'에는 자동으로 '학교 밖 교육'이 표시된다. 학교 밖 교육기관에서 보내온 '교과', '과목', '학점' 및 '과목별 세부능력 및 특기사항'을 입력하고, 이외 항목은 모두 '·'을 입력한다. 다만, '과목별 세부능력 및 특기사항'에는 객관적 교육 내용(과목명, 이수학점, 객관적 학습내용)만을 입력한다. *과목명 앞에 별표(*)가 붙는 과목은 고교-대학 연계 학점 인정 과목이다.

고등학교에서 국제적으로 공인된 교육과정으로 이수한 과목은 시도교육청의 학업성적관리 시행지침에 따라 성적을 입력한다.

학점이수 인정기준 적용에 따라 '출석률 미달로 인한 추가학습 이수', '미이수', '대체이수'한 학생의 경우 해당 과목의 '비고'란에는 자동으로 각각 '출석률 미달로 인한 추가학습 이수', '미이수', '대체이수'로 표시된다.

둘째, 지필 평가와 수행 평가의 영역(고사)별 반영 비율에 따른 환산 점수 합계는 소수 셋째 자리에서 반올림하여 소수 둘째 자리까지 산출한다. 또한, 원점수는 환산 점수 합계를 소수 첫째 자리에서 반올림하여 정수로 산출하고, 과목평균은 원점수를 사용하여 계산하되 소수 둘째 자리에서 반올림하여 소수 첫째 자리까지 산출한다.

성취도별 분포비율은 소수 둘째 자리에서 반올림하여 소수 첫째 자리까지 산출한다. 지필 평가 및 수행 평가의 반영비율에 따라 환산 점수 합계를 처리하는 '학기말 성적 산출 기준일'은 교과(목)별 평가 계획상 최종 시험일(기말고사, 2차 시험 등)이며, '명예졸업' 학생은 퇴학, 자퇴, 제적, 휴학 학생에 준하여 성적을 처리한다. 과목별 결시생의 인정점 부여는 당해 학교의 학업성적관리규정에 따라 산출하되, 인정점 부여 시교육정보시스템의 기준고사/영역의 기준점수와 평균점수·평균점수 비율에서 사용하는 평균은 당해 지필 평가(중간고사, 기말고사, 1차 시험, 2차 시험 등)에 응시한 학생수를 기준으로 산출하기 때문에 응시학생의 학적변동으로 인하여 변경되지 아니한다. 교육정보시스템의 동점자처리규정에서 지필 평가 배점순을 지정할 경우 결시생의 인정점은 점수만 존재하고 해당고사의 배점 정보는 존재하지 않으므로 배점 정보에 의해 해당 고사를 응시한 학생이 우선이 된다.

가급적 수행 평가 배점과 반영비율을 조정하여 환산점수에서 소수 둘째 자리 이상의 소수가 발생하지 않도록 유의한다. 수행 평가 점수 30점 반영비율 20%이고, 학생이 28점을 받은 경우 환산점수는 18.6666…의 무한 소수가 발생하므로 사전에 수행 평가 배점과 반영비율을 적절히 선정하여 무한 소수가 발생하지 않도록 유의한다.

셋째, 과목별[보통 교과 공통 과목의 과학탐구 실험 및 체육·예술 교과(군)의 과목(특수 목적 고등학교 선택 과목 제외) 제외] 성취도는 성취율에 따라 다음과 같이 평정하되, 기준 성취율에 따른 분할점수를 과목별로 학교가 설정할 수 있다. 단, 추정분할점수 설정 시 교육정보

시스템의 해당 기능을 사용하여 산출한다. 성취율 40% 미도달자 중 최소 성취 수준 보장지도 이수 시 성취도 'E'를 부여한다. 등급별 학생수 산정 방식은 다음과 같다. (1) 수강자수와 등급별 누적비율을 곱하여 반올림한 값을 그 구간까지의 누적인원으로 한다. (2) 등급별 인원을 정하여 해당석차의 학생에게 등급을 부여한다. (3) 수강자수에 따른 등급별 학생수: 수강자수별 등급인원 조견표를 참조한다.

성취율	성취도
90 % 이상	A
80 % 이상 ~ 90 % 미만	B
70 % 이상 ~ 80 % 미만	C
60 % 이상 ~ 70 % 미만	D
60 % 미만	E

또한, 보통 교과 공통 과목의 과학탐구 실험 및 체육·예술 교과(군)의 과목(특수 목적 고등학교 선택 과목 제외) 성취도는 원점수에 따라 다음과 같이 평정한다. 성취율 40% 미도달자 중 최소 성취 수준 보장지도 이수 시 성취도 'C' 부여한다.

성취율(원점수)	성취도
80 % 이상 ~ 100 %	A
60 % 이상 ~ 80 % 미만	B
60 % 미만	C

넷째, 과목별 석차등급은 환산 점수 합계에 의한 석차순에 따라 다음과 같이 평정한다. 단, 등급별 누적 학생수는 수강자수와 누적 등급비율을 곱한 값을 반올림하여 계산한다.

석차등급	석차누적비율
1등급	~ 10% 이하
2등급	10% 초과 ~ 34% 이하
3등급	24% 초과 ~ 66% 이하
4등급	66% 초과 ~ 90% 이하
5등급	90% 초과 ~ 100% 이하

다섯째, 학교는 동점자 발생을 최소화하기 위해 동점자 처리 방법을 학업성적관리규정으로 정한다. 그럼에도 불구하고 동점자가 발생하여 등급경계에 있는 경우 중간석차를 적용한 중간석차백분율에 의하여 등급을 부여하며, 이때 '라'목의 4) 표의 비율은 중간석차백분율로 사용한다. 학교의 학업성적관리규정에 해당 과목에 대한 동점자처리규정 및 과목별 분할점수 산출방식을 명시한다. 석차등급을 산출하지 않는 과목은 동점자처리규정을 등록하지 않는다. 과목별 분할점수 산출관리 및 분할점수 입력은 교육정보시스템의 [성적-분할점수-분할점수 관리]를 반드시 활용한다. (가) 단위학교 학업성적관리규정의 동점자(동석차)처리규정 적용에도 불구하고, 동점자(동석차)가 발생했을 경우는 중간석차를 적용하여 등급을 부여한다. (나) 중간석차 적용은 동점자(동석차)가 등급경계에 있는 경우에 적용하며, 등급 범위 내에서 생기는 동점자(동석차)에게는 적용하지 않는다.

여섯째, 석차는 매 학기별로 과목별 환산 점수 합계를 사용하여 산출하되, 과목별로 동점자가 발생할 경우에는 동점자 모두에게 해당 순위의 최상의 석차를 부여하고 ( )안에 동점자 수를 병기한다. 이때 수강자수는 다음 기준에 따라 산출한다. 동일한 교과 교육과정(2022 개정 교육과정) 내에서 동일한 교과·과목이고 학점, 수강시기가 같은 경우에는 수강한 학생 모두를 수강자수로 하여 성적을 산출한다. 다만, 교육과정 편제상으로 학습내용과 성취기준이 달라 평가를 달리할 수밖에 없는 경우에는 당해학교의 학업성적관리규정으로 정하여 달리할 수 있다. ① 성적산출을 위한 수강자수는 매 학기말 성적산출 시점을 기준으로 해당 과목을 수강한 학생수(수강하였으나 이수하지 못한 학생수도 포함)로 한다. 다만 필요하다고 인정되는 경우, 「초·중등교육법」 제48조 및 같은 법 시행령 제78조에 따라 교육감의 승인을 얻어 학과별로 학생을 선발한 학교는 교육과정 특성을 고려하여 시도교육청의 학업성적관리 시행지침에 따라 학교별 학업성적관리규정으로 학과별로 수강자수를 정할 수 있다. 산업 수요 맞춤형 고등학교와 특성화고등학교(특정분야의 인재 양성을 목적으로 하는 교육을 실시하는 학교에 한함)는 필요하다고 인정되는 경우, 교육과정 특성을 고려하여 시도교육청 학업성적관리 시행지침에 따라 학교별 학업성적관리규정으로 수강자수를 정할 수 있다. ② 시도교육청에서 운영하는 공동실습소 또는 직업교육센터, 일반고등학교(자율고등학교 포함), 특수목적고등학교(산업수요 맞춤형 고등학교 포함) 및 특성화고등학교 등에서 개설한 교과(과정)를 계열(학과)이 서로 다른 학교의 학생들이 함께 수강한 경우의 수강자수는 계열(학과)별로 구분하여 산출할 수 있다. ③ '모든 평가가 완료되어 당해 학교의 학업성적관리규정에 따라 성적을 처리할 수 있는 학생'은 현재의 학적 상태와 무관하게 수강자수에 포함하고, '재입학·전입학·편입학한 학생' 중 원적교에서 성적을 취득해 온 학생'은 수강자수에서 제외한다.

일곱째, 채점 등 평가 결과를 전산처리할 경우, 교과 담당교사는 전산처리 결과의 이상 유무를 철저히 대조·확인해야 한다.

여덟째, 개인 정보 보호를 위해 지필 및 수행 평가 결과는 학생 본인만 확인하도록 하며, 타인에게 성적 정보가 노출되지 않도록 유의해야 한다. 지필 평가 및 수행 평가의 결과(학기말 포함)를 학생 본인에게 확인할 때에는 '개인별 성적 일람표' 등을 활용하여 다른 학생에게 성적 정보가 노출되지 않도록 유의하며, 학생 본인의 확인이 어려운 경우 학부모 등 보호자에게 공개하여 확인한다.

아홉째, 성적처리 및 학생 확인이 완료된 지필 평가의 학생 답안지는 성적산출의 증빙자료로 5년간 보관한다. 성적 산출의 증빙자료로 '성적처리가 끝난 지필 평가 학생 답안지'와 함께 '문항정보표와 출제원안지' 등은 「공공기록물 관리에 관한 법률 시행령」 및 「학교 공통업무 보존기간 준칙」에 따라 당해 학교에 5년간 보관한다.

열 번째, 수행 평가 결과물의 보관기간은 학업성적관리규정으로 정하며, 학생들의 확인·이의신청·성적처리가 완료된 후 보관한다. 학기 초에 학업성적관리위원회의 심의를 통해 학생의 수행 평가 결과물의 보관 기간을 결정하며, 학생들의 이의신청·접수·처리·확인 과정 등 적절한 조치가 완료된 후 보관한다. '수행 평가의 중요한 자료'라 함은 학생들의 이의신청·접수·처리·확인 과정 등 적절한 조치가 완료된 후 작성된 성적 기록 자료(수행 평가 성적일람표 등) 등을 의미한다.

열한 번째, 성적 산출의 증빙 자료로 활용되는 수행 평가의 중요한 자료는 졸업 후 1년 이상 보관하며, 상급학교 진학 시 입학전형권자의 요청이 있을 경우 이를 전형자료로 제공할 수 있다. 상급학교 진학 시에 입학전형자료로 활용될 수 있는 자료 등은 학교장이 판단하여 보관 방법과 기간 등을 결정한다.

열두 번째, 고등학교의 과목 이수기준에 따라 과목별 최소 성취 수준 보장지도를 실시하며, 운영의 세부사항은 교육부장관이 정하는 지침에 따른다.

바. 학업성적관리위원회의 설치 및 운영

학교생활기록부 기재요령에는 학업성적관리위원회의 설치 및 운영을 제시하고 있다. 학업성적관리위원회의 설치 및 운영을 살펴보면 다음과 같다(교육부, 2025c).

첫째, 학업성적 평가 및 관리의 객관성·공정성·투명성·신뢰도를 높이고, 학교생활기록부의 전산처리 및 관리, 이에 따른 활동을 강화하기 위하여 「초·중등교육법 시행규칙」 제24조에 따른 학업성적관리위원회(이하 위원회라 한다)를 둔다. 학교별 '학업성적관리위원회'는 의무적으로 설치·운영해야 하며, 학업성적관리의 중요성을 감안하여 그 활동을 강화해야 한다. 다만, 학교의 형편에 따라 명칭을 달리하거나 타 위원회와 통합 운영할 수 있다.

둘째, 위원회의 위원장은 학교장으로 하며, 학업성적관리위원회의 업무를 총괄한다. 부위원장은 위원 중 학교장이 정한 사람으로 하며, 위원장을 보좌하고 위원장 유고 시 위원장을 대행한다.

셋째, 위원의 수는 학교 규모에 따라 정하며, 교직원 중에서 교무분장 업무를 고려하여 학교장이 임명한다. 위원회 구성에서 '교무분장'이라 함은 부서별 또는 교과별 업무 분장을 의미한다.

넷째, 학부모의 의견 수렴과 학업성적관리의 투명성 등을 확보하기 위하여 학교장은 약간 명의 학부모 위원을 위촉할 수 있다. 평가의 공정성 확보를 위해 학부모위원에게 사전 공개가 불가한 안건은 학부모위원의 참여를 제한한다.

다섯째, 위원의 임기는 학년도를 기준으로 매년 3월부터 차년도 2월까지로 한다.

여섯째, 학업성적관리위원회는 다음의 사항을 심의한다.

① 학교 학업성적관리규정 제·개정
② 각 교과(학년)협의회에서 제출한 지필 평가 및 수행 평가의 영역·요소·방법·시기·횟수 반영비율 등과 성적처리 방법 및 결과의 활용
③ 창의적 체험활동상황의 평가 기준 및 방법
④ 학업성적 평가 및 관리의 객관성·공정성·투명성·신뢰도 제고 방안(평가의 기준·방법·결과의 공개, 홍보, 평가 결과 후속조치(이의제기 등))
⑤ 학교생활기록부의 기재방법 및 기재내용 등에 관한 사항
⑥ 학교생활기록부 정정을 위한 증빙자료의 객관성 여부 등을 포함한 정정에 관한 사항
⑦ 고등학교의 교과목별 기준성취율에 따른 분할점수 산출 방식 등에 관한 사항
⑧ 고등학교의 학점 이수 및 최소 성취 수준 보장지도 등에 관한 사항
⑨ 특수교육 기본 교육과정의 일상생활 활동상황 평가 기준 및 방법에 관한 사항

⑩ 기타 학교 학업성적관리 관련 업무

일곱째, 위원회의 회의는 다음과 같이 운영한다.

① 회의는 학기 초 및 심의사항이 발생했을 때 개의하며, 세부적인 개최 시기 등은 시도교육청의 학업성적관리 시행지침에 따라 학교장이 결정할 수 있다.

② 위원회의 회의는 재적인원의 과반수 출석으로 개의한다.

③ 회의가 종료되면 회의 결과를 작성하고, 위원들의 확인을 받아 보관한다.

요약

학생 평가 결과 통지에서는 평가 결과의 점수 기록 방식, 성취평가제, 학생 성적의 기록 및 통보, 학교생활기록부에 대하여 살펴보았다. 평가 결과의 점수 기록 방식에서는 원점수, 백점만점 점수, 등위점수, 백분위점수, 표준점수, 등급 점수를 살펴보고, 이러한 평가 결과 표시 방식의 장단점을 알아보았다. 성취평가제에서는 성취 수준, 성취평가제의 도입 배경 및 추진 과정, 성취평가제의 개요에 대하여 살펴보았다. 학생 성적의 기록과 통보에서는 학생 성적의 기록과 통보 방법에 대하여 살펴보았다. 학교생활기록부에서는 학교생활기록부의 성격, 작성 기준, 작성 시 유의사항, 처리요령, 교과학습발달상황의 평가 및 관리, 학업성적관리위원회의 설치 및 운영에 대하여 살펴보았다.

생각해 봅시다

1. 평가 결과 점수 기록 방식의 유형을 설명하고, 이들 유형의 장점과 단점에 대하여 토의하시오.
2. 성취평가제와 분할점수는 밀접한 관련성이 있다. 분할점수를 산출하는 방법을 조사하고, 분할점수에 따라 성취 수준을 구분하시오.
3. 정보통신기술의 발달에 따라 학생성적 통보의 방법이 다양화될 수 있다. 정보통신기술을 활용한 학생성적 통보 방안에 대하여 토의하시오.
4. 학교생활기록부는 법적 장부로서 중요한 기능을 한다. 학교생활기록부 작성에서 주의할 사항에 대하여 토의하시오.

PART III

학생 평가의 쟁점

13. 미래 평가 방향 및 쟁점

13
Chapter

미래 평가 방향 및 쟁점

학습내용

1. 인지진단모형
2. 컴퓨터 기반 평가
3. 맥락 기반 평가
4. 교사의 학생 평가 전문성

미래사회는 인공지능과 디지털 기술의 발전으로 초연결성과 초지능성이 일상화되며, 개인화된 삶과 지속가능한 사회 시스템이 중시되는 변화 중심의 사회이다. 이러한 미래사회의 변화에 따라 학생 평가의 방향이 변화되고 있다. 미래 평가 방향 및 쟁점에서는 인지진단모형, 컴퓨터 기반 평가, 맥락 기반 평가, 교사의 학생 평가 전문성에 대하여 살펴본다.

1 인지진단모형

가. 인지진단모형의 개념 및 특징

인지진단모형은 전통적인 시험이 총 점수에 따라 순위는 매길 수 있지만 학습자가 가지고 있는 세밀한 인지상태에 대한 개별화된 정보를 교사나 학습자에게 제공할 수 없다는 문제점에서 비롯하였다(Chipman, Nichols, & Brennan, 1995). 인지진단모형은 학습자의 학업 성취 수준을 전반적으로 이해하기보다는 측정하고자 하는 주제에 대한 상세한 인지 프로파일(profile)을 진단함으로써 개별 학습자의 강점과 약점에 대한 교육적인 피드백을 제공하는 것을 목적으로 한다(Rupp, Tempiln, & Henson, 2010). 학습자의 학업 수행과 성취 수준을 향상시키려면 기존의 평가에서 제공하던 단편적인 정보가 아니라 더욱 정교화된 진단 정보가 요구된다(김희경 외, 2012). 인지진단모형은 피험자가 문항을 해결하기 위해 요구되는 인지요소의 숙달여부를 상세하게 진단하고 학생, 교사, 학부모에게 개별 학생의 강점과 약점에 관한 정보를 제공하여 교수·학습의 개선에 도움을 줄 수 있다(Rupp, Tempiln, & Henson, 2010). 전통적인 검사 방법이 학습자의 교육 목표 달성 정도를 요약하는 하나의 측정치로 평가 결과를 제공하는 것과는 달리, 인지진단모형은 학습자가 습득한 지식 구조나 세부적인 인지요소 숙달여부에 대한 정보를 상세하게 제공해줄 수 있다(김성훈, 송미영, 2011; 양희원, 이규민, 강상진, 2019; 손태권, 2022).

인지진단모형이 전통적인 검사 방법과 명확하게 구별되는 특징은 두 가지이다. 첫째, 잠재변수를 연속 변수가 아니라 이분 변수로 가정한다. 이것은 절대적인 숙달 결정(absolute mastery decisions) 방법으로서, 전통적인 검사 방법이 연속적인 잠재변수를 정규 분포에 표준화시키는 규준 참조적인 성격을 띠는 것과는 다르게 준거 참조적인 해석을 제공한다. 준거 참조적인 해석이란 검사가 측정하는 인지요소의 숙달 확률을 미리 설정한 기준 확률 지표(base rate indicator)에 비추어 숙달 여부를 판단하는 것을 의미한다. 일반적으로 특정 피험자가 해당 인지요소를 숙달했을 경우에는 '1', 숙달하지 못했을 때는 '0'의 범주로 나타내며, 직접 관찰할 수 없는 범주형 잠재변수를 확률적으로 추론한다(DiBello, Stout, & Roussos, 1995; Hartz, 2002; Tatsuoka, 1995). 둘째, 부하 구조(loading structure)의 차원(dimension)이 다르다. 다차원적 문항 반응 이론(multidimensional item response theory)과 확인적 요인분석(confirmatory factor analysis)은 한 문항을 한 차원에만 부하하는 단순 부하 구조(simple loading structure)를 지닌다.

따라서 학습자의 능력은 연속적인 잠재변수로 나타나며, 개인에게 제공되는 결과는 백분위점수와 같이 간단하게 해석되는 점수로 변환된다(Fay, 2018). 이에 반해, 인지진단모형에서는 각 문항이 여러 인지요소를 포함하는 문항 내 다차원(within item multi-dimensionality)을 지니므로 복잡한 부하 구조의 적용이 가능하다(Rupp, Tempiln, & Henson, 2010). 학습자에게 평가에 대한 응답 결과를 설명하는 데 도움이 되는 인지요소 프로파일은 준거 참조적인 해석을 바탕으로 할당되며, 결과적으로 학습자는 특정 인지요소 집합을 가진 집단으로 분류될 수 있다. 학습자의 프로파일은 다차원적 지식과 기능이 포함된다(DiBello, Roussos, & Stout, 2007). 이러한 두 가지 특징에 따라 인지진단모형은 인지요소에 대한 피험자의 개별화된 인지요소 프로파일을 산출하며, 그 결과는 피험자의 강점과 약점을 파악하고 최적의 교육적 개입을 위한 결정을 내리는 데 사용할 수 있다. 따라서 인지진단모형은 다차원의 준거 참조적인 해석을 제공하는 모형이며(Gierl & Cui, 2008), 분류 기반 결정을 내리기 위한 목적으로 수행되는 진단적 처리 과정이라 볼 수 있다(손태권, 2022).

인지진단모형으로 측정하려는 피험자의 인지상태는 직접 관측이 불가능한 다차원적 잠재변수이므로 관측이 가능한 문항에 대한 증거를 바탕으로 피험자의 인지상태를 확률적으로 분류한다(Rupp, Tempiln, & Henson, 2010). 숙달 여부의 추정은 기준 확률 지표를 토대로 이루어지며 연구자들에 따라 다양하게 기준을 다르게 제시하고 있다. 예컨대, Wu(2019)와 Wu, Kuo, & Wang(2017)은 기준 확률 지표를 .5로 설정하고 인지요소 숙달 여부를 숙달과 미숙달로 구분하였다. 이에 비해, Hartz(2002)와 Jang(2005)은 기준 확률 지표를 .4와 .6으로 설정하고 0～.4를 미숙달(non-mastery), .4～.6은 판단 보류(indifference region), .6～1은 숙달(mastery)로 구분하여 숙달 확률을 추정하였다. 만약 특정 피험자의 숙달 확률이 .51로 추정될 경우, Wu(2019)의 기준 확률 지표를 따른다면 숙달한 것이 되고, Hartz(2002)의 기준을 따른다면 미숙달한 것으로 판정된다. 이처럼 문항에 대한 응답 결과가 같더라도 기준 확률 지표를 어떻게 설정하는가에 따라 피험자의 숙달 여부는 달라질 수 있으며, 연구자들 간의 합의된 값이 정해져 있기보다는 연구의 목적에 따라 다양하게 정의된다(손태권, 2022).

나. 인지진단모형의 적용 방법

인지진단모형을 적용하는 방법은 크게 두 가지로 구분할 수 있다. 첫째, 인지진단모형이 고려되지 않은 검사 도구에서 얻은 평가 결과에 인지진단모형을 적용하는 방식이다. 교수학적 활용을 위해 기존의 검사 도구로부터 인지요소를 재추출하여 Q행렬을 작성하고 인지진단모형을 적용한 후 결과를 도출한다. 이러한 방식은 국가수준 학업 성취도 평가(김선희, 김수진, 송미영, 2008; 김희경, 김부미, 2013), TIMSS(구슬기, 김경희, 2020; 이현숙, 고호경, 2014), PISA(Wu et al., 2000)와 같이 주로 대규모 평가 자료를 대상으로 연구가 수행되어 왔다. 이 방법은 검사 도구가 인지진단모형 적용을 목적으로 설계된 것이 아니기 때문에, 측정하고자 하는 인지요소를 기존 검사에서 다루지 않는 경우가 발생한다(Fu & Li, 2007). 특정 주제에 대한 피험자의 인지요소를 모두 측정하지 못하는 한계가 있기 때문에, 연구 목적에 부합하지 못하거나 검사 도구의 타당성을 확보하지 못할 수 있다(김희경 외, 2012; 손태권, 2022).

둘째, 인지진단모형을 사전에 고려하여 검사 도구를 개발하고 학습자의 인지상태를 추정하는 방식이다. 이 방식은 사전에 측정하고자 하는 주제에 관한 인지요소를 추출하고 이를 측정하기 위한 문항을 개발하여 Q행렬을 작성한다. 특정 주제에 대한 평가 도구를 개발하는 연구에 활용되어 왔으며, 초등학교 진단 평가 도구 개발(이규진, 박찬호, 2015), 중학교 1학년의 '유리수와 사칙연산'에 대한 형성 평가 도구 개발(성태제, 2018) 등에서 적용되었다. 이 방법은 인지진단모형을 기반으로 평가 도구를 개발하고 이를 적용하여 통계적 타당성을 확보하기까지 많은 시간과 비용이 소요된다는 제약이 있으나 인지진단모형을 교육적으로 활용하기에 이상적이다(김희경 외, 2012; 손태권, 2022: 12-13).

다. 인지진단모형의 구성 요소

인지진단모형이 유의미한 교육적 함의를 가지려면 특정 주제에 대한 피험자의 인지적 능력을 정확하게 파악하고 이를 측정할 수 있는 문항을 적절하게 개발할 필요가 있다(성태제, 2018; Rupp, Tempiln, & Henson, 2010). 따라서 인지진단모형을 효과적으로 활용하려면 '무엇'을 측정할 것인지 그리고 이를 '어떻게' 측정할 것인지를 이해하는 과정이 선행되어야 한다. 이때 '무엇'은 특정 주제에 대한 피험자의 인지적 능력과 관련된 인지요소이며, '어떻게'는 추출한 인지요소를 어떤 문항을 통해 측정할 것인지와 관련된다. 이를 통해 측정하고자 하는 인지요소와 문항과의 관계를 수리적 행렬로 표현한 Q행렬을 작성하며, 이는 인지진단모형의 모수 추정에 핵심적인 역할을 수행한다(Tatsuoka, 1983). 인지진단모형을 수행하기 위한 핵심 요소인 인지요소와 Q행렬을 살펴보면 다음과 같다(손태권, 2022).

Q행렬을 제작하기 위해서 분석 대상이 되는 검사가 측정하고자 하는 인지요소를 규명해야 한다. 검사가 측정하고자 하는 인지요소를 규명한 후에 각 문항과 그 문항의 정답을 맞히기 위해 필요한 인지요소를 연결하는 'Q행렬 개발'이 이루어져야 한다. 왜냐하면, 정확한 Q행렬이 만들어지지 않으면 아무리 적절한 인지진단모형으로 분석하더라도 그 통계적 결과가 타당하지 않을 수 있기 때문이다(Hartz, 2002; Rupp & Templin, 2008).

[그림 13-1]은 Q 행렬의 예시를 나타내는 그림이다. 만약, 1번 문항의 정답을 맞히기 위해 인지요소 1과 3이 필요하다면, 문항 1은 인지요소 1과 인지요소 3과 관련되어 있다. 이러한 관계를 Q 행렬로 표현할 수 있다. Q 행렬에서 '1'은 문항을 맞히기 위해 특정 인지요소가 필요함을 의미하고, '0'은 필요하지 않음을 의미한다. i문항과 k인지요소로 이루어진 검사의 경우에는 행이 문항이 되고, 열이 인지요소가 된다. 그리하여 $i \times k$ 인지 행렬을 이루게 된다(이재호, 2016).

문항과 인지요소 간 관계

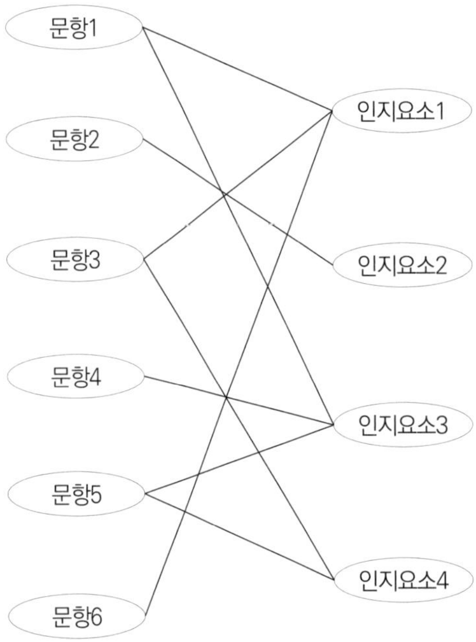

Q행렬

	인지1	인지2	인지3	인지4
문항1	1	0	1	0
문항2	0	1	0	0
문항3	1	0	0	1
문항4	0	0	1	0
문항5	0	0	1	1
문항6	1	0	0	0

[그림 13-1] Q 행렬 예시(김희경 외, 2012)

이처럼 Q 행렬은 문항과 문항이 측정하고자 하는 인지요소 간의 관계를 의미한다. Q 행렬을 제작하기 위해서는 분석 대상이 되는 검사가 측정하고자 하는 인지요소를 규명해야 한다. Q 행렬을 구축하는 가장 일반적인 방법은 해당 교과의 내용 전문가들이 핵심 인지속성을 선정하고 검토하여 합의된 인지요소를 바탕으로 문항을 제작하는 방식이다(이재호, 2016).

라. 인지진단모형의 활용

인지진단모형(Cognitive Diagnostic Models, CDMs)은 학생 평가에서 학습자의 강점과 약점을 세부적으로 파악하는 데 유용하게 활용할 수 있다. 이 모형은 단순히 점수를 제공하는 것이 아니라, 학습자가 특정 개념이나 기술을 얼마나 잘 이해하고 있는지를 진단한다. 이를 통해 교사와 교육자는 맞춤형 교육 전략을 개발할 수 있다.

인지진단모형의 학생 평가 활동 방안을 살펴보면 다음과 같다. 첫째, 세부적인 피드백을 제공할 수 있다. 인지진단모형을 통해 학생들의 답안 패턴을 분석하면, 각 학생이 특정 개념이나 기술을 얼마나 잘 이해하고 있는지 세부적으로 파악할 수 있다. 이를 통해 교사는 학생 개개인에게 맞춤형 피드백을 제공할 수 있다. 둘째, 개별 맞춤형 학습 계획을 수립하는 데 활용할 수 있다. 학생들의 학습 상태를 정확하게 파악함으로써, 각 학생에게 필요한 보충 학습이나 심화 학습을 제안할 수 있다. 이는 학생들이 자신의 학습 속도에 따라 효과적으로 학습할 수 있도록 돕는다. 셋째, 교육 프로그램의 효과성을 평가하는 데 활용할 수 있다. 인지진단모형을 활용하면 특정 교육 프로그램이나 교수법이 학생들에게 얼마나 효과적으로 전달되고 있는지를 평가할 수 있으며, 이를 통해 교육 프로그램을 지속적으로 개선할 수 있다. 넷째, 학습 진단과 교정에 활용할 수 있다. 학생들이 이해하지 못한 부분을 진단하고, 이를 교정하기 위한 전략을 수립할 수 있다. 이는 학생들이 기초 개념을 확실히 이해한 후에 어려운 개념으로 넘어갈 수 있도록 도와준다. 다섯째, 기술 기반 평가 도구 개발에 기여한다. 인지진단모형을 활용한 평가 도구는 전통적인 평가 방법보다 더욱 정밀하고, 학생들의 다양한 능력을 평가할 수 있다. 예를 들어, 컴퓨터 기반의 적응형 테스트(CAT)를 통해 실시간으로 학생의 능력 수준에 맞는 문제를 제공할 수 있다.

이상에서 살펴볼 수 있듯이, 인지진단모형은 학생 평가에 있어 중요한 도구로 사용할 수 있다. 인지진단모형을 효과적으로 활용하면 학생들의 학습 효율성을 극대화할 수 있다. 인지진단모형은 교육의 질과 학생들의 성취도를 향상시키는 데 활용할 수 있다.

2 컴퓨터 기반 평가

가. 컴퓨터 기반 평가의 필요성

4차 산업혁명 시대로 접어들면서 컴퓨터를 기반으로 하는 다양한 교육 지원 시스템을 활용할 수 있는 스마트 교육에 대한 요구가 증대되고 있으며, 사회·교육적 환경 변화로 인해 온라인 교육 및 평가에 대한 관심과 수요가 급증하고 있다. 학생 평가의 측면에서 컴퓨터 기반 평가(Computer Based Test; 이하 CBT) 시스템이 주목받고 있다. 왜냐하면, 컴퓨터를 활용한 평가가 학생 평가 운영의 효율성 및 정확성과 같은 측면에서 장점이 있을 뿐만 아니라, 지필 평가에서 측정하지 못하는 미래사회를 살아가는 데 필요한 핵심역량을 실제적이고 효과적으로 측정할 수 있기 때문이다(김경희 외, 2018).

이에 따라 전 세계적으로 학생 평가를 컴퓨터 기반 평가 방식으로 전환하는 추세에 있으며, 대표적으로 PISA, TIMSS, ICILS, 미국의 NAEP, 호주의 NAPLAN 등과 같은 대규모 성취도 평가들이 컴퓨터 기반 평가 시스템을 도입하고 있다. 이와 같은 세계적인 교육 평가 체제의 변화 추세에 발맞추어 우리나라에서도 학교 현장에 컴퓨터 기반 평가 체제를 적용하기 위한 정책이 수립되고 있으며(교육부, 2019b), 이와 관련한 연구가 수행되고 있다. 특히 교육부에서는 2019년부터 국가수준 학업 성취도 평가(이하 학업 성취도 평가)의 평가 방식을 지필 평가에서 컴퓨터 기반 평가로 전환하기 위한 정책을 수립하고, 2022년 교과 역량을 측정할 수 있는 컴퓨터 기반 국가수준학업 성취도 평가(electronic National Assessment of Educational Achievement, eNAEA) 체제를 전면 도입하기 위한 로드맵을 제시하였다(교육부, 2019b).

컴퓨터 기반 평가가 실제성을 바탕으로 역량이나 문제 해결 능력을 평가하는 데 유용하며, 학생들이 평가에 참여하는 동안 다양한 데이터를 수집하여 교수·학습에 환류할 수 있다는 장점이 있다. 컴퓨터 기반 평가는 지필 평가에는 구현할 수 없었던 시뮬레이션이나 애니메이션 등을 포함한 문항을 출제할 수 있다. 또한, 가상 동료와의 채팅을 통해 주어진 문제를 해결함으로써, 협력적 문제 해결력 등과 같은 평가 영역에 대한 문항을 출제할 수 있게 되었다. 또한 사람의 실수로 일어날 수 있는 시행상의 문제를 방지함에 따라 시행의 효율성을 증대시킬 수 있게 되었다. 컴퓨터 기반 평가는 학생들이 과제 해결에 사용하는 시간, 진행 버튼을 누르는 패턴 등과 같은 자료를 수집·분석할 수 있기 때문에, 학생의 성취 특성뿐만 아니라 문제 해결 전략을 상세하게 판단할 수 있다는 장점이 있다(Reis Costa et al., 2021).

나. 컴퓨터 기반 평가의 특징

컴퓨터 기반 평가의 발전은 인터넷이 폭발적으로 성장한 1990년대 전후와 관련이 있다. 컴퓨터 기반 평가는 선택형 평가의 성장으로 지속적으로 이루어졌으며, 통합교육시스템이 발달함에 따라 정교한 학습도구의 개발이 가능해졌다. 컴퓨터 기반 평가의 특징을 살펴보면 다음과 같다.

첫째, 지필 평가의 대체가 가능하다. 컴퓨터 기반 평가에 관한 연구는 지필 평가를 더 효과적으로 평가하는 방향으로 연구되었다. 지필 평가 내용과 컴퓨터 활용 평가한 결과를 비교하는 연구가 주를 이루었다. 컴퓨터 기반 읽기와 수학 평가의 메타 분석 결과에 의하면, 지필 평가와 컴퓨터 기반 평가의 점수의 차이가 크지 않았다(Wang et al., 2007). 컴퓨터 기반 평가가 지필 평가에 비하여 수준 높고 정밀한 문제를 광범위하게 다룰 수 있으며, 지필 평가의 고정된 유형에 비하여 다양한 유형의 과제와 문항을 표현할 수 있다는 장점이 있다(Weiss, & Kingsbury, 2004).

둘째, 평가 영역의 확장을 가져왔다. 지필 평가는 제한된 지면으로 인하여, 학생들의 답이 선택형과 폐쇄형 문항으로 정형화되어 있었다. 그러나 컴퓨터 기반 평가에서는 다양한 유형에 대한 평가 문항을 출제할 수 있기 때문에, 평가의 범위가 넓어졌다. 컴퓨터 기반 평가는 컴퓨터 기반 환경에 적합한 문항을 평가한다는 특징이 있다.

셋째, 새로운 내용의 평가가 가능하다. 컴퓨터 기반 평가는 팀워크, 창의성, 의사소통 등과 같은 평가가 가능하게 되었다(Kyllonen, 2009). 컴퓨터 기반 평가는 지필 평가에서 평가하기 어려웠던 정의직, 인성직 영역, 수학직 과정 지식 및 능력에 대한 평가가 가능하다.

넷째, 평가의 역동성이 가능하다. 컴퓨터 기반 평가에서는 학생들의 과제 진행 과정, 접근 자료의 선택, 답에 대한 결정 등 모든 학생의 문제 해결 과정을 기록하고 분석할 수 있다(Barmby et al., 2009; 김영재, 임철일, 한민수, 2012). 컴퓨터 기반 평가는 단순히 답만 수집하고 확인하는 것이 아니라 학생들이 과제를 수행하는 과정과 시간의 기록 및 그 분석이 가능해졌다. 컴퓨터 기반 평가는 학생들의 수행 과정을 모니터하고 이를 학습에 피드백 할 수 있는 다양한 접근이 가능해졌다(박지현 외, 2023).

다. 컴퓨터 기반 평가의 기회 요소

지필 평가를 컴퓨터 기반 평가로 전환할 때의 기회 요소는 ① 혁신적 문항 도입에 따른 평가 구인 개선, ② 학생의 평가 참여 의욕 및 편의 개선, ③ 시스템 전산화에 따른 평가 시행 효율성 개선의 3가지 측면으로 정리해 볼 수 있다. 각 기회 요소의 구체적인 내용과 특징은 다음과 같다(이재봉 외, 2020: 37-39).

첫째, 컴퓨터 기반 평가는 혁신적 문항 도입에 따른 평가 구인 개선이 가능하다. 컴퓨터 기반 평가는 혁신적 문항을 도입함으로써 기존의 지필 평가가 받아온 '현실 세계를 반영하지 못하는 인위적 시험' 또는 '피험자의 지식, 기술, 능력을 실제적으로 측정하지 못하는 시험'이라는 비판에서 벗어날 수 있다. 컴퓨터 기반 평가는 실제 삶에서 발생하는 문제와 이를 둘러싼 환경을 보다 현실적으로 재현함으로써 평가의 진정성(authenticity)을 높일 수 있고, 선다형 문항에서 측정하기 어려웠던 고차원적인 사고 능력과 역량에 대한 평가가 가능하므로 평가 구인을 개선할 수 있다(Sireci & Zenisky, 2006). 또한, 컴퓨터 기반 대규모 평가에서도 21세기 인재에게 요구되는 능력에 대한 측정이 가능하다. 현실세계의 복잡성을 반영하는 역동적인 맥락과 시뮬레이션 등과 같이 상호작용이 가능한 환경을 제공하는 혁신적 문항을 통해 고차원적인 능력을 포함해 학생의 실제 능력과 문제 해결 과정을 보다 정확하게 측정할 수 있다(Bryant, 2017). 이와 같이, 컴퓨터 기반 평가는 지필 평가에서 할 수 없었던 역량과 기술 및 심화된 지식을 측정함으로써 학생의 다양한 능력을 정확하고 타당하게 측정함으로써 평가 구인 개선이 가능하다.

둘째, 컴퓨터 기반 평가는 학생의 평가 참여 의욕 및 편의 개선이 가능하다. 컴퓨터 기반 평가는 평가 상황에서 학생의 흥미와 의욕을 증진시킬 수 있다. 왜냐하면 컴퓨터 기반의 혁신적 문항이 현실 세계를 반영한 문항 구성이 가능하기 때문이다. 컴퓨터 기반 평가 문항은 삶과 유사한 환경을 제공하고(Bryant, 2017), 멀티미디어 및 상호작용적 환경을 제공할 수 있다. 또한 컴퓨터 기반 평가는 자신의 시력에 맞추어 글자 크기를 조절하거나 지문 창의 크기를 확장함으로써, 다양한 요구를 지닌 학생의 수험 편의를 효과적으로 증진시킬 수 있다(Reich & Petter, 2009). 이와 같은 평가 참여자의 편의 증진은 참여자 중심의 컴퓨터 기반 평가의 특징이라고 할 수 있다.

셋째, 시스템 전산화에 따라 평가 시행에 대한 효율성 개선이 가능하다. 컴퓨터 기반 평가는 자동채점 또는 온라인 채점을 통하여 채점 시간 및 비용 절감의 효과를 기대할 수 있다(Bryant 2017; Sireci & Zenisky, 2006). 시행 효율성의 개선은 기존의 지필 문항을 단순히 디지털화하는 데에도 긍정적인 기능을 할 수 있다. 채점 시간의 감소는 평가 결과 보고의 신속성을 제고할 수 있다는 장점이 있다. 또한 시행 횟수를 늘릴 수 있어 피험자의 평가 접근성이 향상될 수 있으며, 시행 준비 과정에서 문항 오류가 발견된 경우 이에 보다 쉽게 대응할 수 있다(Bridgeman, 2009). 대규모로 시행되는 지필 평가의 경우, 검사지 인쇄가 끝난 후 오류가 발생하면 재인쇄에 소요되는 기간과 비용이 상당할 수 있는데, 컴퓨터 기반 평가의 경우에는 별도의 검사지 인쇄 및 배부가 필요하지 않으므로 지필 평가가 지니는 시행상의 문제를 해소할 수 있다. 또한, 피험자의 필요에 따라 다양한 종류의 특별 검사지(예: 저시력자용 확대 문제지, 시각장애인용 점자 문제지 등)를 별도로 관리해야 하는 지필 평가와 달리 컴퓨터 기반 평가는 출제와 시행의 관리가 용이해질 수 있다.

라. 컴퓨터 기반 평가의 위험 요소

지필 평가를 컴퓨터 기반 평가로 전환할 때의 위험 요소는 크게 ① 평가 타당도 개선 입증 문제, ② 측정 효율성 저하 가능성, ③ 시행 비용 상승 및 관리 요소 증가의 3가지 측면으로 정리해 볼 수 있다. 각 위험 요소의 구체적인 내용과 특징은 다음과 같다(이재봉 외, 2020).

첫째, 평가 타당도 개선 문제를 고려해야 한다. 대규모 지필 평가를 컴퓨터 기반 평가로 전환할 때 고려할 요소는 전환을 통해 기대할 수 있는 평가의 타당도가 실제로 개선되었는지를 입증하는 것이다. Bryant(2017)는 공학기술을 적용한 문항이 지필 평가 문항과 비교할 때, 측정학적(psychometric) 특성 및 수행적 특성을 명확히 규명하지 못하고 있다고 비판하였다. 그리고 문항마다 적용되는 기술공학적 기능이 다양하여, 문항이 공통적으로 지니는 특성에 대한 보편적인 결론 도출이 어렵다고 주장하였다. Drasgow와 Mattern(2006)은 지필 평가를 컴퓨터 기반 평가로 전환하는 것은 상당한 시간과 비용이 소요되는 과정일 뿐 아니라 새로운 평가가 가지는 타당성과 신뢰도를 입증해야 한다는 점에서 쉽지 않은 과업이라고 하였다. 왜냐하면 혁신적 문항을 가능하게 하는 기술공학적 기능들이 제대로 통제되지 못할 경우, 구인과 무관한 변인(construct irrelevant variable)이 작용하여 타당한 평가 결과 해석에 부정적인 영향을 미칠 수 있기 때문이다(Drasgow & Mattern, 2006; Parshall &

Harmes, 2009; Sireci & Zenisky, 2006). 예를 들어, 평가 매체로 사용되는 컴퓨터의 작동 방식에 익숙하지 않은 피험자의 경우에 피험자 개개인의 컴퓨터 소양이 구인과 무관한 변인이 될 수 있으며, 비논리적이거나 복잡하게 설계된 인터페이스 역시 구인과 무관한 변인이 될 수 있다. 이러한 구인과 무관한 변인의 개입은 새로운 평가의 타당도와 신뢰도를 저하시킬 수 있으므로 컴퓨터 기반 평가 전환 과정에서 주의 깊게 살펴볼 필요가 있다. Parshall과 Harmes(2009)는 혁신적 문항의 개발이 단순히 과학기술의 진보와 발맞추기 위한 목적으로 이루어져서는 안 되며, 측정하고자 하는 내용의 확장과 개선이라는 목적을 이루기 위한 결과적 수단으로 활용될 수 있도록 기술공학적 기능을 주의 깊게 선택해야 한다는 것을 강조하였다.

둘째, 측정 효율성 저하 가능성을 주의해야 한다. 컴퓨터 기반 평가로 전환할 때 발생할 수 있는 위험 요소는 측정 효율성의 저하 가능성이다(Drasgow & Mattern, 2006; Sireci & Zenisky, 2006). 평가에 소요되는 단위 시간을 살펴보면, 전통적 문항의 해결에 소요되는 시간이 혁신적 문항보다 짧게 소요된다. 혁신적 문항 유형이 선다형에 비해 더 많은 정보를 제공하지만, 혁신적 문항 유형에 응답하는 시간이 선다형 대비 3~4배의 시간이 더 소요된다. 전통적인 선다형 문항이 짧은 시험 시간 동안 많은 양의 내용을 효과적으로 평가한다는 점에서 효율성이 높다고 할 수 있다(Sireci & Zenisky, 2006). 이에 비하여 컴퓨터 기반 평가는 문제 해결을 위해 상대적으로 많은 시간이 소요되는 혁신적 문항으로 구성되기 때문에 상대적으로 측정 효율성이 높지 않을 수 있다. 따라서 컴퓨터 기반 평가 문항의 개발에 있어서 새로운 문항이 기존 지필 평가 문항에 비해 학생들에 대한 어떤 정보를 추가적으로 제공해 줄 수 있는지 확인하는 과정이 필요하다.

셋째, 시행 비용 상승 및 관리 요소 증가가 예상된다. 컴퓨터 기반 평가로 전환할 때에는 기술공학적 기능과 같은 진보 기술의 적용과 새로운 평가 시스템 개발에 따른 비용 상승을 고려해야 한다. 출제와 채점, 평가 시행을 위해 고도의 기술이 요구될 경우 개발과 시행을 위한 비용이 지필 평가 대비 상당히 높아질 수 있다(Bryant, 2017). 복잡한 기술공학적 기능으로 인해 시행 과정에서 오류가 발생할 수 있거나, 컴퓨터라는 특정 매체를 활용한 시행으로 인해 시행 장소 선정 및 동시 응시 가능 피험자 수에 제약이 발생할 수 있다(Bridgeman, 2009). 또한 동일 검사지를 반복하여 사용하거나 컴퓨터 시스템에 대한 보안이 제대로 이루어지지 않으면 평가 문항이 사전에 유출되어 평가의 신뢰도에 부정적인 영향을 미칠 수 있다(Drasgow & Mattern, 2006). 이와 같은 보안의 문제는 특히 대규모 고부담 시험에서 심각한 문제로 이어질 수 있다.

3 맥락 기반 평가

가. 맥락 기반 평가의 개념

역량은 특정 맥락에서 복잡한 요구를 성공적으로 충족시킬 수 있는 능력이다(OECD, 2003). 역량의 특징으로서, 총체성, 수행성, 맥락성 등이 제시되고 있는데, 이것은 역량이 가시적인 측면과 비가시적인 측면을 모두 포괄하면서 이러한 측면들이 구조적으로 연결되어 총체적으로 나타난다는 것을 의미한다. 역량은 실제 수행 상황에서 발현되는 능력으로서, 사회적 환경이나 맥락에서 요구하는 가치와 기준을 고려하여 발휘된다(윤정일 외, 2007). 이러한 역량의 특성을 고려할 때, 교수·학습 상황에서 지식을 습득하고 적용하는 것을 넘어 우리 주변의 일상적 상황에서 주변의 다양한 주체들과 협력하여 문제를 해결할 수 있는 능력을 함양하는 교육이 이루어질 필요가 있다. 역량이 맥락을 기반으로 하는 능력이라는 점을 고려하면, 실제적인 맥락(authentic context)을 바탕으로 교과의 지식, 기능, 태도 등을 활용하는 교육이 이루어질 필요가 있다. 그러므로 학생이 현재나 미래 사회를 살아가면서 경험하게 될 맥락의 실제성(authenticity)을 반영한 역량 평가 과제가 개발될 필요가 있다. 최근에는 하나의 맥락을 중심으로 단계적이고 연속적인 방식으로 문제를 해결하는 과정을 통해 학생들의 역량을 측정하는 방식의 평가에 대한 관심이 높아지고 있다(박지현 외, 2023).

학습은 단지 지식의 습득이 아니라 학습한 내용을 바탕으로 소양을 발휘하여 민주시민으로 사회에 참여하도록 하는 것을 목적으로 한다. 특히 교과 교육과정을 통해 교과특수 역량에 대한 학습의 결과가 학생의 수행으로 드러날 수 있어야 한다(백남진, 온정덕, 2014). 이와 같이, 교과 교육에서도 실제적인 맥락을 활용하는 것이 강조되고 있다. 맥락은 사람 사이에 일어나는 사건이나 상황을 의미하며, 사건의 배경, 주제, 상황, 목적, 참여자, 역할, 문화, 목적, 동기 등을 포함한다(Shrum & Glisan, 2016). 최근 여러 대규모 평가에서는 실제적인 맥락 속에서 역량을 비롯한 다양한 교육의 성과를 종합적으로 측정하도록 설계된 평가를 도입하고 있다.

맥락 기반 평가는 특정 맥락 속에서 주어진 목표를 달성하기 위한 상황이나 시나리오에 따라 설계된 여러 가지의 문항을 연속적으로 해결해 나가는 형태의 과제를 평가하는 것이다(박지현 외, 2023). 맥락 기반 평가에서의 맥락은 '실제성', '친숙성', '공정성', '자료 활용의 다양성', '통합성', '역량 발휘 가능성', '교과 관련성'이라는 7가지의 특성을 갖는다. 첫째, '실제성'은 맥락 기반 평가의 특징과 연계하여 맥락이 실제적인 상황을 기반으로 제시되어야 한다는 것을 의미한다. 둘째, '친숙성'은 주어지는 맥락이 학생들에게 친숙하여 이해하는 데 어려움이 없어야 하고, 의미가 있는 맥락이어야 한다는 것을 의미한다. 셋째, '공정성'은 맥락이 특정 집단에 유리하거나 편향적이지 않아야 하고, 오해를 불러일으키지 않아야 한다는 것을 의미한다. 넷째, '자료 활용의 다양성'은 맥락 기반 평가의 장점을 극대화하기 위해서는 학생들이 다양한 자료, 매체, 도구 등을 활용할 수 있는 맥락이 제시되어야 한다는 것을 의미한다. 다섯째, '통합성'은 여러 가지 영역이나 역량을 통합적으로 측정할 수 있는 맥락을 제시하여 맥락 기반 평가의 장점을 부각할 수 있도록 하는 것을 의미한다. 여섯째, '역량 발휘 가능성'은 맥락 기반 평가가 역량에 대한 측정을 강화하는 데 유리하다는 특징을 고려하여 고등 사고 능력이나 역량을 충분히 발휘할 수 있는 맥락을 제시하여야 한다는 것을 의미한다. 일곱째, '교과 관련성'은 주어지는 맥락이 교과에서 실제적으로 활용될 수 있거나, 교과와 관련이 있어야 한다는 것을 의미한다(박지현 외, 2023).

박지현 등(2023)은 맥락 기반 평가의 장점을 다음과 같이 제시하였다. 첫째, 실제적 맥락 속에서 달성해야 할 목표를 제시함으로써 학생들의 수행을 평가하고 촉진할 수 있다. 둘째, 실제적인 맥락에서 특정한 목적을 가지고 문제를 해결하는 과정에서 여러 가지 지식과 기능을 종합적으로 발휘할 수 있다. 셋째, 탈맥락적으로 주어진 자료가 아니라 구체적인 상황과 맥락 속에서 목적을 가지고 문제를 해결하도록 하여 학습자가 보다 쉽게 평가에 몰입할 수 있으며, 이는 기술공학적 기능을 활용하여 실제성 높은 컴퓨터 기반 평가로 구현되었을 때 보다 효과적일 수 있다. 넷째, 학생들이 실제적인 생활과 관련 있는 현실 맥락을 기반으로 평가에 참여하게 되기 때문에, 교과 지식과 현실 세계 사이에서의 전이가 더욱 효과적으로 일어날 수 있다.

나. 맥락 기반 평가의 특징

맥락은 사람 사이에 일어나는 사건이나 상황을 의미하며, 사건의 배경, 주제, 상황, 목적, 참여자, 역할, 문화, 목적, 동기 등을 포함한다(Shrum & Glisan, 2016). '맥락 기반'이라는 용어는 '주제중심', '시나리오 기반', '문제 기반' 등의 용어와 유사한 성격을 갖고 있다. 맥락 기반 평가에 대한 의미는 〈표 13-1〉과 같다.

〈표 13-1〉 맥락 기반 평가의 의미(박지현 외, 2023)

과제명	의미	설명
TIMSS의 PSI 과제 (Problem Solving and Inquiry Tasks)	학생들이 수학 문제를 해결하고 과학적 실험이나 조사를 수행할 때, 기능과 내용 지식을 통합하고 적용할 수 있는 실세계 또는 실험실 상황을 구현한 평가	• 학생들이 문제 상황의 해결책을 탐색하는 과정에서 일련의 단계를 따라갈 수 있도록 제시함. 특히, 상호작용이 가능하고 시각적으로 표현된 시나리오를 활용하여 적응적, 반응적인 과정으로 과제를 구현함 • 디지털 기술을 활용하여 학생의 문제 해결 또는 탐구 과정을 수집할 수 있음. 문제 해결에 성공 또는 실패한 학생들의 문제 해결 과정 데이터를 통해 수업 개선에 도움이 되는 정보를 획득할 수 있다는 강점을 지님 • 학생들은 해당 유형의 문항들이 흥미롭고 동기 부여가 된다고 인식하여 평가 참여도를 높이는 데 기여함 • (과제 구성) 실생활, 실험실 상황 등으로 제시된 문제 상황에 대해 논리적 순서 나 시간의 흐름에 따라 10~15개의 문항으로 구성함
PISA의 시나리오 기반 평가	특정 맥락(context)과 목적(goal)을 제시하고, 이를 바탕으로 정보를 찾고, 이해하고, 통합하는 활동을 하도록 하는 평가	• 현실 세계와 연관된 실제적인 상황에서 발생할 수 있는 문제를 해결하도록 하여, 학생의 인지 능력을 보다 정확하게 측정하고자 함 • 학생들의 과제 접근을 용이하게 하여 참여도를 높일 수 있어, 평가 결과의 정확도를 높이는 데 기여함 • 구체적인 상황(situation)을 통해 평가 문항을 문항군(단위 문항)으로 제시함 • (과제 구성) 특정 주제를 바탕으로 구성한 시나리오에 7개의 문항을 순차적으로 해결하도록 설계하고, 각 문항을 해결하는 데 필요한 인지적 사고(cognitive process) 능력을 대응시킴
SBA의 PT	학생들이 가지고 있는 지식과 기술을 활용하여 주어진 시나리오를 바탕으로 제시된 일련의 문제를 해결하도록 하는 평가	• 통합적인 능력을 사용하도록 설계된 일련의 평가 과제를 통해 다양한 성취기준(standards)에 대한 지식과 기능을 통합적으로 사용할 수 있는 학생들의 능력을 측정함 • 실세계 과제 또는 시나리오 기반 문제를 반영하여 구성함 • 상호 작용을 이끌어 낼 수 있는 학생 반응 유도 자료를 제시하여, 문제 상황을 파악할 수 있도록 안내함 • (과제 구성) 복잡한 실생활을 구현한 하나의 시나리오와 그에 따른 다양한 유형의 6개 내외의 문항으로 구성함

과제명	의미	설명
NAEP의 시나리오 기반 과제	시나리오 기반 과제는 맥락 및 (단일형 문항과 다른) 확장된 스토리라인으로 구성됨	• 내용 지식의 본질과 실천(기능, 인지적 사고, 역량 등)의 통합을 촉진하는 기회를 제공함 • 시나리오 기반 과제의 목적은 학생들이 수학을 알고 실행하는 방법에 관한 증거를 수집하는 것임. 시나리오 기반 과제는 상호 작용성이나 상호 반응성이 높은 특성을 가지는 수학적 실천 영역을 측정하는 데 특히 적합함 • 디지털 기술(컴퓨터 기반 평가)의 도입은 평가에 시나리오 기반 과제의 도입을 촉진함 • 시나리오 기반 과제에서는 시나리오에 따라 어떤 문제를 해결하거나 특정 임무를 완수해야 함
핵심역량 평가를 위한 컴퓨터 기반 평가	하나의 주제 아래에 여러 문항을 포함시켜 문제 상황을 해결하도록 하는 방식으로 구성하여 핵심역량을 평가하도록 구현함	• 실생활 맥락을 기반으로 하는 수행 평가와 같이 학생이 가지고 있는 역량이 직접적으로 드러날 수 있도록 구성함 • 구체적 맥락에 기반을 두어 문제 해결의 과정을 파악함과 동시에 역량에 대한 진단을 보다 개선할 수 있다는 강점을 지님 • 컴퓨터 기반의 역량 평가라는 측면에서 다음 사항들을 강조함 – 문제의 발견과 해결 및 지식 · 기능 · 태도의 통합 – 반성적 성찰 능력의 개발 – 평가 과정에서 다양한 피드백 제공 등

맥락 기반 평가의 특징은 다음과 같다. 첫째, 맥락 기반 평가는 실제적 맥락에서 주어진 목표 달성을 위한 과제 해결에 기반을 둔다. 일반적인 형태의 국가수준 학업 성취도 평가는 문제 풀이에 필요한 기본 상황을 제시하지만 맥락 기반 평가는 실제적 맥락에서 구체적인 상황이나 시나리오가 제시되며 그에 따른 목표 지향적인 문항이 설계된다. 둘째, 맥락 기반 평가는 다양한 평가 요소를 종합적으로 측정한다. 교과에 대한 인지적 영역뿐만 아니라 기능적 영역을 함께 포괄한다는 점에서 평가 내용의 범위가 확장된다. 그리고 실세계에서 일어나는 다양한 범교과적 주제를 다룰 수 있다. 셋째, 맥락 기반 평가는 고차원적인 사고 능력이나 역량에 대한 측정이 용이하다. 맥락 기반 평가는 형식적이고 구조적인 전통적인 평가와

달리 사고의 확장이 요구되는 비구조적이거나 복합적인 상황 또는 시나리오를 전제한다. 즉, 주어진 문제를 해결하기 위해 여러 활동을 수행하도록 요구하므로 보다 고차원적인 사고나 역량이 발현될 수 있는 기회가 제공된다. 넷째, 맥락 기반 평가는 문제 해결을 위한 단계적 과제 수행을 동반한다. 단발성의 문항 풀이를 위한 과제가 아닌 주어진 문제 해결을 위한 유기적 성격의 과제가 연속적으로 제시된다. 다섯째, 맥락 기반 평가는 다양한 자료나 도구를 활용한다. 시각 자료뿐만 아니라 청각자료가 제시되며 역동적인 성격의 다양한 공학적 도구나 기술공학적 기능을 활용한 조작 활동을 포함한다. 여섯째, 맥락 기반 평가는 학습자의 반응에 기반한 상호 작용성을 추구한다. 맥락 기반 평가는 일방적인 자료 제시형이 아닌 학습자 주도의 조작 활동을 활성화함으로써 흥미와 과제 수행 동기를 촉진한다. 또한 학습자의 반응에 따라 단계가 이행되는 연쇄적 상황 및 시나리오가 전개된다 (박지현 외, 2023).

다. 맥락 기반 평가의 설계 방식

대규모 평가에서의 맥락 기반 평가 도구는 하나의 시나리오 안에서 교과 영역 특수적인(domain-specific) 상황을 제시하고 문제 해결을 위한 수행 과정을 세분화하여 제시한다. 하나의 시나리오 안에 포함된 하위 문항들은 각 평가에서 규정한 평가 요소에 각각 대응하도록 설계되기 때문에, 시나리오 기반 평가틀의 다양한 요소를 종합적으로 평가할 수 있다. 이처럼 맥락 기반의 문제를 해결할 때에는 단일형 문항과는 다른 고등 사고 전략들이 사용될 수 있고, 새로운 차원의 문제 해결 과정을 측정할 수 있으며, 단일형 문항으로 구성된 평가와는 달리 고차원적인 전략 수행에 요구되는 다양한 구인들을 측정할 수 있다. 이러한 점을 고려하여 학생이 현재 또는 미래 사회를 살아가면서 경험하게 될 상황들을 실제성 있게 다룰 수 있는 맥락 기반 평가 과제를 통해 각 교과의 역량을 타당하게 측정할 수 있는 방안을 마련할 필요가 있다. 맥락 기반 평가가 기존의 분절적이고, 단편적인 방식으로 학생들의 능력을 측정해 왔던 한계를 넘어설 수 있다. 그러므로 맥락 기반 평가 도구에 적합한 평가 요소를 설정하고 역량 측정에 적합한 실세계 맥락을 구현할 수 있는 다양한 기술공학적 기능을 활용하여 과제를 설계할 필요가 있다. 맥락 기반 평가의 설계 방식 사례는 〈표 13-2〉와 같다.

〈표 13-2〉 맥락 기반 평가의 설계 방식 사례

구분	목적	평가 요소	과제 구성
TIMSS (PSI 과제)	학생들의 문제 해결 과정에 대한 정보 수집	수학, 과학 교과의 문제 해결 및 탐구 능력	실생활, 실험실 상황 등으로 제시된 문제 상황에 대한 논리적 순서나 시간의 흐름에 따라 10–15개의 문항으로 구성
PISA	변화하는 미래 사회에 대응하여 필요한 역량의 평가	교과별 역량, 협력적 문제해결력, 글로벌 역량, 창의적 사고력 등의 21세기 핵심역량	범교과 주제를 바탕으로 구성한 문제 시나리오에 하위 문항을 배치하고, 각 역량을 구성하는 영역에 대응하도록 구성
SBA (PT)	학생들의 지식과 고등 사고 기능을 적용하는 능력을 측정	교과별 평가틀에 제시된 수행 목표(claim) 중 일부	복잡한 실생활을 구현한 하나의 시나리오와 그에 따른 다양한 유형의 6개 내외의 문항으로 구성

맥락 기반 평가의 설계 방식은 다음과 같은 특징이 있다. 첫째, 맥락 기반 평가는 구체적이고 실제적인 맥락을 바탕으로 여러 가지 평가 요소를 총체적으로 평가할 수 있다(유상희, 옥현진, 서수현, 2018). 이와 같이 총체성이 강화된 평가는 교육과정에 대한 환류 방안을 종합적인 측면에서 마련하는 데 기여한다. 둘째, 맥락 기반 평가는 구체적인 상황을 기반으로 과제에서 요구하는 목표를 달성하도록 돕는 단계적인 절차를 문항 내에 구현할 수 있으며, 이를 통해 학생들의 수행 특성을 세부적으로 파악할 수 있다. 하나의 맥락 속에서 여러 가지 문제를 연속적으로 해결하는 과정은 사고의 확장을 유도하고, 타당한 평가에 기여한다(Banerjee, 2019). 셋째, 맥락

기반 평가는 학생이 특정 맥락에서의 복잡한 요구를 인식하고 다양한 문제 해결 전략을 수립하고, 이를 수행할 수 있는지의 여부를 평가할 수 있다. 예를 들어, 맥락 기반 평가에서 수학 내용을 인지하고 수학 지식과 과정을 복합적으로 적용할 수 있는 문제 해결력을 평가할 수 있기 때문에, 단일형 문항으로 구성된 평가와는 고차원적인 전략 수행에 요구되는 다양한 구인들을 측정할 수 있다(Kolar & Hodnik, 2021).

맥락 기반 평가 과제는 이러한 맥락 기반 평가 방식의 특징을 반영하여 개발할 필요가 있다. 맥락 기반 평가 과제를 개발할 때 고려할 사항을 살펴보면 다음과 같다(박지현 외, 2023).

첫째, 교과의 특수 소재를 바탕으로 실제적 맥락을 구성한다. 교과 교육과정의 기능, 태도 등의 측면이 고루 포함하여 과제를 개발한다. 교과의 핵심 아이디어와 핵심개념을 바탕으로 교과의 사고 과정이 드러나도록 과제를 구성한다. 실제 상황을 기반으로 하여 과학 탐구의 다양한 과정과 방법이 포함될 수 있도록 문항을 설계한다.

둘째, 교과 역량을 측정하는 데 적절한 과제를 개발한다. 기존의 단일형 평가 체제와 비교할 때 맥락 기반 평가에서 효과적으로 측정할 수 있는 역량을 중심으로 과제를 개발한다. 고도화된 정보 활용 능력, 비판적 사고력, 문제 해결력 및 의사 결정력을 중심으로 평가 내용과 하위 요소를 반영하여 평가 과제를 개발한다.

셋째, 단편적인 접근을 넘어 구체적 상황에서 다양한 영역과 교과를 통합한 평가 과제를 개발한다. 교육과정의 영역과 역량 평가 요소를 다양하게 포함될 수 있도록 과제를 개발한다. 범교과 학습 주제를 활용하여 과제를 설계한다.

넷째, 맥락 기반 평가의 실제성을 높여 역량 측정을 강화하기 위해서는 다양한 기술공학적 기능을 바탕으로 자료 탐색 유형을 확대하여 평가 과제를 개발한다. 기존의 평면적인 자료 개발 방식에서 벗어나 학생들의 일상생활 및 실제적 삶과 연결될 수 있는 형태로 평가 과제를 제시할 필요가 있다. 컴퓨터 기반 평가의 장점을 반영하여, 학생들이 실제로 조작할 수 있는 기능들을 포함하여 몰입감이나 현실성을 강화한다. 많은 양의 데이터를 다루는 공학적 도구를 포함한 과제는 실제적인 맥락에서 정보 처리 역량에 대한 평가를 강화할 수 있도록 과제를 개발한다. 자료의 수집이나 분석 및 활용이 가능하도록 컴퓨터 기반 평가의 장점을 활용한다. 과학 탐구의 과정에서 과학적 사고 과정을 경험할 수 있도록 과제와 문항을 설계한다. 예를 들어, 평가 과제와 문항에 실제 조작이 가능하거나, 다수의 자료나 정보를 포함시킨다.

다섯째, 교과 교육과정의 최근 동향을 반영하여 실제적 맥락이 자연스럽게 적용될 수 있는 주제를 선정한다. 일상생활에서 다양한 분야와 영역을 넘나드는 사회적 현상을 경험할 수 있는 평가 과제를 개발한다. 평가 과제는 여러 교과의 내용을 아우르는 주제 중심의 평가가 되도록 구성한다.

여섯째, 맥락이 제공되는 자료들이 학생들에게 명확하게 이해할 수 있도록 구성되어야 한다. 주어진 과제 수행 방법을 이해하지 못해 문제를 해결할 수 없는 상황이 발생하지 않도록 하고, 학생들이 문항을 이해하고 해결하는 데 집중할 수 있는 방안을 마련해야 한다.

일곱째, 평가 지표들의 상세한 평가 결과 제공 방안을 고려하여 과제를 구성한다. 맥락 기반 평가 도구는 실제적인 맥락에서의 과제 수행 과정을 통한 역량 측정이 핵심이다. 구체적이고 상세한 수준에서 학생들의 능력을 점검할 수 있는 평가 과제가 적절하다.

4 교사의 학생 평가 전문성

가. 학생 평가 전문성의 개념

평가 전문성(Assessment Literacy)이란 평가 과정에 대한 교사의 이해뿐만 아니라 평가 과제를 설계하고, 학습의 질을 판단하기 위한 준거를 개발하고, 평가를 통해 수집한 정보를 해석하여 이를 근거로 피드백을 하는 교사의 능력(Hay & Penney, 2013)을 나타내는 용어이다. 이는 Stiggins(1991)에 의해 처음 사용되었으며, 연구 초점에 따라 '평가 지식과 기능(assessment knowledge and skills, Brookhart, 2011)', '학생 평가 전문성(teacher competence in the educational assessment of students, AFT, NCME, & NEA, 1990)', '평가 전문성(assessment expertise, Abell & Siegel, 2011; Lyon, 2013)', '평가 정체성(assessment identity, Adie, 2013; Looney et al., 2018)' 등으로 표현되기도 한다(Willis, Adie, & Klenowski, 2013). 국내에서 평가 전문성은 교사가 평가를 시행할 경우에 필수적으로 요구되는 기초적인 지식과 기능으로서의 평가소양(한국교육평가학회, 2004)을 의미하며, '평가 문식성(주세형, 2011)', '학생 평가 전문성(이인제 외, 2004)', '학생 평가 역량(임은영, 2019)' 등으로 표현되기도 한다(우필희, 송명섭, 송주범, 2021).

나. 학생 평가 전문성 기준

평가 전문성에 대한 논의는 AFT, NCME, & NEA(1990)의 교사의 학생 평가 전문성 기준 연구에서 시작되었다. 평가 전문성 기준은 '평가 방법의 선정', '평가 방법의 개발', '평가의 실시, 채점 및 결과 해석', '평가 결과의 활용', '성적 부여', '결과에 관한 의사소통', '윤리적 문제 인식'의 7개 기준으로 구성하고, 교사가 갖추어야 할 평가 전문성의 요소를 구체적으로 제시하였다. 7가지 기준은 다음과 같다. ① 교사는 교수적 결정을 위해 적절한 평가 방법 선택을 능숙하게 선택해야 한다. ② 교사는 교수적 결정을 위해 적합한 평가 방법 개발에 능숙해야 한다. ③ 교사는 외부에서 제작한 평가 도구와 교사가 제작한 평가 도구에 대한 시행, 채점, 해석에 능숙해야 한다. ④ 개별 학생, 수업 계획, 교육과정 개발, 학교 향상을 위한 결정을 할 때, 평가 결과를 사용하는 데 능숙해야 한다. ⑤ 타당한 채점 절차를 개발하는 데 능숙해야 한다. ⑥ 학생, 학부모, 평가 결과에 대한 특별한 지식이 없는 일반인, 다른 교육자 또는 교사들과의 의사소통에 능숙해야 한다. ⑦ 교사는 비윤리적이고, 불법적이고, 적절하지 않은 평가 도구와 평가 정보 사용을 인지하는 데 능숙해야 한다(AFT, NCME & NEA, 1990; 임은영, 2019).

Brookhart(2011)는 1990년에 제시된 7가지 기준에 형성 평가(formative assessment)와 성취기준 기반 평가(standard-based assessment)가 포함되지 않았다고 비판하고, 형성 평가와 성취기준 기반 평가에 대한 내용을 포함시켜, 교사에게 필요한 교육 평가 지식과 기술의 기준을 11가지로 제시하였다. 11가지 기준은 다음과 같다. ① 교사는 가르치는 내용 영역에 대한 학습을 이해해야 한다. ② 교사는 성취기준과 교육과정 목표에 근거한 내용과 생각의 깊이 모두 부합하는 학습 의도를 달성 가능하고 평가 가능한 방법으로 명확하게 말할 수 있어야 한다. ③ 교사는 학습 의도에 따른 성취가 무엇인지 학생들과 의사소통할 수 있는 전략 레퍼토리가 있어야 한다. ④ 교사는 사용 가능한 평가 방법 범위의 목적과 내용을 이해해야 하고 그것들을 능숙하게 활용해야 한다. ⑤ 교사들은 학생들이 학급 단위 시험 문항, 수행평가 과제들을 수행하는 데 필요한 구체적인 지식 사고력을 알아보기 위해 그것들을 분석하는 기술을 가지고 있어야 한다. ⑥ 교사는 학생의 과제에 대해 효과적이고 유용한 피드백을 제공하는 기술을 가져야 한다. ⑦ 교사는 교실 평가에서의 학생 수행을 학생, 교실, 학교, 지역에 관한 결정에 필요한 유용한 정보를 활용하고, 수량화를 할 수 있는 채점 계획을 구성할 수 있어야 한다. 이와 같은 결정은 학생의 학습, 성장, 발달 향상을 이끌어야 한다. ⑧ 교사는 학생, 학급, 학교, 지역에 관한 의사결정을 위해 외부 평가를 시행하고 점수를 해석할 수 있어야 한다. ⑨ 교사는 평가 결과에 대한 해석과 평가 결과에 기반을 두고, 교육적인 결정에 관한 추론을 교육관계자에게 명확하게 말할 수 있어야 한다. ⑩ 교사는 학생들이 평가 결과를 활용하여 건전한 교육적 결정을 만들 수 있도록 도울 수 있도록 해야 한다. ⑪ 교사들은 자신이 시행하는 평가에 대한 법적 윤리적 책임을 이해하고 실행해야 한다. Brookhart(2011)는 평가계획, 시행, 채점, 해석, 활용을 위해서는 가르치는 내용 영역, 학생의 성장, 성취기준과 교육과정에 따른 학습 의도 등을 사전에 알고 있어야 한다고 강조하였다(임은영, 2019).

다. 학생 평가 전문성 및 학생 평가 역량 측정 도구

학생 평가 전문성 또는 학생 평가 역량을 진단하기 위한 도구가 개발되었다. 송미영과 김경희(2007)는 '평가 방법의 선정', '평가 도구의 개발', '평가실시·채점·성적 부여', '평가 결과의 분석·해석·활용·의사소통', '평가의 윤리성'의 5가지 내용 영역을 설정하고, 〈표 13-3〉과 같이 학생 평가 전문성 기준을 제시하였다.

〈표 13-3〉 교사의 학생 평가 전문성 기준(김신영, 송미영, 2008)

내용 영역	전문성 기준	문항 수
평가 방법의 선정	교사는 학습목표와 평가의 목적을 확인하고 명료화해야 한다.	2
	교사는 학습목표와 평가의 목적에 적합한 평가 방법을 선정해야 한다.	11
평가 도구의 개발	교사는 평가의 목적과 내용에 적합한 평가 도구를 개발하거나 선택하여 사용해야 한다.	7
	교사는 평가 도구의 질을 스스로 점검하고 개선해야 한다.	6
평가실시 · 채점 · 성적부여	교사는 평가계획에 부합하도록 평가를 실시해야 한다.	3
	교사는 정확하게 채점하고 평가의 목적에 부합하도록 성적을 부여해야 한다.	6

내용 영역	전문성 기준	문항 수
평가 결과의 분석 · 해석 · 활용 · 의사소통	교사는 평가 결과를 정확하고 타당하게 분석 · 해석해야 한다.	7
	교사는 평가 결과를 수업과 학생에 대한 교육적 의사 결정에 활용해야 한다.	6
	교사는 학생, 학부모, 교육 관련자와 평가 결과에 대해 정확하게 의사소통해야 한다.	5
평가의 윤리성	교사는 학생의 인격을 존중하며 모든 평가 활동 시 윤리적 · 법적 책임을 준수해야 한다.	4
	교사는 학생의 특성, 배경을 고려하여 공정하게 평가를 실시하고 평가의 적절성을 판단해야 한다.	3
합계		60

김신영과 송미영(2008)은 학생 평가 전문성 기준에 따라서 세부 문항을 제시하였다. 학생 평가 전문성 기준 및 평가 문항은 〈표 13-4〉와 같다.

〈표 13-4〉 학생 평가 전문성 기준 및 평가 문항

내용 영역	전문성 기준 및 평가 문항(60)
Ⅰ. 평가 방법의 선정 (13)	Ⅰ-1. 교사는 학습목표와 평가의 목적을 확인하고 명료화해야 한다. (2)
	1. 학생이 달성해야 할 학습목표를 확인하고, 평가할 학습목표를 구체적으로 진술할 수 있다. 2. 진단 · 형성 · 총합평가의 목적과 특징을 알고 있다.
	Ⅰ-2. 교사는 학습목표와 평가의 목적에 적합한 평가 방법을 선정해야 한다. (11)
	3. 규준 참조평가와 준거 참조평가의 특징과 장 · 단점을 알고 있다. 4. 양적평가와 질적평가의 특징과 장 · 단점을 알고 있다. 5. 다양한 학습목표와 학습 활동에 따라 적합한 평가 방법을 선택할 수 있다. 6. 학생들의 특성과 수준(사회문화적 배경, 흥미, 학습능력 등)에 적합한 평가 방법을 선택할 수 있다. 7. 학생의 선행 학습 수준이나 기초 능력을 진단하기에 적합한 평가 방법을 선택

내용 영역	전문성 기준 및 평가 문항(60)
	할 수 있다. 8. 교수 · 학습 과정에서 학생이 겪는 어려움을 진단하기에 적합한 평가 방법을 선택할 수 있다. 9. 학생의 성취 수준을 파악하기에 적합한 평가 방법을 선택할 수 있다. 10. 학생의 성장이나 변화 정도를 파악하기에 적합한 평가 방법을 선택할 수 있다. 11. 특별한 지도를 필요로 하는 학생을 변별하기에 적합한 평가 방법을 선택할 수 있다. 12. 교수 · 학습 과정에서 학생 자신에 의한 평가나 학생 상호 간에 의한 평가가 필요한 상황을 판단하고 적용할 수 있다. 13. 각 평가 방법이 교수 · 학습 활동에 미치는 긍정적인 영향과 부정적인 영향을 파악할 수 있다.
II. 평가 도구의 개발 (13)	II-1. 교사는 평가의 목적과 내용에 적합한 평가 도구를 개발하거나 선택하여 사용해야 한다. (7)
	14. 평가의 목적과 내용에 적합한 평가 도구를 선택할 수 있다. 15. 평가의 목적과 내용에 부합하는 평가 도구가 없을 경우 평가 도구를 직접 개발할 수 있다. 16. 검사제작의 일반적 절차에 따라 평가 도구를 개발하기 위한 계획을 구체적으로 세울 수 있다. 17. 선택형 문항 제작원리를 충실히 반영하여 평가 도구를 개발할 수 있다. 18. 서답형 문항 제작원리를 충실히 반영하여 평가 도구를 개발할 수 있다. 19. 수행 평가 과제 및 채점 기준 개발 원리를 충실히 반영하여 평가 도구를 개발할 수 있다. 20. 표준화 검사의 개념과 특징 및 종류를 알고, 목적에 맞게 선택하여 사용할 수 있다.
	II-2. 교사는 평가 도구의 질을 스스로 점검하고 개선해야 한다. (6)
	21. 타당도의 개념을 알고, 타당도를 평가할 수 있다. 22. 신뢰도의 개념을 알고, 신뢰도를 평가할 수 있다. 23. 채점자 신뢰도의 개념을 알고, 채점자 신뢰도를 평가할 수 있다. 24. 문항 난이도의 개념을 알고, 문항 난이도를 평가할 수 있다. 25. 문항 변별도의 개념을 알고, 문항 변별도를 평가할 수 있다. 26. 오답지 매력도의 개념을 알고, 오답지 매력도를 평가할 수 있다.

내용 영역	전문성 기준 및 평가 문항(60)
Ⅲ. 평가실시 · 채점 · 성적부여 (9)	Ⅲ-1. 교사는 평가계획에 부합하도록 평가를 실시해야 한다. (3)
	27. 학생에게 평가계획(평가 목적, 평가 영역, 평가일시, 평가 도구의 성격, 평가 기준 등)에 대해 사전에 공지하고 있다. 28. 평가실시에 적합한 물리적 · 심리적 환경을 조성 · 관리하고 있다. 29. 평가 과정에서 부정행위가 초래되지 않도록 학생을 지도 · 감독하고 있다.
	Ⅲ-2. 교사는 정확하게 채점하고 평가의 목적에 부합하도록 성적을 부여해야 한다. (6)
	30. 채점 기준을 정확하게 숙지하여 채점할 수 있다. 31. 학생의 답안을 점검하여 채점 기준을 수정 · 보완할 수 있다. 32. 학생에게 부여한 점수의 범위를 확인하여 학생의 능력을 제대로 변별하고 있는지 확인할 수 있다. 33. 규준 참조평가에서의 검사 점수의 의미를 이해하고 점수를 부여할 수 있다. 34. 준거 참조평가에서의 검사 점수의 의미를 이해하고 점수를 부여할 수 있다. 35. 다양하게 수집된 평가 자료의 중요도를 고려하여 총합점수를 산출할 수 있다.
Ⅳ. 평가 결과의 분석 · 해석 · 활용 · 의사소통 (18)	Ⅳ-1. 교사는 평가 결과를 정확하고 타당하게 분석 · 해석해야 한다. (7)
	36. 학생들의 점수 분포나 문항 특성에 대한 기초 통계자료(빈도, 평균, 분산, 표준편차 등)를 산출할 수 있다. 37. 관찰이나 면담을 통해 수집된 질적 평가 자료를 객관적인 관점에서 이해하고 해석할 수 있다. 38. 평가 방법에 따라 동일한 학생에 대한 평가 결과가 일치하지 않을 경우 그 원인을 분석하여 해석할 수 있다. 39. 평가의 목적 및 내용에 기초하여 평가 결과를 해석할 수 있다. 40. 학생, 평가 도구, 평가환경, 평가자 등에 의한 오차를 고려하여 평가 결과를 해석할 수 있다. 41. 표준화 검사에서 보고되는 여러 가지 검사 점수(백분위, 표준점수, 등급점수 등)를 정확하고 타당하게 해석할 수 있다. 42. 평가 결과에 기초하여 학생의 성취 수준, 강점, 약점 등을 판단할 수 있다.
	Ⅳ-2. 교사는 평가 결과를 수업과 학생에 대한 교육적 의사 결정에 활용해야 한다. (6)
	43. 다양한 측면의 양적 · 질적 평가 결과를 종합하여 학생에 대한 의사 결정 자료로 활용할 수 있다. 44. 다양한 측면의 양적 · 질적 평가 결과를 종합하여 교수 · 학습에 대한 의사 결

내용 영역	전문성 기준 및 평가 문항(60)
	정 자료로 활용할 수 있다. 45. 진단 평가 결과에 기초하여 학생들의 수준과 요구에 적합한 수업계획을 수립할 수 있다. 46. 형성 평가 결과에 기초하여 학생들의 학습 곤란 정도와 문제점을 진단하고 해결방안을 제공할 수 있다. 47. 총합평가 결과에 기초하여 학생의 성취정도와 변화정도를 파악하고 차기 수업계획을 위한 정보로 활용할 수 있다. 48. 시 · 도 교육청이나 국가수준의 성취도 평가 결과를 소속 학급 또는 학교의 교육 내용의 적절성과 수준을 점검하기 위한 자료로 활용할 수 있다.
	Ⅳ-3. 교사는 학생, 학부모, 교육 관련자와 평가 결과에 대해 정확하게 의사소통해야 한다. (5)
	49. 학생, 학부모, 교육 관련자들에게 평가 목적, 평가 결과, 해석방법에 대해 설명할 수 있다. 50. 학생의 학업수행 배경과 수준을 고려하여 평가 결과를 해석하고 설명할 수 있다. 51. 검사의 규준에 근거하여 학생들의 상대적 위치에 대해 정확하게 해석하고 설명할 수 있다. 52. 검사의 준거에 기초하여 학생들이 무엇을 알고 할 수 있는지를 정확하게 해석하고 설명할 수 있다. 53. 평가 결과에 기초하여 학생과 학부모에게 학생의 강점과 약점에 대해 설명하고 개선방향을 제시할 수 있다.
Ⅴ. 평가의 윤리성 (7)	Ⅴ-1. 교사는 학생의 인격을 존중하며 모든 평가 활동 시 윤리적 · 법적 책임을 준수해야 한다. (4)
	54. 학급 · 학교 · 교육청 · 국가수준의 평가 관련 지침 및 규정을 준수하고 있다. 55. 학생의 평가 결과에 부당한 영향을 미치지 않도록 평가 도구의 보안에 주의를 기울이고 있다. 56. 학생의 권리를 보호하기 위해 개인의 평가 결과를 엄격하게 보안 · 유지하고 있다. 57. 평가권한의 오남용이 학생의 정의적 특성에 미치는 영향에 대해 알고 있다.
	Ⅴ-2. 교사는 학생의 특성, 배경을 고려하여 공정하게 평가를 실시하고 평가의 적절성을 판단해야 한다. (3)
	58. 합리적이고 공정한 절차에 의해 평가를 실시하고 있다. 59. 평가 도구에 성별이나 사회경제적 배경에 따라 불리하게 작용할 수 있는 내

내용 영역	전문성 기준 및 평가 문항(60)
	용이나 방법이 선정되지 않았는지 확인하고 있다. 60. 평가계획, 평가 도구의 개발, 시행, 해석 · 활용 · 의사소통 등 평가 활동의 전 과정을 반성적으로 평가하고 있다.

그리고, 교사의 학생 평가 전문성 기준을 〈표 13-5〉와 같이 제시하였다. 평가 전문성의 기준점수는 3.5점으로 설정하였다(김신영, 송미영, 2008).

〈표 13-5〉 교사의 학생 평가 전문성 수준의 해석 준거(김신영, 송미영, 2008)

척도 평균의 범위	평가 전문성 해석
4.5 이상	평가 전문성이 높다
3.5 이상 4.5 미만	평가 전문성이 있다
2.5 이상 3.5 미만	평가 전문성이 낮다
2.5 미만	평가 전문성이 매우 낮다

한편, 임은영(2019)은 교사의 학생 평가 역량 측정 도구를 개발하였다. 이 도구는 평가시행, 평가계획 및 도구개발, 윤리성 및 법적절차 준수, 결과 환류의 4가지 항목을 설정하고, 그에 따라 평가 도구를 〈표 13-6〉과 같이 개발하였다.

〈표 13-6〉 교사의 학생 평가 역량 측정 도구(임은영, 2019)

하위 영역	역량 진술문
윤리성 및 법적 절차 준수	나는 학생의 권리를 보호하기 위해 평가 도구 및 평가 결과의 보안을 유지한다.
	나는 평가 활동 시, 학생의 인격과 권리를 존중하고 보호한다.
	나는 학생의 특성 및 배경에 상관없이 공정하게 평가한다.
	나는 학급/학교/교육청/국가수준의 평가 관련 지침 및 규정을 준수하고 있다.
평가계획 및 도구 개발	나는 학습목표에 부합하는 평가 방법을 선정한다.
	나는 교육과정을 분석하여 성취기준에 부합하는 평가 계획을 수립한다.
	나는 수업과 연계한 평가를 계획한다.
	나는 학생 인지적 능력(지식, 기능)을 평가하기 위한 적합한 평가 도구를 만들어 사용한다.
	나는 학생의 비인지적 영역(정의, 태도 등)을 평가하기 위한 적합한 평가 도구를 만들어 사용한다.
결과 환류	나는 학생 평가 결과에 대해 학부모와 의사소통한다.
	나는 학생들의 개별 특성에 맞추어 피드백한다.
	나는 학생 평가 결과에 대해 학생과 의사소통한다.
	나는 학생 평가 결과를 교수 · 학습 방법 개선에 활용한다.
평가 시행	나는 학생 평가 결과를 바탕으로 과목별 세부능력 및 특기사항을 기록한다.
	나는 학생 평가 결과를 통해 학생의 능력과 특성을 파악한다.
	나는 계획한 평가 절차에 따라 평가를 시행한다.
	나는 성취 수준 및 평가 기준에 따라 학생의 성취정도를 평가한다.
	나는 학생이 도달하고자 하는 성취기준에 맞게 학생 성취 수준을 판별할 수 있도록 채점 기준을 작성한다.

요약

미래 평가 방향 및 쟁점에서는 인지진단모형, 컴퓨터 기반 평가, 맥락 기반 평가, 교사의 학생 평가 전문성에 대하여 살펴보았다. 인지진단모형에서는 인지진단모형의 개념과 특징, 적용 방법, 구성 요소, 활용에 대하여 살펴보았다. 인지진단모형은 학습자의 학업 성취 수준을 전반적으로 이해하기보다는 측정하고자 하는 주제에 대한 상세한 인지 프로파일(profile)을 진단함으로써 개별 학습자의 강점과 약점에 대한 교육적인 피드백을 제공하는 것을 목적으로 한다. 컴퓨터 기반 평가에서는 컴퓨터 기반 평가의 필요성, 특징, 기회 요소와 위험 요소를 살펴보았다. 컴퓨터 기반 평가(Computer Based Test)는 컴퓨터를 활용한 평가가 운영의 효율성 및 정확성 등의 측면에서 이점이 있을 뿐만 아니라, 미래 사회를 살아가는 데 필요한 핵심역량을 보다 실제적이고 효과적으로 측정할 수 있다는 특징이 있다. 맥락 기반 평가에서는 맥락 기반 평가의 개념, 특징, 맥락 기반 평가의 설계 방식에 대하여 살펴보았다. 맥락 기반 평가는 특정 맥락 속에서 주어진 목표를 달성하기 위한 상황이나 시나리오에 따라 설계된 여러 가지의 문항을 연속적으로 해결해 나가는 형태의 평가 방식이다. 교사의 학생 평가 전문성에서는 학생 평가 전문성의 개념, 학생 평가 전문성 기준, 학생 평가 전문성 및 학생 평가 역량 측정 도구에 대하여 살펴보았다.

생각해 봅시다

1. 인지진단모형의 특징과 장점과 단점에 대하여 토의하시오.
2. 컴퓨터 기반 평가가 학교 현장에 도입되었을 때 발생할 수 있는 문제점을 예상하고, 이러한 문제점을 해결할 수 있는 방안에 대하여 토의하시오.
3. 맥락 기반 평가의 관점에 따라 평가 과제를 설계하시오.
4. 자신의 학생 평가 전문성을 진단하고, 학생 평가 전문성 신장 방안을 제시하시오.

참고문헌

강현영(2017). 수학, 평가를 만나다(연구자료 ORM 2017-85). 충북: 한국교육과정평가원.

교육과학기술부(2011). 중등학교 학사 관리 선진화 방안. 교육과학기술부 보도자료(2011.12.13.).

교육부(1999). 수행평가의 문제점과 개선 방향. 교육부 전문직 연수자료.

교육부(2014). 학교생활기록 작성 및 관리 지침(교육부 훈령 제29호). 교육부(2014.1.16.).

교육부(2018). 2022학년도 대학입학제도 개편방안 및 고교교육 혁신방향 발표. 교육부 보도자료(2018.8.17.).

교육부(2019a). 학교생활기록 작성 및 관리 지침(교육부 훈령 제280호). 교육부(2019.1.16.).

교육부(2019b). 2020년 특별교부금 국가시책사업 교과서 활용 및 교수학습 평가 지원 사업 계획. 교육부 교수학습평가과.

교육부(2021). 2025년, 포용과 성장의 고교 교육 구현–「고교학점제 종합 추진계획」 발표 –. 교육부 보도자료(2021.2.17.).

교육부(2024). 2022 개정 교육과정에 따른 중학교 사회 성취수준. 세종: 교육부.

교육부(2025a). 2025학년도 학교생활기록부 기재요령(초등학교). 세종: 교육부.

교육부(2025b). 2025학년도 학교생활기록부 기재요령(중학교). 세종: 교육부.

교육부(2025c). 2025학년도 학교생활기록부 기재요령(고등학교). 세종: 교육부.

교육부, 한국교육과정평가원(2017). 과정을 중시하는 수행평가 어떻게 할까요?– 중등(연구자료 ORM 2017-19-2). 세종: 교육부, 한국교육과정평가원.

교육부, 한국교육과정평가원(2022). 교과세특 기재 역량 강화 연수를 위한 교과세특 기재 예시 도움 자료. 세종: 교육부, 한국교육과정평가원.

구슬기, 김경희(2020). 다분 인지진단모형을 활용한 초등학교 4학년 수학 성취도 국제비교 분석. 교육평가연구, 33(3), 629-654.

권낙원(2013). 수업기술. 서울: 아카데미프레스.

권대훈(2016). 교육평가(제3판). 서울: 학지사.

김경배, 김재건, 이홍숙(2005). **교육과정과 교육평가**. 서울: 학지사.

김경희, 김완수, 최인봉, 김광규, 박준홍, 도승이, 김선희, 김지영(2018). **한국 초·중등학교 교육 성과 종단조사 체제 구축을 위한 기초 연구(Ⅱ)**. 한국교육과정평가원 연구보고 RRE 2018-12.

김경희, 박은아, 송미영, 상경아, 김수진, 김희경, 신진아, 서지영, 이채희, 김지영, 김기연, 최숙기(2012). **중등학교의 성취평가제 운영 방안 연구**. 한국교육과정평가원 연구보고 CRE 2012-8.

김대현, 김석우(2020). **교육과정 및 교육평가(5판)**. 경기: 학지사.

김동희(2023). 인공지능(AI) 학습 플랫폼을 활용한 수학 개별화 교수-학습에서 나타나는 피드백 사례 연구. 이화여자대학교 대학원 박사학위논문.

김석우, 김명선, 강태용, 정혜영(2000). **포트폴리오 평가의 이론과 실제: 유아교육기관 초등학교 교사를 위한 지침서**. 서울: 학지사.

김선, 반재천(2020). **학생의 배움과 성장을 지원하는 과정 중심 피드백**. 대전: 도서출판 AMEC.

김선희, 김수진, 송미영(2008). 수학 평가 결과의 분석을 위한 인지 진단 이론의 활용. **학교수학, 10**(2), 259-277.

김성숙(2017). 2015 개정 교육과정에 따른 '과정중심평가'의 이해와 적용. **교육광장, 64**, 12-15.

김성훈, 김신영, 김재철, 반재천, 백순근, 서민원(2018). **예비교사를 위한 교육평가(2판)**. 서울: 학지사.

김성훈, 송미영(2011). DINA 모형을 활용한 대규모학업성취도 평가 결과 분석. **교육평가연구, 14**(1), 177-200.

김순남, 강이희, 김병찬, 박삼철, 유진은, 이은송, 전명남, 조훈희(2013). **창의인재 육성을 위한 학생평가 정책연구: 국제 사례를 중심으로**. 한국교육개발원 현안보고 OR 2013-09.

김신영, 송미영(2008). 예비교사의 학생평가전문성과 교육실습의 효과. **교육평가연구, 21**(1), 79-97.

김영재, 임철일, 한민수(2012). 타블렛을 이용한 수학문제 풀이의 필기형태 분석 및 교정을 통한 성취도 향상 연구. **한국수학교육학회 2012 국제수학교육학술대회 프로시딩**, 135-141.

김은희, 변호승(2017). 학습분석학 기반의 교수자 피드백 분류체계 개발. **교육공학**

연구, 33(3), 737-768.
김재춘, 부재율, 소경희, 양길석(2020). 예비, 현직 교사를 위한 교육과정과 교육평가(5판). 경기: 교육과학사.
김정민(2018). 과정중심평가의 개념과 교육적 의의 탐색. 학습자중심교과교육연구, 18(20), 839-859.
김종헌, 이희복(2018). 핵심역량 평가 기반 수업에 대한 과학영재학생들의 정서적 반응. 학습자중심교과교육연구, 18(4), 225-246.
김창환(2011). 수정된 Angoff 방법을 활용한 교과서 검정 심사에서의 분할점수 설정. 한국교육, 38(4), 141-162.
김학수(1983). 교육측정 및 평가. 서울: 학문사.
김호권, 변창진, 김영채, 임인재(1978). 현대 교육평가론. 서울: 교육출판사.
김희경, 김부미(2013). 인지진단모형을 활용한 수학 학업성취 결과 분석. 학교수학, 15(2), 289-314.
김희경, 한정아, 최숙기, 김부미(2012). 인지진단모형을 적용한 학업성취프로파일 분석 및 결과 보고 방안. 충북: 한국교육과정평가원.
남명호(1995). 수행평가의 타당성 연구. 고려대학교 대학원 박사학위논문.
박도순, 권순달, 김명화, 김석우, 김영애, 김옥남, 김종필, 김진규, 김진하, 김형주, 남명호, 남현우, 박완성, 백순근, 성태제, 양길석, 어윤경, 이기종, 이나현, 이원석, 이종승, 이현주, 장은아, 조지민, 최대호(2007). 교육평가: 이해와 적용. 서울: 교육과학사.
박민애(2019). 학생용 피드백 리터러시 척도(FLSS) 개발 및 타당화. 경북대학교 대학원 박사학위논문.
박소연(2010). HRD 프로그램 평가 보고서의 내용 분석: 보고서의 형식과 실체를 중심으로. 기업교육연구, 12(2), 101-122.
박영충(1997). 포트폴리오의 유아교육 현장 적용 효과. 숙명여자대학교 대학원 박사학위논문.
박은진, 정홍, 장덕성(2002). 클러스터링에 기반한 학업성적의 등급화 방법. 한국지능시스템학회논문지, 12(2), 151-156.
박일수(2019). 백워드 설계 모형에 기반한 과정중심평가에 대한 연구. 공공정책연구, 36(1), 73-96.
박일수(2022). 예비 및 현직 교사를 위한 교육평가의 이해. 서울: 창지사.

박지현, 박상복, 김준식, 양성현, 백종호, 김기남, 곽혜정, 유상희, 이수정, 류수경, 최원경, 차경미, 이기돈(2023). 컴퓨터 기반 학업성취도 평가를 위한 맥락 기반 평가 과제 개발 및 적용 방안 탐색. 충북: 한국교육과정평가원.

박지혜, 진경애, 김수진, 이상아(2018). 과정 중심 평가 내실화를 위한 교사의 평가 전문성 신장 방안 연구. 충북: 한국교육과정평가원.

박혜영, 김경희, 장의선, 김유향, 양영자, 김선희, 김현주(2022). 고교학점제 도입에 따른 성취평가제 개선 방안. 충북: 한국교육과정평가원.

배호순(1997). "포트폴리오 평가에 관한 분석적 고찰". 수행평가의 이론과 실제. 한국교육평가연구회 학술세미나 발표논문집, 81-124.

배호순(2008). 교육프로그램 평가론. 서울: 원미사.

백남진, 온정덕(2014). 역량 기반 교육과정에서 기준과 수행의 의미. 교육과정연구, 32(4), 17-46.

백순근(1995). 교수-학습평가의 새로운 대안. 청주교육대학교 초등교육연구, 6, 3-20.

백순근(2002). 수행평가의 이론적 측면. 경기: 교육과학사.

백순근, 천경록, 차우규, 박선미, 박경미, 이선경, 이춘식, 황석순, 조미혜, 장기범, 박소영, 진경애(1998). 중학교 각 교과별 수행평가의 이론과 실제. 서울: 원미사.

백영균(1994). 교수−학습 방법의 탐구. 서울: 교육과학사.

성재형(2012). 무용공연 자신감척도(DPCS)의 타당도. 우리춤과 과학기술, 8(1), 59-76.

성태제(2018). 인지진단모형에 의한 중1 수학 '수와 연산'의 형성평가 도구 개발과 분석. 교육평가연구, 31(1), 29-53.

성태제(2019a). 교육평가의 기초(4판). 서울: 학지사.

성태제(2019b). 현대교육평가(5판). 서울: 학지사.

손정화(2012). 학교수학에서의 참평가 모형 개발에 관한 연구. 성균관대학교 대학원 박사학위논문.

손태권(2022). 인지진단모형을 적용한 지능형 교수 시스템 개발 및 적용: 중학교 수와 연산 영역을 중심으로. 한국교원대학교 대학원 박사학위논문.

송미영, 김경희(2007). 교사의 학생평가 전문성 진단도구 개발. 교육과정평가연구, 10(1), 47-74.

신동로, 서길주(2001). 교사의 교정적 피드백이 자기 효능감 향상과 학업성취에 미치는 영향. 교육과정연구, 19(1), 319-342.

신혜진, 안소연, 김유원(2017). 과정중심 평가 활용의 정책적 분석. **교육과정평가연구**, 20(2), 135-162.

양희원, 이규민, 강상진(2019). Q행렬 오지정 및 인지요소 위계구조가 인지진단모형 추정 양호도에 미치는 영향. **교육평가연구**, 32(1), 53-79.

오성삼, 구병두(2004). **교육과정 및 평가의 이해**. 서울: 양서원.

우필희, 송명섭, 송주범(2021). 국내 교사 평가 전문성 기준과 측정도구 분석. **교육과정평가연구**, 24(1), 173-201.

유상희, 옥현진, 서수현(2018). 상황 기반 리터러시 평가를 위한 시론: 리터러시 평가에서 '상황'을 고려한다는 것은 어떤 의미인가? **교과교육학연구**, 22(4), 264-273.

윤인경 외(1999). (중학교 가정교과) **수행평가의 이론과 실제**. 서울: 교학사.

윤정일, 김민성, 윤순경, 박민정(2007). 인간 능력으로서의 역량에 대한 고찰: 역량의 특성과 차원. **교육학연구**, 45(3), 233-260.

이간용(2001). 지리교육의 지능공정한 참평가 모형 개발 및 적용. 서울대학교 대학원 박사학위논문.

이경화, 강현영, 고은성, 이동환, 신보미, 이환철, 김선희(2016). 과정 중심 평가의 실행을 위한 방향 탐색. **수학교육학연구**, 26(4), 819-834.

이광상, 임해미, 박인용, 서민희, 김부미(2016). 국가수준 학업성취도 평가의 수학과 정의적 영역 설문 문항 개발. **교육과정평가연구**, 19(14), 45-70.

이규진, 박찬호(2015). DINA 모형 기반의 초등학교 수학 진단평가 개발과 활용. **교육평가연구**, 28(4), 1129-1151.

이명숙, 이규민, 강상진(2018). 논술형 수행평가의 고정 점수, Angoff, BoW 기준 설정 결과의 타당도 연구. **교육평가연구**, 31(2), 435-462.

이상화(2024). 역량중심 청소년활동개념에 기반한 청소년활동프로그램 평가모형 연구. 명지대학교 대학원 박사학위논문.

이성호(1992). **교육과정과 평가**. 경기: 양서원.

이인제, 이범홍, 박정, 진재관, 김옥남, 서수현, 김신영(2004). **교사의 학생평가 전문성 신장 모형과 기준**(연구보고 RRE-2004-5-2). 충북: 한국교육과정평가원.

이재봉, 김준식, 박지선, 성경희, 이광상, 이소라, 정혜윤, 최소영, 김감영, 안유민, 하민수(2020). **컴퓨터 기반 국가수준 학업성취도 평가(eNAEA) 도입을 위한 출제 방안 연구**. 충북: 한국교육과정평가원.

이재우(2003). 포트폴리오 평가의 교육적 효과 및 양호도 분석. 고려대학교 대학원 박사학위논문.

이재호(2016). 인지진단모형을 활용한 학습장애 위험아동의 읽기이해 인지프로파일 분석. 서울대학교 대학원 박사학위논문.

이정수, 나승일, 최유현(1998). 초등 실과의 수행 평가 도구 개발 연구. **한국실과교육학회지, 11(1)**, 137-162.

이종승(2009). **현대교육평가**. 경기: 교육과학사.

이찬승(2020). **피드백에 대한 모든 것(2): 효과적인 피드백의 20가지 특징**. https://21erick.org/column/5251/

이현숙, 고호경(2014). 인지진단모형을 적용한 TIMSS 8학년 수학 기하 영역의 성차 분석. **학교수학, 16(2)**, 387-407.

임은영(2017). 과정 중심 평가의 개념과 의미. **행복한 교육, 2월호**. 서울: 교육부.

임은영(2019). 교사의 학생평가 역량 연구. **교육과정평가연구, 22(1)**, 101-124.

임인재 외(1987). **교사를 위한 정의적 특성의 평가방법**. 서울: 중앙교육평가원.

임정훈(1998). 인터넷을 활용한 가상수업에서의 교수-학습 활동 및 교육효과 연구. **교육공학연구, 14(1)**, 103-136.

임정훈(1999). 웹 기반 문제해결학습 환경에서 소집단 협동학습전략이 온라인 토론의 참여도와 문제해결에 미치는 효과. 서울대학교 대학원 박사학위논문.

임종헌, 최원석(2018). '과정 중심 평가'의 특징과 의미에 관한 연구: 자유학기제 '과정 중심 평가'를 중심으로. **한국교육, 45(3)**, 31-59.

임태민, 백석윤(2009). 초등수학 수업에서의 피드백 유형 및 학생의 반응. **한국초등교육, 20(1)**, 37-54.

전경희(2016). 과정중심 수행평가의 방향과 과제. **한국교육과정평가원 이슈페이퍼** CP 2016-02-4.

정미숙(1991). 정의적 특성과 학업성취와의 관계에 관한 이론적 고찰. **교육학논총, 10**, 135-147.

정재삼(2004). **교육프로그램평가**. 서울: 교육과학사.

정종진(2002). **교육평가의 원리**. 서울: 교육출판사.

조한무(1997). 포트폴리오 평가가 체육수업에 미치는 효과. 한국체육대학교 대학원 박사학위논문.

조한무(1998). **수행평가를 위한 포트폴리오 평가**. 서울: 교육과학사.

주세형(2011). 평가 문식성 신장을 위한 국어과 교사 교육. 문법 교육, 15, 31-50.
한국교육평가학회(2004). 교육평가 용어사전. 서울: 원미사.
허가은, 신항균(2017). 학생 상호피드백을 통한 형성평가가 수학 학업 성취도 및 수학적 태도에 미치는 영향. 수학교육논문집, 31(4), 409-432.
홍후조, 강익수, 김정원, 남현우, 백경선, 이병호(2004). 2008학년도 대학입학전형에서 고교 내신과 그 활용의 개선 방안 연구. 한국교육개발원.
홍후조, 박승한(2004). 학업성적 신뢰 제고 방안 연구. 서울: 교육인적자원부.
황정규(1998). 학교학습과 교육평가(개정판). 서울: 교육과학사.

Abell, S. K., & Siegel, M. A. (2011). Assessing teachers' assessment literacy: What teachers know and do about student assessment. In L. M. Earl (Ed.), *Assessment as learning: Using classroom assessment to maximize student learning* (pp. 35-51). Corwin Press.
Adie, L. (2013). The development of teacher assessment identity through participation in online moderation. *Assessment in Education: Principles, Policy & Practice, 20*, 91-106.
Alkin, M. C. (1969). Evaluation theory development. *Evaluation Comment, 2*, 2-7.
American Educational Research Association, American Psychological Association, & National Council on Measurement in Education. (1966). *Standards for educational and psychological testing.* American Educational Research Association.
American Educational Research Association, American Psychological Association, & National Council on Measurement in Education. (1974). *Standards for educational and psychological testing* (2nd ed.). American Educational Research Association.
American Federation of Teachers, National Council on Measurement in Education, & National Education Association. (1990). *Guidelines for teacher competence in educational assessment of students*. Washington, D.C.: Author.
American Psychological Association. (1954). *Technical recommendations for psychological tests and diagnostic techniques*. Washington, D.C.: Author.
Anderson, L. W. (1981). *Assessing affective characteristics in schools*. Boston: Ally &

Bacon. 변창진, 문수백(1987). 정의적 특성의 사정: 정의적 척도의 개발절차와 선발방법. 서울: 교육과학사.

Anderson, L. W., Krathwohl, D. R., Airasian, P. W., Cruikshank, K. A., Mayer, R. E., Pintrich, P. R., Raths, J., & Wittrock, M. C. (2001). *A taxonomy for learning, teaching, and assessing: A revision of Bloom's taxonomy of educational objectives*. New York: Pearson, Allyn & Bacon. 강현석, 강이철, 권대훈, 박영무, 이원희, 조영남, 주동범, 최호성(2005). 교육과정 수업 평가를 위한 새로운 분류학 : Bloom 교육목표분류학의 개정. 서울: 학지사.

Anderson, R. C., Kulhavy, R. W., & Andre, T. (1971). Feedback procedure in programmed instruction. *Journal of Educational Psychology, 62*(2), 148-156.

Annett, J. (1969). *Feedback and human behaviour: The effects of knowledge of results, incentives and reinforcement on learning and performance*. Penguin Books.

Apple, D. K., & Krumsieg. K. (1998). *Process education teaching institute handbook.* Pacific Crest.

Archbald, D., & Newmann, F. (1988). *Beyond standardized testing: Assessing authentic academic achievement in the secondary school*. Reston, VA: National Association of Secondary School Principals.

Askew, S., & Lodge, C. (2000). Gifts, ping-pong and loops - linking feedback and learning. In S. Askew (Ed.), *Feedback for Learning*(pp. 1-17). London: Routledge.

Bachor, D. G., Anderson, J. O., Walsh, J., & Muir, W. (1994). Classroom assessment and the relationship to representatives, accuracy, and consistency. *The Alberta Journal of Educational Research, 40*, 247-262.

Banerjee, H. L. (2019). Investigating the construct of topical knowledge in second language assessment: A scenario-based assessment approach. *Language Assessment Quarterly, 16*(2), 133-160.

Bangert-Drowns, R. L., Kulik, C. L. C., Kulik, J. A., & Morgan, M. (1991). The instructional effect of feedback in test-like events. *Review of Educational Research, 61*(2), 213-238.

Barmby, P., Harries, T., Higgins, S., & Suggate, J. (2009). The array representation and primary children's understanding and reasoning in multiplication. *Educational studies in mathematics, 70*(3), 217-241.

Barton, J., & Collins, A. (1993). Portfolios in teacher education. *Journal of Teacher Education, 44*(3), 200-212.

Biggs. J. (1996). Enhancing teaching through constructive alignment. *Higher Education, 32*, 347-364.

Birenbaum, M. (1996). Assessment 2000: Towards a pluralistic approach to assessment. In M. Birenbaum & F., Donchy(Eds.), *Alternatives in assessment of achievement, Learning process and prior knowledge.* Boston: Kluwer Academic Pub.

Black, P., & Wiliam, D. (1998). Assessment and classroom learning. *Assessment in Education, 5*(1), 7-74.

Black, P., Harrison, C., Lee, C., Marshall, B., & Wiliam, D. (2004). Working inside the black box: Assessment for learning in the classroom. *Phi Delta Kappan, 86*(1), 8-21.

Black, S. (1993). Portfolio assessment. *The Executive Educator, 15*(1), 28-31.

Bloom, B. S. (Ed.). Engelhart, M. D., Furst, E. J., Hill, W. H., & Krathwohl, D. R. (1956). *Taxonomy of educational objectives, Handbook I: The cognitive domain*. New York: David McKay Co Inc. 임의도(1972). 교육목표분류학(1): 지적 영역. 서울: 배영사.

Boidy. T., & Moran, M. (1994). *Improving students' transfer of learning among subject areas through the use of an integrated curriculum and alternative assessment*. Dissertation/Thsis. Saint Xavier University, IL., USA.

Bridgeman, B. (2009). Experiences from large-scale computer-based testing in the USA. In F. Scheuermann, & J. Björnsson (Eds.), *The transition to computer-based assessment* (pp. 39-44). Luxembourg: Office for Official Publications of the European Communities.

Brookhart, S. (2011). Educational assessment knowledge and skills for teachers. *Educational Measurement: Issues and Practice, 30*, 3-12.

Brookhart. S. M. (2003). Developing measurement theory for classroom assessment purposes and uses. *Educational Measurement: Issues and Practice, 22*(4),1-5.

Brophy, J. E., & Good, T. L. (1986). Teacher behavior and student achievement. In M. C. Wittrock(Ed.), *Handbook of research on teaching* (3rd ed.), (pp.328-375), New York: Macmillan.

Brown, H. D. (1987). *Principles of language learning and teaching* (2nd ed.). Prince-Hall, Englewood Cliffs, New Jersey.

Bryant, W. (2017). Developing a strategy for using technology-enhanced items in large-scale standardized tests. *Practical Assessment, Research, and Evaluation, 22*(1), 1-10.

Camp, R. (1992). Portfolio reflection in secondary school classrooms. In K. Yancey(Ed.), *Portfolios in the writing classroom: An introduction*. Urbana, IL: National Council of Teachers of English.

Cangelosi, J. (1990). *Designing tests for evaluating student achievement*. NY: Addison-Wesley.

Carless, D. (2015). Developing students' feedback literacy. *Paper presented at the 2015 ASEM forum on Lifelong Learning*. Bali, Indonesia, March 9-12, 2015.

Caswell, J. V. (1984). Normalization: A Method for structured file design. *Information Technology Association, 3*(3), 293-297.

Chipman, S. F., Nichols, P. D., & Brennan, R. L. (1995). Introduction. In P. D. Nichols, S. F. Chipman, & R. L. Brennan (Eds.). *Cognitively diagnostic assessment* (pp.1-18). Hillsdale, NJ: Lawrence Erlbaum Associates.

Cole, P. G., & Chan, L. K. S. (1987). *Teaching principle and practice*. NY: Prentice Hall.

Crisp, B. (2007). Is it worth the effort? How feedback influences students' subsequent submission of assessable work. *Assessment and Evaluation in Higher Education, 32*, 571-581.

Cronbach, L. J. (1963), Course improvement through evaluation. *Teachers College Record, 64*, 672-683.

Cronbach, L. J. (1977). *Educational psychology*. NY: Harcourt Brace Jovanovich.

Danielson, C., & Abrutyn, L. (1997). *An Introduction to using portfolio in the classroom*. Alexandria, VA: Associational for Supervision and Curriculum Development.

Danielson, C. (1997). *Enhancing professional practice; A framework for teaching.* Alexandria, VA: Association for Supervision and Curriculum Development.

DiBello, L. V., Roussos, L. A., & Stout, W. (2007). Review of cognitively diagnostic assessment and a summary of psychometric models. In C. R. Rao & S. Sinharay (Eds.), *Handbook of statistics, Vol. 26: Psychometric*s (pp. 970-1030). North-Holland Publications.

DiBello, L. V., Stout, W. F., & Roussos, L. A. (1995). Unified cognitive/psychometric diagnostic assessment likelihood based classification techniques. In P. Nichols, S. Chipman, & R. Brennan (Eds.), *Cognitively diagnostic assessment* (pp. 361-389). Hillsdale, NJ: Lawrence Erlbaum Associates, Inc.

Drasgow, F., & Mattern, K. (2006). New tests and new items: Opportunities and issues. In D. Bartram, & R. K. Hambleton (Eds.), *Computer-based testing and the internet: Issues and advances* (pp. 59-75). England: John Wiley & Sons Ltd.

Ebel, R. L. (1951). Writing the test item. In E. F. Lindquist (Ed.), *Educational measurement, 185-249.* Washington, D. C.: American Council on Education.

Eisner, E. W. (1979). *The educational imagination.* New York: Macmillan.

Eisner, E. W. (1985). *The art of educational evaluation: A personal view.* London: Falmer Press.

Engel, B. S. (1994). Portfolio assessment and new paradigm; New instruments and new places. *The Educational Forum, 59*(1), 22-57.

Farr, R., & Tone, B.(1994). *Portfolio and performance assessment.* NY: Harcourt Brace College Pub.

Fay, R. H. (2018). *Application of the fusion model for cognitive diagnostic assessment with non diagnostic algebra geometry readiness test data* (Doctoral dissertation). University of South Florida.

Fitzpatrick, J., Sanders, J., & Worthen, B. (2004). *Program evaluation: Alternative approaches and practical guidelines* (3rd ed.). Boston: Allyn & Bacon.

Fitzpatrick, J., Sanders, J., & Worthen, B., Wingate, L. (2023). *Program evaluation: Alternative approaches and practical guidelines* (5th ed.). Boston: Allyn & Bacon.

Fleming, M., & Levie, W. H. (1993). *Instructional message design: Principles from the behavioral and cognitive sciences* (2nd ed.). Englewood Cliffs, NJ: Educational Technology Publications.

Fu, J., & Li, Y. (2007). Cognitively diagnostic psychometric models: An integrative review. In *annual meeting of the National Council on Measurement in Education*. Chicago: IL.

Gierl, M. J., & Cui, Y. (2008). Defining characteristics of diagnostic classification models and the problem of retrofitting in cognitive diagnostic assessment. *Measurement: Interdisciplinary Research & Perspective, 6*, 263-268.

Gilman, D. A., & Hassett, M. (1995). More than work folders: Using portfolios for educational assessment. *The Clearing House, 68*, 310-312.

Glaser, R. (1962). Psychology and instructional technology. In R. Glaser (ed). *Training research and education* (pp 1-30). Pittsburgh: University of Pittsburgh Press.

Grady, B. (1994). *Object-oriented analysis and design with applications*. Addison Wesley.

Gravett, S., & Petersen, N. (2002). Structuring dialogue with students via learning tasks. *Innovative Higher Education, 26*(4), 281-291.

Greeno, J. (1989). A perspective on thinking. *American Psychologist, 44*, 134-141.

Gronlund, N. E. (1988). *How to Construct Achievement Tests* (4th ed.). Englewood Cliffs, NJ: Prentice-Hall, Inc.

Guba, E. G., & Lincoln, Y. S. (1981). *Effective evaluation.* San Francisco: Jossey-Bass.

Gulikers, J. T. M., Bastiaens, T. J. and Kirschner, P. A. (2004). A Five-dimensional framework for authentic assessment. *ETR & D, 52*(3), 67-86.

Gusky, T. R. (2000). *Evaluating professional development.* Thousand Oaks, CA: Corwin Press, Inc.

Hannafin, M. J., Hannafin, K. M., & Dalton, D. W. (1993). Feedback and emerging instructional technologies. In J. V. Demposey, G. C. Dales (Eds.), *Interactive instruction and feedback* (pp. 263-286). Englewood Cliffs, NJ: Educational Technology.

Harrow, A. J. (1972). *A taxonomy of the psychomotor domain*. New York, NY, David McKay Company, Inc.

Hartz, S. M. (2002). *A Bayesian framework for the unified model for assessing cognitive abilities: Blending theory with practicality*. University of Illinois at Urbana-Champaign.

Hatti, J., & Timperley, H. (2007). The power of feedback. *Review of Educational Research, 77*(1), 81-112.

Hay, P., & Penney, D. (2013). *Assessment in physical education: A sociocultural perspective*. London: Routledge.

Herman, J. L., & Winters, L. (1994). Portfolio research: A slim collection. *Educational Leadership, 52*(2), 48-55.

Herrington, J., & Herrington, A.(2006). *Authentic conditions for authentic assessment: Aligning task and assessment*. HERDSA Research Review.

Hill, B. C., & Ruptic, C. (1994). *Practical aspects of authentic assessment: Putting the pieces together*. Norwood, MA: Christopher-Gordon Pub.

Hogan, R, L. (2007). The historical development of program evaluation: Exploring the past and present. *Online Journal of Workforce Education and Development, 2*(4), 1-14.

Hopkins, K. D., & Stanley, J. C. (1981). *Educational and psychological measurement and education* (6th ed). Engelwood Cliffs, Nj: PrinticeHall.

Hoskins, K. (1968). The examination, disciplinary power and rational schooling. *History of Education, 8*(1), 135-146.

House, E. R. (1978). Assumptions underlying evaluation models. *Educational Researcher, 7*(3), 4-12.

House, E. R. (1980). *Evaluating with validity*. Beverly Hills, Calif: Sage.

Huang, H. M. (2002). Towards constructivism for adult learners in online learning environments. *British Journal of Educational Technology, 33*, 27-37.

Hyland, F. (2003). Focusing on form: Student engagement with teacher feedback. *System, 31*(2), 217-230.

Jang, E. E. (2005). *A validity narrative: Effects of reading skills diagnosis on teaching and learning in the context of NG TOEFL*. University of Illinois at

Urbana-Champaign.

Khattri, N., & Sweet, D. (1996). Assessment reform: promises and challenges, In M. B. Kane, & Mitchell, R. (Eds.), *Implementing performance assessment: promises, problems, and challenges*. Mahwah, NJ: Lawrence Erlbaum Associates.

Kimeldorf, M. (1994). *Portfolio planning and design guide*. Internet search data. From MartinKim@aol.com.

Kingore, B. (1993). *An introduction to portfolio development*. Unpublished manuscript.

Knight, M. E., & Gallaro, D.(Eds.)(1994). *Portfolio assessment: Applications of portfolio analysis*. NY: University Press of America.

Kolar, V. M., & Hodnik, T. (2021). Mathematical literacy from the perspective of solving contextual problems. *European Journal of Educational Research, 10*(1), 467-483.

Koretz, D., Stecher, B., Klein, S., & McCaffrey, D. (1994). The vermont portfolio assessment program: Findings & implications. *Educational Measurement: Issues and Practice, 13*(3), 5-16.

Krathwohl, D. R. (2002). A revision of Bloom's taxonomy: An overview. *Theory into Practice, 41*(4), 212-218.

Krathwohl, D. R., Bloom, B. S., & Masia, B. B. (1964). *Taxonomy of educational objectives: The classification of educational goals*. Handbook II: Affective domain. New York: David McKay. 임의도(1967). 교육목표분류학: 교육목표의 분석 및 평가의 실제(2): 정의적 영역. 서울: 배영사.

Kulhavy, R. W. (1977). Feedback in written instruction. *Review of Educational Research, 47*(1), 211-232.

Kulhavy, R. W., White, M. T., Topp, B. W., Chan, A. L., & Adams, J. (1985). Feedback complexity and corrective efficiency. *Contemporary Educational Psychology, 10*, 285-291.

Kulhavy, R. W., & Stock, W. A. (1989). Feedback in written instruction: The place of response certitude. *Educational Psychology Review, 1*(4), 279-308.

Kyllonen, P. C. (2009). The tried, the true, and the transpiring in creativity assessment. In E. Villalba(Ed.), *Can creativity be measured?* OECD: Brussels.

Lajoie, S. P. (1995). A Framework for authentic assessment in mathematics: T. Romberg. A.(Eds.), *Reform in school mathematics and authentic assessment.* State University of New York Press.

Leshin, C. B., Pollock, J., & Reigeluth, C. M. (1992). *Instructional Design Strategies and Tactics*. Englewood Cliffs, NJ: Educational Technology Publications.

Linn, R. I., & Gronlund, N. E. (2000). *Measurement and assessment in teaching* (8th edition). Upper Saddle River New Jersey Prentice Hall.

Linn, R. L., Baker, E. L., & Dunbar, S. B. (1991). Complex, performance-based assessment: Expectations and validation criteria. *Educational Researcher, 20*(8), 15-21.

Looney, A., Cumming, J., van Der Kleij, F., & Harris, K. (2018). Reconceptualising the role of teachers as assessors: Teacher assessment identity. *Assessment in Education: Principles, Policy & Practice, 25*(5), 442-467.

Lyon, C. J. (2013). Assessment literacy: The case for teacher learning. *Teachers College Record, 115*(6), 1-29.

Madaus, G. F., & Stufflebeam, D. L.(2000). Program evaluation: A historical overview. In D. L. Stufflebeam, G. F. Madaus, & T. Kellaghan(Eds), *Evaluation model: Viewpoints on educational and human services evaluation.* Boston: Kluwer-Nijhoff.

Marsh, H. W. (1990). Causal ordering of academic self-concept and academic achievement: A Multiwave, longitudinal panel analysis. *Journal of Educational Psychology, 82*(4), 646-656.

Mason, B. J., & Bruning, R. (2001). Providing feedback in computer-based instruction: What the research tells us. *Retrieved February, 15*, 2007.

May, M. A. (1932). *The measurement of education.* Boston: Ginn and Company.

Mayer, C. (1992). What's the difference between authentic and performance assessment? *Educational Leadership, 49*(8), 39-40.

McLean, A. J., Bond, C. H., & Nicholson, H. D.(2015). An anatomy of feedback: a phenomenographic investigation of undergraduate students' conceptions of feedback. *Studies in Higher Education, 40*(5), 921-932.

McMillan, J. H. (2014). *Classroom assessment: Principles and practices for effective standards-based instruction* (6th ed.). London: Pearson.

Mehrens, W. A. (1997). The Consequences of consequential validity. *Educational Measurement: Issue and Practice, 16*(2), 16-18.

Mueller, J. (2005). "The authentic assessment toolbox: Enhancing student learning through online faculty development". published in the *Journal of Online Learning and Teaching*, http://jfmueller.faculty.noctrl.edu/toolbox/abouttheauthor.htm

Narciss, S., & Huth, K. (2004). How to design informative tutoring feedback for multimedia learning. In H. M. Niegemann, D. Leutner, & R. Brunken (Ed.), *Instructional design for multimedia learning* (pp. 181-195). Munster, NY: Waxmann.

Nathan, L. F. (1995). *Portfolio assessment and teacher practice*(urban schools). Unpublished doctoral dissertation, Havard University.

National Forum on Assessment. (1995). *Principles and indicators for student assessment systems*. The National Center for Fair & Open Testing. Cambgidge, MA: FairTest.

Nelson, M. M., & Schunn, C. D. (2009). The nature of feedback: How different types of peer feedback affect writing performance. *Instructional Science, 37*(4), 375-401.

Nevo, D. (1983). The Conceptualization of educational evaluation: An analytical review of the literature. *Review of Educational Research, 53*(1), 117-128.

Newmann, F. M., & Wehlage, G. G. (1993). Five standards of authentic instruction. *Educational Leadership, 50*(7), 8-12.

Newmann, F. M., Secada, W. G., & Wehlage, G. G. (1995). *A guide to authentic instruction and assessment: Vision, standards and scoring*. Wisconsin Center of Education Research.

Nicol, D. J., & Macfarlane-Dick, D. (2006). Formative assessment and self-regulated learning: a model and seven principles of good feedback practice. *Studies in higher Education, 31*(2), 199-218.

OECD. (2003). *Definition and selection of competencies: Theoretical and conceptual foundation(DeSeCo)*. OECD Press.

Oosterhof, A. (2001). *Classroom applications of educational measurement* (3rd ed.). NJ: Merrill Prentice Hall.

Ormrod, J. E. (1999). *Human learning* (3rd ed.). Upper Saddle River, NJ: Prentice Hall.

Owen, J. M. (2007). *Program evaluation: Forms and approach*. Guilford press.

Parlett, M., & Hamilton, D. (1976). Evaluation as illumination: A new approach to the study of innovative programs. In G. V. Glass (Ed.), *Evaluation studies review annual (Vol. 1)*. Beverly Hills, CA: Sage.

Parshall, C. G., & Harmes, J. C. (2009). Improving the quality of innovative item types: Four tasks for design and development. *Journal of Applied Testing Technology, 10*(1). Retrieved March 23, 2020, from https://www.testpublishers.org/assets/documents/Improving.pdf.

Patton, M. Q. (2008). *Utilization-focused evaluation*. NY: Sage.

Paulson, F. L., Paulson, P. R., & Meyer, C. A. (1991). What makes a portfolio a portfolio? *Educational Leadership, Feb*., 60-63.

Petraglia, J. (1998). *Reality by design: The rhetoric and technology of authenticity in education*. Mahwah, NJ: Lawrence Erlbaum Associates Publishers.

Popham, W. J. (2003). *Test better, teach better: The instructional role of assessment.* Alexandria, Va: Association for Supervision and Curriculum. 김성훈, 이현숙 (2016). 수업중심 교육평가 : 더 나은 수업을 위한 평가의 역할. 서울: 학지사.

Price, M., Handley, K., Millar, J., & O'Donovan, B. (2010). Feedback: All that effort, but what is the effect? *Assessment and Evaluation in Higher Education, 35*(3), 277-289.

Provus, M. M. (1971). *Discrepancy evaluation*. Berkeley, CA: McCutchan.

Reeves, T. C., & Okay, J. (1996). Alternative assessment for constructivist learning environments. In B. Wilson, (Ed.), *Constructivist learning environments*, EnglewoodCliffs, NJ: Educational Technology, 191-202.

Reich, K., & Petter, C. (2009). eInclusion, eAccessibility and design for all issues in the context of European computer-based assessment. In F. Scheuermann, & J. Björnsson (Eds.), *The transition to computer-based assessment* (pp. 68-74). Luxembourg: Office for Official Publications of the European Communities.

Reis Costa, D., Bolsinova, M., Tijmstra, J., & Andersson, B. (2021). *Improving the precision of ability estimates using time-on-task variables: Insights from the PISA 2012 computer-based assessment of mathematics*. Front. Psychol. 12:579128. doi: 10.3389/fpsyg.2021.579128.

Rice, J. M. (1893). The futility of the spelling grind. *The Forum, 15*, 163-172.

Rolheiser, C., Bower, B., & Stevahn, L. (2000). *The portfolio organizer-succeeding with portfolios in your classroom*. Alexandria, VA: Association for Supervision and Curriculum Development.

Romberg, T. A., & Wilson, L. D. (1995). Issues Related to Development of an authentic assessment system for school mathematics: T. A. Romberg (Eds.), *Reform in school mathematics and authentic assessment*. State University of New York Press.

Ross, S. M., & Morrison, G. R. (1993). Using feedback to adapt instruction for individuals. In J. V. Dempsey & G. C. Sales (Eds.), *Interactive instruction and feedback* (pp. 177-196). Englewood Cliffs, N. J.: Educational Technology Publications.

Ruiz-Primo, M. A., & Li, M. (2013). Examining formative feedback in the classroom context: New research perspectives. In J. H. McMillan (Ed.), *Sage handbook of research on classroom assessment* (pp. 215-232). Thousand Oaks, CA: Sage Publications.

Rupp, A. A., & Templin, J. L. (2008). Unique characteristics of diagnostic classification models: A comprehensive review of the current state-of-the-art. *Measurement, 6*(4), 219-262.

Rupp, A. A., Templin, J. L., & Henson, R. A. (2010). *Diagnostic measurement: Theory, methods, and applications*. New York: Guilford Press.

Sadler, D. R. (2010). Beyond feedback: Developing student capability in complex appraisal. *Assessment and Evaluation in Higher Education, 35*(5), 535-550.

Sales, G. C. (1993). Adapted and adaptive feedback in technology-based instruction. In J. V. Dempsey & G. C. Sales (Eds.), *Interactive instruction and feedback* (pp. 159-175). Englewood Cliffs., N.J.: Educational Technology Publications.

Schimel, B. J. (1988). Providing meaningful feedback in courseware. In D. H.

Jonassen(Ed.), *Instructional design for microcomputer courseware*. Hilladale, NJ: Lawrence Erlbaum Associates, Publishers.

Scriven, M. S. (1967). The methodology of evaluation, In R. Tyler, R. Gagné, & M. Scriven (Eds.), *Perspectives of curriculum evaluation* (pp. 39-83). (AERA Monograph Series on Curriculum Evaluation). Chicago: Rand McNally.

Scriven, M. (1991). *Evaluation Thesaurus* (4th eds). Newbury Park, CA: Sage.

Shrum, J. L., & Glisan, E. W. (2016). *Teacher's handbook: Contextualized language instruction* (5th ed.). Boston, MA: Cengage Learning.

Shute, V. J. (2008). Focus on formative feedback. *Review of Educational Research, 78*(1), 153-188.

Simpson, J. S. (1966). *The classification of educational objectives, psychomotor domain*. Urbana, IL, University of Illinois.

Sireci, S. G., & Zenisky, A. L. (2006). Innovative item formats in computer based testing: In pursuit of improved construct representation. In S. M. Downing & T. M. Haladyna (Eds.), *Handbook of Test Development* (pp. 329-347). Mahwah, NJ: Lawrence Erlbaum Associates Publishers.

Smith, M. J. (2010). *Handbook of program evaluation for social work and health professionals*. Oxford University Press.

Smith, P. L. (1988). Toward a taxonomy of feedback: Content and scheduling. *Paper presented at the annual meeting of the Association for Educational Communications and Technology*. New Orleans, LA.

Stake, R. E. (1967). The countenance of educational evaluation. *Teacher College Record, 68*, 523-540.

Stiggins, R. (1991). Assessment literacy. *Phi Delta Kappan, 72*, 534-539.

Strijbos, J. W., Narciss, S., & Dünnebier, K. (2010). Peer feedback content and sender's competence level in academic writing revision tasks: Are they critical for feedback perceptions and efficiency? *Learning and Instruction, 20*(4), 291-303.

Stufflebeam, D. L. (1971). The relevance of the CIPP evaluation model for educational accountability. *Journal of Research and Development in Education, 5*(1), 19-25.

Stufflebeam, D. L. (1973). Evaluation as enlightenment for decision-making. In B. R. Worthen & J. R. Sanders (Eds.), *Educational evaluation: Theory and practice*. Worthington, OH: Charles A. Jones Publishing.

Stufflebeam, D. L., & Shinkfield, A. J. (2007). *Evaluation theory, models, & applications*. San Francisco, CA: Jossey-Bass.

Stufflebeam, D. L., & Webster, W. J. (1980). An analysis of alternative approaches to evaluation. *Educational Evaluation and Policy Analysis, 2*(3), 5-19.

Tatsuoka, K. K. (1983). Rule space: An approach for dealing with misconceptions based on item response theory. *Journal of Educational Measurement, 20*(4), 345-353.

Tatsuoka, K. K. (1995). Architecture of knowledge structures and cognitive diagnosis: A statistical pattern recognition and classification approach. In P. D. Nichols, S. F. Chipman, & R. L. Brennan (Eds.), *Cognitively diagnostic assessment* (pp. 327-360). Hillsdale, NJ: Erlbaum.

Taylor, F. W. (1911). *The principles of scientific management*. New York: Harper & Brothers.

Tomlinson, C. A., & McTighe, J. (2006). *Integrating differentiated instruction and understanding by design: Connecting content and kids*. Association for Supervision and Curriculum Development. http://www.ascd.org

Torres, R. T., Preskill, H. S., & Piontek, M. E. (2005). *Evaluation strategies for communicating and reporting: Enhancing learning in organizations* (2nd ed.) Thousand Oaks, CA: Sage Publications.

Tyler, R. W. (1949). *Basic principles of curriculum and instruction*. Chicago, Ill.: University of Chicago Press.

Tyler, R. W. (1967). *Perspective of curriculum evaluation*. AERA Monograph Series on Curriculum Evaluation, No.1. Chicago: Rand McNally.

Tyler, R. W. (1942). General statement of evaluation. *Journal of Educational Research, 35*(4), 492-501.

Wade, R. C., & Yarbrouch, D. B. (1996). Portfolios: A tool for reflective thinking in teacher education? *Teaching & Teacher Education, 12*(1), 63-79.

Wang, S., Jiao, H., Young, M. J., Brooks, T. E., & Olson, J. (2007). A meta-analysis of testing mode effects in Grade K-12 mathematics tests. *Educational and Psychological Measurement, 67*, 219-238.

Weiss, C. H. (1998). *Evaluation methods for studying programs and policies* (2nd ed.). Prentice Hall.

Weiss, D. J., & Kingsbury, G. G. (2004). Application of computerized adaptive testing to educational problems. *Journal of Educational Measurement, 21*, 361-375.

Wiggins, G. (1989). Teaching to the (authentic) test. *Educational Leadership, 46*(7), 41-47.

Wiggins, G. P., & McTighe, J. (2005). *Understanding by design* (2nd ed.). Alexandria. VA: Association for Supervision and Curriculum Development.

Willis, J., Adie, L., & Klenowski, V. (2013). Conceptualizing teachers' assessment literacies in an era of curriculum and assessment reform. *The Australian Educational Researcher, 40*(2), 241-256.

Wolf, K. (1991). The schoolteacher's portfolio: Issues in design, implementation, and evaluation. *Phy Delta Kappen, Oct*, 129-136.

Wu, H. M. (2019). Online individualized tutor for improving mathematics learning: A cognitive diagnosis model approach. *Educational Psychology, 39*(10), 1218-1232.

Wu, H. M., Kuo, B. C., & Wang, S. C. (2017). Computerized dynamic adaptive tests with immediately individualized feedback for primary school mathematics learning. *Educational Technology & Society, 20*(1), 61-72.

Wu, X., Wu, R., Chang, H.-H., Kong, Q., & Zhang, Y. (2020). International comparative study on PISA mathematics achievement test based on cognitive diagnostic models. *Frontiers in Psychology, 11*, Article 2230.

Yang, M., & Carless, D. (2013). The feedback triangle and the enhancement of dialogic feedback processes. *Teaching in Higher Education, 18*(3), 285-297.

저자소개

박일수

공주교육대학교 교수
한국교원대학교 대학원 교육과정학(박사)
한국교원대학교 대학원 교육과정학(석사)
경인교육대학교 초등교육과(학사)

〈저서〉
통합교과의 이론과 실제(공저, 2020)
교육과정과 수업(공저, 2019)
예비 및 현직 교사를 위한 교육평가의 이해(2021)
교육과정(공저, 2024)
교사교육, 교육과정 설계, 교사교육과정, 과정중심평가 등에 관심을 가짐.

이재철

㈜ 임용닷컴 교육학 전임교수
한국교원대학교 대학원 교육과정학(박사)
고려대학교 대학원 평생교육학(석사)
한국교원대학교 기술교육학과(학사)

〈저서〉
교육과정(공저, 2024)
EOS 교육학 기본서(2023)
EOS 교육학논술(2022)
학교교육과정, 교육학논술, 예비교사 역량개발 등에 관심을 가짐.

최화숙

한세대학교 교수
한국교원대학교 대학원 교육과정학(박사)
한국교원대학교 대학원 교육과정학(석사)
한국교원대학교 독일어교육과(학사)

〈저서〉
교육학개론(공저, 2018)
(행복한 대학생활과 융합형 인재를 위한) 대학생활설계(2018)
예비교사를 위한 학교현장실습(공저, 2019)
교육과정(공저, 2024)
교사 역량, 대학교육과정 개발 및 설계, 학습자중심 교육과정 개발,
융복합 교육과정 등에 관심을 가짐.

교육 평가의 이해

초판 1쇄 인쇄 / 2026년 3월 1일
초판 1쇄 발행 / 2026년 3월 5일

•

공저자 / 박일수 · 이재철 · 최화숙
발행인 / 이 중 수
발행처 / **동 문 사**

•

서울특별시 서대문구 홍제원 1길 12
(홍제동 137-8)
Tel: 02)736-3718(대), 736-3710, 3720
Fax: 02)736-3719
등록번호: 1974.04.27. 제9-17호
가격: 23,000원

•

ISBN: 979-11-6328-732-2 (93370)
E-mail: dong736@naver.com
www.dongmunsa.com